| 中国当代研学丛书 |

文化

汉语与中华传统文化研究

蔡英杰 | 著

图书在版编目（CIP）数据

汉语与中华传统文化研究／蔡英杰著．—北京：中央编译出版社，2020.4
ISBN 978-7-5117-3855-4

Ⅰ．①汉…
Ⅱ．①蔡…
Ⅲ．①汉语—关系—中华文化—研究
Ⅳ．① H1② K203

中国版本图书馆 CIP 数据核字（2020）第 012486 号

汉语与中华传统文化研究

出 版 人	葛海彦
责任编辑	杜永明
执行编辑	纪宛伯
责任印制	刘　慧
出版发行	中央编译出版社
地　　址	北京西城区车公庄大街乙 5 号鸿儒大厦 B 座（100044）
电　　话	（010）52612345（总编室）　（010）52612339（编辑室） （010）52612316（发行部）　（010）52612346（馆配部）
传　　真	（010）66515838
经　　销	全国新华书店
印　　刷	三河市华东印刷有限公司
开　　本	710 毫米 ×1000 毫米　1/16
字　　数	503 千字
印　　张	28
版　　次	2020 年 4 月第 1 版
印　　次	2020 年 4 月第 1 次印刷
定　　价	99.00 元

网　　址	www.cctphome.com　　邮　箱：cctp@cctphome.com
新浪微博	@中央编译出版社　　微　信：中央编译出版社（ID: cctphome）
淘宝店铺	中央编译出版社直销店（http://shop108367160.taobao.com）（010）55626985

本社常年法律顾问：北京市吴栾赵阎律师事务所律师　闫军　梁勤
凡有印装质量问题，本社负责调换，电话：（010）55626985

视野开阔，考察深入，内容精萃

——序《汉语与中华传统文化研究》

白兆麟

近日收到福建师范大学蔡英杰教授寄来的论文集《汉语与中华传统文化研究》的书稿。他事先曾打来电话，要我为之写篇序言。刚拿到邮件就觉得沉甸甸的，打开一看，厚厚的 16 开本，既无前言，亦无后记，更无页码，粗略统计，约 340 页。从书稿"目录"来看，共分四编，收有论文 49 篇。见到所列篇目，说心里话，不免有些意外，其中有些课题是我治学半个多世纪以来所未曾涉及的。

一

我有个习惯，一本著作在手，先要翻阅"前言"与"后记"，以便了解其著者的大致意图与著作的整体构思，然后再从头到尾地翻阅一遍。若是要写评论或序言，就再一篇一篇地细细阅读体会。如今不能按照这个旧习惯行事了，便自己动手做个札记，看看各篇论文的参考文献，再查阅哪些论文已经发表及其出处。结果大致如下：

1. 《"皇"字本义考》，载《辞书研究》，2001 年第 5 期。
2. 《白、伯、百、魄、柏、舶、皤同源说略》，载《古汉语研究》，2003 年第 1 期。
3. 《十二地支的文化说解》，载《扬州大学学报（人文社会科学版）》，2004 年第 4 期。
4. 《太阳循环与八角星纹和卐字符号》，载《民族艺术研究》，2005 年第 5 期。

5.《〈孙子兵法〉训诂札记》，载《长江学术》，2007年第3期。

6.《释辛——兼论商族的起源神话》，载《殷都学刊》，2008年第1期。

7.《〈说文〉从寸字说解献疑》，见《说文学研究（第四辑）》，线装书局2010年版。

8.《永城话里的形容词后缀"里"》，载《南国人文学刊》，2011年第2期。

9.《戎狄考辨》，载《云南师范大学学报（哲学社会科学版）》，2011年第1期。

10.《从同源关系看"窈窕"一词的释义》，载《中国语文》，2012年第3期。

11.《训诂的方法与程序》，中国语言学会第十六届学术年会论文，2012年。

12.《女性第一人称代词"卬"的演变》，载《长江学术》，2015年第4期。

13.《"个"的特性与"V个VP"的形成》，见《汉语语法研究的新拓展》，上海教育出版社2015年版。

14.《〈孟子〉词语训诂札记》，载《国学学刊》，2016年第3期。

15.《"扬名立万"解》，载《辞书研究》，2016年第4期。

16.《国际汉语教育视域中的动物文化等级教学》，载《云南师范大学学报（对外汉语教学与研究版）》，2016年第3期。

17.《〈论语〉训诂疑案的文献学分析》，载《中国语言文学研究》，2017年第1期。

18.《也谈古汉语"有/无+以VP"及其相关结构》，见《中国语言学（第九辑）》，北京大学出版社2018年版。

19.《古汉语"名而动"结构的再认识》，载《古汉语研究》，2019年第3期。

20.《国学的学理架构与国学经典论析》，载《华中国学》，2019年第1期。

我之所以罗列如上，自然不只是为了让读者了解其发表的论文在该论文集中所占的比重，而是着眼于所刊载的大部分是国内颇有影响的期刊，以见其论文在总体上已经具有的分量，在这方面我就用不着多费笔墨了。

二

如本序标题所示，我是从著者的"视野""考察"和"内容"这三个角度来审读这部论文集的。

首先，著者蔡英杰教授学术视野之异常开阔，在这部论文集中的呈现是十分明显的。就语言学研究方面来说，著者不仅涉猎了语源学、训诂学，还延及了语法学乃至古文字学，可谓十分全面。再从下属二级学科来说："语源学"一编，不仅有连绵词"窈窕"、名词"父亲"、古汉语特有名词"皇"，还有"上古第一人称称谓"的系列考索；"训诂学"一编，不仅有训诂理论和训诂方法的论述，还有对具体词语"黄、帚、氏、辛、離、封人、狱市"等的诠释，甚至涉及"作册般铜鼋"铭文的考释；"语法学"一编，不仅有古汉语"者""则""卬"等词的探微，古汉语"名而动""有/无＋以 VP"结构的辨析，还有不少现代汉语词语以及河南永城方言词的解释，甚至还有甲骨文"隹、叀"性质的探讨；至于"语言文化"一编，所涉猎的课题更是丰富多彩，如"亞形符号""八角星纹和丂字符号""十二地支说解""夏、禹、龙之关系""戎狄考辨""卜辞中夒、王亥与传世文献关系之考索""关于《滇国史》几个问题的考察"等等。这些一般语言学者极少过问的领域，会让众多读者感到意外而新鲜。

其次，著者对研究课题之考察极其深入，这就需要费一番功夫针对具体文本去细细梳理了。"语源编"可以头两篇为例。第一篇是《从同源关系看"窈窕"一词的释义》，文中指出："'窈窕'一词，学者们多从字形着眼，认为其本义是'深宫'或'幽深'。从字形出发考察词语的本义，对于单音词固无不当，对于双音词却多有龃龉。双音联绵词的本义一般来源于其语源意义，与字形关联不大，对'窈窕'一词的本义必须从其语源意义上考察。"于是著者先从"见系宵、幽部"与"端系宵、幽部"两组同源系列，分别考察了"窈、窕"具有的"长"义和"曲"义，再以"窈、窕"之语音形式可以兼容"长""曲"二义为依据，指出当它们合为一词后，既可表示"长"义，亦可表示"曲"义，也可以表示"长且曲"的含义，并且以古文献中大量的用例来证明。不仅如此，著者还考察了"窈窕"语义的流变，明确指出："窈窕之引申义有八，由'长'义直接派生的意义有三，曰幽眇、幽静、深奥；由'长且曲'义派生的意义亦有三，曰婀娜、美女、宛转；由《关雎》'窈窕淑女'派生的意义有二，曰娴静、淑女。"有如此深入的开掘，自然就展示了学术的一个新的境界。

第二篇为《从语源看"父亲"的称谓系列》，文章开篇即指出："对于'父亲'的称谓系列，学界已进行了广泛的讨论……但目前仅仅厘清了各种'父亲'称谓在文献上的使用年代，还有许多问题需要继续深入探讨。"著者从语音入手，从"舌音系、喉音系、唇音系"三个方面来梳理：舌音系"父亲"称谓的源头是"大"，"大人"是其变体，"大"音转为"爹"，"爹"音转为"爷"；

喉音系"父亲"的称谓"公",其本义是年高位尊的男性,语义亦源自"大","翁"为"公"之音变;唇音系"父亲"称谓的"父"与"夫"同源,本义均指成年男性,语义亦源自"大","爸"可看作"父"之异文,但比"父"保留了更多的古音成分。接着又从"大"类父亲称谓的地理分布范围与《明实录》和《明史》等书的记载,考证出与明朝移民"高度吻合"的结论。这一类深入的考察与探究,不能不令人信服。

"训诂编"也可举出两篇。其一是《说黄》。许慎《说文解字》曰:"黄,地之色也。从田,从光,光亦声。"此说影响深远。其后诸多学界权威如郭沫若、马叙伦、林义光、姚孝遂、唐兰、裘锡圭等,对该字作出了种种推测。而著者认为,诸说或"望形生义,或望音生义,缺乏严谨的分析和论证",因而另辟蹊径,首先从甲骨文、金文出发,确定"黄"为独体象形字,然后从形、音两方面揭示其意义:从字形看,"黄"的主体是动物,像动物去掉毛的皮囊,为"鞟"之本字;从语音看,"黄"属上古音匣母阳部,"鞟"归上古音溪母铎部,"声母为旁纽,韵母为对转,语音接近"。著者又从语源上系联,指出"瞽、隍、郭、蟥、糠、穬、鱇、椁、鼓、扩、廓、刳"等一系列见系阳(鱼、铎)部字均含有事物的外层义或由内而外的扩展义,其说服力可谓强矣。

其二是《释氏》。对"氏"字本义的解说,著者指出,许慎、朱骏声、郭沫若、丁山等名家都未得确解,"要想破解氏之本义的谜底,既要顾及语言内的形音义的因素,又要顾及语言外的社会发展的历史"。他依据甲骨文和金文"氏"的形体认为,"实像一飘扬的旗帜形",因而推断,"氏表示部落的旗帜,是一个部落区别另一个部落的标识。一个部落通常由一个家族构成,部落之间以'氏(徽帜)'相区别,因此一个部落也就构成了一个氏族"。用作标识氏族旗子的这个意义,后来改用"帜"来表示,而"氏是帜的本字"。他补充说:"《左传·闵公二年》所谓"去其旗",即意味着"国之覆灭";《周礼·春官宗伯·司常》所谓"家各象其号","也就是在旗帜上描绘象征其氏的徽号"。如此深入考察与论证,"氏"字本义的新解便颠扑不破了。至于下文的"氏与姓的关系""氏与族的关系"两节,为省篇幅而不再引述。文中结语指出:"文字是文化的载体,是人们对客观世界认识成果的积淀。古文字考释,如果……不能跟当时社会发展情况密切结合起来,就往往流于肤浅而不能深入。"这个结论无疑能使难题化解,是十分正确的。

同样,"语法编"也抽出两篇来梳理。其一是《女性第一人称代词"卬"的演变》,对代词"卬"的考察,著者分两步走,第一步是就"用作第一人称代词的文献用例"进行考辨,考察结果为:"在先秦典籍中,'卬'字明确用为第一人称代词的只有《匏有苦叶》1例,在这个用例中,'卬'字无疑是用来指女性的。"接着引用了三部古籍提供佐证:一是《说文》:"㚻,女人自称,我也。"二是《广韵》:"㚻,女人自称。"三是《尔雅》:"卬,我也。"郭璞注"卬犹㚻也,语之转耳。"邢昺疏:"女人称我曰㚻,由其语转,故曰卬。"于是说:"训诂学家众口一词,并无异议。"第二步是考察演变,著者先指出"吾、我、卬"三者音近可通,接着说:"'卬'用作第一人称,当源于'吾'或'我',为'吾''我'的社会方言变体。""'我'是无标记形式,'卬'是有标记形式。由于'卬'只用作女性第一人称,至汉代时乃创制了从女央声的'㚻'字。"然后依据各个时期文献的丰富例证来论述其演变过程:卬,汉代音变为㚻,又音变为阳;六朝时,"卬"在吴语中音变为"侬";唐五代时,"侬"由南方影响到北方,《敦煌变文集》中"侬"作"奴""阿奴";宋元明时,"奴""奴家"得到广泛应用,但一般只用于女性;清代,"奴""奴家"的使用趋于衰落,除《红楼梦》还偶尔使用外,其他小说中已不见踪迹。考察至此,不可谓不完备也。

其二是《古汉语"名而动"结构的再认识》。"名而动"作为古汉语的一种特殊结构形式,曾受到语法学界的高度关注,逐渐使其研究不断深入。而著者指出,在"名而动"的来源、主观倾向以及其中的"名"的语义特点和语法地位等若干问题上,还存在严重分歧。其主要原因:"一是未能厘清'名而动'结构其实分为三类(主谓结构、连谓结构、状中结构),导致治丝益棼";"二是对主谓结构的'名而动',始终围绕表层句法结构打转转,以致言人人殊"。这可谓一针见血。其下,著者从"对比焦点""'而'前'名'的指称特性"以及"现代汉语的述谓性主语"三个方面来分析"主谓结构的'名而动'";继而又分别阐述了"连谓结构的'名而动'"和"状中结构的'名而动'"的性质与其间的区别。例证充分,简洁明快。

三

以上两节关于"视野"和"考察"的梳理,分别是侧重于学术研究的起点和过程,而本节所述"内容"则侧重于学术研究的结果。说到"内容精萃",这在第二节评述其"考察深入"的特点时已经有所显示,但并非着重揭明。这一节主要是针对"语言文化编"里所收的若干篇论文,重点评述其"内容"上的精萃之处。

本文开头曾说，初见该书目录，对其中我从未接触过的课题感到有些意外。然而在仔细通览该书"文化编"过后，我又不怎么感到意外了。因为通读后不禁联想起18年前，当时还是博士生的蔡君，起初拟写的博士学位论文题就是《"天干地支"研究》，可见年轻时的他，对远古文化的考索就有着浓烈的兴趣，只是在当时的课题论证会上，除了我给予支持外，其他专家学者都认为该课题难度很大，不一定能取得预期效果，因而被否定了，后来他接受我的建议，改作《〈孙子兵法〉语法研究》。

"文化编"共收有11篇论文，除了一篇书评和一篇有关国际汉语教学的文章以外，其余九篇都与远古文化的考察与研究有关，时间的跨度达15年之久，由此可见著者的学术积累了。下面，拟从内容相关的三篇文章着眼，与读者一起赏析其精萃之处。

按照发表或写作时间的顺序，第一篇应当是《十二地支的文化说解》。文章一开头就直截了当："早在远古时期，中华大地上就出现了文明的曙光。远古先民们不再仅仅为衣食而奔波，而且把探究的目光投向了天地万物。他们上察天文，探究天体的运行及时序的变化，这种认识成果浓缩成了十个字，这就是由'甲、乙、丙、丁、戊、己、庚、辛、壬、癸'构成的天干系统；下察地理，探究万物的繁衍生息，这种认识成果浓缩成了十二个字，就是由'子、丑、寅、卯、辰、巳、午、未、申、酉、戌、亥'构成的地支系统。……天干地支学说应该视为中华民族传统文化的源头。"这是有了多年成熟的思索与考察才出示的大手笔。接着，著者逐个揭示十二地支的意蕴，简要梳理如下：

子，于甲骨文是鸟卵的象形字，联系殷民族的创生神话，"玄鸟之卵——子，就成了商部族崇拜的图腾，进而演变为商部族的姓。""地支的第一位取象于子，正是先民对于万物初始状态的一种认识"。

丑，据甲骨文与《说文》，丑取象于手，表示"万物动"，置于地支的第二位，是"生命萌动"的象征。

寅，据金文"象鸟的整体俯视形"，表明"已完全发育成形"，放在地支的第三位，"意在揭示万物初始状态的一种认识。"

卯，于甲骨文"象一物中开之形"，与"冥、娩"相通，"取象于女性的分娩"，置于地支第四位，意谓"婴儿即将脱离母体"。

辰，甲骨文象大蛤之形，为"蜃"之初文。蜃是软体动物，《史记·律书》所云"万物之蜄"，指万物始生的状态。地支由"蜃"字起，开始了生命的成长期。

巳，甲骨文与"子"字为一词之异文，取象于幼儿。于地支，表示成长期的第二阶段，隐含万物生长的初期。

午，甲骨文字形取象于测量日影的标杆，测日影可定一天之中，故一天之中称为午。午处地支第七位，表示万物生长进入中期。

未，甲骨文象木重枝叶形，是树木枝叶繁盛之时。事物达到鼎盛时期，也就开始衰落。地支由"未"字起，即开始生命的衰亡期。

申，甲骨文象闪电曲折形，取义于收束。于地支，表示万物进入了衰退的状态。

酉，甲骨文象酒坛形，表示酒。酒由剩余食物长期发酵而成，故含有老、成之义。酉出地支第十位，意味着生命走到了尽头。

戌，甲骨文象兵器形，由杀伐工具引申为灭。戌处地支第十一位，标志万物趋于死亡。

亥，甲骨文象公猪形，其形体中间突出雄性生殖器。地支末位亥取象于此，表示死而复生。如此，由子至亥，亥又生子，完成了一个生命周期的循环。

由此著者总结道："十二地支是古人'近取诸身，远取诸物'，构筑了一个表示万物生息、变化的系统。"

第二篇是《太阳循环与八角星纹和卍字符号》。著者指出："太阳循环的观念是古代先民的一种普遍观念，这一观念大量记载于古代典籍。"著者引《左传·昭公五年》："日之数十，故有十时，亦当十位。"杜预注："甲至癸也。"这表明，由"甲"至"癸"构成的"十天干就是远古传说中的'十日'，'十日'与'十时''十位'具有对应关系，也就是说，十日是根据太阳运行所处的不同时段、不同位置划分的，代表了太阳在一天之内的视循环运动"。此说既有理又有据。

接着指出，在我国新石器文化遗址中，不少地域都发现了八角星纹图案，"这反映了生活在中华大地的远古先民很早以前就有了共同的文化背景"。他从多方面证明，所谓八角星纹图案，就是中间有一个正方形或圆形，周边伸展出八个三角形。其"寓意显然是太阳的运行图"：中间的方形或圆形和东、南、西、北四方的两个三角形，分别代表戊、己、甲、乙、丙、丁、庚、辛、壬、癸运行的方位。

至于卍字符号，"是流行于许多国家的一个古老而神秘的符号"，"中国卍字符号的出现不仅早于佛教的传入年代，而且早于佛教在印度的起源时代，因而是中国固有的一个文化符号"。著者对照八角星纹图案后明确指出："卍字纹正是八角星纹的简化变形。八角星纹中代表东、南、西、北四个方向的角简化为'十'字形，代表东南、西南、西北、东北四个方向的角则演变为以东、南、西、北四个方向的端点作垂足而与之垂直的垂线"，"变形之后，图形成右旋或左旋的回旋状,更能体现太阳循环、四季更替"。

如此这般,两个原来神秘的符号一经与"太阳循环"的观念联系起来加以解说,便一点儿也不神秘了。

第三篇是《亞形符号源流考论》。古文化研究著名专家李学勤于《古文字学初阶》曾列出古文字学领域十五大研究课题,其中第八条便是对"亞"形符号的破解。著者指出,"迄今为止,对'亞'形符号解读的观点不下十余种,但均没有对'李学勤'之问做出满意的答案"。他认为:"'亞'形符号不仅是一个文字符号,而且是一个文化符号,因而研究'亞'形符号,必须从文化与文字两条线进行,以文化的视角探其源,以文字的视角沿其流。只有这样,才能对'亞'形符号做出比较圆满的解释。"

这里,不仅显示了著者学术探究的勇气,而且也表达了他明晰的研究路径。联系上述第二篇所考论的内容,就不难理解他得出的结论:"'亞'字形与十字形和八角星形表达的原始意义是同样的,即在能指上表示太阳的运行,在所指上表示光明、神圣、永恒。"

此外,著者围绕以上中心论点还阐述了四个内容:其一,"古代墓葬与地面建筑物的'亞'形符号",都含有"光明、再生、永恒"之意。其二,"商周金文中作为族徽附属物的'亞'形符号,尽管位置不同,但"均表达铭文主人希冀该族氏永恒不灭、永垂不朽之意"。其三,甲骨文中的'亞'字,"其意义有四:宗庙;方国、族氏名;族氏标志;职官名"。其四,"亞"字常用意义考。就《汉语大字典(简编本)》中所列 11 个义项的前六个的来源进行了考证:由宗氏衍生出的分支氏族前冠以"亞"形符号,由此引申出"次一等、次于"义;因两夫婿之间是次一等的亲属关系,故互称为亚,后写作娅;两婿之间地位平等,又引申为"靠近、挨着"之义;"亞"与"压"音近相通,故"亚枝"即"压枝",物低垂则易闭合,故"亚"又有"掩、闭"义。

林林总总,通过以上简明扼要的分析梳理,其内容之精萃即显而易见。

马克思有句名言:"美是人的本质力量的对象化。"如此说来,一切劳动表现,如果体现了"人的本质力量",就成为一种美,进而参与到精神世界的构筑。我之所以花大力气写了这么长篇的序言,其本意并不在于称赞蔡英杰教授,而是觉得这部论文集特定内容所包含的精神劳动,真正地体现了我们华夏民族的"本质力量",并且承继了应担负的中华文脉的责任,参与了所谓"寻根文化"的构建,因而使我们的文明得以传播和传承,以至构成了当下文化建设的一道壮丽的风景。而在我,是把延续这道"壮丽风景"当作一生从事学术研究的崇高使命。

目 录

第一编　语源探索 …………………………………………………… 1

从同源关系看"窈窕"一词的释义 …………………………………… 3
从语源看"父亲"的称谓系列 ………………………………………… 14
从语源看上古第一人称的称谓系列 …………………………………… 26
白、伯、百、魄、柏、舶、皤同源说略 ……………………………… 42
"皇"字本义考 …………………………………………………………… 47

第二编　训诂理论与实践 …………………………………………… 51

训诂的方法与程序 ……………………………………………………… 53
作册般铜鼋铭文考释商补 ……………………………………………… 71
说黄 ……………………………………………………………………… 76
"帚"的音义及与其有关的几个字 …………………………………… 84
释氏
　　——兼论氏与姓、氏与族之间的关系 ………………………… 91
释辛
　　——兼论商族的起源神话 ………………………………………… 104
释"離" ………………………………………………………………… 108
《诗·召南·行露》"谁谓女无家"正诂 …………………………… 114
《左传》"封人"考 …………………………………………………… 119
《论语》训诂疑案的文献学分析 ……………………………………… 121
《论语》《孟子》中的"显眼缺失" ………………………………… 138

《孙子兵法》训诂札记 …………………………………… 144
也说《庄子》"蓬之心" …………………………………… 147
《孟子》词语训诂札记 …………………………………… 153
释"狱市" ………………………………………………… 161
《楚辞》研究中的训诂问题 ……………………………… 163
《说文》从寸字说解献疑 ………………………………… 174
"開春院""閉春院"还是"閑春院" …………………… 178
"扬名立万"解 …………………………………………… 187
也谈"耳提面命" ………………………………………… 190

第三编　语法研究 …………………………………… 195

者：从语用成分到构词成分
　　——兼评吴怀成、沈家煊"者"表"提顿复指"说 …… 197
语气副词"则"的焦点标记作用探微 …………………… 209
女性第一人称代词"卬"的演变 ………………………… 221
古汉语"名而动"结构的再认识 ………………………… 231
甲骨文"佳、叀"性质的再探讨 ………………………… 246
也谈古汉语"有/无 + 以 VP"及其相关结构 …………… 257
"个"的特性与"V 个 VP"的形成 ……………………… 263
"了不得"与"了得"的趋同与差异 …………………… 276
"好容易"与"好不容易"同义探索 …………………… 285
永城话里的形容词后缀"里" …………………………… 290
河南永城方言的进行体助词"来" ……………………… 304
永城话的结束义动词"业鬼"
　　——否定倾向对词语语法功能的影响 ……………… 309
永城话的疑问语气词"是子" …………………………… 316

第四编　语言与文化 ………………………………… 329

亞形符号源流考论 ………………………………………… 331
太阳循环与八角星纹和卐字符号 ………………………… 342
十二地支的文化说解 ……………………………………… 349
夏族图腾非"薏苡"考辨 ………………………………… 357
戎狄考辨 …………………………………………………… 365

南：从乐器到方位 ·· 381
《诗经》"攸介攸止"与祭祀求神 ·································· 389
关于《滇国史》的几个问题的考察 ·································· 400
卜辞中夒、王亥与传世文献中喾、契之关系考 ······················ 407
国学的学理架构与国学经典论析
　　——兼评白兆麟先生《国学与中华传统文化》 ·············· 413
国际汉语教育视域中的动物文化等级教学 ·························· 422

后　记 ·· 431

第一编 01
语源探索

从同源关系看"窈窕"一词的释义①

一、引言

"窈窕"之义，旧释形容词义有五：一曰幽深，二曰娴静，三曰贞专，四曰妖冶，五曰貌美；名词义有二：一曰深宫，二曰美女。对其本义，则有幽深、娴静、貌美、深宫四说。今人连登岗（1999）、李炳海（2001）、刘毓庆（2002）、王晓丽（2009）主幽深说，李艳红、钟如雄（2006）主深宫说，李清文（1987）主貌美说，主幽深说者成为主流。何以如此？盖因人们探寻本义，往往于字形求之，窈、窕之字形皆从穴，《说文解字》（以下简称《说文》）训"窈"曰"深远"，训"窕"曰"深肆极"，于是理所当然地认为由"窈"和"窕"组成的双音词"窈窕"本义为"（洞穴）幽深"。以形索义（本义），对于单音词固无不当，对于双音词则不可滥用，对于双音词中的联绵词则尤需谨慎。因为联绵词是因声表义，而不是因形表义，因而探寻其本义也只能因声求之，而不可拘于字形。对此，前辈学者已有明确的认识，并在理论和实践方面做出了范例。王筠《毛诗双声叠韵说》："（双声叠韵之字）皆会两字之声以成一事之意，故泥字则其义不伦，审音则会心不远。"② 高邮王氏父子自觉运用因声求义的方法，取得了不少重大突破，开辟了训诂学的新境界。王念孙《广雅疏证》云："训诂之旨，本于声音，故有声同字异，声近义同，虽或类聚群分，实亦同条共贯。譬如振裘必提其领，举网必挈其纲，故曰本立而道生，知天下

---

① 本文得到 2011 年度教育部人文社会科学研究基金项目资助，项目编号为 11YJA740002。本文承蒙王宁先生审阅，又蒙匿名审稿专家提出宝贵修改意见，谨致谢忱。文中不当之处，概由本人负责。
② 参见王筠《弟子职正音·毛诗重言·毛诗双声叠韵说》，清咸丰二年贺蓉等刻本。

至赜而不可乱也。此之不悟，则有字别为音，音别为义，或妄文虚造而违古义，或墨守成训而鲜会通，易简之理既失，而大道多歧矣。今则就古音以求古义，引申触类，不限形体。"词语的孳乳流变，往往以声音为线索，因而抓住了声音，在词义训释中就有提纲挈领之效。双声叠韵词语（主要指联绵词）多为据音写词，因而形体虽异，而其义则一。对其意义的探求，更要诉诸声音，而不能昧于字形，"大抵双声叠韵之字，其义即存乎声，求诸其声则得，求诸其文则惑矣。"黄侃（1980）从语言起源的角度论述了"三者（指形、音、义）之中，又以声为最先，义次之，形最后。"王力先生（2004）对高邮王氏父子以音求义的方法予以高度评价，指出："这样可以避免前人所犯的两种偏差：第一是抓住一个字的意符不放，无论如何牵强附会，总要求讲得通；第二是只知道拿字形相同或相近去证明字义相近，而不知道在字音相同或相近的时候，即使在字形上没有联系，在字义上也可以讲通。"对于联绵词的定义，学界存在分歧，我们比较赞同陈淑梅广义联绵词的观点。陈淑梅（1991）认为，联绵词因声表义的形式有三：一曰摹声，由摹拟物体所发声音的两个单节构成，如霹雳、蟋蟀等；二曰衍音，由一个表义音节和一个纯粹的记音音节构成，如参差，参是衍音，差是源词；三曰义合，由两个具有语源意义而无词汇意义的音节构成。如肃霜，其义由"肃"的语源义"清"与"霜"的语源义"白"构成，而与"肃"的词汇义"严肃"，"霜"的词汇义"白霜"无关。要之，探索义合联绵词的本义，只能从其语源义出发，而不能从其词汇义出发。联绵词由于是因声表义，因而其显著标志是有多种书写形式。"窈窕"的书写形式有"窈窕、窈纠、夭绍、窈窱、窅窱、杳窱"等十多种，属于联绵词殆无疑义。其属于摹声、衍音的可能性基本可以排除，因而"窈窕"当为义合联绵词，我们对它的本义探究，只能从语源的层面进行。

二、窈、窕的同源系列之一：长义

考察一个词的语源意义，必须放在同源关系中进行。孤立地以两个词的音同（近）义通来系联同源词，可信度不高。如《说文》曰："山，宣也。宣气散生万物，有石而高也。"《释名》则曰："山，产也。产万物者也。"两者都很难在同源系列中得到验证，故不足为训。窈、窕两字，一为影母幽部，一为透母宵部。声母上一属见系，一属端系；韵部上幽、宵相近。我们发现，无论见系的宵、幽部，还是端系的宵、幽部，均有两个同源系列，其一为长义，其二为曲义。我们先来看一下"长义"系列的同源词。

(一) 见系宵、幽部"长义"系列同源词

窈《说文》:"窈,深远也。"影母幽部
宵《说文》:"宵,深目也。"影母宵部
高《说文》:"高,崇也。"见母宵部
垚《说文》:"垚,土高也。"疑母宵部
尧《说文》:"尧,高也。"疑母宵部
峣《说文》:"峣,焦峣,山高貌。"疑母宵部
頯《说文》:"頯,高长头。"疑母宵母
翘《说文》:"翘,尾长毛也。"群母宵部
趫《集韵》:"趫,举足高。"溪母宵部
乔《说文》:"乔,高而曲也。"群母宵部
侨《说文》:"侨,高也。"群母宵部。
骄《说文》:"骄,马高六尺为骄。"见母宵部
蹻《说文》:"蹻,举足行高也。"溪母宵部
鷮《说文》:"鷮,走鸣,长尾雉也。"见母宵部
窔《说文》:"窔,深也。"影母宵部
皋《广韵》:"皋,高也。"见母幽部
嘂《说文》:"嘂,高声也。"见母幽部
朻《说文》:"朻,高木也。"见母幽部
呇《说文》:"呇,高气也。"群母幽部

殷寄明(2007)认为:"高、深,乃就纵向言之,自平面而上,距离大曰'高',自平面而下,距离大称'深'。远、长则就横向言之,自近处而往,距离大叫'远',两端距离大则谓之'长'。"因此本系列的词语虽有高、长、深、远多种意义,实为音近义通的同源词。以下诸系列均同此。

(二) 端系宵、幽部"长义"系列同源词

窕《说文》:"窕,深肆极也。"透母宵部
朓《集韵》:"朓,远视。"透母宵部

铫 《集韵》："铫，长矛也。"定母宵部
卲 《说文》："卲，高也。"禅母宵部
遥 《方言》："遥，远也。"余母宵部
辽 《说文》："辽，远也。"来母宵部
卓 《说文》："卓，高也。"端母药部（按：宵药对转，下同此。）
逴 《说文》："逴，远也。"透母药部
趠 《说文》："趠，远也。"透母药部
櫹 《说文》："櫹，昆仑河隅之长木也。"余母宵部
窵 《说文》："窵，窵窅，深也。"端母幽部
翏 《说文》："翏，高飞也。"来母幽部
飂 《说文》："飂，高风也。"来母幽部
嫋 《说文》："嫋，姎也。"按：《说文》："姎，弱长貌。"泥母药部

三、窈、窕的同源系列之二：曲义

（一）见系宵、幽部"曲义"系列同源词

夭 《说文》："夭，屈也。"按：屈、曲义通。影母宵部
芺 《说文》："芺，艸也。"按："《尔雅》："钩，芺。"芺又名钩，当与其形状弯曲有关。影母宵部
乔 《说文》："乔，高而曲也。"群母宵部
繑 《说文》："繑，绔纽也。"按："纽"有曲义。溪母宵部
要 《说文》："要，身中也。"按：当以其圆曲得名。影母宵部
匊 《说文》："匊，在手曰匊。"段玉裁《说文解字注》："米至散，两手兜之而聚。"两手兜之，则手指弯曲，故曰匊。见母觉部（按：幽觉对转，下同此）
䮕 《说文》："䮕，马曲脊也。"见母觉部
丩 《说文》："相纠缭也。"按：丩像盘曲纠结形。见母幽部
纠 《说文》："纠，绳三合也。"按：纠为丩之孳乳字。见母幽部
觓 《说文》："觓，角貌。"按：《集韵》："觓，角曲貌。"见母幽部

皋《广雅》:"皋,局也。"《楚辞·离骚》:"步余马于兰皋兮。"王逸注:"泽曲曰皋。"见母幽部

奥《说文》:"宛也;室之西南隅。"按:段玉裁《说文解字注》:"宛、奥双声。宛者委屈也。室之西南隅,宛然深藏,室之尊处也。"影母觉部

噢《说文》:"噢,水隈,崖也。"按:《说文》:"隈,水曲,噢也。"噢之本义当指水流弯曲处。影母觉部

(二) 端系宵、幽部"曲义"系列同源词

媱《说文》:"媱,曲肩行貌。"余母宵部

畴《说文》:"畴,耕治之田也。从田,象耕屈之形。"按:畴象犁耕的田沟弯弯曲曲的形状,其源义素当为弯曲。定母幽部

辀《说文》:"辀,辕也。"按:《释名》:"辀,句也。辕上句也。"徐灏《段注笺》:"盖以其句屈而名之。"朱骏声《说文通训定声》:"大车左右两木直而平者谓之辕;小车居中一木曲而上者谓之辀。"辀之源义素为曲。端母幽部

轴《说文》:"轴,持轮也。"按:轴为圆柱形,其源义素当为圆曲。定母觉部

肘《说文》:"肘,臂节也。"按:肘为上下臂之交接处,可曲折,故其源义素为曲。端母幽部

纣《说文》:"纣,马緧也。"按:《方言》:"车纣,自关而东,周、洛、韩、郑、汝、颍而东,谓之䩛,或谓之曲绹,或谓之曲纶,自关而西,谓之纣。"纣又名曲纶、曲绹,其源义素当为曲。定母幽部

桡《说文》:"桡,曲木。"泥母宵部

柔《说文》:"柔,木曲直也。"木直可曲者曰柔。日母幽部

煣《说文》:"煣,屈申木也。"按:谓使直者变曲也。日母幽部

钮《说文》:"钮,印鼻也。"按:印鼻为圆曲形。泥母幽部

弱《说文》:"弱,桡也。"段玉裁《说文解字注》:"桡者,曲木也。引申为凡曲之称。"日母药部

手《说文》:"手,拳。"按:当因其可伸可屈命名。书母幽部

四、"窈窕"的本义

窈、窕的同源系列有二,一为长,一为曲。这说明窈、窕的语音形式可以兼容"长"与"曲"两种意义。因而当它们合为一词后,既可表示长义,亦可表示曲义,还可表示两者意义的综合——长且曲。文献中,这三种意义都有用例:

(一)"窈窕"表示长义

(1) 藐彼绝域,幽邃窈窕。(孙绰《游天台山赋》)按:幽邃、窈窕同义连文,窈窕即幽邃也。

(2) 参差山水瘦,窅窕房栊深。(宋秦观《同子瞻端午游诸寺探得深字》)连登岗(1999:19):"窅窕即窈窕,用以形容房栊,是幽深之意。"

(二)"窈窕"表示曲义

(3) 旋室㛹娟以窈窕,洞房叫窱而深邃。(汉王延寿《鲁灵光殿赋》)按:㛹娟本义为轻盈美好,引申为回旋飞舞,这里与窈窕同义连文,窈窕即回旋曲折之意。

(4) 白壁丹楹,窈窕连亘。(北魏杨衔之《洛阳伽蓝记》)按:本句描写的高阳王寺,为高阳王元雍之旧宅,"居止第宅匹于帝宫","飞檐反宇,輘轕周通",故此处"窈窕"状曲折,"连亘"状深邃。

(三)"窈窕"表示长且曲义

(5) 人民安知乌子处,路径窈窕安从通。(汉乐府《乌生》)连登岗(1999:19):"窈窕用来形容路径,是曲折悠远之意。"

(6) 潜达旁通,幽岫窈窕。(晋郭璞《江赋》)按:"潜达旁通"状其曲,"幽"状其"深",句中窈窕当深邃曲折之意。

"窈窕"的"深长义""曲折义""悠远曲折"义三者之间关系是怎样的呢?笔者认为窈、窕系列词语最早的意义当是深长义,长则易曲,故引申为曲折义,二义分则为长义、曲义,合则为长且曲义。① 那么,我们该如何确定"窈窕淑女"中的"窈窕"的意义呢?无他,只能根据文本的语境。"窈窕"状"淑女",用以形容女性的体态美,殆无疑义。毫无疑问,女性只有身材修长且曲线玲珑,才称得上体态美。《诗·卫风·硕人》:"硕人其颀,衣锦褧衣。"《诗·小雅·车舝》:"辰彼硕女,令德来教。"这里的"硕"都不仅仅是高大之义,而是兼有能够体现女性性征的丰满之义,红山文化遗址的女神像就充分说明了这一点。性征突出、身材丰满,自然就有了曲线,因而"窈窕"淑女中的"窈窕"自当是"长且曲"之义,今语则曰苗条,曰高挑。"窈窕淑女"就是身材修长、曲线玲珑的贤淑女子。《诗经》中,"窈窕"还有"窈纠""忧受""夭绍"等多种形式,均为此义。

(7) 月出皎兮,佼人僚兮。舒窈纠兮,劳心悄兮。月出皓兮,佼人懰兮。舒忧受兮,劳心慅兮。月出照兮,佼人燎兮。舒夭绍兮,劳心惨兮。(《诗·陈风·墓门》)

后世诗文中的窈窕也多用此义:

(8) 若乃窈窕姝妙之年,悠闲贞专之性。(班婕妤《捣素赋》)
(9) 承窈窕之芳美,情踊跃乎若人。(应玚《正情赋》)

---

① 王宁先生对本文从同源关系的角度解释"窈窕"的本义给予了充分肯定,但也提出"窈窕"的本义是否可以有两个来源的问题。匿名审稿专家也指出:"按理说,一个词应该只有一个语源,如果有两个语源,那是巧合。这个理论问题,需要说清楚。"笔者认为:窈、窕系列的长义与曲义语义相关。长则易曲,长义为源,曲义为流。人们只关注其中某一特性点的时候,长自为长,曲自为曲,二者自有分别,当人们把长与曲两个特性作一体化认知的时候,就产生了"长且曲"义。故《说文》训"乔"义为"高而曲也",训"嫋"为"姌也"(《说文》:"姌,弱长貌。"又:"弱,桡也。"按:桡为曲义。)"乔""嫋"皆同时受有"高""曲"二义,与"乔""嫋"同源的"窈窕"亦兼有"高""曲"二义。

五、"窈窕"语义的流变

窈窕之引申义有八,由"长"义直接派生的意义有三,由"长且曲"义派生的意义亦有三,由《关雎》"窈窕淑女"派生的意义有二。

由"长"义派生的意义曰幽眇,曰幽静,曰深奥。

窈窕常用于形容洞穴的深邃,洞深则幽暗,看不到边际,故引申为幽眇义。

(10) 正惟布而雷动兮,相击冲而破碎。或窈窕而四塞兮,诚若雨而不坠。(贾谊《旱云赋》)

(11) 晨游泰山,云雾窈窕。(曹植《飞龙篇》)

洞穴深邃则幽暗、寂静,故窈窕又引申为幽静义。

(12) 一路紫苔通窅窱,千涯青霭落潺湲。(王安石《送祷告法师住持灵岩》)按:"窅窱"与"潺湲"对文,一静一动,用来形容山路的幽静。

(13) 日影乍穿,飞泉忽洒。阴沉窅窱,非复人居。(钱谦益《游黄山记》)

深邃又可引申为学说、道理的深奥。

(14) 论物靡浮说,析理实敷陈。罗缕岂阙词,窈窕究天人。(谢灵运《魏太子》)连登岗(1999:20):"窈窕用以形容魏太子的学说,是深奥、精深的意思。"

(15) 萍沙见报于白兔,释氏受灭于昔鱼,以示报应之势,皆其窈窕精深迂而不昧矣。(宗炳《明佛论》)连登岗(1999:20):"窈窕用以形容佛学理论,是深奥、深邃的意思。"

由"长且曲"义派生的意义,曰婀娜,曰美女,曰婉转。

女性体态修长,曲线玲珑,行动起来则婀娜多姿,风情万种,故窈窕引申有婀娜义。

(16) 既含睇兮又宜笑，子慕予兮善窈窕。(《楚辞·九歌·山鬼》) 王逸《楚辞章句》："窈窕，好貌。诗曰：'窈窕淑女。'言山鬼之貌，既以姱丽，亦复慕我有善行好姿，故来见其容也。"

(17) 随俗雅化佳冶窈窕赵女不立于侧也。(李斯《谏逐客书》)

(18) 妖姬饰靓妆，窈窕出兰房。(王勣《咏妓》)

除女子外，花草树木摇曳多姿，亦可谓之婀娜。

(19) 欹红醉浓露，窈窕留余香。(柳宗元《戏题阶前芍药》)

(20) 春花窈窕人争舞，夏木荫荫猿哀鸣。(王安石《寄题众乐亭》)

"长且曲"，又可引申为声音的婉转悠扬。

(21) 和声随祥风，宵窕相飘扬。(韩愈《岐山下》)

(22) 如闻老龙吟，叫窱风涛杂。(唐瑀《破山寺》)

直接由《关雎》"窈窕淑女"之"窈窕"生发出二义，曰娴静，曰淑女。娴静义殆由毛传而来。毛传："窈窕，幽闲也。"幽闲即娴静。由于毛传影响深广，遂使"窈窕"产生了娴静义。

(23) 妙选有德之士，考卜窈窕之女。(《汉书·刘辅传》) 颜师古注："窈窕，幽闲也。"

(24) 公女渐渍德化，有窈窕之容。宜承天序，奉祭祀。(《汉书·王莽传》) 颜师古注："窈窕，幽闲也。"

《诗》为六经之一，《关雎》为《诗》之首篇，故"窈窕淑女"一语广为人知。人们截取"窈窕"一词以映射"淑女"，遂使"窈窕"产生了淑女义。

(25) 是以《关雎》乐得淑女以配君子，忧在进贤，不淫其色。哀窈窕，思贤才，而无伤善之心焉。(《毛诗序》) 按："窈窕"即淑女，"贤才"即君子。

(26) 必乡举窈窕，不问华色，所以助德理内也。(《后汉书·杜钦传》)

六、结语

考察词义源流，是一个复杂的系统工程。《说文》以单音词为解释对象，一个单音词通常是一个字，因而通过对字形的分析，就能够揭示该单音词语的本义。双音词构词的方式丰富多彩，意义的形成也多种多样。因此，分析字形——这一探求单音词本义的强有力的手段，在分析双音词的本义时就黯然失色，失去了应有的效力。双音词有复合词，有联绵词。对于复合词，应从其意义的结合关系去探求其本义，对于联绵词，则应从语音着眼，明其语源。"窈窕"一词的本义长期得不到确诂，对其语义系统的认识也很混乱，其根本原因在于人们未能根据语音线索，从同源关系中考察它的本义。"训诂声音明而小学明，小学明而经学明。"经学的语言基础是训诂，训诂的最高境界是探求词语的音义来源，因而因声求义在训诂中具有极其重要的地位和价值。这一点，清儒已经做出过光辉的业绩，我们理应继承前人的优秀传统，开拓训诂的新境界。

参考文献

[1] 陈淑梅：《运用〈说文〉考察联绵词的成因与特点》，见中国许慎研究会编：《说文解字研究（第1辑）》，河南大学出版社1991年版。

[2] 黄侃：《黄侃论学杂著》，上海古籍出版社1980年版。

[3] 李炳海：《从幽静娴雅到妩媚妖冶——窈窕意象的原始内涵及演变》，载《东北师大学报》，2001年第5期。

[4] 李清文：《"窈窕淑女"的别解——兼谈古代联绵词的释义》，载《绥化师专学报》，1987年第4期。

[5] 李艳红、钟如雄：《"窈窕"本义考辨——与刘毓庆先生商榷》，载《西南民族大学学报》，2006年第6期。

[6] 连登岗：《窈窕绎释——兼谈对多形多义词的研究》，载《甘肃高师学报》，1999年第1期。

[7] [汉] 刘熙：《释名》，育民出版社1970年版。

[8] 刘毓庆：《"窈窕"考》，载《中国语文》，2002年第2期。

[9] 王力：《汉语史稿》，中华书局2004年版。

[10] [清] 王念孙：《广雅疏证》，江苏古籍出版社1984年版。

［11］［汉］许慎撰、［清］段玉裁注：《说文解字注》，上海古籍出版社1981年版。

［12］王晓丽：《释"窈窕"》，载《汉字文化》，2009年第3期。

［13］［汉］许慎：《说文解字》，中华书局1963年版。

［14］殷寄明：《汉语同源字词丛考》，东方出版中心2007年版。

（原文刊于《中国语文》2012年第3期）

从语源看"父亲"的称谓系列

对于"父亲"的称谓系列,学界已进行了广泛的讨论,仅《中国语文》2016 年度刊发的文章中,就有三篇涉及这一问题(张涌泉;郭洪义、毛远明;储泰松)。但目前仅仅厘清了各种"父亲"称谓在文献上的使用年代,还有许多问题需要继续深入探讨,比如各类称谓的语源问题,各类称谓的理据问题,等等。胡士云(2002)、郭熙(2006)将对父亲的称谓分为"父、爷、爹、爸、大、伯"六类,从语音上看,其实可以分为唇音系、喉音系和舌音系三类(储泰松,2016)。唇音系主要有"父、爸、伯"三个字。早在 20 世纪 30 年代,黎锦熙(1933)就指出"爸"实即"父"之本音,对此,学界并无异议,已成定论。郭熙(2006)认为,不能把"伯"看成"爸",换言之,不认为"伯"与"爸""父"具有同源关系。喉音系主要有"公、翁"二字,"翁"为"公"之音变。舌音系主要有"爷、爹、奢、郎、大"等几个字,储泰松(2016)认为"爷、爹、奢、郎"这几个字的语源是 * da,字记作"㐌""多",后来写作"爹",随着时间的推移,语音产生变化,遂分化成"耶""奢""郎"三组。胡士云(1994)认为,"大"是"爹"(徒可切)的俗字。另外,兄、哥、相、老子等也可表示"父亲"义,并且均见诸文献。我们感兴趣的是,汉语史上表达"父亲"称谓的词为什么这么纷繁复杂,这些词语的背后,是不是有一个共同的理据。如果这个问题解决了,许多问题都可以迎刃而解。

一、舌音系"父亲"称谓的源头是"大(大人)"

对于舌音系父亲称谓的源头,有的学者认为是爷,有的学者认为是爹。笔者认为,舌音系父亲称谓的源头既不是"爷",也不是"爹",而是"大"。只不过"大"是一个常用词,作为称谓在文本中易于与"大"的其他意义混淆,因而"大"极少出现在文献中,取而代之的是"大"的书面语变体——大人。①"大人"作为对父亲的称谓,始见于《史记》,一直沿用至今。②

(1) 未央宫成。高祖大朝诸侯群臣,置酒未央前殿。高祖奉玉卮,起,为太上皇寿。曰:"始大人常以臣无赖,不能治产业,不如仲力。今某之业所就孰与仲多?"殿上群臣皆呼万岁,大笑为乐。(《史记·高祖本纪》)

(2) 去病以皇后姊子贵幸,既壮大,乃自知父为霍中孺,未及求问。会为骠骑将军击匈奴,道出河东,河东太守郊迎,负弩矢前驱。至平阳传舍,遣吏迎中孺。中孺趋入拜谒,因跪曰:"去病不早自知为大人遗体也。"(《汉书·霍光传》)

(3) 时中书监刘放、令孙资见信于王,制断时政,大臣莫不交好,而辛毗不与往来。毗子敞谏曰:"今刘、孙用事,众皆影附,大人宜小降意,和光同尘,不然必有谤言。"《三国志·魏志·辛毗传》

(4) 始,邵族子愚,为白衣时,常有高志,众人谓愚必荣令狐氏,而邵独以为愚性儻侻,不修德而愿大,必灭我宗。愚闻邵言,其心不平。及邵为虎贲郎将,而愚仕进已多所更历,所在有名称。愚见邵,因从容言之,微激之曰:"先时闻大人谓愚为不继,愚今竟云何邪?"邵熟视而不答也。(《三国志》裴松之注引《魏略》)

(5) 胡威,字伯武,一名貔,淮南寿春人也。父质,以忠清著称,少与乡人蒋济、朱绩俱知名于江淮间,仕魏至征东将军、荆州刺史。威早厉志尚,质之为荆州也,威自京都省定,家贫,无车马僮仆,自驱驴单行。每至客舍,躬放驴,取樵炊爨,食毕,复随侣进道。既至,见父,停厩中十余日。告归,父装绢一匹为装。威曰:"大人清高,不审于何得此绢?"质曰:"是吾俸禄之余,以为汝粮耳。"(《晋书·列传第六十·良吏》)

(6) 烈(崔烈)问其子均曰:"吾居三公,于议者何如?"均曰:"大人少有英称,历位卿守,论者不谓当为三公,而今登其位,天下失望。"(西晋司马彪《九州春秋》)

(7) 世语曰:刘晔以先进见幸,因谮矫专权,矫以问长子本,本不知所出。次子骞曰:"主上明圣,大人大臣,今若不合,不过不作公耳。"后

---

① 汉代至唐五代,"大人"在口语中可用于对父亲的面称,北宋以后,此一用法罕见,"大人"主要用作对长辈和官长的尊称。

② 本文例句,除特别注明外,均采自北京大学语言学中心 BCC 语料库。

数日，帝见矫，矫又问二子，骞曰："陛下意解，故见大人也。"（《三国志·魏书·桓二陈徐卫卢传》裴松之注《世语》）

（8）世语曰：甸（毋丘甸，毋丘俭之子）字子邦，有名京邑。齐王之废也，甸谓俭曰："大人居方岳重任，国倾覆而晏然自守，将受四海之责。"俭然之。（《三国志·魏书·王毋丘诸葛邓钟传》裴松之注《世语》）

（9）融谓使者曰："冀罪止于身，二儿可得全不？"儿徐进曰："大人，岂见覆巢之下，复有完卵乎？"寻亦收至。（《世说新语·言语》）

（10）宾客诣陈太丘宿，太丘使元方、季方炊。客与太守议论，二人进火，俱委而窃听，炊忘著箅，饭落釜中。太丘问："炊何不馏？"元方、季方长跪曰："大人与客语，乃俱窃听，炊忘著箅，饭今成糜。"（《世说新语·夙慧》）

（11）班语迄，如厕，忽见其父著械徒作，此辈数百人。班进拜流涕，问："大人何因及此？"父云："吾死，不幸见遣三年，今已二年矣，困苦不可处。知汝今为明府所识，可为吾陈之，乞免此役，便欲得社公耳。"（东晋干宝《搜神记》）

（12）复有一少年（河伯之子），年十三四，甚了了，乘新车，车后二十人至，呼上车，云："大人暂欲相见。"因回车而去，道中绎络把火，见城中邑居。既入城，进厅事，上有信幡，题云"河伯信"。（东晋干宝《搜神记》）

（13）大人陇西李氏，念偕老无辜遘疾，以贞元十五年十一月廿五日薨于太原府福昌里之私第，春秋五十。……嗣子师宗等，以明年二月廿二日，护柳篓归葬于洛阳邙山之原，先茔也。（《唐代墓志汇编续集·唐故蔚州刺史兼殿中侍御史张府君墓志铭并序》）

（14）公讳干，贞干，先河南人也。……有子三人。长子弁、次子顺奴，以父贞元十六年五月卅日终于京兆万年县宗人坊私第，享年五有二，其年七月五日归葬于龙守原，礼也。呜呼！大人已知何处？子念无归。（《唐代墓志汇编续集·唐故右武军折冲扶风郡马公墓志并序》）

（15）济阳江氏，有裔孙曰公俭，楚江安宜人。曾祖潭，不仕。祖文宗，滁州永阳尉。父泳，左金吾卫兵曹。君少而俊拔，材力过人，交结豪右，使气任侠。尝因暇日，兵曹诫之曰："我之族代有文人，尔不能修之而有坏之乎？"君曰："比者大人宽慈，愚不知，故谬其所为，今日承训，请退学矣。"由是敛迹读书，非有命使，未尝出门。（《唐代墓志汇编续集·唐故济阳江君墓志铭并序》）

（16）大人讳邈，字仲方，其先钜鹿人，寄居于京兆府咸阳县积代矣。……关中无投足之地，贾居于万年县之胜业里，然无托食于亲知者首尾五祀。出无车舆，坐寡粮糗，妻孥有含菽饮水之患，无衣无褐之虞，而我父不为耻不陨越者，以其知止知足，达于至理者也。（《唐文拾遗·大唐故司功参军魏府君墓志铭并序》，清陆心源辑）

（17）灵帝悬鸿都之榜，开卖官之路，公卿以降，悉有等差，廷尉崔烈入钱五百万以买司徒。其子均曰："大人不当为三公，论者嫌其铜臭。"（唐杜佑《通典》）

（18）晋刘嗣问徐野人曰："嗣去年十二月，有周惨，欲用六月婚，儿服早已除，大人本无服，便是一家主，想无复异？"（唐杜佑《通典》）

（19）裴敬彝父知周，为陈国王典仪，暴卒。敬彝时在长安，忽涕泣，谓家人曰："大人必有痛处，吾即不安。今日心痛，手足皆废。事在不测，能不戚乎？"遂急告归，父果已殁。毁瘠过礼，事以孝闻。（唐小说《大唐新语》）

（20）（杨）国忠谓其子必在选中，抚盖微笑，意色甚欢。抚（达抚，礼部侍郎达奚珣之子）乃白曰："奉大人（达奚珣）命，相君之子试不中，然不敢黜退。"（唐小说《明皇杂录》）

（21）当时舜子将父母到本家庭，瞽叟泣曰："吾之孝[子]！"不自斟量，便集邻里亲眷，将刃以杀后母。舜子叉手避大人："若杀却阿娘者，舜元无孝道，大人思之。"（五代《敦煌变文集》）

（22）子骞两泪前白父曰："母在[一]子寒，母去三子单，愿大人思之。"父惭而止。（五代《敦煌变文集》）

（23）有西川黄三郎，教两个儿女投马祖出家。有一年，却归屋里。大人才见两僧，生佛一般礼拜，云："古人道：生我者父母，成我者朋友，是你两个僧便是某甲朋友，成持老人。"曰："大人虽则年老，若有此心，有什么难。"大人欢喜。（五代《祖堂集》）

（24）李君行先生说，年二十余时，见安退处士刘师正解春秋文字，甚爱之，从他观其文，他亦不惜也。后于楚州聚学，他一日见访，问曰："李君在此何欲？"答曰："为大人令去应举，令及第后归。今次以期服碍，却

欲且就此处修学，以俟后次之举也。"（北宋《童蒙训》）①

（25）土疆日蹙，城门之外皆为战场，武皇（李克用）忧形于色，帝（李存勖）因启曰："夫盛衰有常理，祸福系神道。家世三代，尽忠王室，势穷力屈，无所愧心。物不及则不返，恶不及则不亡。今朱氏攻逼乘舆，窥伺神器，陷害良善，诬诳神祇，以臣观之，殆其极矣。大人当遵养时晦以待其衰，何事轻为沮丧？"太祖释然，因奉觞作乐而罢。（北宋《旧五代史·唐书三·庄宗纪》）

（26）于是太宗（李世民）复固请曰："大人受委镇守而贼徒日炽，窃思既离宫阙不能捍御，若不早举大计，即深陷祸机，悔无所及。"高祖（李渊）从之。（北宋《册府元龟·帝王部·创业第四》）

（27）韦世康为吏部尚书，尝因休暇而谓子弟曰："吾闻功遂身退，古人常道。今年将耳顺，志在悬车，汝辈以为云何？"子福嗣答曰："大人澡身浴德，名立官成，盈满之诫，先哲所重，欲追踪二疏，伏奉尊命。"（北宋《册府元龟·职官部·列传第十二》）

（28）傅燮，灵帝中平中为汉阳太守，金城贼王国、韩遂等杀凉州刺史耿都，进围汉阳。城中兵少粮尽，燮犹固守。时北骑数千随贼攻郡，皆夙怀燮恩，共于城外叩头，求送燮归乡里。子年十三，从在官舍，知燮性刚有高义，恐不能屈志以免，进谏曰："国家昏乱，遂令大人不容于朝，今天下已叛而兵不足以自守，乡里羌胡先被恩德，欲令弃郡而归，愿必许之。徐至乡里，率厉义徒，见有道而辅之，以济天下。"（北宋《册府元龟·牧守部·忠第一》）

（29）史说张华之幼子张韪，颇识天文，夜观乾象，见中台星折，次日见华曰："今中台星折，正应大人，宜早退位，免祸临身。"（明小说《两晋秘史》）②

（30）后有美色，超将纳之，谓其父桓曰："后若自杀，祸及卿宗。"桓以告后，后曰："大人卖女与吕氏，是图富贵，一之已甚，其可再乎？"

---

① 北宋语料中，"大人"用作对父亲的称谓，多为追叙前代史实，在当时口语中，用"大人"称呼父亲，我们在北京大学CCL语料库中只查到此1例。因此北宋时期，应是"大人"称谓发生语义转向的转折点。在北京大学CCL语料库中，我们没查到南宋和元朝"大人"称呼"父亲"的用例。在《元代话本选集》中，有用"尊大人"称呼对方父亲的，仅见于《沈小霞相会出师表》和《杜十娘》，但这两篇应为明人作品。

② 我们在北京大学CCL语料库中查到的明清用"大人"称呼父亲的，多为追叙前代史实的历史小说，这种称谓在当时口语中罕见。现代汉语中，"大人"一般不直接称呼父亲，即使在书信中，"大人"的前面一般也要加上"父亲"二字。

遂自杀。桓惧，奔走河西去了。（明小说《两晋秘史》）

（31）既而孟尝君问其父曰："大人用事而相齐，今已久矣。齐国未见有增益，而膝下之私家富累千金，吾恐后日有所未宜也。"（明小说《周朝秘史》）

（32）柴胜道："承大人教诲，不敢违命。只不知大人要儿往何处？"父道："吾闻东京开封府极好卖布，汝可将些本钱在杭州贩买几挑，前往开封府，不消一年半载，自可还家。"（明小说《包公案》）

（33）而大人与叔父大人惟日侍祖父大人前，相与娱乐，则万幸矣。（清《曾国藩家书》）

（34）高岱，字鲁瞻，会稽人。世袭历海所百户，而岱为崇祯庚午顺天榜举人。数上公车，不得志，返越。闻城下，遂不食。及瞑，呼子朗诀曰："吾世受国恩，国亡与亡，义也。"朗跪而请曰："大人教儿忠孝，国不可无臣，家不可无子，请先大人死。"（清小说《东南纪事》）

（35）孙蒯曰："大人高见，儿万不及。"（清小说《东周列国志》）

（36）家大人曾做过南河知县，今已告职家居。（清小说《侠女奇缘》）

（37）袁总统正在踌躇满志、顾盼自雄的时候，忽见长子克定起来说道："大人既有家天下之意，事不宜迟。"（民国小说《民国野史》）

（38）照你刚才所说那种力敌万夫的气概，应该可以保护尊大人出险。（茅盾《子夜》）

（39）我的父亲也是位性格非常和善、教学有方、受人尊敬的人，以至被家乡附近的人誉为白滨圣人。至父亲死，我都没见过他生气的样子。另一方面，我的长兄非常孝敬大人，还非常关心自己的弟弟。（采自BCC语料库：科技文献）

我们认为"大人"是"大"的变体，基于如下事实：第一，从字形来看，"大"，甲骨文作，金文作，均是正面而立的大人形，"大"取象于大人，当然，这里的"大人"是高大的人或成年人，"父亲"的意义正是由此义转喻而来。第二，从语音上看，"大人"不过比"大"多了一个音节，而所多出的这个音节，不过是对"大"所表意义的明确。第三，从语义来看，"大人"（宋以前）与"大"用作称谓均表示父亲，所表意义完全相同。第四，从词的构造来看，"大"是单音节，"大人"是双音节。董秀芳（2002：6）认为："汉语大规模的双音化进程开始于汉代。""大人"的称谓始见于汉代，正与这一双音化进程相吻合。在单音节词语后增加一个表示类别意义的语素,是词语双音化的一种常见形式,如美—美人、老—老人、工—工人、匠—匠人、士—士人,等等。其中"美"双音化为"美人"与"大"双音化为"大人"尤具异曲同工之妙。美,甲骨文作 ，金文作 ，以大人头戴羊角来表示美（羊角是一种装饰美化,既表示英武,又表示美观）,因"美"直接取象于美人,因此转喻用来表示"美人"之义①,后来又双音化为"美人"可谓顺理成章,水到渠成。第五,"小子"表示"儿子",在文献上比"大人"出现得更早,如《论语·阳货》:"小子何莫学夫诗? 诗可以兴,可以观,可以群,可以怨。迩之事父,远之事君,多识于鸟兽草木之名。"但其取象方式与"大人"是一致的,"大人"是儿子心目中的父亲形象,形体高大,见多识广,"小子"则是父亲心目中的小儿形象,形体幼小,见识短浅。

二、舌、牙、唇三系"父亲"称谓语义均皆源于"大"

胡士云（1994）认为:"大"是"爹"的俗字,这是颠倒了本末关系。从形体上看,"父亲"是成年人,在孩子的心目中,身材高大。从年龄上看,父亲一般比孩子年长二十岁以上②,技能熟练,阅历丰富,在孩子心目中形象高大,因此,孩子称呼"父亲"为"大",是很自然的事情。舌音系"父亲"称谓的源头是"大","大"不是任何其他称谓的俗字。《广雅·释亲》:"翁公叟爸爹奢,父也。"爹,曹宪音大可反。"爹"与"大"声母相同,韵部一在歌部,一在月部,阴入对转。因而,"爹"不过是"大"的音转形式。虽然"爹"用于父亲称谓的最早文献用例见于《南史·梁始兴忠武王憺传》:"人歌曰:'始兴王,人之爹。赴人急,如水火。何时复来哺乳我?'",但其在口语中开始使用应当更早,只是直到三国时期,张揖才将其收录于《广雅》。这说明,用作父亲称谓的"大"在一些方言中发生了音变,塞音韵尾失落,韵部由月部转入歌部。这一音变的意义在于把"父亲"这一意义从"大"的诸多意义中分化出来,一

---

① 《诗·郑风·野有蔓草》:"有美一人,清扬婉兮",又《唐风·葛生》:"予美亡此,谁与独处。"均以"美"指美人,今成语"英雄救美"亦同。
② 古人"二十而冠",二十岁始举行冠礼,步入成年,但并不排除二十岁之前有结婚生子的。

音一义，使之表意更为明确，到了张揖编撰《广雅》时，便为这一音变造了个"爹"字，用字形使这一音义固定了下来。"爷"本作"耶"，文献用例最早见于晋王羲之《杂帖》："吾平平，但昨来念玄度，体中便不堪之，耶告""吾平平，比服寒食酒，如似为佳，力因王会稽，不一一，阿耶告知"等。耶（爷），余母鱼部，与"爹"音近。声母方面，余母即所谓喻四，清代学者曾运乾提出"喻四隶定"，现代学者尽管看法不尽相同，但或认为喻四的来源较多，定母只是其中的一个来源，或认为喻四与定母语音只是相近，不是等同。总之，定母与喻四关系密切，是毫无疑问的。① 韵部方面，鱼部与歌部均为后元音，在郭锡良（2010：5）的拟音中，鱼部是［ɑ］，歌部是［a］，语音极近。因而"爷"应该是"爹"的音变。储泰松（2016）认为"中古时期，北方汉语在自身的演变规律与阿尔泰语系语言的双重作用下，汉语发生了 d->j- 的变化，中原地区的变化速率要快于边境地区。"有助于解释"爹"何以音变为"爷"。② 但他认为"舌音系'父亲'称谓词'多（姼爹）''耶（爷）''奢''郎'出现的时间有先有后，其语源是'姼'，后写作'多多''爹爹'。随着时间的推移，语音产生变化，遂分化成'耶''奢''郎'三组"，则实未敢苟同。姼最早见于《方言》卷六："南楚瀑洭之间母谓之媓，谓妇妣曰母姼，称妇考曰父姼。"姼的称谓始见于西汉末年，"大"的变体称谓"大人"始见于西汉初年，因而不仅"爹""耶（爷）"源于大，"姼"亦源于"大"。《方言》郭璞注："姼，音多。"《广雅·释亲》："妻之父谓之父姼，妻之母谓母姼。"曹宪注："姼，多可反，亦音多。""爹"在"大"的基础上，语音发生小变，韵部由月入歌，"姼"则在"爹"的基础上，语音发生小变，声母发生清化，由定入端。因为"姼"用来称呼妻之父母，因而改易"爹"之父旁为女旁。正如同"弟"本指男性同辈中的年幼者，推广到女弟，加女旁写作娣，又写作姨。在中国古代这样一个宗法制男权社会中，讲究中外、亲疏之差别，亲属称谓由父系推广到母系极为常见，反之，由母系推广到父系则极为罕见。因而，储泰松（2016）所谓"姼"后写作"多多""爹爹"，"由表'岳父母'转而指'父母'"，事实上不可能发

---

① 参见寻仲臣：《喻四来源的再探索》，载《齐鲁学刊》，1990年第3期，第121—126页。他详细梳理了以母的谐音材料，认为："中古以母不只是来自定母，'喻四归定'说是不全面的。以母的上古来源主要是舌音端系，其次是喉牙音晓见二系，再次是齿音精系。"
② 唐人多呼父为爷，宋人多呼父为爹，并不能说明"爷"的产生在"爹"之前，据郭洪义、毛远明（2016）的研究，"爷爷"在五代至北宋前期，产生了"祖父"的意义，可能是出于这个原因，父亲的称谓形成了空位，宋人又找回了父亲的早期称谓"爹"来称呼父亲。

生。"爹"在三国时期的《广雅》中才出现,"多多"的用例最早见于萧齐(储泰松,2016),"㸙"在西汉末年的《方言》中就已经出现,是不是说明"爹""多多"一定源于"㸙"呢?笔者认为未必。在考证词的出现先后时,文献出现的时间固然重要,但不是唯一的标准,因为由于各种原因,文献对词语的反映有滞后性,与词语出现的时间未必同步,在文献中出现有早晚之别的词未必在语言中也是如此,因而对词语在语言中出现的时间最好能找到语根,根据语音演变规律与词义演变规律,结合社会文化和文献的应用来加以确定。也就是说,语言学的方法才是研究词汇的根本方法,文献学的方法只是辅助方法。

喉音系"父亲"称谓中,"翁"为"公"之音变,可以置之不论。《方言》:"凡尊老,周晋秦陇谓之公。""公"本为位尊年老之男性称谓,转喻为对父亲的称谓。位尊、年老,均与"大"义相通,因而,追根溯源,"公"在语义上亦源于"大"。

唇音系父亲称谓,主要有"父""爸""伯"几个字,"爸"是"父"的俗语写法,可不论。父,甲骨文作 ꓘ,金文作 ꓘ,是一手持石器劳作的成年男性形象,隐含"大"义。夫,甲骨文作 ꓘ,金文作 ꓘ,在"大"的上端加一饰物,表示束发的成年男性,与"父"可谓异曲同工。与"父"同源的"布""普""圃""溥""敷""尃"等均有"大"义。可见"父"在意义上与"大"关系密切。伯源于白,白甲骨文作 ꓘ,金文作 ꓘ,为大拇指之象形。古人常以手指喻兄弟,因此"白"隐喻为"兄弟当中的老大",后加人旁,写作"伯"。由此可见,"伯"在语义上,实源于"大"。

三、"大"类父亲称谓的分布范围与明朝移民

郭熙(2006)搜集(包括调查)了161个县城以上的方言点对父亲的称谓,搜集的资料包括《普通话基础方言基本词汇集》和《现代汉语方言词典》的全部相关资料以及其他一些地方的方言志或调查报告,共搜集到"大"类父亲称谓44处:太原、娄烦、忻州、五寨、山阴、大同、天镇、和顺、太谷、沁县、陵川、平定、阳城、文水、汾阳、孝义、岚县、呼和浩特、临河、集宁、二连浩特、徐州、连云港、安庆、阜阳、芜湖、歙县、济南、济宁、诸城、商丘、郑州、灵宝、社旗、钟祥、天门、江永、自贡、西安、天水、敦煌、西宁、乌

鲁木齐、哈密。"大"类父亲称谓的分布范围有这样两个突出的特点：首先，山西省的分布点最为密集，44处分布点中，山西省就占了17个，约为2/5。其次，主要分布于黄淮流域，基本上沿陇海线展开。这两点都与明初自山西向黄淮流域的大移民高度吻合。据《元史·五行志》记载：元末至正元年至二十六年，几乎每年都有大洪水泛滥成灾，黄河、淮河多次决口，中原之地，漂没民众无数，村庄、城邑多成废墟。持续17年的元末农民战争主要在黄河下游、黄淮平原一带展开，明太祖朱元璋感叹："中原诸州，元季战争受祸最惨，积骸成丘，居民鲜少。"而此时的山西，几乎没有受到战争的波及，加上连年风调雨顺，五谷丰登，社会安定、经济繁荣，人丁兴盛。中原人口空虚，田野荒芜，必然造成税收减少，严重影响了明朝经济，因此迁徙山西人口充实中原势在必行，在明朝初年就已提上了议事日程。据《明实录》《明史》等记载，自明朝洪武年间至永乐年间，朝廷先后17次迁徙山西人口，直接迁入地是豫、鲁、冀、京、皖、鄂、陕、甘、宁、晋等省市，也就是黄淮流域。例如：

洪武九年十一月，徙山西及真定无产者于凤阳屯田。(《明太祖实录》卷六十二)

洪武二十一年八月，徙山西泽、潞二州民之无田者，往彰德、真定、临清、归德等闲旷之地。(《明太祖实录》卷一九三)

洪武二十二年九月，后军都督朱荣奏："山西贫民徙居大名、广平、东昌三府者，凡给田二万六千七十二顷。"(《明太祖实录》卷一九三)

洪武二十五年十二月，后军都督佥事李恪、徐礼还京。先是命恪等往谕山西民愿迁居彰德者听。至是还报，彰德、卫辉、广平、大名、东昌、开封、怀庆等七府徙居者凡五百九十八户。(《明太祖实录》卷二二三)

永乐十五年五月，山西平阳、大同、蔚州、广灵等府州申外山等诣阙上书，"乞分丁于北京、广平、清河等宽闲之处，占籍为民，拨田耕种，依例输税，庶不失所"，从之，仍免田租一年。(《明太宗实录》卷一○六)

郭熙(2006)搜集的"大"类父亲称谓44处分布点还包括内蒙古的呼和浩特、临河、集宁、二连浩特，也可从明初山西的移民中找到依据：

(洪武)二十八年正月，山西马步官军二万六千六百人，往塞北筑城屯田。(《明太祖实录》卷二三六)

郭熙（2006）搜集的"大"类父亲称谓44处分布点还包括天水、敦煌、西宁等河西地区，据安旭强（2010）的研究，"明朝前期进入河西地区的人迁移民来源非常广泛，范围北至今内蒙古，南至今海南，全国各地都有人以谪戍或卫所官军的身份迁居河西地区，其中尤以来自安徽、湖广和山东者最多"。可见，由山西移民至河西地区的人数非常有限，不足以对当地的语言生态发生影响，这些地区的"大"类父亲称谓应当与山西移民无关。历史上，河西地区是羌人聚居区，文献中有很多"爹"为羌人呼父的记载。《龙龛手镜》："爹，羌人呼父也。"《广韵》："爹，陟邪切，羌人呼父也。"《六书故》："岷俗呼父曰爹。""爹"为"大"之音变，河西地区"爹""父"两类称谓并存，说明这一音变在河西全境并非同步发生，有的地方父亲称谓已音变为"爹"，有的地方还保存着"大"的称谓。山西是羌人东进的前沿，"大"类父亲称谓当由羌人带到山西，明初通过移民扩展至黄淮流域。刘邦虽为楚人，但定鼎关中，受当地语言影响，称其父曰"大人"也并不奇怪。"大"为定母月部字，按照浊音清化规律，应变为平声字，因此一些方言中称父亲为"达达""答答"，是符合这一音变规律的。

四、结语

舌音系、喉音系、唇音系三类父亲称谓均与"大"义有关：舌音系父亲称谓的源头是"大"，"大人"是其变体，"大"音转为"爹"，"爹"音转为"爷"；喉音系父亲称谓的"公"本义是年高位尊的男性，语义亦源自"大"，"翁"为"公"之音变；唇音系父亲称谓的"父"与"夫"同源，本义均为成年男性，语义亦源自"大"，"爸"其实可以看作"父"之异文，比"父"保留了更多的古音成分。

参考文献

[1] 安旭强：《明朝前期入迁河西地区移民研究》，西北师范大学硕士学位论文，2010年。

[2] 储泰松：《中古汉译佛经与汉语"父亲"称谓的来源》，载《中国语文》，2016年第5期。

[3] 郭洪义、毛远明：《再谈"耶耶"及其相关问题》，载《中国语文》，2016年第2期。

[4] 郭熙：《对汉语中父亲称谓系列的多角度考察》，载《中国语文》，

2006 年第 2 期。

［5］郭锡良：《汉字古音手册》，商务印书馆 2010 年版。

［6］胡士云：《说"爷"和"爹"》，载《语言研究》，1994 年第 1 期。

［7］胡士云：《汉语的亲属称谓系统》，首届中国社会语言学国际会议（北京）论文，2002 年。

［8］黎锦熙：《"爸爸"考》，载《国语周刊》，1933 年第 98 期。

［9］张涌泉：《说"爷"道"娘"》，载《中国语文》，2016 年第 1 期。

从语源看上古第一人称的称谓系列

王力（1989：41）把上古的七个第一人称代词按声母发音分为两个系统："我 ŋai、吾 ŋa、卬 ŋaŋ"属于[ŋ]系，"余、予 dia、台 diə、朕 diəm"属于[d]系。对于这两系第一人称是如何形成的，有时代不同、方言不同、文献用字不同、语法功能不同等多种解释。王力先生（1989：42—46）认为前三者均不能对两系第一人称代词的用法做出合理的解释，他说："对于'余'和'予'，'女'和'汝'可以拿时代不同来解释。《尚书》用'予'，《左传》用'余'，《尚书》用'汝'，《论语》用'女'，这似乎可用时代不同来说明。因为'余'和'予'同音，'汝'和'女'同音，只是写法不同罢了。但是，如果不同音的两个人称代词同时出现在一部书里，情况就不同了。特别是在同一篇文章里，甚至同一个句子里，'吾'和'我'或'吾'和'予'同时并用，或'汝'和'尔'同时并用，就不能归结为时代不同和方言不同。如果说毫无分别的两个人称代词在一种语言中（口语中）同时存在，并且经常同时出现，那是不可想象的。"王先生因而倾向于语法功能不同。他说："'吾'字用于主位和领位，不用于宾位。除非在否定句里，宾语提到动词前面的时候，'吾'字才可用于宾位。""'我'字用于主位、领位和宾位。""从殷代到西周，'朕'和'乃'只限用于领位。"但语法功能说同样不能对两系第一人称代词的用法做出圆满的解释。其一，功能说并不能把两系第一人称的用法划分清楚。这一点，王力先生也很清楚，他说："'余'（予）和'吾、我'在语法上有什么不同，'汝'（女）和'尔、若'在语法上有什么不同，还没有人能够划分清楚。"其二，功能说无法解释，"我"的主位、领位、宾位用法齐具，为什么还需要另外一套第一人称代词。笔者认为，要对两系第一人称代词做出合理的解释，关键是厘清两系第一人称代词的来源。如此，方能收提纲挈领、纲举目张之效。

一、从商代甲骨文看第一人称代词系列

商代甲骨文的第一人称代词分为两个系列,"我"自为一系,"余、朕"为一系①。"我"可做主语、定语、宾语,"余"做主语、宾语,"朕"主要做定语。"我"用于群体(邦国、部族),"余、朕"用于个体。

首先,"我"在句法功能是可用作主语、宾语、定语。

(一) 做主语

(1) 贞:我其丧众人?(合集②43)
(2) 我允其来。(合集248)
(3) 贞:我受黍年(合集376)
(4) 戊午卜:我受年。(合集585)
(5) 贞:我弗其受黍年。(合集795)
(6) 丙辰卜,殷贞:今早我其自来。(合集4769)

(二) 做宾语

(7) 河杀我?不我杀?(乙③5406)
(8) 帝不我其受又。(合集6473)
(9) 且辛不我害?且辛害我?(合集95)
(10) 戊午卜,宾贞:王耳口,隹且乙孽我?(合集1632)

---

① 管燮初(1953:32)怀疑"戊寅卜贞:鱼虫彡岁自母辛衣"(前1.30.4)中的"鱼"是第一人称代词,只此孤例,且不能确证,本文不予采信。
② "合集",《甲骨文合集》的简称,郭沫若主编,胡厚宣总编辑,中华书局1978—1982年版。
③ "乙",董作宾《殷虚文字乙编》的简称,台湾"中央研究院历史语言研究所"1948年版。

（三）做定语

（11）癸未，古贞：黄尹保我史？（合集3481）
（12）土方戋于我东鄙……工方亦侵我西鄙田。（合集6057）
（13）以我牛（合集8974）

其次，"我"在语用功能上用于群体（方国、部族）。而"我"用于群体（方国、部族），体现在以下几个方面。

1. 在祈求邦国有丰年时，用"我"，不用"余""朕"，如例（3）、例（4）、例（5）。
2. "我"可用来修饰表示邦国的"方"，"余""朕"皆不可。例如：

（14）我方无其祸。（合集4077）

3. 在表示殷国所属的边邑时，用"我"，不用"余""朕"，如例（12）。
4. 在殷国与其他方国对比时，用"我"不用"余""朕"，如例（12）、例（13）。

据朱红（2010：19）统计，殷商汉语中存在三个第一人称代词，但是与"祖先"连用时，"我"是第一选择，未见反例。这是因为"祖先"是商族的祖先，而非某个商王个人的祖先。

"余"在语法功能上可以用作主语、宾语。

（一）"余"做主语

（15）甲戌卜，王：余令角妇古朕史。（合集5495）
（16）庚子卜：王贞：余无害。（合集17039）
（17）庚辰卜，余酒禦于上甲。八月（合集19809）。

（二）"余"做宾语

（18）王占曰：隹父庚隹祟余？（合集235）

(19) 王占曰：隹甲害余？（合集 974）

(20) 壬申，祖辛害余？（合集 12740）

"朕"在语法功能上用作定语，也可用作主语，极少用作宾语。

(一)"朕"做定语

(20) 甲辰卜，王：羌弗□朕史。二月。（合集 6599）

(21) 乙卯卜，王贞：鼓其取宋伯歪，鼓骨载朕事，宋伯歪从鼓。（合集 20075）

(22) 庚辰[卜]，王：弗广朕天？（合集 20975）

(23) 庚戌卜，朕耳鸣。（合集 22099）

(二)"朕"做主语

(24) 庚辰卜，宾贞：朕刍于斗？（合集 152）

(25) 戊寅卜，朕出，今夕？（合集 22478）

(26) □□卜，王，朕听，余隹其有囚（合集 21296）

笔者认为，"朕"虽可用作主语，但非其主要用法，可视作其语法功能的扩展，在使用的优先级上，定语＞主语。

陈炜湛（1984：105）还找到了两个"朕"用作宾语的语例：

(27) 王占曰：祖乙弗若朕，不其□？（合集 13604）

(28) 王占曰：吉，帝左朕？（乙 8868）

由于用例极少，我们将之视为一种个人行为，尚不能当作一般用法。

"余""朕"在语用功能上用于个体，见于以上诸例，据朱红（2010：15）统计，甲骨卜辞和今文《商书》中，"余（予）"基本都用来表示第一人称单数语义。未见反例，殷商语料中"朕"基本用来表达第一人称单数语义，表达复数语义的几率极小。

综上，不难看出，"我"在语法功能上主语、宾语、定语用法齐具，不与其他代词发生互补关系，自成一体，在语用上只用于邦国、部族的自称①，因而可以将"我"定位为表示方国、部族自称的人称代词。"余"只做主语，"朕"只做定语，二者在语法功能上有互补关系。陈梦家（1988：96）认为，殷商汉语中，"朕"是领格，"余"可以是主格、宾格，但不可以是领格，"我"则兼为主、宾、领三格，朱红（2010：71）进一步指出，殷商汉语第一人称内部实际存在两个层面，一个层面主要是表示集体义的第一人称代词"我"，"我"可以充当主语、定语和宾语，句法功能完备；另一个是第一人称代词的个体义层面，主要成员是"余"和"朕"，二者共同承担第一人称的个体义层面，在某些句法位置上形成功能的互补，这些意见基本上是正确的，只是未能意识到所谓的"集体"其实只局限于邦族，殷人是不会与非本邦族的人合起来称"我"的。"余""朕"都只用于个体，不用于邦国、部族，因而可以将"余"定位为用作个体主格自称的代词，将"朕"定位为用作个体领格自称的代词。② 陈梦家（1956）、周生亚（1980）、张玉金（2009）认为甲骨刻辞中"我"为复数，可解释为现代汉语的"我们"，"余""朕"为单数，相当于现代汉语的"我"。如果仅仅从语义着眼，这种看法基本可以成立；如果上升到数量范畴的角度，则不尽然，个体自称与邦族自称没有语法上数量范畴的意义，并不等同于单复数。

二、西周金文中第一人称代词的演变

西周金文基本继承了甲骨文第一人称代词的用法，但已开始出现混用。据朱其智、朱学斌（2017）的研究，西周金文第一人称代词仍只有"我、余、朕"三个，"余"是主宾格代词，"朕"是领格代词，"我"则是通格代词，既可以

---

① 喻遂生（1996：21—25）认为，"我"在甲骨文中也可用来表单数，举例为：（1）丙戌卜，王，我其逐鹿获？允获十/……亥卜，王贞：余……狩麋，不口禽？七月。（2）甲午卜，王贞：我有循于大乙酒，翌乙未。/庚巳卜，王，余酒御于上甲，八月。（3）丁卯，王卜，贞：我其呼方告。/己卯卜，王贞，余呼口敦羌。按：商王作为商王朝的最高统治者，可以代表王邦命令下属进行征伐、祭祀、田猎，也可以以个人名义从事征伐、祭祀、田猎活动。因此，"我"用在征伐、祭祀、田猎动词前，并不表明它同"余"一样是单数。

② 朱红（2010：79）认为，"余"和"朕"，按照高本汉、王力的拟音，都属于 d 系代词，按照郑张尚芳、白一平的拟音，都属于 l 系代词，二者在宾语位置上严格的互补关系和在定语位置上不同的使用趋势，都可以认为是代词利用韵母语音曲折形成的变格关系。

用于主语宾语，又可以用于定语，这些都是与商代甲骨文相同的。① 朱其智、朱学斌根据对相关金文文例的统计和语法分析得出结论："'余'和'朕'是下对上的自称，而'我'是上对下的自称——这就是它们的区别。"这一结论似是而非。"余"和"朕"是个体第一人称代词，既可以用于下对上，也可以用于上对下。西周金文中的"余小子"是作器者面对自己先祖先考、先王之灵的自称，甚至是面对皇天上帝的自称，这里的"余"属于下对上毋庸置疑，但周王在册命臣下的命辞中的"余"并非是下对上，而是上对下，兹从朱文中举数例以明之：

（29）王若曰：牧，昔先王既令女（汝）乍（作）司土，今余唯或䜌改，令女辟百寮有同吏……今余隹（唯）申庚②乃命。（04343 牧簋）

（30）王若曰：訇，丕（丕）显文武受令，则乃且（祖）奠周邦，今余令女（汝）啻官。（04321 訇簋）

（31）王若曰：克，昔余既令女（汝）出内（纳）朕令，今余隹（唯）申庚乃令。（02836 大克鼎）

例（29）、例（30）、例（31）分别是周王对"牧""訇""克"三人的命辞，此三人对周王而言，不仅是下属，而且是晚辈。朱其智、朱学斌（2017）说："册命礼仪都是在宗庙举行的。'昔/才先王令/命……今余申（庚）……'是周王继先王之后再次册命群臣的典型句法，在这样的句法中，'才'为'昔'义，'昔'与'今'相对，面对先王之灵，时王自称'余'。'余'在这里同样是下对上的自称。"但事实并非皆是如此，即以例（31）而论，文中明明白白地说"昔余既令女（汝）出内（纳）朕令"，可见并非是"继先王之后再次册命群臣"，而是时王重申自己以前的任命，如此"面对先王之灵"云云便失去了着

---

① 据朱红（2010：72—75）对西周传世文献的统计，"我"可以充当主语、宾语、定语，"余"主要充当主语，其次是宾语，极少做定语，"朕"主要充当定语，其次是主语，极少做宾语，与西周金文第一人称代词的语法功能分布基本相同。
② "申"，据裘锡圭（2012：54—60）释文，意为"重申"；"庚"，据杨树达（1997：73）释文，意为"继续"。

落,'余'为下对上的自称的说法也就站不住脚了。①

朱其智、朱学斌(2017)认为:"'朕'与'祖''考''母''姬''姑'搭配,定语绝大多数是'朕'而不是'我'。这说明'朕'是在先辈面前下对上的自称,代表晚辈/继承者的身份。"这里有两点需要澄清:其一,西周金文中,"朕"多数用作长辈类亲属称谓和君王类称谓的定语,这是作器多是祭奠先祖以及颂扬君王的特殊性质决定的,与下对上的自称无关。其二,作器者在尊长名称的前面用"余"而不用"我"做定语,盖因为"余"是个体自称,正与其后的名词匹配,"我"是邦族自称,与其后的名词不相匹配。事实上,西周金文中,"朕"并非仅做长辈和君王的定语,还可做"法""令"的定语。例如:

(32) 敬夙夜用事,勿废朕令。(02836 大克鼎)
(33) 敬夙夕,勿废朕令。(04467 – 04468 师克盨)
(34) 敬乃夙夕……勿废朕命。(00060 + 61 + 62 + 63 逆钟)

用"朕"做"令""命"的定语,"令""命"都是说话者本人发出的,因而是不存在所谓"下对上"的。

朱其智、朱学斌(2007)说:"'令/命'做动词时,第一人称选择了'余'做主语(共6例,另仅有1例例外);相应地,'令/命'做名词时都选择了'朕'做定语。'余'和'朕',都是册命时面对先王之灵下对上的自称。"前面,我们已经指出了"余"为"册命时面对先王之灵下对上自称"的失误,皮之不存,毛将焉附,"朕"为"下对上的自称"自然也就站不住脚了。

西周金文中,"我"做邦族和区域名词"邦/家/国/有周/土/西扁东扁"的定语。据朱其智、朱学斌(2017)统计,"'邦/家/国/土/有周/西扁东扁'是王公的统治区域,只与'我'搭配,共16句20例,没有1例与'朕'组合。"这个统计结果与"我"为邦族自称完全一致。"我"做邦族名词"邦/家/国/有周"的定语,正是它的原型用法;"我"做区域名词"土/西扁/东扁"的定语,也是站在邦族的角度去说的,因为这些区域是属于周邦周族的。西周金文中,

---

① 朱红(2010:92)对甲骨文"余"的使用场合做过统计,"余"用于上对下占97.4%,下对上仅占2.6%。这一统计结果固然是受到了卜辞多为命令臣下的情形影响,但足以推翻"余"用于"下对上"的认识。朱红(2010:93)指出:甲骨卜辞中商王也常使用"余"自称。如果商王在神灵面前使用"余"是表示谦卑,那么在臣子面前使用"余"自称又该如何解释呢?这时的"余(予)"又是表示高贵的含义吗?

"我"还可做指人名词"臣/人/诸侯百姓"和"宗子/弟子/孙"的定语①，前者是从周邦的角度去说的，后者是从周族的角度去说的，也与"我"表邦族自称若合符契。

综上所述，西周金文的第一人称代词基本继承了商代甲骨文的用法，"我"为邦族自称，"余、朕"为个体自称。但是，也应该注意到，西周金文相比于商代甲骨文，第一人称的用法也出现了一些变化。朱其智、朱学斌（2017）注意到西周金文出现了3例"我一人"，例如：

（35）女（汝）母（毋）敢妄（荒）宁，虔夙夕，叀（惠）我一人，雝我邦小大猷。（0281 毛公鼎）

"我一人"的"我"确系个体自称，但此用法显然源于邦族自称，"我一人"即我邦我族（周邦周族）的最高统治者。

据朱其智、朱学斌（2017）统计，"朕"做定语用在"祖/考/母/姬"前共有124例，而"我+考/母/姑"只有3句6例。例如：

（36）亦我考幽白（伯）幽姜令。（04293 六年召伯虎簋）
（37）作我姑登（邓）孟媿媵簋。（04011-04013 复公子簋）

虽然此种用例很少，但已显示出"我"由部族自称转向个体自称的趋势。但以下几例，朱其智、朱学斌（2017）认为是"余""我"混用，似可商：

（38）今我隹（唯）即井（型）廪（禀）于玟王正德，若玟王令二三正。
今余隹（唯）令女（汝）盂召荣敬雝德巠。（02837 大盂鼎）
（39）王令我羞追于西，余来归献禽。（04328-04329 不其簋/不其簋盖）

例（38）"我"指周族统治集团，"余"指周王本人，例（39）的"我"指周师（周朝军队），"余"指"不其"个人。"我"仍为邦族自称，"余"仍

---

① 例句可参见朱其智、朱学斌：《西周金文第一人称代词"余""朕"和"我"的区别与混用》，载《中国语义》，2017年第2期，第171—181页。

为个体自称,并未出现混用。

三、春秋战国时期文献中的第一人称代词的演变

春秋战国时期的第一人称代词主要有七个,除继续使用"我、余、朕"外,又多出了"予、卬、吾、台"四个,其中"予"与"余"音义相同,只是写法不同,应视为同一个词。张玉金(2009)认为,"卬、吾"可能是西方周族人的方言词,是。蔡英杰(2009)认为,"卬"用于女性自称,是"我"或"吾"的性别变体。"台"有人认为是"余"的变体。据张玉金(2009)统计,春秋时期,"余(予)"在第一人称代词中出现的频率(21.8%)与殷商(21%)、西周(25.7%)相比,没有显著变化。只是到了战国时代,"余(予)"出现的频率降低了(11%),到了战国后期,"余(予)"不仅使用的频率更少,而且基本不会用在口语中。春秋时期,"朕"在口语中已基本不用了,有限的一些用例,多出现在模式化的仿古金文或引言中。"卬"在春秋时代的语料中只出现了3次,战国时代的语料中已见不到"卬"。在春秋时代的语料中,"台"共出现8次,到了战国时代,已基本废弃不用。在春秋时代的语料中,"我"共出现了378次,占第一人称出现总次数(531)的71.2%,战国时代的语料中,"我"共出现了1856次,占第一人称出现总次数(4597)的40.4%。春秋时代的语料(春秋金文)中,"吾"仅出现7次,战国时代的语料中,"吾"共出现2207次,占第一人称出现总次数(4597)的48%。从中不难看出两点重要的语法现象,其一,到了战国时期,第一人称代词[ŋ][d]两系并存的天平已经打破,[ŋ]系不再固守原来的邦族自称的用法,把自称用法扩展至个体,在第一人称的竞争中取得了决定性的压倒优势。其二,[ŋ]系内部出现了分化,"吾"异军突起,与"我"并驾齐驱,平分秋色。①

春秋战国时期,"我""吾"均继承了"我"表邦族自称的用法,"我"表邦族自称,既可用在邦国、族姓的名称前面,用作邦国、族姓的同位语;又可用在职官、亲属称谓的名词前面做定语;"吾"表邦族自称,只能用在职官、亲属称谓的名词前面做定语,不能用在邦国、族姓的名称前面做同位语。这说明,

---

① 朱红(2010:79)认为:春秋战国汉语中的"我"和"吾",按照各家拟音,都属于ŋ系代词,"我"在句末动词宾语位置上的强制使用和"吾"基本不做句末宾语的情况,也可以看作是二者利用韵母语音曲折形成的变格关系。

表示邦族自称是"吾"的原型用法，因而不受限制，"吾"是"我"的方言音变产生的变体，并没有完全继承"我"表邦族自称的用法，在使用上还受到一定限制。例如：

（40）奏鼓简简，衎我烈祖。（《诗·商颂·那》）
（41）我周之东迁，晋郑焉依。（《左传·隐公六年》）
（42）昔虞阏父为周陶正，以服事我先王。我先王赖其利器用也，与其神明之后也，庸以元女大姬配胡公，而封诸陈，以备三恪，则我周之自出，至于今是赖。（《左传·襄公二十五年》）
（43）昔我先王世后稷，以服事夏商。（《国语·周语上》）
（44）陈，我大姬之后也。（《国语·周语中》）
（45）我姬氏出自天鼋。（《国语·周语下》）
（46）昔者成王命我先君周公及齐先君大公曰："女股肱周室，以夹辅先王，赐女土地，质之以牺牲，世世子孙无相害也。"（《国语·鲁语上》）
（47）晋郑兄弟也，吾先君武公与晋文侯戮力一心，股肱周室，夹辅平王。（《国语·晋语四》）
（48）平公闻之曰："晋其庶乎？吾臣之所争者大。"（《国语·晋语八》）
（49）子西曰："阖庐能败吾师，阖庐即世，吾闻其嗣又甚焉，吾是以叹。"（《国语·楚语》）

"我""吾"除用作邦族自称外，均可用作个体自称，反映了"我"在语用上的扩展。① 如：

---

① 胡适（1917）指出："吾字用于偏次，单数为常，复数为变。我字用于偏次之时，其所指者，复数为常，单数为变。"颇具眼光。"吾"字最初出现，有可能是弥补"我"作为邦族自称不能用于个体自称的不足。根据王春玲（2008：43—47），现代汉语方言中有不少方言是通过单数人称代词的变音来表示复数，因此，两周之交出现的"吾"，极有可能是通过"我"的变音来表示个体自指。黄盛璋（1963：463）认为，"我""吾"没有数的区别，"余""朕"只表示单数，这一情况是"我""吾"功能扩展后的结果。朱红（2010）以上古传世文献为主体，以部分出土文献为补充，对上古汉语人称代词称数问题进行动态断代研究，得出结论：殷商汉语和西周汉语中存在数量范畴。西周以后，代词的称数模式发生变化。春秋战国汉语第一人称数之范畴消失，每个代词都可兼表单复数语义，具体的称数所指主要依靠语境判断。如果仅仅从数量意义看，这一结论基本上是正确的，如果从数量范畴来看，则未必尽然，个体与邦族的关系并不等同于单复数。

(50) 吾闻姬姓，唐叔之后，其后衰者也。(《左传·僖公二十三年》)

(51) 子曰："吾十有五而志于学，三十而立，四十而不惑，五十而知天命，六十而耳顺，七十而从心所欲，不逾矩。"(《论语·为政》)

(52) 富辰曰："昔吾骤谏王，王弗从，以及此难。若我不出，王其以我为怼乎？(《国语·周语上》)

(53) 土国城漕，我独南行。(《诗·邶风·击鼓》)

(54) 重耳告舅犯曰："里克欲纳我。"(《国语·晋语二》)

(55) 昔者此其父始之，我终之，我始之，夫子终之，无不可。(《国语·晋语八》)

(56) 我有大事，子有父母耆老，而子为我死，子之父母将转于沟壑，子为我礼已重矣。(《国语·吴语》)

(57) 我能事尔，尔不可使多蓄憾，将免我乎？尔为之。(《左传·文公十四年》)

(58) 子曰："赐也，尔爱其羊，我爱其礼。"(《论语·八佾》)

(59) 尔为尔，我为我。(《孟子·公孙丑上》)

朱红（2010：39）认为："汉语发展到春秋时期，'我'的称数倾向消失，既能表示单数语义，也能表示复数语义，是一个泛数形式了。普通百姓平日多关注自己的生活，使用'我'表达第一人称单数义就很正常了。"其实，对于"我"在称数上的变化，更应当从时代背景上加以考量。春秋战国时期的兼并战争，带来了社会的大动荡，也带来了民族的大融合，夏、商、周三大族渐渐融为一体，族邦的区别已经没有多少意义了，"我"扩展出个体自称的用法也就顺理成章、自然而然了。

邹秋珍（2006）指出："我"经常在与他称的对比中突出自己，以表示对自身的强调。罗端（2009）认为，说话者用"我"表示一种"身份隔绝"，他把自己看成和当时当地不同的对立角色。这些看法都很深入，反映了"我"本来表邦族自称的流风余韵。与此相反，"吾"与一些词语的搭配却可表示亲昵关系，如"吾子"：

(60) 张侯曰："自始合，而矢贯余手及肘，余折以御，左轮朱殷，岂敢言病？"(《左传·成公二年》)

(61) （季札）说（悦）叔向，将行，谓叔向曰："吾子勉之！君侈而

多良,大夫皆富,政将在家。吾子好直,必思自免于难。"(《左传·襄公二十九年》)

(62)(赵文子)见知武子,武子曰:"吾子勉之!成宣之后而老为大夫,非耻乎?成子之文,宣子之忠,岂可忘乎?"(《国语·晋语六》)

"吾""我"不仅有感情距离的远近之分,还有时间距离的远近之分,《孟子》中的一段话,说到现在的时候用代词"吾",说到未来的时候用代词"我":

(63)孟子曰:"吾固愿见,今吾尚病,病愈,我且往见,夷子不来。"(《孟子·滕文公上》)

据张玉金(2009)的统计,春秋时期的语料中,"吾"仅出现7次,做主语5次,做定语2次。战国时期的语料中,"吾"出现2207次,做主语1508次,占总次数的68.3%,做定语658次,占总次数的29.8%,做宾语41次,占总次数的1.9%。春秋时期的语料中,"我"出现378次,做主语的占18.8%,做宾语的占28.3%,做定语的占48.7%。战国时期的语料中,"我"共出现1856次,做主语的占41.2%,做宾语的占41.8%,做定语的占14.3%。"我"仍保持了其原有的语法功能,主格、宾格、领格三种用法齐具。由于作为方音变体的"吾"异军突起,已经进入通语系统,"我"与"吾"在语法功能上产生了不太严密的分工①:"吾"的语法功能的排列顺序为:主语>定语>宾语,"我"的语法功能排列顺序为:宾语>主语>定语。"吾"做主语具有优先性,"我"做宾语具有优先性,还反映在一句话中同时用到"吾""我"的句子,例如:

(64)吾过而里革匡我,不亦善乎?(《国语·鲁语上》)
(65)今者吾丧我,汝知之乎?(《庄子·齐物论》)
(66)子为我召之,吾倍其室。(《国语·楚语上》)
(67)二三子可以贺我矣!吾举厥也而中,吾乃今知免于罪矣。(《国

---

① 姚振武(2015)说:"就上古汉语第一人称代词而言,'不严格的形态'也许比较符合实际。"这一观点符合春秋战国时期第一人称代词的使用情况。参见姚振武:《上古汉语第一人称代词的"形态"现象及相关思考》,载《湖北大学学报(哲学社会科学版)》,2015年第1期,第76—81页。

语·晋语五》)

四、[ŋ] [d] 系第一人称代词的语源

[ŋ] 系第一人称代词，有"我、吾、卬"三个，"我"出现得最早，"吾""卬"是"我"的方言变体，同时"卬"又是女性性别变体。因此探讨 [ŋ] 系的语源，主要是弄清"我"的语源，即邦族自称的形成。田昌五先生（1995：31）把大约从考古学上的龙山时代算起下至战国时期的各国变法为止称为"族邦时代"。王震中先生（2003：28—32）称龙山时代为邦国时期，即有了强制性权力机构的出现，已进入邦国类型的国家阶段。三代的夏朝处于龙山时代之末，在存在众多族邦的同时，出现了凌驾众邦之上的王邦，众邦以王邦为核心构成了早期的国家形态。夏代是我国历史上第一个早期国家，夏启建立了以姒姓夏族为主体的夏王朝。夏朝各邦称某某氏，《史记·夏本纪》："禹为姒姓，其后分封，用国为姓，故有夏后氏、有扈氏、有男氏、斟寻氏、彤城氏、褒氏、费氏、杞氏、缯氏、辛氏、冥氏、斟戈氏。"姒姓诸邦中，夏后氏是王邦，自称为夏（"后"表示其王邦地位），音转为我（夏，匣母鱼部，我，疑母歌部，音近①），后演变成为表示本邦族自称的代词。商取代夏，不过是王权由姒姓的夏族转入子姓的商族，王邦由夏邦转入商邦。统治权虽然发生了转移，可是作为王邦自称的代词"我"并没有发生同步变化，这既有语言内部的原因，也有社会外部的原因。从语言内部来说，语言有其稳定性，保守性，代词尤具典型性。从社会外部来说，对于非王邦来讲，王邦自称"我"已约定俗成；骤然改变，很难适应；对于新的王邦来说，仍然沿用原有的王邦自称，也能显示其继承性、合法性。周灭商后，也仍然沿袭"我"作为王邦自称。

历史上各个民族都有自己的自称。汉族作为我国的主体民族，其自称已湮而不彰，各少数民族时至今日仍大多保留着民族自称，如壮族自称布壮、布依等，彝族自称罗罗、诺苏等，瑶族自称勉、布努等，白族自称白伙、白尼等，哈尼族自称哈尼、豪尼等，傣族自称傣仂、傣雅等，布朗族自称布朗、巴朗等，

---

① 匣、疑同属牙音，邻纽，鱼、歌在王力、郭锡良的拟音中是 [ɑ] 和 [a] 的关系，其他各家拟音差别也很小。后来，"我"在周方言中音变为"吾"，重又转入鱼部，说明二者当为同一音位，语音差别甚微。

怒族自称怒苏、阿怒等。

[d]系第一人称有"余、予、朕、台"四个,"予"是"余"的不同书写形式,"朕"是"余"的领格,"台"是"余"的变体且出现次数甚少,因此探讨[d]系的语源主要是弄清"余"的语源,即个体自称的形成。余,甲骨文作 ➊、⍦,像用木柱支撑的房舍。对比"舍"字(甲骨文作 ⍧、⍧)可以看出,"余""舍"当为异文关系,两字不过是繁简关系,"舍"在"余"的继承上增添了"口"形,表示地面。用居住地代指居住地所在的人,是一种常见的转喻①,"余"就顺理成章地成为表示个体的代词。其实,同样表示居住地的"舍"和"家"也都有作第一人称代词的用法。例如:

(68)当自白书,恐传言未审,是以令舍弟子建,因荀仲茂,时从容喻鄙旨。(《三国志》裴松之注引《魏略》)

(69)舍弟卑栖邑,防川领薄曹。(杜甫诗《临邑舍弟书至苦雨》)

(70)孺人道:"不敢动问贤婿,贤婿既非姓白,为何假称舍侄,光降寒门。"(明小说《二刻拍案惊奇(上)》)

(71)弟同几个舍亲,到茅山去进香,数日方回。(明小说《警世通言》)

(72)因舍亲陈宅那边为些闲事,替他乱了几日。(《金瓶梅》第十八回)

(73)若论舍亲,与尊兄犹系同谱,乃荣公之孙。(《红楼梦》第三回)

(74)建安中,家父魏王,乃命有司造宝刀五枚,三年乃就。(曹植《宝刀赋序》)

(75)沈袭道:"极知久占叔叔高居,心上不安。乃家母之意,欲待是非稍定,搬回灵柩,以此迟延不决。"(明小说《喻世明言(下)》)

(76)诸葛亮闻恪代祥,书与陆逊曰:"家兄年老,而恪性疏,今使典主粮谷。粮谷,军之要最,仆虽在远,窃用不安。"(《三国志·吴志·诸葛恪传》裴松之注引晋虞溥《江表传》)

(77)谢太傅曰:"卿兄弟志业,何其太殊?"戴曰:"下官不堪其忧,家弟不改其乐。"(《世说新语·栖逸》)

---

① 古代用东宫指代太子,用后宫指代嫔妃,现在还用华盛顿指代美国政府,用五角大楼指代美国国防部。

五、余论

秦汉以后,逐步形成了"我"用于口语,"吾"用于书面语的格局。吕叔湘(1985:2)指出:"秦汉以后的口语里,很可能已经统一于我,吾字只见于书面了。"邹秋珍、胡伟(2010)认为:大概在南朝或更早一些,"吾"被"我"排挤出口语领域。蒋骥骋、吴福祥(1997:370—371)认为:"至少在唐五代,汉语实际口语中,第一人称代词已经完全统一于'我'。"新文化运动以后,言文统一,"我"成了唯一的通用第一人称代词。究其原因,与"我"一开始就主格、宾格、领格齐具,功能强大,当不无关系。

参考文献

[1] 蔡英杰:《女性第一人称代词"卬"的演变》,载《长江学术》,2015年第4期。

[2] 陈梦家:《殷虚卜辞综述》,中华书局1988年版。

[3] 陈炜湛:《甲骨文所见第一人称代词辨析》,载《学术研究》,1984年第3期。

[4] 管燮初:《殷虚甲骨刻辞的语法研究》,中国科学院1953年版。

[5] 胡适:《吾我篇》,载《留美学生季报》,1917年第3期。

[6] 黄盛璋:《古汉语的人称代词研究》,载《中国语文》,1963年第6期。

[7] 蒋骥骋、吴福祥:《近代汉语纲要》,湖南教育出版社1997年版。

[8] 吕叔湘、江蓝生补:《近代汉语指代词》,学林出版社1985年版。

[9] 罗端:《先秦汉语人称代词系统的演变》,见中国社会科学语言研究所《历史语言学研究》编辑部编:《历史语言学研究(第二辑)》,商务印书馆2009年版。

[10] 裘锡圭:《裘锡圭学术文集》,复旦大学出版社2012年版。

[11] 田昌五:《中国历史体系新论》,山东大学出版社1995年版。

[12] 王春玲:《汉语人称代词复数形式的综合考察》,载《宁夏大学学报》,2008年第2期。

[13] 王力:《汉语语法史》,商务印书馆1989年版。

[14] 王震中:《邦国、王国与帝国:先秦国家形态的演进》,载《河南大学学报》,2003年第4期。

［15］杨树达：《积微居金文说》，中华书局1997年版。

［16］姚振武：《上古汉语第一人称代词的"形态"现象及相关思考》，载《湖北大学学报（哲学社会科学版）》，2015年第1期。

［17］喻遂生：《甲骨文"我"有单数说》，载《古汉语研究》，1996年第2期。

［18］张玉金：《先秦汉语第一人称代词的发展》，见中国社会科学语言研究所《历史语言学研究》编辑部编：《历史语言学研究（第二辑）》，商务印书馆2009年版。

［19］周生亚：《论上古汉语人称代词繁复的原因》，载《中国语文》，1980年第2期。

［20］朱红：《先秦汉语第一人称代词研究》，南开大学博士学位论文，2010年。

［21］朱其智、朱学斌：《西周金文第一人称代词"余""朕"和"我"的区别与混用》，载《中国语文》，2017年第2期。

［22］邹秋珍：《战国时代人称代词研究》，华南师范大学硕士论文，2006年。

［23］邹秋珍、胡伟：《上古汉语"吾""我"之比较——兼谈单音词研究的五个平面》，载《中南大学学报》，2010年第6期。

白、伯、百、魄、柏、舶、皤同源说略

白是大拇指的象形字，为擘之初文。含白的伯、百、柏、舶诸字，俱有大或长义，与白是声近义通的一组同源字。

一、白字形义考

白，《说文》云："西方色也。阴用事，物色白。从入合二。二，阴数。"意思是说：白，西方的颜色。在阴暗处事，物体的颜色容易剥落为白色。字形由"入"字包合着"二"字构成；二，表示阴数。①《说文》是一部信而有征的好书，但由于受到所处时代及作者世界观的影响，对与阴阳五行关系较密切的词语，统统给予了阴阳五行化的解释。木、金、火、水、土五行对应的方位是东、西、南、北、中，对应的颜色是青、白、赤、黑、黄，所以"白"字的形义自然也就阴阳五行化了。因而，许君对"白"字的解释是先入为主，用自己头脑中的阴阳五行观念去看待字形，分析字形，自然难免穿凿附会，方枘圆凿。《段注》认为皀的上半部是"白"字，《说文》："皀，谷之馨香也。象嘉谷在裹中之形，匕所以扱之。"段氏因而认为"白"是米粒，因而"白"字的本义是米粒。首先，文字形体在演变过程中，不同的形体可以混同。段氏认为"皀"的上半部是"白"字，缺乏证据，很难令人信服。再者，《说文》解释"皀"为"谷之馨香也，象嘉谷在裹中之形"，段氏却把"白"字解释为米粒。须知嘉谷与大米完全不是一回事。《辞海》口部"嘉谷"条："说文：'禾，嘉谷也。'段注：'民食莫重于禾，故谓之嘉谷。'王注：'魏风传曰：苗，嘉谷也。生民传曰：黄，嘉谷也。是知嘉谷者，禾之别名也。'"《辞源》口部"嘉谷"解释得更明白。"嘉谷，谓粟也。始生曰苗，成秀曰禾，禾实曰粟，粟实曰

---

① 汤可敬：《说文解字今释》（中册），岳麓书社1997年版，第1060页。

米，米名曰粱，其大名则曰嘉谷。"由此看来，嘉谷指的是粟，也就是谷子，小米，其色黄，与白丝毫没有联系。段氏把皁的上半部当作"白"字，已经犯了望文生训的错误。又把《说文》注解中的嘉谷看作米粒，无疑犯了偷换概念的错误。朱骏声《说文通训定声》："蒋骥曰：'（白）字从日，上象日未出初生微光。按日未出地平时，先露其光恒白，今苏俗语昧爽曰东方发白是也，字当从日丨，指事，训太阳之明也。"商承祚先生也认为："'白'字'从日锐顶，象日始出地面，光闪耀如尖锐，天色已白，故曰白也。'"① 甲文白（⚆）之与日（⊙）区别甚严，不容相混。"白"字圆锥形，"日"字方形（由于圆形不便刻划，因而圆形的东西在甲文刻写中往往呈方形）。"白"字中间一笔是实笔，与两侧相接；"日"字中间一笔是虚笔，不与两侧相接。"日"字的一笔本作一点，为刻划方便作一短横，它表示日中之精不亏，具有象征意味，因而绝不与两侧相连。另外，"白"字中间可作一横，也可作两横，"日"字中间只作一横。故白与日形无涉，义无关也。商氏望文生义，亦不足从也。郭沫若先生说："此（指'白'字——蔡按）实拇指之象形……拇为将指，在手足俱居首位，故白引申为伯仲之伯，又引申为王伯之伯，其用为白色字者乃假借也。"② 郭氏别具慧眼，独得字旨。甲文白或作⚆，或作⚇，确像大拇指形。中间的横画象肌肉的纹理，故与两侧连接。甲骨文表示肌肉或骨质的纹理，恒用一两横画。如自（鼻子的象形字）作⚇，角作⚇。由此可知，大拇指为"白"字最初之意义，亦即与字形密合之语源义。换言之，白即"擘"之初文。

二、白、伯、百、魄、柏、舶、皤同源说

五指同出一体，犹如兄弟同出一母。故人们用手足来喻兄弟。直到今天，我们仍然把兄弟间的感情称为手足情，把朋友间如同兄弟般的情谊称为情同手足。老百姓在谈到兄弟间性情、资质的差异时，常爱说：十个指头还不一般齐呢！手指既然可指兄弟，大拇指自然可指兄弟中年龄最长者——老大。因此，白引申为兄弟排行中的老大，即伯仲之伯。由于这个意义与人有关系，所以后

---

① 商承祚：《说文中之古文考》，转引自李格非主编：《汉语大字典（简编本）》，湖北辞书出版社、四川辞书出版社 1996 年版，第 1223 页。
② 郭沫若：《金文丛考》，转引自李格非主编：《汉语大字典（简编本）》，湖北辞书出版社、四川辞书出版社 1996 年版，第 1223 页。

来加上人字旁，写作伯。在中国宗法社会中，长子（嫡长子）具有特别尊贵的地位。只有他，才有资格世袭官职和特权；也只有他，才有资格成为家长。自天子、诸侯至大夫，他们都拥有着一种共同的身份——伯。故方国的首领可称伯。《左传·僖公四年》："昔召康公命我先君太公曰：'五侯九伯，汝实征之，以夹辅周室。'"统领诸侯的首领亦可称之为伯，因为他事实上无异于诸侯中的老大。"春秋五伯"中的"伯"用的就是这个意义。也就是说"伯"是表示"霸主"这个意义的本字，"霸"不过是个假借字。

　　甲金文字中，百写作囧，象"白"侧端的两线上延，其上加个"一"字。甲金文字中，二百、三百、四百、五百、六百分别写作囧、囧、囧、囧、囧，用的都是合文的形式。因此，我们知道，"百"其实是"一白"的合文。"百"的意义本来就是用"白"表示的。百、千、万本来都是无定指的大数。用"白"来表示"百"，并不是纯然的假借，而是借"白"的"大"的意义来表示大数。戴家祥先生说："夫世无衡量筹算，人之记数，固以指示。上古遗言，数止三五而已。百千万意，本无其字，其数不过赅括言之。'百辟''百礼''百工''百货''百姓'，俱不能以百数泥也。迨后文教开明，始定其数，十十为百，十百为千，十千为万，十万为亿，其数皆以十进之矣。"① 其言甚为精辟。要之，"白"由"大"义引申出大数之义，又由不确定的大数引申出确定的"十十"之义。正因为百是不确定的大数，所以凡数量很大，不易确定数目者，概以"百"言之。如百事、百役、百物、百官、百司、百僚、百家、百科、百草、百戏、百祀，等等。《诗经·公刘》："逝彼百泉，瞻彼溥原。""百"与"溥"对文，表示"大"义。《本草》："热汤百沸。若半沸者，饮之反伤元气。"很显然，"百沸"这里是指大沸，而不是沸腾一百次。《孝经》："魄，白也。"《左传·昭公七年》："人生始化曰魄，既生魄，阳曰魂。"魄指的是化成万物之气，这种气塞于天地之间，浩浩乎无以名其大，故称之曰魄。《越绝书·十三》：

　　　　越王问于范子（蠡）曰："寡人闻死其魂魄者死，得其魂魄者生，物皆有之，将人也？"

　　　　范子曰："人有之，万物亦然。"

　　　　问曰："何谓魂魄？"

　　　　对曰："魂者，橐也。魄者，生气之源也。故神生者，出入无内，上下无根，见所而功自存，故名之曰神。……神主生气之源，魂主死气之

---

① 戴家祥：《金文大字典》，学林出版社1999年版，第63页。

舍也。"

魄为生气之源，出入无内，上下无根，不能穷其大，故名之曰"白"。

《楚帛书》有寅熮与㲺熮合为二气，熮（炁）为气之古文。《关尹子》："以一炁生万物。"《无能子·圣道篇》："天地未分，混沌一炁。"寅，饶宗颐先生释为熏，为魂的借字；㲺，曾宪通先生释为百，其实就是"白"字，为魄的古字，魄是其后起本字。熏气和白气相当于《老子》书中的营、魄。《老子》马王堆本："载营魄抱一，能无离乎？"魂、魄二字都从鬼，表示人死后化成之阴气与阳气。《礼记·郊特牲》："魂气归于天，形魄归于地，故祭求诸阴阳之义也。"《礼运》："故天望而地藏也，体魄则降，知气在上。"这是在阴阳二元论影响下产生的概念，与魂、魄的本义已相距甚远。

柏，柏树。性耐寒，木质坚硬，纹理致密，生长期长，堪为众木之伯也，因而得名为柏。《本草纲目》："柏性后凋而耐久，秉坚凝之质，乃多寿之木。"《诗经·天保》："如松柏之茂，无不尔或承。"郑笺："如松柏之枝叶常茂盛，青青相承，无衰落也。"孔疏："如松柏之木，枝叶恒茂，无不与尔有承。如松柏之叶，新故相承，代常无凋落者。"《论语·子罕》："岁寒，然后知松柏之后凋也。"说明古人早就注意到了柏树树龄长的特点，这就确定了柏作为众树之长的地位。古人有元旦进柏叶酒的习俗，盖避邪气，图长寿也。《风土记》："元旦进柏叶酒。"《本草纲目》："元旦以之（柏——蔡按）浸酒，辟邪。"古人坟的周围遍植柏树，盖希望柏树能长久地聚住风水，保佑子孙也。柏有"大"义。《辞源》："柏，大也。""柏车"就是大车的意思。《周礼》："柏车，毂长一柯，其围二柯，其辐一柯。其渠二柯者三。五分为轮崇，以其一为之牙围。"《释名·释车》："柏车，柏，伯也；伯，大也。"黄帝陵有古柏，据云已逾五千余载，这不免有些夸张。客观地说，其树龄在两千年以上，当不成问题。这是柏作为众木之长的又一铁证。

舶，大船。《玉篇·舟部》："舶，大船。"唐惠琳《一切经音义》卷二十引《埤苍》："舶，大船也。长二十丈，载六七百人是也。"舶是大船，其义无疑得音于白，与白为同源字。其字形应分析为：舶，大船也，从舟从白，白亦声。

皤，须发白。又有丰盛义，如左思《魏都赋》："行庖皤皤。"又有大之义，如《左传·宣公三年》："皤其腹。"显然，从须发白是引申不出后二义的，前一义与后二义当是同字异词。我们把表示前一义的皤叫作皤$_1$，把表示后二义的皤叫作皤$_2$。皤$_2$与白当是音近义通的同源词。

从语音的角度看，伯、百、魄、柏、舶、皤俱从白得声，与白具有谐声关系。白，並母铎部；伯、百、柏，帮母铎部；魄，滂母铎部；舶，並母铎部；皤，並母歌部，与白俱有音近关系。从语音上看，上述诸字同源，也是能够成立的。

三、小结

从书面语的词义发生角度探索语源，厘清它的系统和变异，建立同源词族，是词汇学史的一项重要任务。本文系联的这一组同源词，就是此项工作的一个尝试。囿于所见，所论未必尽当，尚望方家同好有以正焉。

参考文献

［1］汤可敬：《说文解字今释》（中册），岳麓书社1997年版。

［2］戴家祥：《金文大字典》，学林出版社1999年版。

［3］李格非主编：《汉语大字典（简编本）》，湖北辞书出版社、四川辞书出版社1996年版。

（原文刊于《古汉语研究》2003年第1期）

"皇"字本义考

许慎《说文解字》："皇，大也。从自，自，始也。始皇者，三皇大君也。"许君没有看到皇的甲金文字形，根据小篆字形，误把"日"字当作"自"字。吴大澂《古籀补》："皇，大也，日出土则光大，日为君象，故三皇称皇。"吴大澂看到了皇的金文、古籀字形，把皇的上部正确地释为日字，可是却对较早的《作册大鼎》上的皇字视而不见，根据符号化了的字形，把它的下部误释为土。朱芳圃《殷周文字释丛》认为"皇即煌之本字"有一定道理。可是，皇虽是煌的本字，皇的本义却并不是光明盛大的意思，光明盛大只是它的引申义。那么，皇的本义是什么呢？让我们结合字形及古代文化的背景知识做一番探讨。

甲骨文"皇"像一轮光芒灿烂的太阳。从金文来看，皇字从日从王王亦声，日上的部分为字缀，表示太阳放出的光芒，其下部则分明是个"王"字，这一点，从《作册大鼎》上看得很清楚。大汶口文化山东莒县陵阳河遗址出土的陶器上有一个 𠈌 字，其上为日，中间是在空中飞翔的鸟的形状，其下为火。在先民的意识里，太阳犹如一团熊熊燃烧的烈焰，由一种神鸟载着在空中飞行。这种鸟，有的部族认为是燕子，有的部族认为是凤凰，有的部族认为是三足乌。总之，日、鸟、火是三位一体的。这个刻在陶器上的字，应是该部族的族徽。我国古代各民族都有过日神崇拜，此字从日，从鸟，从火，无疑就是日神。验之史实，这个地区居住的应是东夷族，东夷族盛行日神崇拜，已得到广泛证实。这个字，应是"皇"字的原始字形。后来，随着人们的神话意识渐渐淡薄，权力意识日益浓重，日下的"火"与"鸟"遂被声兼义的"王"字所取代。因为太阳是从东方升起，所以日神又被称为东皇、东皇太一。屈原《九歌·东皇太一》描绘的就是祭祀日神的场面。

> 吉日兮良辰，
> 穆将愉兮上皇。
> 抚长剑兮玉珥，

璆锵鸣兮琳琅。

　　瑶席兮玉瑱，
　　盍将去兮琼芳。
　　蕙肴蒸兮兰藉，
　　奠桂酒兮椒浆。

　　扬枹兮拊鼓，
　　疏缓节兮安歌。
　　陈竽瑟兮浩倡。

　　灵偃蹇兮姣服，
　　菲菲兮满堂。
　　五音纷兮繁会，
　　君欣欣兮乐《康》。

美玉、美食、美酒、动听的音乐、优美的舞蹈，可见祭祀日神场面的隆重恢宏。诗中的上皇就是日神，盖因为日神高居天上也。杜甫《幽人》诗："风帆倚翠盖，暮把东皇衣。"东皇也是指日神，日神给人间带来了光明，因而皇引申为光明盛大之义，这个意义后来写作煌，因而说"皇"是"煌"的本字是正确的。《诗经·小雅》："服其命服，朱芾斯皇。"我国古代部族多盛行日神崇拜，日神其实就是他们心中的天帝，因而皇又可指天帝。《后汉书·张衡传》："叫帝阍使开扉兮，睹天皇于琼宫。"后来词义扩大，皇由日神起泛指天神。如颜延年《三月三日曲水诗序》："皇祇发生之始，后王布和之辰。"皇与后常连用，皇谓天神，后谓地神。《楚辞·九章·橘颂》："后皇嘉树，橘徕服兮。"王逸注："后，后土；皇，皇天也。"后、育、毓，本同字，生育之义。引申之，指生育万物之土地神。上古汉语中，定语在中心语后面，是一种较为常见的现象。皇天后土亦即天皇土后——天神地祇也。《书·武成》："底商之罪，告于皇天后土，所过名山大川。"明梁辰鱼《浣纱记·伐越》："皇天后土，鉴生平忠孝之心；名山大川，谅宿昔英豪之气。"清侯方域《太子丹论》："呜呼，丹之心事可以告之皇天后土而无憾矣。"古人盛行祖先崇拜，认为祖先死后即成为天神，所以称死去的祖父为皇祖考，祖母为皇祖妣，父亲为皇考，母亲为皇妣。天人相通，天人合一，皇既是天神，自然可指人间的帝王。我国古史传说中的三皇伏羲氏、燧人氏、神农氏就是这样的人物。秦始皇统一六国后，对于国家最高统治者的称号颇费了一番心思，最后确定用"皇帝"这一名称。盖皇、帝俱是天神称号也。秦始皇自以为自己建立了旷世之伟业，德配天地，非皇帝之名，不足以显其功德。

凤凰的凰，本写作皇，《广韵》："皇，凤凰，本作皇。"盖因凤凰乃是日神的化身。《鹖冠子·度万》："凤凰者，鹑火之禽，阳之精也。"《艺文类聚》卷九一引《春秋元命苞》："火离为凤。"火离就是太阳。《周易·说卦》："离为火，为日，为电。"《孔演图》云："凤凰火精，生丹穴。"王充《论衡·感日》："夫日者，火之精也。"也说明凤凰就是日，换言之，是日神的化身。凤凰本来称作皇或凤，皇为牙音匣母，凤为唇音并母，牙音、唇音上古关系密切，古汉语中有大量的语言材料可资证明。唇音"凤"由于受到舌根音气流的影响，分化出牙音"凰"。古汉语中有不少联绵词，就是利用牙音、唇音的不同造成的。如"方皇"表示遨游、徘徊不进。《荀子·君道》："古者先王审礼以方皇周浃于天下，动无不当也。"同义组合是汉语双音词构词的重要手段，由此"凤"和"凰"二音组合为"凤凰"。所以凤、凰（皇）、凤凰，实乃一物之异名。《书·益稷》："箫韶九成，凤皇来仪。"孔传："雄曰凤，雌曰皇。"这是因为不明凤、凰的演变关系，把二者强生分别。凤凰如龙一样，同是人们想象中的神物，人们根本就没见到过，谈何雌雄之分呢？

（原文刊于《辞书研究》2001 年第 5 期）

参考文献

［1］吴大澂、丁佛言、强运开辑：《说文古籀补三种（附索引）》，中华书局 2011 年版。

［2］朱芳圃：《殷周文字释丛》，中华书局 1962 年版。

第二编 02

训诂理论
与实践

训诂的方法与程序[①]

一、引言：训诂与训诂学

（一）什么是训诂

什么是训诂？这个看似极为简单的问题，在理论上并没有得到真正的厘清。以下诸家之说，虽然大同小异，但在认识上并没有完全统一。

黄侃（1983：181）："训诂者，用语言解释语言之谓。"它的内容包括："本有之训诂与后起之训诂，独立之训诂与隶属之训诂"，"义训与声训"，"说字之训诂与解文之训诂"。

白兆麟（1984：6）："训诂是在古代文献的范围内，为克服文字障碍，解决语言矛盾而独立存在的专门性的学术工作。"

王宁（1996：32）："训诂的基本工作是用易知易懂的语言来解释古代难知难懂的文献语言。"

陆宗达（2002：2）："早在汉代，就开始有了以扫除古代文献中的语言文字障碍为实用目的的一种工具性的专门工作，叫作训诂。"

郭在贻（2002：416）："训诂就是解释疏通古代的语言。换言之，将古代的话加以解释，使之明白可晓，谓之训诂。"

周大璞（2007：1）："训诂就是解释的意思。即用易懂的语言解释难懂的语言，用现代的语言解释古代的语言，用普通话解释方言。"

[①] 基金项目：教育部人文社科基金项目"《说文解字》的阐释体系与说解得失研究"（项目编号：11YJA740002）。

训诂就是解释，这是诸家都同意的。那么，解释的对象是什么呢？诸家的认识就不统一了。陆宗达先生以为是"古代文献中的语言文字障碍"，郭在贻先生认为是"古代的语言"，王宁先生认为是"古代难知难懂的文献语言"，白兆麟先生认为是"古代文献"的"文字障碍"，周大璞先生认为是"难懂的语言""古代的语言""方言"。如果抽绎其中相同的地方，可以概括为"古代文献语言"。那么我们是否可以说"训诂就是解释古代文献语言"呢？这种表述并无大错，但不够严密。首先，"古代文献"这个词语包含面太广，尽管对于中国人来说，提到"古代文献"，大家一般默认为"汉文典籍"，但为了不至于引起误解，这里还是不要使用为宜。其次，"语言"这个词语的意义也很宽泛，科学术语中的"语言"是指"以语音为物质外壳，以词汇为建筑材料，以语法为组织规则构成的一个符号系统"，训诂显然并不以这种符号系统为解释对象，而是以古代汉语中的词、句为解释对象。有鉴于此，我们就可以把训诂的定义修改为：训诂就是对汉文典籍中词句的解释。不少学者认为，训诂是以汉文典籍中的疑难词句为解释对象，这种看法显然把对训诂看得过于狭隘了。训诂以两种形式而存在，一种是对古代汉语中的词语意义进行纂集的专书，一种是对具体汉文典籍中的词句进行解释的注疏、论文。后者针对的是疑难词句，前者针对的所有词语的所有义项。如果执着于训诂只是对"疑难词句"的解释，就会把《说文解字》《尔雅》等著作排斥于训诂的大门之外，这显然是不合适的。

（二）训诂学的含义

训诂的含义既明，训诂学的含义也就容易确定了。训诂是对汉文典籍词句的解释，训诂学自然就是对汉文典籍词句的解释之学。但是这种"对汉文典籍词句的解释之学"包含哪些内容，诸家的认识也并不统一。

陆宗达（1964：3）："训诂学是汉语语言学里研究语言思想内容的一门科学，也就是语义学。"

黄侃（1983：181）："真正之训诂学，即以语言解释语言，初无时地之限域，且论其法式，明其义例，以求语言文字之系统与根源是也。"

白兆麟（1984：17）："训诂学是以古代书面语言的训诂为研究对象，以语义为主要研究内容的一门独立的科学。它的任务是：分析古代书面语言的矛盾障碍，总结前人的注疏经验，阐明训诂的体制和义例、方式和方法、原则和应用，以便更好地指导训诂以及与此相关的古文教学、古籍整理、词典编纂等工作。显然，综合性和实用性是这门学科的两大特征。从这个角度来说，训诂学是汉语言科学中的应用科学。"

王宁（1996：33）："训诂学是以前代训诂材料和前人的训诂工作为研究对象而建立起来的一门科学，因为有训诂，才有训诂学。传统训诂学是以研究古代文献语言的语义规律和训释方法为主要内容和任务的。"

周大璞（2007：1）："训诂学就是以词义解释为主要研究对象的一门学问。它通过训诂实践的总结和现存训诂资料的分析归纳，研究训诂的理论和常用的体式、方法、条例，揭示语义系统，推求词语根源，探求语义发展的内在规律，用以指导训诂的实践。"

其实，我们如果紧紧围绕"训诂学是汉文典籍的词句解释之学"这一定位，就能够为训诂学下一个比较科学严谨的定义。首先，训诂学的研究对象是汉文典籍的词句解释；其次，训诂学的研究内容是汉文典籍词句解释的原理、方法、方式；再次，训诂学研究的目的是指导训诂实践。因而可作如下表述：训诂学是以汉文典籍词句的解释（训诂）为对象，研究训诂的原理与方法、方式，用以指导训诂实践的一门科学。

二、训诂方法

训诂方法，顾名思义是指指导汉文典籍词句解释的方法。汉文典籍的词句解释不能凭空而来，必有一定的依据，所谓训诂方法指的就是对汉文典籍进行词句解释的依据。传统训诂学把训诂的方法分为形训、声训、义训。实际上，形训、声训、义训并不在一个层次上。义寓乎形，故可因形索义；义寓乎声，故可因声求义，它们分别借助形体和声音求得词义，因而是训诂的方法。所谓义训，是直接解释词义，而解释词义是训诂的指归，不能像形训、声训一样归入训诂的方法。20世纪80年代，陆宗达、王宁先生提出了比较互证，90年代，白兆麟先生提出了引申推义，无疑在训诂方法上是一个完善。陆宗达、王宁（1983：131）："运用词义本身的内在规律，通过词与词之间意义的关系和多义词诸义项的关系对比，较其异，证其同，达到探求和判定词义的目的，这种训诂方法，可以称作比较互证。"白兆麟（2005：220）："引申推义法，就是根据词义引申的规律来推求和证明词义的方法。"可以看出，无论是陆宗达、王宁先生的比较互证，还是白兆麟先生的引申推义，都是依据词义运动的规律。所不同的是：陆宗达、王宁先生着眼于多义词诸义项及同义词、同源词诸义项之间的比较分析，目的是确定和证明词义；白兆麟先生着眼于词义的引申方式，目的是推求词义。比较互证以引申推义为前提，引申推义需比较互证来证明，二者之间呈现出互补性。这种根据词义引申的理据推求和证明词义的方法，我们不妨称之为理训。这样从形、音、义三个不同的角度来探求词义，就形成了三种对应的训诂方法：形训、声训、理训。图示如下：

$$
\text{训诂方法} \rightarrow
\begin{cases}
\nearrow 形训：探求本义 \\
\rightarrow 声训：探求源义 \\
\searrow 理训：探求引申义
\end{cases}
$$

从声训得到的语源义，表现为词的义素，而不是词的意义。从形训、理训得到的都是词的概括意义、贮存意义，亦即语言义，而不是具体的使用意义，亦即言语义。显然以上三种训诂方法都是求得词的语言义的基本方法，而不是求得词的言语义的基本方法。黄侃先生（1983）说："小学家之训诂贵圆，而经学家之训诂贵专。"白兆麟先生（2005：28）谓："所谓'圆'即圆通，指词义的概括性；所谓'专'即专别，指词义的具体性。"其意谓：训诂专书的解释，一般是字词脱离具体语境的语言义，其特点是稳定；随文释义的解释一般是字词在特定语境下的言语义，其特点是灵活。因此，我们有必要把训诂方法区分为两个层次：一个是语言义的基本训诂方法，一个是言语义的基本训诂方法。语言义的基本训诂方法应用于言语义，就成为一般方法。同样，言语义的基本训诂方法应用于语言义，也只能看成一般方法。语言义的基本训诂方法有形训、声训、理训，那么言语义的基本训诂方法有哪些呢？言语义是在具体文本中的意义，是在一定语言环境下的意义，因而言语义的基本训诂方法不能脱离文本，不能脱离具体的语言环境。据此，我们认为辨别文字、组合推义、聚合推义、语境推义是言语义的基本训诂方法。所谓辨别文字，指辨别在文本中使用的文字是本字还是借字，有没有讹误。所谓组合推义，指根据文本中词语的组合关系推断词语的意义。所谓聚合推义，指根据文本中词语的聚合关系推断词语的意义。所谓语境推义，包括两个方面，一是根据文本语境推义，一是根据社会语境推义。根据文本语境推义，指的是根据文本的逻辑关系推断词语的意义；根据社会语境推义，指的是根据词语与当时社会的关系来推断词语的意义。

周大璞（2007：224—280）所列的训诂方法有声训、形训、义训、观境为训，黎千驹（2008：215—256）所列的训诂方法有因形索义、因声求义、因语境求义、因逻辑求义。其中，声训（因声求义）、形训（因形索义）属于语言义的训诂方法，因语境求义（观境为训）、因逻辑求义属于言语义的训诂方法。两位先生所列的训诂方法涵盖了训诂的两个层次，只是未能加以区分。

三、训诂程序

训诂方法是训诂的根据，训诂程序则是这些根据的展开。每一种训诂方法都要通过一系列的训诂程序来展开，严密的训诂程序是保证训诂方法能够正确发挥作用的保证。

（一）语言义训诂方法的程序

1. 形训的程序

形训的实质是因形索义，但要保证因形索义不至于流于望形生义，就要保证程序上的合理性。

因形索义的第一道程序是找到能够代表造字意图的字形，也就是王宁先生所说的"复形"。

汉字造字之初，形义关系是密合的，但在文字的使用过程中，形义之间的关系逐渐出现了脱节。这种脱节，主要是汉字体系的变化带来的。这其中最重要的是隶变，它使得汉字由图形化走向符号化：象形字变得不象形了，从而失去了望文知义的功能；同一个汉字，独立使用与用作偏旁在写法上出现了分化；有的汉字中原本有意义的偏旁变成了无意义的构件。文字学家许慎正是看到了当时的文字失其本真，以至于俗儒鄙夫"玩其所习，蔽所希闻"，"人用己私"，"巧说邪辞"，甚至闹出"马头人为长，人持十为斗，虫者屈中也"的笑话，才发愤写作《说文解字》（以下简称《说文》），以篆文为正字，配合古籀，力求恢复汉字的本来面目，做出符合其造字意图的解释，达到"解谬误，晓学者，达神恉"的目的。《说文》由此而成了形训的"圣经"。复形工作的第一步就是拿现代汉字与《说文》所收的篆文相对照，回到"厥意可得而说"的篆文。如罪、罔、罕，篆文分别作🔲、🔲、🔲，皆从网，其本义皆与网有关。话、活、括、栝、蛞、筈、銛、頢、秳、佸、姡、趏、聒等字篆文皆以🔲为声符，隶变后诸字中的"舌"为🔲的讹变，既不是意符，亦不是声符。当然，篆文也不是最原始的文字，也出现了一定的符号化或讹变；若篆文仍不足据，可以进一步追溯到金文、甲骨文。如"孔"字，篆文写作♀，《说文》曰："通也。从乚，从子。乚，请子之候鸟也。乚至而得子，嘉美之也。古人名嘉字子孔。"如果仅以篆文而论，《说文》的解释既有字形上的依据，又有民俗文化的证据，似乎确不可易。但古人造会意字，很注意形象上的直观性，如人、木会意为休，止（后演变为辵）、豕会意为逐。乚与子会意为孔则不具备这种直观性，因而不能不让人生疑。这时我们便可以追溯甲骨文或金文。金文孔作♀，林义光《文源》："本义当为乳穴，引申为凡穴之称，象乳形，♀就之，以明乳有孔也。"金文之讹变为小篆之乚，导致了《说文》说解的失误。再如"乳"字，篆文写作♀，《说文》曰："人及鸟生子曰乳，兽曰产。从孚，从乚。乚者，玄鸟也。《明堂月令》：'玄鸟至之日，祠于高禖，以请子。'故乳从乚。请子必以乚至之日者，乚春分来，秋分去，开生之候鸟，帝少昊司分之官也。"甲骨文乳作♀，李孝定《甲骨文字集释》："象怀子哺乳之形。从子与篆文同，从母，篆讹为从爪从乚耳。"金文乳作♀，甲骨文中揽子入怀喂乳的母亲形象省变作爪（手）与孔，到了小篆，乳形又讹变为乚。许慎根据省变与讹变的字形说义，失误在所难免。

形训的第二道程序是确定字的结构类型。造字之法有六，曰象形、指事、会意、形声、转注、假借，但如果从结构上分类，只有象形、指事、会意、形声四种。代表笔意的字形既已找到，下一步就是要确定它属于哪种结构类型。《说文》中的一些篆字，基本上保留了笔意，但许氏却没能对它们的结构类型做出正确分析，导致说解失误。如每，小篆作♀，金文作♀，甲骨文作♀，三者结构与笔意相同，均表示头上戴簪的成年女子，为"母"之异文。《说文》曰："每，草盛上出也。从中，母声。"由于许氏把簪形误解为中，把象形字分析成了形声字，其说解不能不误。再如毒，小篆作♀，《说文》曰："厚也。害人之草往往而生。从中，从毐。"所释字就是毒字，而分析为"从毐"，逻辑上讲不通，"从毐"当为"从毐"。毐，《说文》曰："人无行也。从士，从毋。贾侍中说：秦始皇母与嫪毐淫，坐诛，故世骂淫曰嫪毒。读若娭。"毒为毒草，从中很好理解，从毐则让人莫名其妙。徐锴《系传》改"从毐"为"毐声"，曰："毐，乌代反。"《汉书·地理志》："多犀象毒冒珠玑。"颜师古注："毒音代。"汤可敬（1997：63）曰："毒有代音，与毐相近。"可见毒当分析为从中，毐声。许氏以形声为会意，误。也有些字形，《说文》的分析是正确或基本正确的，后人的分析却未必正确。《说文》："麑，豕也。后蹄发（废）谓之麑。从彑，矢声；从二匕，麑足与鹿足同。"许氏把"麑"分析为形声字，后世却有学者把"麑"分析为会意字，认为"矢"字表义，麑为被箭射中的野猪。从语音关系来看，矢、豕俱为书母脂部；从同源关系来看，豕，书母脂部，麑，定母质部；二字音近，为一声之转。因此"矢"诚为标音的声符，《说文》的分析是基本正确的。

形训的第三道程序是确定该字中偏旁、构件的意义，如"武"由止、戈组成，是一个会意字，在《汉语大字典（简编本）》中"止"的义项有"脚；至；停止；静止；居所；居住；停留；拘留；聚集；禁止、医治、减省；容止；地基"等十几个义项，"武"中的"止"是其中的哪个义项呢？或者哪个义项都不是，而另有其义？有人认为是"制止"的意思，但《说文》中从"止"之字凡十三，其他十二字中的"止"均不是制止义，唯独"武"中的"止"是制止义，这是不怎么符合社会性原则的。再者，早期会意字的构成偏旁通常表达的是直观的形象意义，而非"制止"一类的抽象意义。因而"武"中的"止"表示的绝非制止义。从止的十二字中，有八个字的"止"表示的是行进义，四个字的"止"表示的是脚义，"武"中的"止"也应当是这两个意义中的一个。"戈"要么拿在手里，要么扛在肩上，跟"脚"很难发生意义关系，因而"武"中"止"的"脚"义可以排除，最后就只剩下"行进"义。武、舞同源，因而这里的持戈行进表现的是古代模拟战争的一种舞蹈。

形训的第四道程序是确定意义。如"孔"字通过复形与字形关系的分析，可以确定其本义为孔穴；"乳"，通过复形与字形关系的分析，可以确定其意义为"哺乳"；"武"字，在以上三个程序的基础上，可以确定其本义是古代模拟战争的舞蹈。

形训的第五道程序是验证意义，即通过文献用例，对确定的词义进行验证。"向"，《说文》云："北出牖也。从宀，从口。"《诗·豳风·七月》"塞向墐户"是其证。"斯"，《说文》云："析也。从斤，其声。"《诗·陈风·墓门》"斧以斯之"是其证。形训亦可通过同源系列进行验证。"丁"，甲骨文作〇、口，像一个圆形，这个圆形具体模拟的是什么物象呢？我们认为模拟的是人的头顶的平面形。这个解释可以在同源系列中得到验证。《说文》："天，颠也。"天的本义是人的头顶。天，甲骨文作㚅、㚈，下为人形，上为人的头顶，头顶的形状与"丁"正相吻合，天实为丁之异构。顶的本义亦为人之头顶，顶，从丁，从页，丁声，为丁之后起孳乳字。丁、顶音同，丁、天音近，它们记录的原始词义相同，为同一层次上的同源词。

2. 声训的程序

声训的实质是根据语音去探索语源，但要保证不望音生义，穿凿附会，同样需要依据一定的程序。

声训的第一道程序是追溯古音。即如果要判断两个词之间是否有同源关系，不能依据现代的语音，而必须依据发生同源分化时期的语音。由于汉代以后，汉语的词语逐渐走上了双音化的道路，单音词发生同源分化的可能性大为减少，因此我们这里所说的古音一般指上古音，即以《诗经》为代表的先秦语音。《说文》："篓，笼也。"篓、笼今音声母相同，韵母读音相差较大，读音不近。篓，上古音来母侯部，笼，上古音来母东部，声母相同，韵部对转，读音相近。《说文》："入，内也。"入、内今音声母不同，韵母读音差别较大，读音不近。入，上古音泥母物部，内，上古音日母缉部，声母相近，韵部旁转，读音相近。《说文》："分，别也。"分、别今音声母不同，韵母读音相差较大，读音不近。分，上古音并母文部，别，上古音并母月部，声母相同，韵部旁对转，读音相近。有些词语的同源分化，可能早于《诗经》时期，这时候，我们就不应受上古音的束缚，可利用西周金文或商代甲骨文的语音系统去判断它们之间是否存在音近关系。《说文》："又，手也。象形。三指者，手之列多略不过三也。"又，小篆作ㄋ，金文作ㄋ，甲骨文作ㄨ，足证许慎所作的形训不误。那么，以手训又，是不是声训呢？又，上古音匣母之部，手，上古音书母幽部，之、幽可以旁转，但是匣母为喉音，书母为舌音，声母的读音并不相近。其实见系与章组（照三）在谐声、读若、异文等方面都有大量相通的表现，早就引起了学者的关注。陈独秀（2001）认为舌面颚音有两个来源，一由见系向前颚化，一由端系向后颚化。陈初生（1989）认为止、臻、山等摄的照三系字是由上古的见系经由端系向前发展而来的。李方桂（1980：88）把与见系关系密切的照三系拟为 krj－、khrj－、gri－。杨剑桥（1986）拟为 klj－、khlj－、glj－。郑张尚芳（2003：127—128）认为书母来自冠 h－的清边音 hlj－。陈代生（1993）通过对商代音系的研究，认为商代的复辅音声母有 kd－、hd－、kl－、hl－、ŋl－、pl－、ml－、pd－、ph－、mh－等。总之，舌根塞音加流音构成的复辅音，后经流音塞化，演变为章组的一部分。这样，见系与章组的关系就不难理解了。因而"手"与"又"在分化之初读音应相同或相近。又《说文叙》："书者，如也。"书，上古音书母鱼部，如，上古音日母鱼部，韵部相同，声母有异。章太炎先生提出娘日归泥。娘母归泥没有问题，但日母归泥则引起了争议。因为，日母与泥母都有三等音，如果日母归泥，就难以解释它们何以分化。郑张尚芳（2003）认为日母来自 nj-、ŋj-、ŋlj- 等，这样既很好地解决了日母与泥母的关系问题（日母 nj-，泥母 n），又很好地解决了日母与书母的关系问题（日母 ŋlj-，书母 hlj-）。书、如在造字之初语音接近。

声训的第二道程序是查看训释词与被训释词是否具有同源关系。王宁先生（1996：61）说："声训的目的是通过训释与被训释词之间的同源关系来说明词义的来源并显示词义的特点。因此，它是用音近义通的同源词来作训释词的。""凡训释词与被训释词确为同源词的可作为声训，凡用同源词牵合而作训的，应予以否定。"

诂，《说文》云："训故言也。从言，古声。"这个解释如能在同源系列中得到验证，则有利于我们更为确切地把握它的意义。孔颖达《诗·周南·关雎》疏："诂者，古也，古今异言，通之使人知也。"那么"通"是不是"诂"的源词呢？我们可放在同源系列中进行验证。

罟：《说文》："罟，网也。"网多孔，其源词当为孔，孔的源词为通。

鼓：《说文》："鼓，郭也。春分之音，万物郭皮甲而出。故谓之鼓。"按：鼓的源词为空，空的源词为通。

贾：《说文》："贾市也。"按：所谓"贾市"，即在市场上以物易物或以币易物，互通有无，故其源词为通。

谷：《说文》："泉出通川为谷。"

毂：《诗·秦风·小戎》："文茵畅毂。"朱熹集传："毂者，车轮之中，外持幅内受轴者也。"按：毂的源词为孔，孔的源词为通。

罟、鼓、贾与诂同为见母鱼部，谷、毂为见母物部，与诂音近，皆有通义，与诂为音近义通的同源词，可证"诂"与"通"有同源关系，"通"为"诂"的源词。孔颖达"诂者，古也，古今异言，通之使人知也"，一语道破了"诂"的真谛。

声训的第三道程序是验之于文献。《说文》："天，颠也。"以"颠"训"天"，指明二者的同源关系。《周易·睽卦》："其人天且劓。""天"正为"颠"义，说明《说文》声训不诬。《说文》："旁，溥也。"指出旁的语源义为广大，普遍。《书·太甲上》："旁求俊彦。""旁"正含此义，可证《说文》声训的正确。声训也可用同源系列加以验证。张儒（2005：13）指出："乃是奶的初文,本义是乳房,象乳房的侧视形。"乃,甲骨文作 ↑、↑,确像乳房之侧视形。乃,泥母之部;乳,日母侯部,泥、日准双声,之、侯旁转。二字音近,当系同源。

3. 理训的程序

所谓理训,指的是以词义的引申关系为线索训释词义。词义的引申是有一定规律的,但对具体的词来说,按照何种关系引申,则又受到思维特点与现实关系的制约。要保证理训不至于望"理"生训,妄说词义,同样需要程序的保证。王凤阳(1999:23)对不遵循词义引申规律,妄说词义的现象有过中肯的批评:"由于他们对意义联系缺少规定性,所以经常用臆造的意义联系去代替实际上的意义联系,从而使意义联系带上了任意性,流于穿凿附会的道路。"

理训的第一道程序是分析要训释的词义是不是符合引申规律。王宁先生(1996:57)把引申规律概括为理性引申与状所引申两大类,理性引申分为时空引申、因果引申、动静引申、施受引申、反正引申五小类,状所引申分为同状引申、同所引申、通感引申三小类。应当说,这个概括是比较全面的,对引申义的解释首先应符合引申规律。《说文》:"一,惟初太始,道立于一,造分天地,化成万物。"许慎把"一"解释为"道",解释为天地万物的本原,这种解释固然不是"一"的本义,但我们是否就可轻易指斥其为"妄说"呢?恐怕也不能。"一"是一个整体,这个整体中可以包含无数的部分。道(天地万物的本原)也是一个整体,这个整体里包含了无数的物质,"一"和"道"的功用相似,所以可引申为"道"(天地万物的本原)。王宁先生(1996)指出,同状引申就是指"不同事物的外部性状(包括形状、性能、功用等)相似,可以共名或同源。""一"引申为"道",正是同状引申。许慎解释"一",解释的不是它的本义,而是它的引申义。作为一部以解释本义为指归的著作,《说文》为什么撇开"一"的本义而解释它的引申义呢?这同作者许慎的哲学思想与创作目的是密不可分的。《说文叙》云:"盖文字者,经义之本,王政之始。前人所以垂后,后人所以识古。故曰:本立而道生。知天下至啧而不可乱也。"又曰:"言文者宣教明化于王者朝廷,君子所以施禄及下,居德则忌也。""其建首也,立一为耑,方以类聚,物以群分。同条牵属,共理相贯。杂而不越,据形系联,引而申之,以究万原。毕终于亥,以化穷冥。"许冲《上说文表》云:"今五经之道,昭炳光明,而文字者其本所由生。"在哲学思想上,许慎把天地万物看成一个生息循环的系统,把文字看成表现天地万物的一个符号系统,这两个系统具有内在的一致性,所以就不能不把"一"列为第一个部首,就不能不把

"一"解释为天地万物的本原。在现实功用上,许慎著《说文》要为经董仲舒阴阳五行化的经学服务,也不能不对"一"做出阴阳五行化的解释。

理训的第二道程序是确定词义在引申序列中所处的位置。词的本义与引申义根据引申关系构成了一个序列,每一个引申义都处在该序列的一个节点上。《说文》:"元,始也。"从字形来看,元字以儿(人)之上的一横画或两横画代表人头,《左传》:"狄人归其元",《孟子》:"勇士不忘丧其元",均证"元"有人头义,因此"始"义可先认定为元的引申义。元的本义是人头,人头为人体之始,引申为事物的开始。王宁先生(1996:57)在论及"同所引申"时说:"事物与它所具有的性状,或同一事物上共存的形状,可以共名或同源。"可见"元"的开始义为同所引申,符合引申规律。一般词典上所列元的义项有人头;为首的;始;第一;天地万物的本原;原来;大;善;基本的。这些意义中,人头是本义,其他意义除了"为首的"为直接引申义外,均为由"始"引申出来的意义。"始"义在"元"的词义引申系列中的位置可以图示如下:

在"元"的同源系列中,原、源均有始义,可作为"原"有"始"义的旁证。

理训的第三道程序是验之于文献。《老子》:"一生二,二生三,三生万物。"这里"一"的意义即指道(世界的本原),可证许慎的训释于古有据。《公羊传·隐公元年》:"元年者何?君之始年也。"可证"元"有"始"义不诬。理训亦可在同源系列中加以验证。《说文》:"敷,施也。"本义为铺展、陈列,由此引申为铺陈、叙述,《书·舜典》:"敷奏以言,明试以功。"《玉篇》:"敷,布也。"布在铺展、陈列义项上与敷同源,布亦可引申为铺陈、叙述义,《左传·成公十三年》:"敢尽布之执事。"

(二)言语义训诂方法的程序

言语义指词在文本中使用的意义,对言语义的训释需要依据文本来获取。本书把通过文本来探求词义的方法称为言语义的训诂方法,把言语义的训诂方法分为辨别文字、组合推义、聚合推义与语境推义。

1. 辨别文字的程序

辨别文字的第一道程序是查看文本中词语使用的文字是不是本字或正字。如果该字的意义在句子当中能使句意畅通，符合事实与逻辑，当为本字、正字；如不能使句意畅通，不符合事实与逻辑，则当为借字或讹字。《左传·隐公元年》："庄公寤生，惊姜氏。"《说文》："寐觉而有信曰寤。"寤的本义是睡醒。如果把这个意义放在句子中，句意即为：姜氏一觉醒来生下了庄公，受到了惊吓。这无论于理于情都说不过去。于理而言，女人生孩子是一个很痛苦的过程，哪有毫无痛苦、不知不觉，一觉醒来孩子就生下了这么轻易的事情。于情而论，如果这个孩子的出生如此顺利，姜氏何以会受到惊吓，又何以会如此憎恶这个孩子？据此，可断定这里的"寤"使用的不是本字。《孟子·滕文公上》："且许子何不为陶冶？舍皆取诸其宫中而用之？何为纷纷然与百工交易？何许子之不惮烦？"翻检辞书，"舍"的义项有房舍；住宿；（住宿）一宿；行军三十里；停留；驻扎；星次等，皆与文意不合，可断定"舍"为借字或误字。

辨别文字的第二道程序是根据语音关系找出本字或根据形体关系找出正字。"庄公寤生"之"寤"使用的既非本字，则有可能为借字。寤，上古音疑母鱼部，我们可把与之音同、音近的字作为查找范围。疑母鱼部字之间多有通假之例，如《墨子·公孟》："厚攻则厚吾，薄攻则薄吾。"吾通御。《荀子·富国》："午其军，取其将。"午通迕。《韩非子·说难》："大意无所拂悟。"悟通牾。因此可把疑母鱼部字作为主要排查对象。根据文意来看，"寤生"应为难产，因此才会给姜氏带来极大痛苦，使她受到惊吓。造成难产的原因，多为胎位不正而逆生，而疑母鱼部字中，迕、悟、捂、牾、仵、忤皆有逆义，其他诸字的逆义较具体，如忤为心意的抵触，牾为冲突之抵触，只有"牾"的意义较抽象，因而当以"牾"为本字。《韩非子》中"悟"可通"牾"，而"寤"为"悟"之古字，固可通"牾"。"舍皆取其宫中而用之"句中之"舍"，我们可先考虑是否为借字。舍为书母鱼部字，我们通过对其音同、音近字的排查，发现并无任何字可在这里充当"舍"的本字。有人认为"舍"的本字是"啥"，"啥"是近代才出的新字，不仅《说文》未见，《玉篇》《广韵》乃至《康熙字典》均未见，先秦文献乃至所有的古代典籍均未见使用，《孟子》中的"舍"以两千多年以后才出现的"啥"字为本字，岂非咄咄怪事？可能有人会说，"舍"作"啥"，是本无其字的假借，既是如此，"舍"作"啥"就不会出现在《孟子》中的这一处，可是我们遍检先秦文献，没有发现第二例这样的用法，又岂非咄咄怪事？因此可以肯定地说，"啥"决非"舍"的本字。既然寻本字这条路走不通,"舍"就极有可能是讹字。舍,古文作舍,盍,古文作盍,形近易讹。因而"舍"极有可能是"盍"的讹字。

辨别文字的第三道程序是文意验证。即把认定的本字或正字放到句子当中,看看是否符合文意。以"牾"放到"庄公寤生"之中,文意通顺无碍。以"盍"置诸"舍皆取诸宫中而用之"之中,文意亦怡然而安。"且许子何不为陶冶?舍皆取诸其宫中而用之?何为纷纷然与百工交易?何许子之不惮烦?"前后三句皆为反问句,第二句亦当为反问句;前后三句皆以疑问词"何"打头,第二句自当以"何"打头。前后三句有两句是否定式反问,一句是肯定式反问,以文意度之,第二句当是否定反问,责问许子"何不取诸宫中而用之","何不"的合音正是"盍"。根据文意验证,可以确定地说,"舍皆取诸其宫中而用之"之"舍"为"盍"字之讹。

2. 组合推义的程序

组合推义指通过文本中词与词的组合关系来推断词语的意义。

组合推义的第一道程序是探明词与词的结构关系。词与词组合成一定的结构,只有结构关系明确了,才能进而探求其意义之间的关系。《左传·昭公三年》:"道殣相望,而女富溢尤。"有学者注曰:"道路上饿死的人到处都能看到,而嬖宠女家非常富裕优厚。殣:饿死在路上的人。女富;指国君妻妾的娘家都很豪富。溢:富裕。尤:优异,优厚。"如果按照这种注释,"女富"当为名词与形容词构成的主谓结构,"溢尤"当为两个形容词构成的并列结构,那么"女富"与"溢尤"又构成什么结构关系呢?无论是主谓关系还是述补关系都讲不通,因为古代汉语中没有"主谓(形)+并列形容词"这种结构形式。因而,注者对"女富""溢尤"的结构关系的理解至少有一个出了问题。"溢"为满溢,指特别多,"尤"为优异,指特别美,这二者构成并列关系应无问题,那么,问题很明显出现在对"女富"结构关系的理解上。女,女子,富,财富,这都是很寻常的解释,根本没有必要牵涉到什么"国君妻妾的娘家"。"女"与"富"构成并列关系,做主语;"溢"与"尤"构成并列关系,做谓语,所谓"女富溢尤",就是指宫中的女子与财富特别多特别美。《史记·项羽本纪》:"项庄拔剑起舞,项伯亦拔剑起舞,常以身翼蔽沛公。"有学者注曰:"翼蔽:像鸟的翅膀张开那样掩护。翼:名词做状语。"把"翼蔽"理解为状中关系。如果孤立地以本句来看,这样解释似无不妥,如联系上下文,则与情理不符。项伯拔剑起舞,要有不断变换的舞步与身姿,以身掩护沛公可以做到,但怎么能够时时"像鸟张开翅膀那样掩护"?所以把"翼蔽"理解为状中关系是错误的。

《正字通》:"翼,卫也。"同一事件,《汉书·樊哙传》作:"项伯常屏蔽之。"王念孙《读书杂志》:"彼言'翼蔽',犹此言'屏蔽'也。"可见,"翼蔽"当为并列关系。

组合推义的第二道程序是根据结构关系确定词语的意义。结构关系明确了,并不能保证词语的意义明确,这时需结合句意,确定词语的意义。《论语·公冶长》:"愿无伐善,无施劳。""施劳"为动宾关系殆无疑义,但学者对"施"与"劳"的词义却有不同理解。何晏《论语集解》引孔安国注:"不自称己之善,不以劳事置施于人。"王力先生(1999:184)《古代汉语》沿袭其说,注曰:"无施劳,指不把劳苦的事加在别人身上。"从表面上来看,把"施"训曰"施加",把"劳"训为"劳苦",把"无施劳"训为"不把劳苦的事加在别人身上",是能够解释得通的。但若仔细分析,这样的解释就很有问题:如果没有官职,没有权力,就不可能把劳苦的事加在别人身上。如果有了官职,有了权力,就不得不把劳苦的事加在别人身上。如果颜回处在前者的情况,说"无施劳"没有意义;如果颜回处在后者的情况,说"无施劳"等于撒谎。朱熹《论语集注》:"施者,亦张大之意。劳,谓有功。"刘宝楠《论语正义》:"施劳与伐善对文,《礼记·祭统》注:'施,犹著也。'《淮南·诠言训》:'功盖天下,不施其美。'谓不夸大其美也。善言德,劳言功。"朱、刘二氏皆训"施"为"夸大"义,比孔安国等人训为"施加"要合理得多。

组合推义的第三道程序是把推断的意义放在句子中进行验证。"女富溢尤"的"女"训为女子,与"富"并列,指女子与财富,放在句子当中怡然理顺。"施劳"与"伐善"对文,前者指不夸耀功劳,后者指不夸大美德,显示了颜回淡泊、谦逊的做人风格,完全符合句意。因而把"女富"训为"女子与财富",把"施劳"训为"夸大功劳",都应是正确的训释。

3. 聚合推义的程序

聚合推义指通过文中词与词的聚合关系来推断词语的意义。

聚合推义的第一道程序是确定该词所处的聚合系列。聚合序列有同义系列、类义系列、反义系列等,确定了该词所处的聚合序列,才便于确定词义。贾齐华(2012)论证"忘"有"怕"义,即是用了聚合推义的手法。

> 志士不忘在沟壑,勇士不忘丧其元。(《孟子·滕文公下》)
> 烈士不忘死,所死在忠贞。(唐·柳宗元《韦道安》)
> 临难不忘死,为忠已足多。(宋·张嵲《紫薇集·刘忠显挽词》)
> 良将不怯死以苟免,烈士不毁节以求生。(西晋·陈寿《三国志·魏

志·庞德》）

明王不恶切直之言以纳忠，烈士不惮死亡之诛以极谏。（唐·陈子昂《陈拾遗集·谏灵驾入京书》）

临难不畏死，忠臣也。宜宥之，以励事君。（宋·司马光《资治通鉴·晋纪·安皇帝壬》）

以上诸句中，"忘"与"怯""惮""畏"可互相替换而含义不变，忘、怯、惮、畏均处于"惧怕"义这一同义系列的聚合群中，因而"忘"有"怕"义，以上诸句中的"忘"惧为"怕"义。

聚合推义的第二道程序是根据聚合关系确定词语的意义。吴均《与朱元思书》："急湍甚箭，猛狼若奔。"初中语文课本（《语文八年级》下册，人民教育出版社2001年版）注曰："甚箭，甚于箭，比箭还快。"黎千驹（2008：294）指出："这两句是对偶句。'猛浪'对'急湍'是名词对名词，偏正对偏正，'奔'对'箭'是名词对名词。'奔'与郦道元《水经注·三峡》：'虽乘奔御风'中的'奔'意思相同，指'奔腾的马'。'若'对'甚'，是动词对动词，并且'甚箭'与'若奔'是述宾对述宾。如果把'甚箭'解释为'甚于箭'，那么'甚箭'就成了述补结构，与'若奔'就不相对了。当然也就不符合骈文在语句方面骈偶的要求了。其实，这里的'甚'是'若'的意思。……例如吴均《与柳恽相赠答》：'岁去甚流烟，年来如转轴。'其中'甚'与'如'也是变文同义。因此，'急湍甚箭，猛浪若奔'就是'急流如射出的箭，猛浪若奔腾的马'。"黎先生根据对文，确定了"甚"与"如、若"为同义聚合系列的成员，"急湍甚箭"的"甚"是"如同"的意思，所论十分精当。

聚合推义的第三道程序是把推断出来的意义放在句子中进行验证。"百足之虫死而不僵"的"僵"训"倒下"，显然比训"僵硬"，于义为胜。"急湍甚箭"的"湍"训"如"，也畅然无碍。《诗·邶风·终风》："终风且暴"，高邮王氏训"终"为"既"，《诗·秦风·终南》："有基有堂"，高邮王氏训"基"为"杞"，训"堂"为"棠"，这些训诂通过大量的同构句式，展示了词语的聚合系列，所求得的词义验之于本文，无不切当，成为训诂史上聚合推义的经典案例。

4. 语境推义的程序

所谓语境推义，指通过词语所处的句子环境、篇章环境、社会环境推求词语的意义。

语境推义的第一道程序是根据词语所处的句子环境推求词语的意义。"额手"，词典多注为"以手加额。"陈治文（2012）指出："'加额'是古人礼仪中的一种,行此礼的动作是:两只手在胸前相抱呈拱手姿势,然后把拱着的双手举起来达到额头的高度。拱手即已表示敬意,而拱手并高举到与额相齐,如此所表示的敬意程度比'拱手'高;'加额'是表达相当恭敬的一种理解。'以手加额'的气氛为庄重、肃穆、宁静、悄然无声,而'额手'时的表现则为活跃、热烈、欢快、掌声或轻柔或如雷。由此可知用'以手加额'注释'额手'实为风马牛不相及。""额手"之"额"通"敫",为轻击之义,额手即拍手、鼓掌。

语境推义的第二道程序是根据词语所处的篇章环境推求词语的意义。《左传·成公二年》:"下臣不幸,属当戎行,无所逃隐,且惧奔辟而忝两君。"有学者注曰:"属:恰巧。当:对着,遇上。戎行:兵车的行列,指齐军。"那么,"属当戎行"当可译作:恰巧遇到了齐军。这样译孤立地看很通顺,但放在整个文本中去考察,显然有违事理逻辑。齐晋二军既已对阵交战,晋军将领韩厥遇到齐军实属必然,怎么会是"恰巧遇到"呢?《诗·小雅·六月》:"元戎十乘。"朱熹集传:"戎,戎车也。"而戎车又可特指国君所乘的战车。《左传·桓公二年》:"斗丹获其戎车。"杜预注:"戎车,君所乘兵车也。"《左传·昭公三年》:"戎马不驾,卿无军行。"郭锡良(1999:155)《古代汉语》注曰:"戎:戎车,国君所乘的车。""属当戎行"之"戎"亦当指国君所乘的战车,这里指齐君,全句意为:恰好遇到国君(齐君)。这样在事理逻辑上便无滞碍了。

语境推义的第三道程序是根据词语所处的社会环境推求词语的意义。《晏子春秋》:"愿与将军乐之。"《说苑》引作"愿与夫子乐之",那么"将军"与"夫子",究竟孰是孰非呢?王念孙《读书杂志》根据文本所处的社会语境给出了答案。王念孙说:"此文本作'愿与夫子乐之',与上文答晏子之言文同一例。后人以此所称是司马穰苴,故改'夫子'为'将军'耳,不知春秋之时,君称其臣,无曰将军者。《说苑》作'夫子',即用《晏子》之文,《群书治要》所引,正作夫子。"贾谊《论积贮疏》:"岁恶不入,请卖爵子。"中学语文课本(《高级中学课本语文》第三册,人民教育出版社 1996 年版)注:"年成坏,不能纳税,(朝廷)卖爵位(来增加收入),(百姓)卖子女来度过日子。"王力(1999:893)《古代汉语》注曰:"指人民有爵卖爵,无爵卖子。"秦汉时有赏赐爵级的制度,因此百姓也可以有较低的爵级,这种爵级可以买卖。王注符合当时的社会语境,无疑是正确的。

语境推义的第四道程序是词义验证,即把推出的词义放在句子中验证正确与否。如上所举"属当戎行"之"戎"训为"国君所乘的战车"等,置于句中,无不切当,证明所推求的词义是正确的。

四、结语

黄侃（1983）把训诂分为独立之训诂与隶属之训诂，陆宗达、王宁（1996：28）把训诂方法分为形训、声训、比较互证，周大璞（2007：224—260）把训诂方法分为形训、声训、义训、据语境求义，黎千驹（2007：215—256）把训诂方法分为因形索义、因声求义、因语境求义、因逻辑求义，都包含了两个层面的基本训诂方法，一个是针对词语贮存义即语言义的基本训诂方法，一个是针对词语使用义即言语义的基本训诂方法，只是未做严格的区分。笔者在前贤的研究基础上，区分了两个层面的基本训诂方法，并论述了每种训诂方法所应遵循的程序，目的是促进训诂理论进一步科学化、系统化。两个层面的基本训诂方法并不是此疆彼界，截然对立，而是既有分工，又有协作。每种训诂方法的程序也不是机械的，而是可以灵活运用的。文中如有不当，尚望方家有以正焉。

参考文献

［1］白兆麟：《简明训诂学》，浙江教育出版社1984年版。

［2］白兆麟：《新编训诂学导论》，上海辞书出版社2005年版。

［3］陈初生：《上古见系声母发展中一些值得注意的线索》，载《古汉语研究》，1989年第1期。

［4］陈独秀：《陈独秀音韵学论文集》，中华书局2001年版。

［5］陈治文：《释"额首""额手相庆""以手加额"》，载《中国语文》，2012年第4期。

［6］郭锡良等：《古代汉语》，商务印书馆1999年版。

［7］郭在贻：《郭在贻文集》（第一卷），中华书局2002年版。

［8］黄侃述、黄焯编：《文字声韵训诂笔记》，上海古籍出版社1983年版。

［9］贾齐华：《说"忘"古有"怕"义》，载《语言研究》，2012年第3期。

［10］黎千驹：《现代训诂学导论》，华中师范大学出版社2008年版。

［11］李方桂：《上古音研究》，商务印书馆1980年版。

［12］李格非主编：《汉语大字典（简编本）》，湖北辞书出版社、四川辞书出版社1996年版。

［13］陆宗达：《训诂浅谈》，北京出版社 1964 年版。

［14］陆宗达：《训诂简论》，北京出版社 2002 年版。

［15］陆宗达、王宁：《训诂方法论》，中国社会科学出版社 1983 年版。

［16］陆宗达、王宁：《训诂与训诂学》，山西教育出版社 1994 年版。

［17］汤可敬：《说文解字今释》，岳麓书社 1997 年版。

［18］王力：《古代汉语》，中华书局 1999 年版。

［19］王凤阳：《汉语词族从考序》，见张希峰《汉语词族丛考》，巴蜀书社 1999 年版。

［20］王宁：《训诂学原理》，中国国际广播出版社 1996 年版。

［21］杨剑桥：《论端、知、照三系声母的上古来源》，载《语言研究》，1986 年第 1 期。

［22］张儒：《汉字形义溯源》，山西古籍出版社 2005 年版。

［23］郑张尚芳：《上古音系》，上海教育出版社 2003 年版。

［24］周大璞：《训诂学初稿》，武汉大学出版社 2007 年版。

（原文发表于中国语言学会第十六届学术年会，2012 年 8 月；刊于《中国语言学报》，2014 年第 00 期。）

作册般铜鼋铭文考释商补

2003年,中国国家博物馆新入藏一件商晚期青铜器,器作鼋形,鼋身中四矢,学界称之曰作册般铜鼋(图片一)。铜鼋盖部有四行32字的铭文,李学勤(2005)、朱凤瀚(2005)、王冠英(2005)、裘锡圭(2005)诸先生做了很好的考释,其中间有未洽之处,愿略陈愚见,以就正于方家。

图片一

李学勤先生释文曰:

丙申,王送于洹,隻(获)。
王射,𢦏射三臩,亡法(废)矢。
王令(命)䆀(寝)馗兄(贶)于乍(作)册般,曰:"奏于庸"。乍(作)母宝。

朱凤瀚先生释文曰:

丙申,王逸于洹,隻(获)。

王一射,㲋射三,率亡（无）瀌（废）矢。
王令（命）帚（寝）馗兄（貺）于乍（作）册
般,曰:"奏于庸"。乍（作）女（汝）宝。

王冠英先生释文曰:

丙申,王遴于洹,隻（获）。
王射,般射,三,率亡瀌（废）矢。
王令帚馗兄（貺）作册
般,曰:"奏于庸"。乍母寶。

裘锡圭先生释文曰:

丙申,王遴于洹隻（获）。
王一射,口射三,率无废矢。
王令寝馗𢀖于作册
般曰:"奏于庸作,𠂤宝。"

铭文第一行第四字为遴字,其右部偏旁为必（柲）之初文,裘锡圭先生在《释柲》一文中考之甚详,为不刊之论（裘锡圭,1992:17—33）,李学勤先生以之为遴字,非。裘先生认为遴字的语源是毖,取"戒敕镇抚"义,这种观点虽有道理,但在卜辞中得不到支持。从卜辞提供的材料来看,遴有过往某地并在某地短期停留之义,近于巡视、巡查。遴在卜辞中习见,均为过往义,其后无论有无"于"字,都只带处所宾语,如:

壬寅卜贞:王遴于召,往来无灾。（前①2.21.8）
戊辰卜贞:王遴䵼,往来无灾。（前2.24.4）

---

① "前",《殷墟书契前编》的简称,后面的数字代表甲骨片的编号。

"逌于洹获",不辞。李学勤、朱凤翰、王冠英诸先生在"洹"后点断,是。裘先生于"获"后点断,不符合卜辞文例,语义也不通畅,故不可取。裘先生说:"如在'洹'字后点断,'获'只能视为动词,其后似不应不出现由'鳖''黿'一类字充当的宾语。"按:"获"的宾语是否出现,与语境密切相关。如果在某种语境下,宾语不言自明,则可以不出现。例如:

奉时辰牡,辰牡孔硕。公子左之,舍拔则获。(《诗·秦风·驷驖》)
如彼飞虫,时亦弋获。(《诗·大雅·桑柔》)
若未尝登车射御,则败绩压覆是惧,何暇思获?(《左传·襄公三十一年》)

该器为黿形,且黿体身中四矢,必为商王所获,"获"之宾语不言自明,故无需出现,俾使行文更为简洁。

铭文第二行第三字,李学勤先生释为㪅,读为赞,训为佐、助。朱凤翰先生释为,读作狃,训为复、又。王冠英先生释为般,即作册般。按:该字作,无论释作㪅、狃、般,都与字形相距甚远,所以裘锡圭先生认为"李、朱、王三文所释似皆难从"。袁俊杰(2006)释该字为㪅,读作残,意为残穿,可引申为贯,作穿透讲,释义正确,惜释字未达一间。该字的主体略近鱼形,金文"鱼"作、等形,旋转90度,改竖置为横置,除去背鳍,即得之矣;中有一竖画贯穿,当为毌之初文。《说文》:"毌,穿物持之也。"《广韵》:"毌,穿也。"毌,甲骨文作、、,小篆作,均作贯穿形,与取象相同,不过是同字异构而已。该字释作毌,训作穿透,不仅文意畅通,而且与器中所绘箭矢穿透黿体正相契合。朱凤翰先生依据器物上的箭矢形象,认为"射入鳖体非箭前部之镞,而应当是箭尾。"此说论证有力,毋庸置疑。朱先生说:"此四箭在鳖体外仅剩尾部,箭杆尾羽前大部分已射入鳖体,事实上穿透程度是否如此不可确知,铸成此当是用来显示射箭者(即商王)的孔武有力。"朱先生之所以说"事实上穿透程度是否如此不可确知",是因为没有认出即毌字。认出该字是毌字,方知器物的形象正是对实际情况的真实模拟。"箭一射,毌",意思是说商王的第一支箭就射穿了黿体,"三射,率无废矢",意思是又接着射了三箭,箭箭命中,箭箭穿透黿体。《仪礼·大射》:"司射遂进由堂下,北面视上射。"命曰:"不贯不释。"由此可见,古人对射穿目的物的重视。商王固然技艺高超，但在其田猎生涯中，箭箭射穿猎物的情形当不多见，所以才值得纪念。《诗·齐风·猗嗟》："猗嗟娈兮，清扬婉兮。舞则选兮，射则贯兮。四矢反兮，以御乱兮。"诗中歌咏的这位箭术高超的英俊少年，也是连发四箭，箭箭命中，箭箭穿透目标，适与商王的射技相映成趣。正如袁俊杰（2006）所说："整个铜鼋模型，重点突出的是贯穿鼋体。仅露尾羽的四支箭，所显示的无疑是惊人的膂力。正因为发力威猛，连发连中，超乎人们的想象，常人无法做到，而商王确取得了这样的效果，所以才值得模型铭功以纪念。"

第二行第六字朱凤瀚、王冠英、裘锡圭诸家皆释"率"，是。率，全也，皆也。"率无"，全无，皆无。"率无"之"全无"义，后代文献沿用不衰，一下是通过北京大学 CCL 语料库检索到的数例：

    有赵昌国者，求应百篇举，谓一日作诗百篇。帝出杂题二十，令各赋五篇，篇八句，日旰，仅成数十首，率无可观。（《宋史·选举志》）

    但各该官军率无敌忾之心。（戚继光《练兵实纪》）

    故余于是日，遍掘土中以捕之，然率无所获。（裕德菱《清宫禁二年记》）

"率无废矢"，全无废矢，一支没射准的箭都没有。1993 年，河南平顶山应国墓地 M242 中出土西周早期柞伯簋，器内底所铸铭文记载，八月周王举行大射，命多士、小子、小臣进行竞射，柞伯十次举弓，皆中，铭文云："柞伯十称弓，亡（无）瀘（废）矢。"此"无废矢"正与铜鼋"无废矢"意同。李学勤先生以"率"字连上文，误。

第三行第五字，李学勤、朱凤瀚、王冠英先生释为兄，读为贶，训为赐。裘锡圭先生释为兄，读为祝，训为告。按：按照文意，商王射杀此鼋后，将该鼋赏给了作册般，并让他作铜器以为纪念，因此该字释作兄，读为贶，意脉连贯，非常自然，且"令某贶于某"句式为金文习见，如：

    唯五月，王在斥，戊子，令坐车折兄（贶）望土于相侯。（作册折方彝）

    王令般兄（贶）米于益欠……用宾父己。来。（殷周金文集成9299）

因而该字释作"兄"（贶）较释作（祝）为胜。

第四行第五字"庸",朱凤瀚先生认为应为《周礼·春官》中"典庸器"之"庸器",是。郑注贾公彦疏曰:"庸,功也。言功器者,伐国所获之器也。"林尹(1983):"(庸器)谓有大功可作纪念之器物。"正与铭文所述之意契合。商王此次游猎,所发四箭,箭箭命中,且箭箭穿透黿体,自认为是大功、奇功,所以要作册般庸器以纪念,"登于庸",即"纪之于庸器"。袁俊杰(2006)指出:"作册般铜黿是铭功的庸器,而不是庄重神奇又具有实用性的礼器,是颂扬商王射技武功的纪念物,而不是对商王觊赐的纪念物。"李学勤、王冠英先生读"庸"为"镛",训为乐器,裘锡圭先生训"庸"为"庸作",指庸徒工作的地方,皆于文意不够契合。

第四行第七字李学勤、王冠英先生释为母,朱凤瀚先生释为女(汝),裘锡圭先生释为"毋"。从文意来看,朱凤瀚先生的释读更为合理一些。商王让作册般作铜器纪念自己的此次非凡经历,并希望他将此器作为宝物传给子孙。甲骨文"母""女"常通用,因此字形虽作"母",读作"女(汝)"应该没有问题。商王令作册般作庸器以纪念此次猎黿的奇功,旨意是非常明确的。因而此器虽为作册般所铸,但是用来宣扬、纪念商王之功的,而不是用来作作册般的私家礼器,因而"作册般只是作一件珍贵的纪念物奉献给母亲而已"(李学勤2005)没有根据,无从谈起。这件纪念商王非凡技艺的铜器,商王肯定是希望作册般作为宝物传给子孙的,"毋宝"之说正与此意相违。如果说"毋宝"的意思"就是不用当作宝物,应指不用把黿的甲壳保存下来当作宝物"(裘锡圭2005),不仅语义迂曲,而且也超出了商王的职权范围。整个黿都已经赐给了别人,还惦记着小小甲壳(鳖甲,非龟甲,无重要用途)的事情,这在情理上是说不通的。

参考文献

[1] 李学勤:《作册般铜黿考释》,载《中国历史文物》,2005年第1期。

[2] 王云五主编,林尹注译:《周礼今注今译》,台湾商务印书馆1979年版。

[3] 裘锡圭:《商铜黿铭补释》,载《中国历史文物》,2005年第5期。

[4] 裘锡圭:《古文字论集》,中华书局1992年版。

[5] 王冠英:《作册般铜黿三考》,载《中国历史文物》,2005年第1期。

[6] 袁俊杰:《作册般铜黿所记史实的性质》,载《华夏考古》,2006年第1期。

[7] 朱凤瀚:《作册般铜黿探析》,载《中国历史文物》,2005年第1期。

说黄

一、关于黄的形义的各家说解

《说文》:"黄,地之色也。从田,从炗(光),炗(光)亦声。"胡朴安(1941)申之曰:"黄本耕地时地气之光,其色为黄。黄无物质,由光气之黄色而发展为各种不同的黄色。"然甲骨文黄作 ❋、❋、❋、❋、❋、金文黄作 ❋、❋、❋、❋、❋,均为独体象形字,"'黄'字的字形与'地之色'毫不相干"(梁东汉,1990),许慎的说解不攻自破。那么,黄字本象何形?本为何义呢?学界众说纷纭。以下是几种有代表性的说法。

说法一:矢的分化字。此说以姚孝遂为代表。姚氏云:甲骨文矢字作 ❋ 或 ❋,卜辞矢与寅初本同形,其后复于矢形加一作 ❋,进一步变作 ❋ 或 ❋,这一形体是寅和黄通用形体。其后又增一作 ❋,以为黄字之专用形体。①

说法二:佩玉。璜或珩的初文。此说以郭沫若为代表。郭沫若(1954:162—173)认为:黄系佩玉,小篆变作 ❋,其本义为佩玉名,即璜之本字。又说:其字实玉佩之象形也,明甚。由字形瞻之,中有环状之物当系佩之体,即双珩之所合成。张清常(1991)也认为,"黄,本象佩玉之形。"

说法三:象禾谷之形。此说以林义光为代表。林氏云:黄古作 ❋,象禾谷

---

① 姚孝遂:《说"一"》,见李圃主编:《古文字诂林》(第十册),上海教育出版社2004年版,第405页。

可收形，⊖束之，秋禾之色黄也。①

说法四：堇的初文。此说以马叙伦为代表。马氏云：黄为堇之初文，借为黄色之称。②

说法五：腹胀之人。此说以唐玄之、陈政为代表。唐玄之（2003）曰："黄字是一个会意字，是指一个得了膨胀病和黄疸病的病人皮肤的颜色。当一个人腹内有了某些寄生虫，就会日久成痼，形成腹水，同时出现黄疸，皮肤蜡黄。这种皮肤病人的皮肤就成了殷人的黄色标样。"陈政（1986：23）说："黄是腹胀生蛊之人。此字像正面站立的人形，人的腹部有一个圆圈，像腹部膨胀如球的样子。上古时代，初民不懂得讲究卫生，常生蛊，即人腹中的寄生虫，如血吸虫等。人得了这种病，日久成痼，腹中积水，肚子膨大，便颜色憔悴，肤黄如蜡，于是祖先便以这种生水蛊的人的形象创造了黄字，表肤黄如蜡的颜色。"潘峰（2005）认为黄的造字义为孕妇，其上部"廿"形为女性生殖器，其中部"田"形中的一横表示女性经血停止，完全流于臆想，不足为训。

说法六：尫的本字。此说以唐兰、裘锡圭为代表。唐氏（1961）云：黄字古文，象人仰面向天，腹部膨大，是尫的本字。裘锡圭赞同唐说，认为唐说"是很精辟的见解"。③

说法七：瘫的初文。此说以梁东汉为代表。梁氏（1990：2）认为黄本为黄（瘫）病。

说法八：横的初文，用作衡。此说以吴大澂为代表。吴氏云：黄，古文以为横字，亦通衡。

说法九：横的省体，用作衡与珩。此说以刘心源为代表。刘氏云：黄，横省，经传作衡，亦作珩。衡，佩玉之衡也。珩，佩玉之横也。④

说法十：枯焦的颜色。此说以约斋为代表。约斋（1986：60）："黄本是枯焦的颜色，所以病到了颜色焦黑就叫玄黄。"

以上诸说，或望形生义，或望音生义，缺乏严谨的分析和论证，均可商。

---

① 林义光：《文源》（卷六），见李圃主编：《古文字诂林》（第十册），上海教育出版社2004年版，第396页。

② 马叙伦：《说文解字六书疏证》，见李圃主编：《古文字诂林》（第十册），上海教育出版社2004年版，第396页。

③ 裘锡圭：《说卜辞的"焚巫尫"与"作土龙"》，见李圃主编：《古文字诂林》（第十册），上海教育出版社2004年版，第401页。

④ ［清］刘源：《奇觚室吉金文述》，见李圃主编：《古文字诂林》（第十册），上海教育出版社2004年版，第395页。

说法一、说法二、说法三、说法四诸说，属望形生义。第一种说法认为矢与寅同形，寅与黄同形，因而认为黄是矢的分化字。此种说法貌似有理，实则未审。《甲骨文编》列有矢的14种字形，寅的41种字形，黄的21种字形。矢只有两种字形与寅相同，矢字有 ❋、❋、❋ 等字形，寅字未见。寅字有 ❋、❋、❋ 等字形，矢字未见。寅只有两种字形与黄相同，寅字有 ❋、❋、❋、❋、❋、❋ 等字形，黄字未见；黄字有 ❋、❋、❋、❋、❋、❋ 等字形，寅字未见。《金文编》共收录了矢的14种字形，寅的36种字形，黄的54种字形。矢的字形没有任何一种与寅字相同，寅的字形亦没有任何一种与黄字相同。换言之，矢、寅、黄三字在金文中壁垒分明，绝不相混。因此在甲文中出现的矢与寅、寅与黄字形相同的情况，只能视为偶然混同，认为矢、寅、黄存在同形分化的关系，显然证据不足。再者，上古音：矢：书母脂部，寅：余母真部，黄：匣母阳部，矢、寅与黄声韵均不近，也否定了矢、寅与黄同源的可能性。第二种说法认为黄象禾谷之形，距离事实真相更远。黄在甲骨文中主要形体作 ❋、❋，在金文中主要形体作 ❋、❋、❋、❋，作 ❋ 者乃春秋以后的字形讹变。即以讹变后的字形而论，也与禾谷类字形差别甚大。禾，甲骨文作 ❋、❋、❋、❋ 等形，金文作 ❋、❋、❋ 等形。黍，甲骨文作 ❋、❋、❋、❋ 等形，金文作 ❋ 形。粟，甲骨文作 ❋、❋、❋ 等形，金文未见。禾、黍、粟等字形，无论上部还是下部，与黄的区别一望而知，无需烦言。第三种说法认为黄是堇的初文，同样对字形未加审察。堇，甲骨文作 ❋、❋、❋、❋，金文作 ❋、❋、❋、❋ 等形，没有作 ❋、❋、❋、❋ 等形者，二者的区别还是很明显的。黄，上古音匣母阳部，堇，上古音见母文部，语音相距较远，可排除同源关系。第四种说法认为黄是腹胀生蛊之人，虽然阐述的文字很生动，但流于臆想，无任何根据，可置之不论。

说法五、说法六、说法七、说法八、说法九诸说属望音生义。第五种说法认为黄为佩玉，是璜或珩的初文。虽支持者众，但于字形未合，难以服人。璜为弧形或半圆形玉饰品,而黄字中间部分为圆形,未有一种字形为弧形或半圆形者,可证此说之虚妄,台湾学者那志良认为璜取象于虹①,是;更遑论黄字整体上也与人体殊异,安得为人体佩戴饰物?第六种说法认为黄为尪的本字,误甚。尪为脊背骨骼弯曲之人,与腹部膨大无涉。第七种说法认为黄为瘝字初文,纯属附会,在字形上得不到合理解释。第八种说法认为黄为横的初文,所误与前者同,无论黄的哪一种字形,都难以让人体会到有横的意义。第九种说法认为黄为横的省文,更是本末倒置。黄字在甲骨文中已出现,横则晚至小篆才产生,黄安得为横之省文?

第十种说法认为黄为枯焦的颜色,这是以颜色义附会字形,黄字丝毫看不出枯焦之状,其说不足取,明矣。

二、黄为鞹的本字说

《说文》:"鞹,去毛皮也。从革郭声。"黄其实是鞹的本字,就是动物去掉毛的皮囊。首先,从字形上看,黄的主体是动物,而非人类。黄,甲骨文作 ✶、✶,人体的头部没有作↑形者,而燕,甲骨文作 ✶、✶、✶、✶,它(蛇)甲骨文作 ✶、✶,金文作 ✶、✶,其头部均作↑形。黄,金文有 ✶、✶、✶、✶诸种字形,其下部为尾。以黄与隹、鸡、兕、马等动物类词语的古文字形比较,这一点很容易看出来。隹,甲骨文有 ✶、✶、✶、✶等形,金文有 ✶、✶、✶等形;鸡,《六书通》收录的一种篆文字形作 ✶;兕,甲骨文有 ✶、✶、✶等形;马,甲骨文有 ✶、✶、✶、✶等形,其尾部均与黄一致。甲骨文黄固有作 ✶、✶者,其下亦非人体所专有,甲骨文燕作 ✶、✶、✶,其尾部即与黄字相同。梁东汉(1990)认为黄、单等字中间的 ⊞ 形,表示某些动物的大肚子和身子,是。其次,从语音来看,黄,上古音匣母阳部,鞹,上古音溪母

---

① 参见那志良:《璜》,见国家文物局扬州培训中心编印:《古玉鉴赏集》(下册),国家文物局扬州培训中心1992年版,第75页。

铎部，声母为旁纽，韵母为对转，语音接近。再次，从形音两方面来看，黄与革都如出一辙。革，金文作🔲、🔲，《六书通》篆文作🔲、🔲、🔲，与黄相比，头部、躯干均同，仅尾部略微有些差异。事实上，金文动物的尾巴个字形与十字形往往通作，如马有🔲、🔲形，隹有🔲、🔲形，尾巴既有作个字形者，亦有作十字形者。

黄，上古音匣母阳部，革，上古音见母职部，声母为旁纽，韵母为旁对转。《说文》："革，兽皮治去其毛。"革与黄（鞹）的区别是，革是已经剥掉的去毛的兽皮，黄（鞹）是还附着在鸟兽身体上的去毛的皮囊。《论语·颜渊》："棘子成曰：'君子质而已矣，何以文为？'子贡曰：'惜乎！夫子之说君子也，驷不及舌。文犹质也，质犹文也。虎豹之鞹犹犬羊之鞹。'"意思是对君子来说，说文和质是统一的，不可分割，就像动物的皮与毛不可分割一样。去了毛的虎豹的皮囊与去了毛的犬羊的皮囊，就看不出什么区别了。

如果我们联系语源就会发现：见系阳（鱼、铎）部的一系列词语均含有事物的外层义（名词）或由内而外的扩展义（动词）。

肓（晓母阳部），《说文》："心上鬲（膈）下也。"按：肓指心上膈下的空隙处，亦指脏腑之间的空隙处，以心、膈为其外层。

瞽（见母鱼部），《说文》："目但有䀹也。"《释名》："瞽，鼓也，瞑瞑然目平合于鼓皮也。"按：目但有䀹，意思是上下眼皮闭合，仅有一道缝。

隍（匣母阳部），《说文》："城池也。有水曰池，无水曰隍。"按：隍即无水的护城壕。

壙（溪母阳部），《说文》："壙，堑穴也。"按：堑穴，即堑地为穴，墓穴也。《礼记·檀弓》："吊于葬者必执引，若从柩及壙，皆执绋。"

潢（匣母阳部），《说文》："积水池也。"《左传·隐公三年》："潢污行潦之水。"注："蓄水谓之潢。"

畺（见母阳部），《说文》："畺，界也。"

郭（见母铎部），《说文》："外城也。"《孟子·公孙丑下》："三里之城，七里之郭，环而攻之而不胜。"

污，（影母鱼部），《说文》："污，秽也。一曰小池为污。"《吕氏春秋·达郁》："故水郁即为污。"

库（溪母鱼部），《说文》："兵车藏也。"《左传·哀公十六年》："焚库，无聚，将何以守矣?"

䃅（见母阳部），《说文》："铜铁朴石也。"按：䃅（矿）为内含金属的矿石，金属为石包裹，亦即石为金属之䬷，故得名䃅。

蟥（匣母阳部），《说文》："蠵蟥也。"按：蠵蟥，即蛎蟥，牡蛎，因其外层甲壳似皮囊，故称为蟥。

糠（溪母阳部），《说文》："谷皮也。"

穬，（见母阳部），《说文》："芒粟也。"按：芒粟，每粒籽实的外层皆有壳，如稻、麦等，与豆类不同。

觵（见母阳部），《说文》："兕牛角可以饮者也。"按：《韩诗说》："觵，廓也。"犀牛角内空，形似动物皮囊，故得名觵。

瓨，（影母阳部），《说文》："瓨，盆也。"按：瓨为腹大口小的一种瓦盆。

匩（溪母阳部），《说文》："饮器，筐也。"

桄（匣母阳部），《说文》："所以几器。"本义为搁置物品的架子。

椁（见母铎部），《说文》："葬有木郭也。"按：郭为棺材外面套着的大棺材，犹如城外之城。

鼓（见母鱼部），《说文》："鼓，郭也。春分之音。"《释名》："鼓，廓也。张皮以冒之，其中空也。"

壶（匣母鱼部），《说文》："昆吾圆器也。"《公羊传·昭公二十五年》："国子执壶浆。"

"鞹"（黄）的动词义即为由内而外的扩展。

扩（溪母铎部），《玉篇》："扩，引张之意。"《孟子·公孙丑上》："凡有四端于我者，皆知扩而充之矣。"

廓（溪母铎部），《方言》："张小使大，谓之廓。"《荀子·修身》："狭隘褊小，则廓之以广大。"

刳（溪母鱼部），《说文》："判也。"本义为把东西剖开再挖空。《易·系辞下》："刳木为舟，剡木为楫。"

夸（溪母鱼部），《说文》："夸，譀也。"夸即把小事往大里说。

由扩大引申为形容词义为广大：

亢（晓母阳部），《说文》："水广也。"

旷（溪母阳部），空旷。《诗·小雅·何草不黄》："率彼旷野。"

喤（匣母阳部），声音大。《诗·周颂》："喤喤厥声。"

艎（匣母阳部），《说文》："䑨艎也。"一种大船。

蝗（匣母阳部），《说文》："螽也。"按，蝗即蝗虫。一种危害农作物的大型昆虫。《吕氏春秋·不屈》："蝗螟农夫得而杀之。"

三、黄色为什么会成为帝王的御用颜色

古代社会，黄为皇家的御用颜色。传说唐虞夏三代以前的"皇帝"便"服黄衣戴黄冕"，以"黄衣当王"。商周时代每年冬天的腊祭，最高统治者要"黄衣黄冠而祭"。隋唐规定："天子常服黄袍，遂禁士庶不得服，而服黄有禁自此始。"天子居黄堂、佩黄绶、发黄榜、用黄历，甚至宫殿房顶也覆以黄色琉璃瓦。黄可谓与皇家结下了不解之缘。黄何以享有如此尊贵的地位呢？《说文》："黄，地之色也。从田，从炗，炗亦声。"王学文（2015）认为，土为黄色，五行之中，土居中，故黄被视为正色。黄因与大地联系在一起，故能满足帝王们"稳坐江山，千古长存"的心理需求，因此成为皇族的专用色。这种说法值得商榷。《书·禹贡》："冀州，厥土惟白壤。""济、河惟兖州，厥土黑坟。""海、岱惟青州，厥土白坟。""海、岱及淮惟徐州，厥土赤埴坟。""淮、海惟扬州，厥土惟涂泥。""荆及衡阳惟荆州，厥土惟泥。""荆、河惟豫州，厥土惟壤，下土坟垆。""华阳、黑水惟梁州，厥土青黎。""黑水、西河惟雍州，厥土惟黄壤。"九州之中只有雍州一州土壤为黄色，怎么能得出"土色黄"的结论呢？把土与黄拉上关系当在战国五行学说盛行之时。既然土与黄并无必然联系，"黄因与大地联系在一起，故能满足帝王们'稳坐江山，千古长存'的心理需求"之论，也就成了无根之谈。蔡英杰（2001）论证了"皇"的本义为太阳神。太阳光是地球上能看到的最明亮的光，故皇引申为明亮、辉煌义，写作煌，又作赫，《荀子·天论》："故日月不高，则光辉不赫。"由此又引申为最明亮的颜色，由表亮度的源域投射到表颜色的目标域，得到了表黄色的内涵。此义借用黄来表示。《诗·豳风·东山》："之子于归，皇驳其马。"毛传："黄白曰皇。"皇、黄均为匣母阳部，用字中常可通用。黄白色的马写作騜，又作骦，《尔雅》："马黄白，騜。或从黄。"如埕又作堭，煌又作熿，瘟病又作癀，趜又作趪，鳇又作

鳞。皇的形义变化的线索如下：

皇（本义太阳神）→明亮、辉煌，写作煌→最明亮的颜色，借用黄

《易传·系词上》："天尊地卑，乾坤定矣；卑高以陈，贵贱位矣。"上天的代表是太阳，太阳最突出的特点是普照万物，最为明亮，故黄最能代表太阳的颜色。天尊地卑，表现在人间社会，就是君尊臣卑。君为天之子，是上天在人间的代理人，处处都要力求与上天保持一致，因而黄受到帝王的偏爱，成为御用颜色也就不足为怪了。所谓黄帝"得土德之瑞"的说法，恐怕是战国以后术士的附会，不足为训。黄帝其名的本义应是光明之神，因而黄帝具有太阳神的神格。《山海经·大荒北经》："有系昆之山者，有共工之台，射者不敢北乡（向）。有人衣青衣，名曰黄帝女魃。蚩尤作兵伐黄帝，黄帝乃令应龙攻之冀州之野。应龙畜水，蚩尤请风伯雨师，纵大风雨。黄帝乃下天女曰魃，雨止，遂杀蚩尤。魃不得复上，所居不雨。"太阳一出，云销雨霁。在先民看来，能止雨者，非太阳莫属。黄帝能令女魃止雨，且女魃不复上，所在的地方就不下雨，与其说女魃是旱神，不如说黄帝是日神更为合适。

参考文献

［1］蔡英杰：《皇字本义考》，载《辞书研究》，2001 年第 5 期。

［2］陈政：《字源谈趣》，广西教育出版社 1991 年版。

［3］郭沫若：《金文丛考》，人民文学出版社 1954 年版。

［4］胡朴安：《从文字上考见古代辨色本能与染色技术》，载《学林》，1941 年第 3 期。

［5］梁东汉：《说"章""黄""单""兽"》，载《汕头大学学报》，1990 年第 3 期。

［6］唐兰：《毛公鼎"朱韨、葱蘅、玉环、玉瑹"新解——驳汉人"葱珩佩玉"说》，载《光明日报》，1961 年 5 月 9 日。

［7］唐玄之：《甲骨文所揭示的殷人的光学知识》，载《南京农业大学学报》，2003 年第 4 期。

［8］约斋编著：《字源》，上海书店 1986 年版。

［9］张清常：《汉语颜色词（大纲）》，载《语言教学与研究》，1991 年第 3 期。

"帚"的音义及与其有关的几个字

一、问题的提出

《说文解字》(以下简称《说文》):"帚,粪也。从又持巾扫门内。古者少康初作箕、帚、秫酒。少康,杜康也,葬长垣。支手切。"① 这个解释形、音、义三方面的训释都存在问题。首先,从字形来看,帚,甲骨文作 ⿻、⿻、⿻,为整体象形,并非"从又持巾扫门内"。从字义来看,帚为象形字,本义当为名词,《说文》所释的"粪也"(扫除义)当为其引申义。从字音来看,徐铉根据唐韵所注的"支手切",符合现代的读音 zhǒu,但以之验于古音,却颇为乖谬。甲骨卜辞中,帚被借用作婦(妇),根据"支手切"的反切,帚当为章母幽部,可"婦"为并母之部,韵部虽可旁转,但声母一属舌音,一属唇音,相差较远,不能相通。也就是说,帚如果是舌音,是不能借来表示唇音的"婦"的。但如果"帚"的古音不是舌音,"帚"的舌音读法又如何而来呢?如果"帚"的本音不是舌音,它的本义是否还是扫帚呢?

二、帚的本义、本音

唐兰《殷墟文字记》:"⿻、⿻者,帚之初文。……是帚字之形正象王帚一类之植物,以其可为扫彗,引申之遂以帚为扫彗之称。"② 所论甚是。可见,帚

---

① 本文所引《说文解字》版本,如无特别说明,均为中华书局影印本 1963 年版。
② 唐兰:《殷墟文字记》,中华书局 1981 年版,第 25 页。

的本义是一种成熟后可以用作扫帚的植物——王彗。王彗的名称极多,李时珍《本草纲目·地肤》:"地葵、地麦、落帚、独帚、王蔧、王帚、扫帚……茎可以为帚,故有帚、蔧诸名。"众多名称中,值得注意的是"王蔧"与"王帚"。蔧,为以手(又)持帚之形,其上之丯为两个并列的帚形的讹变。李学勤(1998)说:"《说文》说的丯是鬳、羽的变形,当视为省又的蔧。"① 甚是。《上海博物馆藏战国楚竹书(一)缁衣》"蔧"作󰀀,可见,帚、蔧本为一字的异文,单体作󰀀,因其丛生,又可复体作󰀀,演变而为羽、丯,因其可用手执之以扫除,故又添加"又"(手)形作蔧,因其可划归草类、竹类,又可添加义类符号艹、竹,作蕙、篲。由此可证:帚,本义为王蔧,本音当为匣纽质部,今音当读 huì。

三、与帚有关的婦、歸

(一)婦的读音与结构

《说文》:"婦,服也。从女持帚,洒扫也。"把"帚"分析为会意字,可是甲骨文中"婦"即借用"帚"来表示,"帚"与"婦"当音同或音近,可见,"婦"不是一个会意字,而是从女帚声的形声字。帚为匣纽质部,婦为並纽之部。匣纽和並纽,一为喉音,一为唇音,看似声类远隔,但却声气相通。吴泽顺(2006)指出了很多唇音与牙喉音转的例证,如:方、荒:方,帮母,荒,晓母;百、貊:百,帮母,貊,匣母;纷、惛:纷,滂母,惛,晓母。谧、溢:谧,明母,溢,影母。并进而指出:"牙喉音与唇音相通,是上古汉语语音发展演变的客观事实。"② 孟蓬生(2001)也指出:"唇音和牙音在上古可以相通是没有问题的,问题是这种相通是否反映了上古的语音状况,是否需要为它们的相通构拟 pk 一类的复辅音出来。"③ 上古汉语谐声、通假、声训、联绵词方面的大量语音事实,都足以支持这一结论。谐声方面:荒从亡得声,荒,晓母,亡,明母;悔从每得声,悔,晓母,每,明母;沫从未得声,沫,晓母,未,

---

① 李学勤:《释郭店简祭公之顾命》,载《文物》,1998 年第 7 期,第 44—45 页。
② 吴泽顺:《汉语音转研究》,岳麓书社 2006 年版,第 363 页。
③ 孟蓬生:《上古汉语同源词语音关系研究》,北京师范大学出版社 2001 年版,第 115—135 页。

明母。通假方面：闻可通昏，闻，明母，昏，晓母。沫可通眉，沫，晓母，眉，明母。联绵词方面，如荒忽、迷糊。声训方面：仅《白虎通义》一书就有 6 例唇音与牙喉音相训释。如"言蛮，举远也"（卷三，礼乐），蛮，明母元部，远，匣母元部。"宾者，敬也，言阳气上极，阴气始起，故宾敬之也"（卷四，五行），宾，帮母真部，敬，见母耕部。"雹之为言合也。阴气专精，积合为雹"（卷六，灾变），雹，并母觉部，合，匣母缉部。

唇喉相通，并非是一个孤立现象。现代汉语方言中，江苏宿迁、安徽淮南、江西南昌、湖南长沙等仍是 h\f 不分，如挥发读成非发，湖南读成伏南等。不仅如此，在一些少数民族语言中，也存在唇喉相通的现象。贾常业（2010）"以《文海》《同音文海会编》所提供的反切拟音资料为基准，利用《番汉合时掌中珠》为辅助佐证材料，对番文辞书《同音》甲种本、《同音文海会编》中的 252 个轻唇音字与汉语进行比较分析，看到番语与汉语在轻唇音的拟音上有很大差别。番语中反切上字与实际音值是相背离的。其中番语轻唇音微母与喉音影母、喻三、牙音疑母有联系，轻唇音奉母与喉音晓母有联系，轻唇音非母与喉音匣母有联系"①。目前尽管对唇喉相通的音理学界还没能取得一致意见，但都承认它是上古汉语语言的一个客观事实。清代学者段玉裁之前，古音学家顾炎武、江永等人把之部字与支、脂合在一起，段氏始将此三部分立。后代学者大都赞成段玉裁的三分，认为是他的卓识。但从《诗经》用韵来看，之部与支、脂存在许多混而不清的现象，因此说它们音近，可发生旁转，应当是没有疑问的。如此说来，之部与质部亦可发生旁对转关系，因而"帚"与"妇"在上古音尤其是在商代音中读音应当是非常接近的。

（二）歸的结构与本义

《说文》："歸，女嫁也。从止，从妇省，![自]声。"这个解释从析形到释义都存在问题。从字形上来看，歸，甲骨文作![图]、![图]，![图]与![自]，在甲骨文中是两个字，![图]是师的本字，![自]是堆的本字，毫无疑问，![图]从![图]（师）而非![自]声。既非声，![图]与![图]的组合又不可能是会意，因为![图]无论代表的是妇还是彗都无法与![图]会意出"女嫁"或"回来"的意义，那么唯一合理的解释就是——![图]是一个

---

① 贾常业：《番汉语轻唇音反切拟音之比较》，载《西夏研究》，2010 年第 1 期，第 85 页。

从、声的形声字。歸，见母微部，（帚），匣母质部，见匣邻纽，微质旁对转，二字音近，帚充当歸的声符应无问题。歸，从（师）、帚声，其本义当为军队或将领出外征战后归来，“女嫁”义应是其引申义。卜辞中，有一例中的“歸”明确是将领出征归来的意思。

（1）贞：王殳叀歸于师？（合集① 1253 正）

还有几例的“歸”亦可基本确定是将领出征归来的意思：

（2）贞：勿令沚戛归？令沚戛归？六月。（合集 3948）
（3）贞：勿乎臿归？（合集 4194）

沚戛与臿都是商朝率军驻扎在外的将领，因此这里的“歸”当是从前线回到王都。

卜辞常借“帚”为“歸”，表示将领出征归来。例如：

（4）丁未贞：王其令望乘帚？其告于祖乙一牛，父丁一。
丁未贞：王其令望乘帚？其告于祖乙一牛。（合集 32896 + 331924）
（5）丁未贞：王其令望乘帚？其告于祖乙。
丁未贞：王令卯逹危方。（合集 32897）

裘锡圭（1992）认为这版卜辞中的“帚”应该读为“歸”，“望乘帚”应该是望乘这个人歸。② 赵鹏（2008）联系前后卜辞所反映的史实，证明了裘先生的意见是正确的。③ 以下卜辞中的“帚”，赵鹏（2008）认为均应读作“歸”，表示出征或旅行归来之意。④

---

① “合集”，《甲骨文合集》的简称，后面的数字为甲骨片编号。

② 裘锡圭：《论历组卜辞的时代》，见《古文字论集》，中华书局 1992 年版，第 35 页。

③ 赵鹏：《殷墟甲骨文女名结构分析》，见宋镇豪主编：《甲骨文与殷商史（新一辑）》，线装书局 2008 年版，第 191—202 页。

④ 例（8），胡小石认为“帚”应读为“歸”，见胡小石：《胡小石论文集三编》，上海古籍出版社 1995 年版，第 102 页。例（4）、例（7）、例（8），濮茅佐认为“帚”读为“歸”，例（7）的大意是王命令征伐旅的军队归来。引自濮茅佐：《商代的骨符》，见《第三届国际中国古文字学研讨会论文集》，香港中文大学，1997 年，第 187—192 页。

(6) 壬寅卜：令帚伯？（合集 20080）

(7) 庚戌：王令伐旅帚？五月。（合集 20505）

(8) 辛未卜：王勿帚？

辛未卜：王帚？（合集 4923）

(9) 方其帚？（合集 8666）

(10) 乙未贞：其令亚侯帚？惠小［乙告］。（屯南 502）

(11) 丙戌卜，贞：帚？（合集 20954 + 210329）

(12) 辛帚汜夒？（合集 32048）

"帚"可读作"归"，证明帚、歸音近。裘锡圭（1996）："甲骨文歸字作 𠂤，似应为从𠂤（卜辞多用作师）帚声之字。此帚旁大概就读彗的音。彗是匣母祭部字，歸是见母微部字，声韵皆近，所以可以相谐。"① 甚是。

传世文献中，"歸"表示军队出征归来的例证颇多。例如：

(13) 汤既绌殷命，复归于亳，作汤诰。（《书·汤诰》）

(14) 武王胜殷，杀受，立武庚，以箕子归。（《书·洪范》）

(15) 成王归自奄。（《书·多方》）

(16) 晋师归，范文子后入。（《左传·成公二年》）

(17) 师老而劳，且有归志，必大克之。（《左传·哀公九年》）

(18) 师归自伐秦。（《左传·哀公十四年》）

(19) 荆兴师，大克晋，归而赏有功者。（《吕氏春秋》）

(20) 秦获惠公以归。（《吕氏春秋》）

(21) 乃罢兵西归。（《史记·周本纪》）

(22) 秦不利，引兵归。（《史记·秦本纪》）

(23) 项王已约，乃引兵解而东归。（《史记·项羽本纪》）

(24) 吴王弗听，遂伐齐，败之艾陵，虏齐国、高以归。（《史记·越王勾践世家》）

---

① 裘锡圭：《殷墟甲骨文"彗"字补说》，见《华学》编辑委员会编：《华学（第二辑）》，中山大学出版社 1996 年版，第 35 页。

《尚书》是上古文献的辑录，据清代阎若璩等人的考证，《古文尚书》是晋人的伪作，近年来出土的清华简也证实了《古文尚书》之伪。对于《今文尚书》，学界一般认为：《周书》中的《牧誓》至《吕刑》16 篇应是西周的真实文献，《文侯之命》《费誓》《秦誓》是春秋的真实文献；《商书》究竟是商代的文献，还是周人的伪托，还难以断定；《虞夏书》应为战国编写的古史资料。为了保证文献在时代上的可靠性，我们只选择了《周书》中《牧誓》至《吕刑》16 篇进行统计，发现共有"归"字 6 例，其中表示军队或将领出征归来的共 3 例，占总数的 50%。王和（2003）认为，《左传》成书的上限在公元前 375 年，下限在公元前 360 年，这一观点论证充分，严谨，应当是比较可信的。也就是说，《左传》应是公元前 4 世纪早期亦即战国前期的文献。据我们的统计，《左传》共有"归"字 499 例，除去 24 例人名用例，共有 475 例，其中表示军队或将领出征归来的共 72 例，占总数的 15.2%。《史记》是伟大史学家司马迁的著作，其成书时间在西汉早期。据我们的统计，《史记》共有"归"字 760 例，除去 9 例人名用例，共有 751 例，其中表示军队或将领出征归来的共 131 例，占总数的 17.3%。以上表明，在时代最早的《尚书》中，"军队或将领出征归来"是"归"字最主要的用法之一；一直到汉代，该义仍然是"归"的常用义。

四、余论

♣（彗、帚）本为王彗，一年生草本植物，高约 50—150 厘米，茎直立，多分枝。因其成熟后可捆扎用作扫地的工具，故称为扫彗（扫帚）。古音为匣纽质部字，与婦、歸音近，故在卜辞中可用作婦、歸的借字。婦，从女帚声，歸，从 ♣（师）从止帚声，均以帚为声符。细竹枝捆扎后亦可用作扫地的工具，称为扫竹。扫彗（扫帚）、扫竹功用相同，故可互训，《说文》："彗，扫竹也。"即其证。后扫竹之称逐渐代替了扫彗（扫帚），促使扫彗（帚）的"彗"（帚）读作了竹，因轻声而音变为 zhou。

参考文献

［1］贾常业：《番汉语轻唇音反切拟音之比较》，载《西夏研究》，2010 年第 1 期。

［2］李学勤：《释郭店简祭公之顾命》，载《文物》，1998 年第 7 期。

［3］孟蓬生：《上古汉语同源词语音关系研究》，北京师范大学出版社 2001 年版。

［4］裘锡圭：《古文字论集》，中华书局 1992 年版。

［5］《华学》编辑委员会编：《华学（第二辑）》，中山大学出版社 1996 年版。

［6］唐兰：《殷墟文字记》，中华书局 1981 年版。

［7］王和：《〈左传〉成书的年代与编纂过程》，载《中国史研究》，2003 年第 4 期。

［8］吴泽顺：《汉语音转研究》，岳麓书社 2006 年版。

［9］宋镇豪主编：《甲骨文与殷商史（新一辑）》，线装书局 2008 年版。

释氏

——兼论氏与姓、氏与族之间的关系①

一、引言

《说文》认为氏来自巴蜀方言,为山崖侧边附着而将要堕落的山岩。这一说法素来遭人诟病,徐复观先生即提出质疑:"若不能证明初造氏字之人,出自蜀产,则何能援巴蜀之特殊字形以造此字。且只要从小篆追溯上去,即可发现氏字之原形,与许氏所说的山岸欲堕的情形渺不相应。"②那么,氏之本义为何?"氏族"的意义是由本义生出还是源自假借?氏与姓、氏与族之间的关系怎样?搞清这些问题,并不仅仅只是文字训诂的问题,而是对于人类学、历史学都极具意义的事情。

二、氏的本义

《说文》:"氏,巴蜀名山岸胁之旁箸欲落堕者曰氏。氏崩,闻数百里,象形。凡氏之属皆从氏。扬雄赋,响若氏隤。"③许氏说解之失,上引徐复观文已予以指出。除此之外,许氏所引的书证也成问题。氏字起源甚古,甲骨文、金文就已习见,先秦文献中更有大量用例,许氏找不出符合其说解的例证,故只

---

① 基金项目:2011 年教育部人文社科基金规划项目"《说文解字》的阐释体系与说解得失研究"(项目编号:11YJA740002)。
② 徐复观:《两汉思想史》(第一卷),华东师范大学出版社 2001 年版,第 175 页。
③ [汉] 许慎:《说文解字》,中华书局 1963 年版,第 265 页。

能以后出扬雄文中的孤例充数。后世对于氏字之本义意见纷纭，大体以朱骏声、郭沫若、丁山为代表。

朱骏声指出了许慎说解之失，但却犯了和许氏同样的毛病。《说文通训定声》氏字下云："按许说此字非是。因小篆横视似篆书山而附会之耳。本训当为木本，转注当为姓氏，盖取水源木本之谊。"① 朱氏正确指出了许氏说解错误的根源在于以篆书之字形附会氏之本义，但朱氏本人却重蹈了许氏覆辙。他援引《汉简》引《石经》氏之字形作 ᧱ 为依据，判断氏之本义为木本。篆书字形已不可靠，比篆书晚出之《石经》字形又怎能靠得住呢？ㄟ，金文作ㄟ、ㄟ、ㄟ、ㄟ，与《石经》之字形相去远矣，朱氏之说因此不攻自破。

郭沫若开始从甲骨文字形分析氏之本义，这个方向无疑是正确的。《金文余释之余》云："氏者余谓乃匙之初文。《说文》：'匙，匕也。从匕，是声。'段注云：'《方言》曰：匕谓之匙。'……今江苏人所谓茶匙汤匙也……古氏字形与匕近似；以声而言，则氏匙相同；是氏乃匙之初文矣。"② 郭氏之说，徐复观先生已指出其误。其一，匙既从匕是声，则匕乃匙之初文，何得以氏为匙之初文？其二，匕形契文作 ᧱ 或 ᧱，与甲骨文氏作 ᧱ 大不相同。氏形下端垂直，若为匙之初文，将何以取物？③ 郭氏虽从正确的方向出发，但仍未能得到氏的本义。其失误在于，先从语音出发，主观假定氏乃匙之本字，然后强迫字形就范，把本来形状与形态都相距甚大的匕字与氏字认定为相似。对于汉字本义的考释，必须充分尊重原始文字本身呈现出来的形音义的客观性，任何主观的臆断，都只能与事实的真相愈来愈远。

丁山认为，氏即示字，示为祭天的图腾柱，因而示之本义亦为祭天的图腾柱。"在氏族社会，以图腾为宗神，每个家族的闾里之口都立有图腾柱（Totem Pole）以保护他们的氏族"，因而图腾柱俨然成为氏族的象征。④ 丁氏之说的缺陷是显而易见的。其一，甲骨卜辞所称示者，非为天神，实为人神，即商族之先公先王，因此把示解释为祭天的图腾柱并不可靠，远不如释作神主有理有据。其二，甲文 T（示）与 ᧱（氏）虽然近似，但分别之际宛然。示之上笔为一平

---

① 徐复观：《两汉思想史》（第一卷），华东师范大学出版社 2001 年版，第 175 页。
② 郭沫若：《金文余释之余》，日本东京文求堂书店 1932 年版，第 34—37 页。
③ 徐复观：《两汉思想史》（第一卷），华东师范大学出版社 2001 年版，第 176 页。
④ 丁山：《甲骨文所建氏族及其制度》，中华书局 1988 年版，第 3 页。

直的横画，氏之上笔则为一向右下垂并略微卷曲的斜画，这一平一斜正是二者的区别性标志，因而示字之上还可再加一横画构成 $\bar{T}$，氏字之上则不可再加上一横画，示字之下可在竖画的两端加点，构成八字形的字缀（⚹），氏之下则不能添加字缀。丁氏之说虽不精审，但其见解是建立在武丁时代所有的贞卜例外刻辞基础之上的，距离事实的真相已经不远了。

要想破解氏之本义的谜底，既要顾及语言内的形音义的因素，又要顾及到语言外的社会发展的历史。当此二者能够相合而不相违，且能彼此互证之时，氏的本义也就水落石出，大白于天下了。

氏，甲文作 ⟨⟩、⟨⟩，金文作 ⟨⟩、⟨⟩、⟨⟩、⟨⟩，实像一飘扬的旗帜形。对此，我们可以把它同古代与旗帜有关的一些象形字做一下比较。中，甲骨文作 ⟨⟩、⟨⟩、⟨⟩、⟨⟩，在商代既可作测量日影的日晷，又兼可测量风向。中间的 O 表示日影的范围；⟨⟩ 则像旗帜形，与氏的构形基本相同，都由柄和游组成。区别是中的游呈波浪形，氏的游呈向下卷曲形。勿，甲骨文作 ⟨⟩、⟨⟩，《说文》曰："勿，州里所建旗。象其柄，有三游。杂帛，幅半异。"① 勿与氏的构形基本相同，都由柄和游构成，游都是向右下垂的斜线，只不过勿柄上有三游，氏柄上只有一游而已。 㫃，甲文作 ⟨⟩，金文作 ⟨⟩，《说文》曰："旌旗之游，㫃蹇之貌。从中曲而下垂，㫃相出入也。"② 构形与氏相同，亦由一柄一游组成，游均呈向下卷曲形；区别是 㫃 在旗柄顶端有个装饰性的饰物，因此游没有置于顶端，而放在了顶端稍下的位置。通过以上比较可以看出，氏为旗帜之义甚明，那么，氏究竟是一种什么旗帜呢？我们认为，氏是表示部落的旗帜，也就是说是部落的徽帜，是一个部落区别另一个部落的标识。一个部落通常由一个家族构成，部落之间以氏（徽帜）相区别，因此一个部落也就成了一个氏族。商周金文中的族徽，如 ⟨⟩（父戊方鼎）⟨⟩（父乙簋）等如果描绘在旗帜上，用来作为本部落的标识，就是氏。也就是说氏就是描绘族徽、标识氏族的旗子，这个意义后来用戠、幟（帜）来表示，氏是戠、幟的本字。戠字从戈，戈为兵

---

① ［汉］许慎：《说文解字》，中华书局1963年版，第196页。
② ［汉］许慎：《说文解字》，中华书局1963年版，第140页。

器，在作义符时通常指战争，从戈从言者，指战争中的标识，即描绘本部族标识的军旗。幟，又作識，本义即为用作本方标记的旗子。

《左传·僖公五年》："均服振振，取虢之旗。"① 又《闵公二年》："卫侯不去其旗，是以甚败。"② 周代天子分封诸侯，"胙之土而命之氏"，诸侯之旗，是国的象征，也是氏的象征。"取虢之旗"，意味着虢国的灭亡，也意味着虢氏的灭亡。卫侯宁愿招致集中打击，也"不去其旗"，因为这个旗是族旗，也是国旗，是氏族与国家的象征，"去其旗"即意味着卫氏与卫国的覆灭。《周礼·春官宗伯·司常》："官府各象其事，州里各象其名，家各象其号。凡祭祀，各建其旗。"③ 周代大夫立家，立家也就是新建了一个氏，所谓"家各象其号"，也就是在旗帜上描绘象征其氏的徽号。《仪礼·士丧礼》："为铭，各以其物。亡，则以缁长半幅，赪末长终幅，广三寸。书铭于末，曰：某氏某之柩。"郑玄注："铭，明旌也。杂帛为物，大夫、士之所建也。以死者为不可别，故以其旗识识之。"④ 有氏者才能铭旌，隐含了氏与旗的对应关系，这里的旌（旗），无疑是代表大夫、士所属的氏族的旗帜，唯其如此，才能发挥识别作用。

三、氏与姓的关系

《说文》："姓，人所生也。古之神圣母，感天而生子，故称天子。从女，从生，生亦声。《春秋传》曰：'天子因生以赐姓。'"⑤ 这里包含了两个重要的信息。其一，在姓产生之时，还处于母系氏族社会，因此部落首领知母不知父，姓源于女性始祖。其二，姓是"因生"而产生，源自女性始祖创生本族的传说，表达了对本族生命本原的认同。在原始思维里，自然万物和人类之间可以相互生成和转换。原始部落的人们认为自己的祖先源自自然界的某一事物，这个事物就成为他们的图腾，也就是姓。姓的诞生表现了原始人类欲借助某种自然力增强自身力量、提升自身信心的愿望，因而不是客观世界的真实反映。姓多来自创生神话，三代的夏族、商族、周族的姓就是这样产生的。

---

① 杨伯峻：《春秋左传注》（第一册），中华书局1981年版，第310—311页。
② 杨伯峻：《春秋左传注》（第一册），中华书局1981年版，第265—266页。
③ 陈戍国点校：《周礼·仪礼·礼记》，岳麓书社1989年版，第73页。
④ 李学勤主编：《十三经注疏·仪礼注疏》（下册），北京大学出版社1999年版，第666页。
⑤ [汉] 许慎：《说文解字》，中华书局1963年版，第258页。

禹父鲧，妻修己，见流星贯昴，梦接意感，又吞神珠薏苡，胸坼而生禹。(《史记·夏本纪》正义引帝王纪)①

天命玄鸟，降而生商。(《诗·商颂·玄鸟》)②

殷契，母曰简狄。有娀氏之女，为帝喾次妃。三人行浴，见玄鸟堕其卵，简狄取吞之，因孕生契。(《史记·殷本纪》)③

周后稷名弃，其母有邰氏女，曰姜原。姜原为帝喾元妃。姜原出野，见巨人迹，心忻然悦，欲践之。践之而身动，如孕者，居期而生子。(《史记·周本纪》)④

在夏族的神话传说中，夏的女始祖修己吞食了薏苡状的神珠，怀孕生下了夏族的男性始祖禹。夏族以姒为姓，源自薏苡。（上古音，姒，邪母之部，苡，余母之部，反映了语音的变化，在夏族创生神话产生的时代，二字当同音。）在商族的创生神话中，商族的女始祖简狄吞食了玄鸟之卵，怀孕生下了商族的男性始祖契。商族以子为姓，就源自玄鸟之卵（鸟卵为子）。在周族的神话传说中，周的女始祖姜嫄踩了熊的脚印，怀孕生下了周的男性始祖后稷。周族以姬为姓，实源自熊。（上古音，姬，见母之部，熊，匣母蒸部。见匣邻纽，之蒸对转，语音相近。在周族创生神话产生之时，姬、熊当同音。）

现代汉字中，仍保存了一些以女为偏旁的姓，如姜、姞、嬴、姚、妫、妘、姺、媸等，这些都是原始的古姓，这些古姓，成为姓源于女性始祖这一历史事实的活化石。

综上所述，姓反映的是部落的自然属性，用于别血缘；氏反映的是部落的社会属性，用以别族团。远古部落，都需要有自己部落与其他部落的区别性标志，但并非所有的部落都有自己的创生神话，因而每个部落都有氏，但并非每个部落都有姓。《庄子·马蹄》："夫赫胥氏之时，民居不知所为，行不知所之，含哺而熙，鼓腹而游。"⑤ 上博简《容成氏》："容成氏、尊卢氏、赫胥氏、乔结

---

① [汉]司马迁撰：《史记（三家注本）》（上册），上海古籍出版社1975年版，第33页。
② [宋]朱熹注：《诗经》，上海古籍出版社1987年版，第167页。
③ [汉]司马迁著，李炳海校评：《史记（校勘评点本）》，吉林文史出版社2003年版，第11页。
④ [汉]司马迁著，李炳海校评：《史记（校勘评点本）》，吉林文史出版社2003年版，第16—17页。
⑤ 钱穆：《庄子纂笺》，生活·读书·新知三联书店2010年版，第87页。

氏、仓颉氏、轩辕氏、神农氏、祝融氏、伏羲氏之有天下也,皆不授其子而授贤。"容成、尊卢、赫胥、乔结、仓颉、轩辕、神农、祝融、伏羲等,都是远古部落,这些部落除轩辕、神农、伏羲、祝融之外,均有氏而无姓。《国语·晋语》:"同姓为兄弟。黄帝之子二十五人,其同姓者二人而已。唯青阳与夷鼓,皆为己姓。……凡黄帝之子二十五宗,其得姓者十四人,为十二姓。姬、酉、祁、己、滕、箴、任、荀、僖、姞、儇、依是也。惟玄嚣与苍林氏同于黄帝,故皆为姬姓。"①"黄帝之子二十五宗"是黄帝部落联盟之下的二十五个子部落,这二十五个子部落无疑都有自己的氏,但只有十四个部落有自己的姓。这十四个部落中,青阳与夷鼓同为己姓,玄嚣与苍林同为姬姓,故实际只有十二姓。姓联结血缘,所以黄帝联盟属下的二十五个部落,只有玄嚣与苍林两个部落为黄帝后裔,其他部落与黄帝应当没有血缘关系。五帝当中,黄帝轩辕氏(一说有熊氏)、颛顼高阳氏、帝喾高辛氏、尧陶唐氏、舜有虞氏,他们的氏,或来自所居之地,或来自崇拜对象,要之,都是他们部落的标识。五帝之姓,黄帝、颛顼、帝喾皆姬姓,尧姓伊祁,舜姓姚(一说姓妫),后世人为的痕迹比较明显。他们都是古史传说中著名的部落联盟的首领,如果同出一系,这种姓的杂乱现象是无法解释的。我们有理由认为,在远古的部落社会中,氏的出现在前,姓的出现在后。作为部落的区别标识,氏伴随着部落的出现而出现;作为联系血缘的纽带与高贵身份的象征,姓有可能伴随着一种垄断权力的出现而出现,姓的产生,应不早于尧舜时期。

  夏商二代,只有天子、天子后裔的封国及一些重要方国的首领才有姓有氏。《国语·周语》:"克厌帝心,皇天嘉之,祚以天下,赐姓曰姒,氏曰有夏,谓其能以嘉祉殷富生物也。祚四岳国,命以侯伯,赐姓曰姜,氏曰有吕,谓其能为禹股肱心膂,以养物丰民人也。"②剥除皇天赐姓名氏的伪托之词,我们可以得到如下信息:大禹部落以姒为姓,以夏为氏;四岳部落以姜为姓,以吕为氏。《史记·夏本纪》:"禹为姒姓,其后分封,用国为姓,故有夏后氏、有扈氏、有男氏、斟寻氏、彤城氏、褒氏、费氏、杞氏、缯氏、辛氏、冥氏、斟氏、戈氏。"③《诗·商颂·长发》:"韦顾既伐,昆吾夏桀。"④姒姓夏部落之十六氏,夏后(夏)为天子之氏,其他十五氏皆为天子后裔封国之氏。《史记·殷本

---

① [春秋]左丘明著,秦峰译注:《译注国语》,江西高校出版社1998年版,第391页。
② [春秋]左丘明著,秦峰译注:《译注国语》,江西高校出版社1998年版,第100页。
③ [汉]司马迁著,李炳海校评:《史记(校勘评点本)》,吉林文史出版社2003年版,第10页。
④ [宋]朱熹注:《诗经》,上海古籍出版社1987年版,第168页。

纪》:"契为子姓,其后分封,以国为姓,有殷氏、来氏、宋氏、空同氏、稚氏、北殷氏、目夷氏。"① 《逸周书·商誓》:"告尔伊、旧、何、父、幾、耿、肃、挚,乃殷之旧官人。"② 子姓殷部落,殷当为天子之氏,来、宋、空同、稚、北殷、目夷、伊、旧、何、父、幾、耿、肃、挚等氏均为天子后裔封国之氏。刘师培《氏族原始论》:"古之所谓有国者,不称部而称氏。《孝经纬》云:'古之所谓国也,氏即国也。'吾即此语,推而阐之,知古帝所标之氏,乃指国名,非系号名。如盘古氏,即盘古之国。陶唐为帝尧之国,故曰陶唐氏。有虞为帝舜之国,故曰有虞氏。夏为大禹之国,故曰夏后氏。若夫共工氏、防风氏,则乃诸侯之有国者也。可知古之所谓氏者,氏即国也。《左传》言:'胙之土而命之氏。'此氏字最古之义,无土盖无氏矣。"③ 刘氏所论,大致符合夏商以前的情况。据丁山先生考证,甲骨刻辞中所见到的商代的氏族有200多个,这200多个氏包含了多少姓很难考证,但毫无疑问,姓应大大低于氏的数量。其原因有两点:一是许多氏族有氏无姓;二是一个姓可以分化为若干个氏(前文姒姓、子姓的分化可证)。夏代以前,姓在范围上与氏基本一致,同姓不同氏的情况很少,夏代以后,同姓不同氏的情况明显增多了。周代实行宗法制,不仅天子可以"胙之土而命之氏",诸侯也可以"胙之土而命之氏",得天子命氏者为诸侯,得诸侯命氏者为大夫。天子、诸侯、大夫如系同一血缘,则为同一个姓,但却有各自不同的氏。氏乃姓之分支,姓为氏的宗主,由此形成了"姓一定而不易,氏递出而不穷"的局面。姓是血缘关系的纽带,用以"别婚姻";氏是政治权力的标志,用以"别贵贱"。春秋以降,由于政治权力的下移,诸侯逐渐丧失了命氏的特权,氏的"别贵贱"的功用也逐渐丧失。徐复观先生把春秋以降氏的产生分为四个阶段,春秋中前期分为三个阶段:第一阶段,以赐氏为特典。第二阶段,以赐氏为照例的政治行为。第三阶段,贵族自行命氏。第一、第二阶段,率按宗法规定,以王父(祖父)之字为氏。到了第三阶段,氏的命名已无宗法统系而言,有以父之字为氏的,有以官为氏的,有以邑为氏的。春秋末期至战国时期为第四阶段,这一时期,由于社会的剧烈变化,不少贵族沦为皂隶,而平民跃升于上层。平民血缘集团的代表人物乃自行命氏,于是有以职业、以居地为氏的情形出现。④ 氏不仅彻底与宗

---

① [汉]司马迁著,李炳海校评:《史记(校勘评点本)》,吉林文史出版社2003年版,第15页。
② 黄怀信、张懋镕、田旭东:《逸周书汇校集注》(上册),上海古籍出版社2007年版,第449—450页。
③ 徐复观:《两汉思想史》(第一卷),华东师范大学出版社2001年版,第180页。
④ 徐复观:《两汉思想史》(第一卷),华东师范大学出版社2001年版,第185—186页。

法制度失去联系，而且丧失了作为地位与权力象征的作用，成为单纯的家族血缘关系的标志，氏演变成了姓，姓与氏，变成了二名一实的东西。《史记》屡谓"姓某氏"者，即揭示了以氏为姓这一史实。

四、氏与族的关系

《说文》："族，矢锋也。束之族族也。从㫃，从矢。"① 许氏以族为镞的本字，误。族字所从之㫃，正是标志本部落的旗帜，所从之矢，表示族不仅是以血缘为统系的集团，而且是一个军事单位。族内成员，平时为民，战时为兵，因此族就是部落，是一个兵民合一的集团。部落平时称氏，打仗时由部落精壮构成的军事单位则称族。部落、氏、族是统一的，部落名即是氏名，也是族名。五帝时期，形成了部落联盟，黄帝、炎帝、蚩尤等皆为部落联盟的首领。部落联盟下有若干子部落，每一个子部落就是一个族，也是一个氏。

炎帝欲侵凌诸侯，诸侯咸归轩辕。轩辕乃修德振兵，制五气，艺五种，抚万民，度四方，教熊罴貔貅貙虎，以与炎帝战于阪泉之野。三战，然后得其志。（《史记·五帝本纪》）②

九黎乱德，民神杂糅，不可方物。③（《国语·楚语》）韦昭注：九黎，蚩尤之徒也。

黄帝摄政，有蚩尤兄弟八十一人，并兽身人语，铜头铁额，食沙石子。④（张守节撰《史记正义》引《龙鱼河图》）

熊、罴、貔、貅、貙、虎为六种兽名，应是黄帝有熊部落中六个子部落的名称。熊、罴、貔、貅、貙、虎是部落的徽帜，因此这六个部落，也就是六个氏族。九黎，应当是蚩尤统率的东夷部落集团属下的九个子部落，也就是九个氏族。所谓蚩尤兄弟八十一人，应是这九个子部落繁衍分化出来的八十一个小

---

① [汉] 许慎：《说文解字》，中华书局1963年版，第141页。
② [汉] 司马迁著，李炳海校评：《史记（校勘评点本）》，吉林文史出版社2003年版，第1页。
③ [春秋] 左丘明著，秦峰译注：《译注国语》，江西高校出版社1998年版，第663—664页。
④ [汉] 司马迁撰：《史记（三家注本）》（上册），上海古籍出版社1975年版，第3页。

部落。每个小部落都是一个作战单位,也就是一个族,他们之间的关系是平行的,因此称为兄弟,并非指蚩尤有八十一个兄弟。范文澜说:"九黎当是九个部落的联盟,每个部落又包含九个兄弟氏族,共八十一个兄弟氏族。蚩尤是九黎族的首领,兄弟八十一人,即八十一个氏族酋长。"① 九、八十一都泛指其多,未必是确数。九黎战败以后,其势大衰,但他们还据有黄河下游和长江中下游一带的广阔地区。到尧、舜、禹时期,他们又形成了新的部落联盟。这就是史书上说的"三苗",又称为"有苗"或"苗民"。

进入夏商,部落首领大都成为侯伯,也就是诸侯,建立了国家。商王朝直接控制内的诸侯称侯,直接控制外的诸侯称伯,卜辞所谓"某侯""某伯"之"某",既是国名,亦是氏名。商王直属的部族称王族,商王诸子所属的部族则称子族。

己亥贞:令王族追召方。(南明六一六)
己卯卜,充贞:令多子族从犬侯璞(扑)周,古王事。五月(续五、二、二)

王族,是商王嫡系的部族,王是族名,不是氏名,其氏名当为商。所谓多子族,当为多个子族,它们为没有继承王位的商王诸子建立的部族,子族一般拥有封国,国名即氏名。

庚寅卜,争贞:子不⊡凡㞢疾?(合集223)
囗寅卜,韦贞:钔子不?(合集586)

"子不"为子族之一。据考证,不即邳,其所在区域在今江苏邳州市。② 不既是国名,亦是氏名。子族之下,还有小子族。小子族,当为子族族长诸子建立的分族,小子族当有封邑而无封国,他们没有独立的氏名,其氏名沿用其宗主——子族之氏。

乙巳,子令小子嚣先以人于堇。子光赏嚣贝二朋。子曰:'贝,唯蔑女(汝)曆,嚣用乍(作)母辛彝。'才(在)十月二。唯子曰:'令望

---

① 范文澜:《中国通史(第一编)》,人民出版社1965年版,第89页。
② 白玉峥:《不国解》,见《中国文字》(第49册),台湾大学文学院,1973年,第5295—5308页。

（望）人方䙴。'"（小子䚄卣，盖铭："冀母辛。"）

癸巳，𣪘赏小子䚄贝十朋，在□□，唯𣪘令伐人方，䙴□□用作文父丁尊彝。在十月四。冀。"（小子䙴簋）

"子光"为子族，因而又称"子"，小子䚄为小子族，是子族下的分族，小子䚄有封邑而无封国，因而没有自己独立的氏名，其氏名沿用其宗主的氏名——冀。小子䙴的情形与此相同，其宗主𣪘为子族，小子䙴有邑而无国，有族而无独立的氏，其氏名沿用其宗主的氏名——冀。可见，即使到了商代，也只有建立国家，才有独立的氏，没建国家的贵族只有族，而没有独立的氏。①所谓开宗立氏，有国家才有宗庙，才有独立的氏名。

周代实行宗法制，诸侯之子，如果不能成为直接继承人，五代以后，就要另立门户。《礼记·大传》："别子为祖，继别为宗，继祢者为小宗。有百世不迁之宗，有五世则迁之宗。百世不迁者别子之后也。宗其别子者，百世不迁者也。宗其继高祖者，五世则迁者也。"另立门户者则要立族命氏，诸侯因而取得了命氏的权力。《左传·隐公八年》："无骇卒，羽父请谥与族。公问族于众仲。众仲对曰：'天子建德，因生以赐姓，胙之土而命之氏。诸侯以字为氏，因以为族。官有世功，则有官族，邑以如之。'公命以字为展氏。"②徐复观先生说："诸侯以字为氏，是指诸侯对其同姓之卿大夫的命氏方法而言。……以其王父之字为其氏，使其死后的子孙，一面仍得因其王父之字而得知其氏之所自出；同时亦因此而许其另开一支，以团结其族人，而自相繁衍。……众仲所说的'官有世功，则有世族，邑亦如之。'这是指诸侯赐异姓者之氏而言。官是仕于朝廷，邑是仕于都邑。诸侯对异姓者的赐氏，不能按照宗法的身份制度，而改用以勋劳为标准的制度。我们要注意'世功'两字。世功，是世世代代有功。世世代代有功，则世世代代相传下来，必定子孙众多。但若不赐之以氏，则此世代有功之人，并没有代表这些众多子孙的资格而自成一族，以成为以血统为内容的固定政治势力。为了酬庸报功，便赐以他世代所作之官、所宰之邑的名称，以作为他氏的名称，使他的众多子孙，团结于所赐的氏名之下而成为一族，而他

---

① 《左传·定公四年》谓分鲁国以殷民六族条氏、徐氏、萧氏、索氏、长勺氏、尾勺氏，分卫国以殷民七族陶氏、施氏、樊氏、锜氏、繁氏、饥氏、终葵氏，但又云："使帅其宗氏，辑其分族"，可知在商代氏与族是不同的，氏为族之所宗，族为氏之所分，殷民六族、殷民七族其实只有一个氏，那就是商王室的氏——殷氏。周代实行宗法制，族与氏开始合一，殷民诸族有可能因而才都有了自己独立的氏。

② 杨伯峻：《春秋左传注》（第一册），中华书局1981年版，第61—62页。

为之长。"①《左传·昭公十七年》"我高祖少皞挚之立也，凤鸟适至，故纪于鸟，为鸟师而鸟名。凤鸟氏，历正也；玄鸟氏，司分者也；伯赵氏，司至者也，青鸟氏，司启者也；丹鸟氏，司闭者也。"② 郯子托名少皞，其实反映的是周代以官为氏的事实。周代之氏，有宗氏，有分族之氏。"别子为祖，继别为宗，继祢者为小宗。"宗氏即小宗之氏，即诸侯别子之后始得之氏。别子之后又有分族，分族所得之氏即为分族之氏。以鲁国三桓言之，桓公别子庆父、叔牙、季友之后分别得赐孟氏、叔孙氏、季氏，是为宗氏。孟氏之后分出南宫氏、子服氏，叔孙氏之后分出叔仲氏，季氏之后，分出公钮氏、公辅氏，南宫氏、子服氏、叔仲氏、公钮氏、公辅氏皆为分族之氏。《左传·昭公三年》："肸闻之，公室将卑，其宗族枝叶先落，则公室从之。肸之宗十一族，唯羊舌氏在而已。"晋国大夫叔向的宗氏为羊舌，羊舌氏之后，分出十族，这十族所得之氏，即为分族之氏。《左传·昭公五年》："箕襄、邢带（杜注：二人，韩氏族）、叔禽、叔椒、子羽（杜注：皆韩起庶子），皆大家也。韩赋七邑，皆成县也。羊舌四族，皆强家也。（杜注：四族，铜鞮伯华、叔向、叔鱼、叔虎）"③ 韩氏五族，其宗氏均为韩，分族之氏有箕、邢等；羊舌四族，为叔向兄弟在羊舌宗族下的分族，其宗氏皆为羊舌，分族之氏有铜鞮、杨等。春秋末年，晋国贵族立氏已无须得到国君的册命，只要到太史处登记即可。脱离原来的宗族，即可获得新的氏名。《国语·晋语九》："智宣子将立瑶为后。智果曰：'……若果立瑶也，智宗必灭。'弗听，智果别族于太史，为辅氏。及智氏之亡也，惟辅果在。"④

春秋中叶以后，宗法制逐渐遭到破坏。总的来看，命氏的权力已不再掌握在天子或国君手里。⑤ 春秋末期以后，姓氏合一，平民皆得以有姓，由姓而构成宗族，也就是说具有血缘关系的同姓就构成了一个宗族。《白虎通·宗族》云："族者何也？族者，凑也，聚也。谓恩爱相流凑也。上凑高祖，下至玄孙，一家有吉，百家聚之，合而为亲。生相恩爱，死相哀痛，有会聚之道，故谓之族。"⑥ 族是血缘组织，同时也是社会组织。宗族之间平时通有无，相怜恤，乱时则可聚集族内力量，抵御外来侵扰。东汉中叶以后，由宗族而滋生出门第，唐中叶以后，门第趋于衰微。

---

① 徐复观：《两汉思想史》（第一卷），华东师范大学出版社2001年版，第183页。
② 杨伯峻：《春秋左传注》（第四册），中华书局1981年版，第1387页。
③ 杨伯峻：《春秋左传注》（第四册），中华书局1981年版，第1269页。
④ 薛安勤、王连生：《国语译注》，吉林文史出版社1991年版，第650页。
⑤ 晋国情况较为特殊，应属在政治上较为保守的国家。
⑥ 陈立：《白虎通疏证》（上册），中华书局1999年版，第397—398页。

五、结语

氏字，有人训山陵欲堕之石，有人训木之根本，有人训匙，有人训示（图腾柱）。或望文生义，强就字形以说字义；或望音生义，强就字音以说字形；或观念先行，把外来的理论与汉字字形字义强加比附。凡此种种，都不免有主观、片面之失。文字是文化的载体，是人们对客观世界认识成果的沉淀，古文字考释，如果仅仅着眼于语言内部的文字、音韵、训诂诸因素，不能跟当时社会发展情况密切结合起来，就往往流于肤浅而不能深入；古代历史、文化的研究如果不依靠古文字的考释，就往往流于主观，而缺少验证。只有把二者结合起来，融会贯通，才能避免主观性、片面性，得出比较扎实可靠的结论。

参考文献

[1] 徐复观：《两汉思想史》（第一卷），华东师范大学出版社2001年版。
[2] [汉] 许慎：《说文解字》，中华书局1963年版。
[3] 郭沫若：《金文余释之余》，日本东京文求堂书店1932年版。
[4] 丁山：《甲骨文所建氏族及其制度》，中华书局1988年版。
[5] 杨伯峻：《春秋左传注》（第一册），中华书局1981年版。
[6] 陈戍国点校：《周礼·仪礼·礼记》，岳麓书社1989年版。
[7] 李学勤主编：《十三经注疏·仪礼注疏》（下册），北京大学出版社1999年版。
[8] [汉] 司马迁撰：《史记（三家注本）》（上册），上海古籍出版社1975年版。
[9] [宋] 朱熹注：《诗经》，上海古籍出版社1987年版。
[10] [汉] 司马迁著，李炳海校评：《史记（校勘评点本）》，吉林文史出版社2003年版。
[11] 钱穆：《庄子纂笺》，生活·读书·新知三联书店2010年版。
[12] [春秋] 左丘明著，秦峰译注：《译注国语》，江西高校出版社1998年版。
[13] 黄怀信、张懋镕、田旭东：《逸周书汇校集注》（上册），上海古籍出版社2007年版。
[14] 范文澜：《中国通史（第一编）》，人民出版社1965年版。

[15] 杨伯峻:《春秋左传注》(第四册),中华书局1981年版。
[16] 薛安勤、王连生:《国语译注》,吉林文史出版社1991年版。
[17] 陈立:《白虎通疏证》(上册),中华书局1999年版。

(原文刊于《中州学刊》2013年第3期,标题为《从"氏"的本义看氏与姓、氏与族的关系》)

释辛

——兼论商族的起源神话

一、辛字形义考

辛，甲骨文作▽、▽、▽。辛字实为心宿的象形。① 《史记·天官书》："东方苍龙：房、心。心为明堂，大星天王，前后星子属。不欲直，直则天王失计。房为府，曰天驷。"这里被称为天王的大火星就是心宿三星中间的一颗星——心宿二，古称火、大火，现代天文学属天蝎星座。心宿的三颗星不在一条直线上，大火星居中，其他二星一前一后，正构成倒三角形的形状，与甲文辛字的主体相合。辛的主体▽，其上下的点画不过是用作结体平衡的字缀。仰韶文化郑州大河村文化遗址出土的彩陶片上，心宿三星相连，正为倒三角形，从实物上对辛取象于心宿提供了支持。大火星是远古先民的农业指示星。远古至上古时期，人们普遍以大火昏见于东方作为开始农耕的信号。《礼记·郊特牲》："季春出火，为焚也。"《尸子》："燧人上观辰星（按：指大火），下察五木以为火。"意思是大火三月昏见后便开始焚草莱、备春耕。大火星西沉则是收获的标志。《诗·豳风·七月》："七月流火，八月授衣。"《夏小正》："九月内火，辰系于日。"是说七月份大火星开始西流，到九月份偕太阳一道没入西方地平线上。在大火初见和西伏的时候，先民要隆重地举行"出火"与"内火"的祭礼仪式。"出火"是迎接生命之神的复活，"内火"则是哀祭生命之神的死亡，所以大火星实兼生、杀二义。远古时期，对于心宿的观测非常重要，先民根据大火星的运行确定农时，称为火历，专门负责观测大火星运行的官员称为火正。

---

① 参见蔡英杰：《十二地支的文化说解》，载《扬州大学学报（人文社会科学版）》，2004年第4期，第221—225页。

卜辞中，心宿与大火都受到殷人的祭祀：

帝心—心……帝？（合集 162）
贞：隹火？五月。（后下 37.4）

辛为心宿，还有以下材料可作佐证：其一，心属心母侵部，辛为心母真部，二字语音相近。心宿之名源于心（脏），其三星相连则成辛形。其二，心宿的主星大火像一团熊熊烈火，而辛有辣义，辣与火的关系密不可分。其三，古代称观测大火星的官员为重黎、祝融。《山海经·大荒西经》："颛顼生老童，老童生重及黎。"童、重、祝融音近，当系一音之转。童，甲骨文从辛、从见；毛公鼎则从目、从辛、从土，东声，表示观测心宿之大火，正与重黎为火正的身份相合；其四，辟从辛、从后（古后、司同字），辟即司辛者，亦即负责观测大火星的人。远古政教合一，以天象定人事，辟既为司天者，亦为部落酋长。《书·洪范》："惟辟作福，惟辟作威，惟辟玉食。""作福"主生殖，"作威"主刑杀，"玉食"主祭祀，"辟"当为心宿——生命之神在人间的代理人。

二、辛与商族的起源神话

商人主祭大火，大火星又称商星。《左传·襄公九年》："古之火正，或食于心，或食于咮，以出内火。是故咮为鹑火，心为大火。陶唐氏火正阏伯居商丘，祀大火，而火纪时焉。相土因之，故商主大火。商人阅其祸败之衅，必始于火，是以日知其有天道也。"《左传·昭公元年》："昔高辛氏有二子，伯曰阏伯，季曰实沈，居于旷林，不相能也。日寻干戈，以相征讨。后帝不臧，迁阏伯于商丘，主辰。商人是因，故辰为商星。迁实沈于大夏，主参。唐人是因，以服事夏商。"商人主祀大火，而商族神话传说中的始祖正是帝喾高辛氏。《史记·殷本纪》："殷契，母曰简狄，为帝喾次妃。"高、享本为一字，原指祭祀神灵的庙堂，引申而有"神"义。高阳即太阳神，高辛即心宿神，心、辛正好相应。帝字亦从辛作，其本义亦当为心宿之神。《诗·商颂·玄鸟》："天命玄鸟，降而生商。宅殷土茫茫。古帝命武汤，正域彼四方。"《诗·商颂·长发》："濬哲维商，长发其祥。洪水芒芒，禹敷下土方。外大国是疆。幅陨既长，有娀方将。帝立子生商。"《吕氏春秋·音初》："有娀氏有二佚女，为之九重之台，饮食必以鼓，帝令燕往视之，鸣若嗌嗌，二女爱而搏之，复以玉筐，少选发而视之，遗二卵北飞，遂不返。"上述文中之帝，无疑均指帝喾高辛氏。因此商人之帝，既不是自然之天，也不是高居众神之上的抽象的至上神，而是心宿之神。帝本来兼表心宿神以及对心宿神的祭祀两个义项，后来分化出帝、禘二字，帝用来表示名词的天神，禘则表示对天神的祭祀。卜辞中的"帝心"，《礼记·祭法》中的"殷人禘喾而郊冥，祖契而宗汤"，说明殷人对心宿之神（帝喾高辛氏）的祭祀是一以贯之的。需要指出的是，玄鸟只是帝派来的使者，其所致送之卵是帝之卵，而非玄鸟之卵。因此简狄吞卵受孕而生下的契只能是帝之子，而非玄鸟之子，这一点《诗》中"帝立子生商"已经表述得十分清楚，这也与图腾崇拜中认为怀孕生子是图腾物的精灵进入母体的观念若合符契。《楚辞·天问》："简狄在台，喾何宜？玄鸟致贻，女何喜？"《九章·思美人》："高辛之灵盛兮，遭玄鸟而致诒。"《楚辞·离骚》："望瑶台之偃蹇兮，见有娀之佚女。凤凰既受诒兮，恐高辛之先我。"也都一致强调玄鸟是赠送（致贻、诒）高辛（喾）之卵。商，甲文从辛，从内，表现的正是心宿之神的精灵进入简狄身体之内的意象。《广韵》："商，降也"，与《诗》"天命玄鸟，降而生商"的意义正好相合。

商族为什么要创造"帝立子生商"的神话呢？原来，商族长期奉大火星为农业指示星（辰），对大火星的运行予以细致的观测，对大火星神（亦即心宿神）顶礼膜拜，并予以隆重的祭祀。商族的首领（酋长）上司大火星的观测、祭祀，下司民众的生产、生活；既是宗教祭司，又是行政长官。正是凭借着沟通神人之间的媒介这一特殊身份，部落首领建立起了自己的权威。但是仅仅如此，这一权威还是有限度的、不确定的，因为祭司本身并没有神性，他的神性是通过对神的意旨的领受而获得的。要想真正地长期地拥有神性，莫过于与神建立起血缘关系。因此"帝立子生商"的神话，应是商族由中心聚落社会向酋邦制社会转型过程中，部落酋长为了宣扬自己的神性，增强自己的权威创造出来的。由于这一创造符合先民万物之间可以交感互渗的思想认识，因此得到了广泛的认同。

三、余论

上文已经指出，童的本义是观测大火星运行的神职人员，那么经常与"童"并列使用的"妾"又是何义呢？妾字从女，从辛，其本义自然与大火星有关。《说文》："妾，有罪女子，给事之得接于君者。"许慎对远古时代的一些社会现象已不甚了然，但他所谓"给事之得接于君者"，仍然值得我们玩味。从甲骨文中我们得知，商王的配偶可以称为母，可以称为妻，也可以称为妾，并没有什么区别。

辛丑卜：王业于示壬母妣庚犬？不用。三月。（合集 19806）
贞：业于示壬妻妣庚？（合集 938）
贞：来庚戌业于示壬妾妣……（合集 2385）

那么，妾作为王的配偶的意义又从何而来呢？笔者认为当来自负责接引大火星神的女性神职人员。《吕氏春秋·音初》："有娀氏有二佚女，为之九重之台，饮食必以鼓。"《楚辞·天问》："简狄在台，喾何宜？"建高台，设美食，用鼓乐，非接引天神而何？天神也果然被惊动了，"帝令燕往视之""玄鸟至贻"，就是明证。《史记》称简狄为帝喾次妃，也正是妾的意思。帝喾与简狄，一为神，一为人，并非现实生活中的伴侣，简狄不过是接引帝喾的女性神职人员而已。由于这些女性神职人员能够与神沟通的特殊身份，她的最后归宿只能是做君王的配偶，这正是"给事之得接于君者"的真正意蕴。在社会的发展过程中，政权的力量压倒了神权的力量，"文史星历近乎卜祝之间，固主上所戏弄，倡优畜之，流俗之所轻也。"作为女性神职人员的"妾"也没有逃过这个劫数，成为女奴隶的代名词。由于辛是商人崇拜的心宿，所以具有神性的事物，商人习惯加上辛字作为标志，龙、凤等字都如此。

因为大火星主生杀，所以辛字也与刑杀之义有关，"宰、辜、辠（罪）"等与刑杀有关的字皆从辛，盖因于此。

参考文献

[1] 蔡英杰：《十二地支的文化说解》，载《扬州大学学报（人文社会科学版）》，2004 年第 4 期。

[2]《郑州大河村遗址发掘报告》，载《考古学报》，1979 年第 3 期。

（原文刊于《殷都学刊》2008 年第 1 期）

释"離"

《说文解字》:"離:黄,仓庚也。鸣则蚕生。从隹,离声。""黄"当连篆读成離黄。離黄是一种鸟的名字,即今之黄鹂,又叫黄莺。《尔雅·释鸟》:"仓庚,鵹黄也。"郭璞注:"其色鵹黑而黄,因以名云。"仓庚因鵹黑而黄,故得名鵹黄,可见鵹黄是表示这种鸟的本字,而"離黄"之"離"则属假借。因而把"離"释成"離黄"(鵹黄)是靠不住的,"離黄"非但不是離的本义,甚至连假借义都称不上。"離"只是"鵹"的假借,并非"鵹黄"的假借。那么,離的本义是什么呢?

一、離的本义考

字的本义与字形密切相关,離,从隹,离声,其本义当与鸟有关。《汉语大字典(简编本)》在離字Ⅱ的音项下,共罗列了30个义项。① 这些义项表面上看似乎都与鸟无涉,但第26个义项却引起了我们的注意。第26个义项云:"通'罹'。遭受;遭遇。"这个义项值得关注的地方在于"罹"字亦从隹(鸟)。《说文解字》"新附"中有"罹"字:"罹,心忧也。从网,未详,古多通用離。"② 作者之所以对其构形不解,是因为他把字形分析错了。把罹分析为从网,从惟,"惟"有忧思之义,因而"网"似乎成了多余的东西。其实这个字正确的分析应是从网,从隹,从心。隹(鸟)遭网捕,自然令人心忧。正因为取象于"隹遭网捕",所以"罹"既有遭受义,也有忧患义。现在的问题是:"離"在表示"遭遇、遭受"这一义位时,是"罹"的假借,还是其固有的意

---

① 李格非主编:《汉语大字典(简编本)》,湖北辞书出版社、四川辞书出版社1996年版,第1844页。
② [汉]许慎:《说文解字》,中华书局1963年版,第158页。

义呢？笔者对先秦文献《尚书》《周易》《诗经》《老子》《论语》《左传》《国语》《墨子》《庄子》《孟子》《文子》《慎子》《商君书》《晏子春秋》《吕氏春秋》《韩非子》《战国策》《楚辞》(《楚辞》只统计先秦作家作品）等做了穷尽性的统计，下面是这些先秦古籍中"離""罹"二字表示遭受义位的用例：

(1) 雉離于罗。（《诗·兔爰》）
(2) 雉離于罦。（《诗·兔爰》）
(3) 雉離于罿。（《诗·兔爰》）
(4) 渔网之设，鸿则離之。（《诗·新台》）
(5) 月離于毕，俾滂沱矣。（《诗·渐渐之石》）
(6) 上六：弗遇过之，飞鸟離之。（《易·小过卦》）
(7) 離外之患，而天不靖晋国。（《左传·僖公二十三年》）
(8) 余惧不获其利而離其难，是以去之。（《左传·文公五年》）
(9) 人谓叔向曰："子離于罪，其为不知乎？"（《左传·襄公二十一年》）
(10) 離外之患，而晋国不靖。（《国语·晋语》）
(11) 而離桓之罪，以亡于楚。（《国语·叔向贺贫》）
(12) 此其離凶饿甚矣。（《墨子·七患》）
(13) 故国離寇敌则伤，民见凶饥则亡。（《墨子·七患》）
(14) 欲衷对，言不从，恐为子孙身離凶。（《荀子·成相》）
(15) 不及有虞氏乎？故離此患也。（《庄子·天地》）
(16) 以为士者，正其言，必其行，故服其殃，離其患也。（《庄子·盗跖》）
(17) 丘不知所失，而離此四谤者，何也？（《庄子·渔父》）
(18) 宵人之離外刑者，金木讯之；離内刑者，阴阳食之。（《庄子·列御寇》）
(19) 大夫种事越王，主離困辱，悉忠而不解。（《战国策·秦策》）
(20) 離毁辱之非，堕先生大名者，臣之所大恐也。（《战国策·燕策》）
(21) 使人行之所易，而无離所恶，此治之道。（《韩非子·内储说上》）
(22) 使人去其所易，无離其所难，此治之道。（《韩非子·内储说上》）
(23) 汤见祝网者，置四面，其祝曰："从天坠者，从地出者，从四方来者，皆離吾网。"（《吕氏春秋·异用》）
(24) 君子济人于患，必離其难。（《吕氏春秋·离俗》）
(25) 大臣卿士之死者以百数，離咎二十年。（《吕氏春秋·原乱》）

(26) 弃宝者必离其咎。(《吕氏春秋·侈乐》)

(27) 众人离于患，陷于祸。(《韩非子·解老》)

(28) 进不入以离尤兮，退将复修吾初服。(《楚辞·离骚》)

(29) 思公子兮独离忧。(《楚辞·山鬼》)

(30) 独历年而离愍兮，羌凭心而犹未化。(《楚辞·思美人》)

(31) 纷逢尤以离谤兮，謇不可释也。(《楚辞·惜颂》)

(32) 欲儃佪以干傺兮，恐重患而离忧。(《楚辞·惜颂》)

(33) 郁结纡轸兮，离愍而长鞠。(《楚辞·怀沙》)

(34) 离闵而不迁兮，愿志之有像。(《楚辞·怀沙》)

(35) 上无所考此盛德兮，长离殃而愁苦。(《楚辞·招魂》)

(36) 何贞臣之无罪兮，被离谤而见尤。(《楚辞·惜往日》)

(37) 尔万方百姓，罹其凶害，弗忍荼毒。(《书·汤诰》)

(38) 不协于极，不罹于咎，皇则受之。(《书·洪范》)

(39) 嚖嚖之食，不足狃也，不能为膏，而祗罹咎也。(《国语·晋语》)

(40) 虽骊之乱，其罹咎而已，其何能服？(《国语·晋语》)

(41) 不祥，罹天之祸。(《国语·晋语》)

(42) 罹天之祸，无后。(《国语·晋语》)

(43) 余不听豫之言，以罹此难也。(《吕氏春秋·审己》)

(44) 其身困而家贫，父子罹其害。(《韩非子·奸劫弑臣》)

从上述用例中，笔者发现了如下事实：第一，先秦文献中用作表示遭受义位时，"离"共出现了37次，"罹"只出现了8次，"离"的使用频率远远高于"罹"。第二，从书证上来看，"离"的用例最早见于《诗经》《周易》，"罹"的用例最早见于《尚书》。《尚书》虽然出现的时代较早，但其中的《汤诰》属于伪古文尚书，不能采信，这样"罹"在《尚书》中就只剩下了一个孤例，在很大程度上存在后人改窜的可能性。如果排除了这一个孤例，"离"表示遭受义所出现的时代要早于"罹"。离在甲骨文中就已出现，而罹则在战国文字中才出现，也为这一结论提供了佐证。第三，"离"在《诗经》《周易》上出现的早期用例，几乎无一例外表示鸟类遭受网的捕获。唯一的例外《诗·渐渐之石》上的"月离于毕，俾滂沱矣"，其中的"毕"本义是捕鸟网，毕宿是因为形状像捕鸟网而得名，因而"月离于毕"是把月比拟为鸟，仍然是取象"鸟遭网捕"这一意象。"离"字从隹，与"鸟遭网捕"这一意象正好密合。因此，从使用频度、出现年代、形义关系上来看，把"离"看成"罹"的通假字都是靠不住的。《说文》:"离,山神兽也。从禽头……欧阳乔说,离,猛兽也。"甲骨文的"离"像捕鸟网,非猛兽之形。甲骨文离、離并用作捕获之义。因此離的本义是指鸟类遭受网的捕获。谷衍奎《汉字源流字典》:"离(離),会意字。甲骨文下边是个带把的网,网中有一只鸟,大概是黄鹂,表示黄鹂鸟遭到擒拿。"①按:所谓"带把的网"就是离字,以网捕鸟则为離字,网中鸟与黄鹂无涉。黄德宽师《古文字谱系疏证》:"甲骨文離,从离,从隹,会以网捕鸟之义。离亦声。"②是。后引申为遭受各种不幸,这些不幸包括"患、难、罪、凶、咎、忧、饥、饿、愍(闵)、殃、谤、刑、困辱、毁辱"等。"離"在先秦早期文献中多指"鸟遭捕获"义,晚期文献中多指"遭受不幸"义,正表明了这一引申过程。"離"与"罹"不是通假字与本字的关系,那么是什么关系呢?笔者认为,看作同源字关系较妥。離,来母歌部,罹亦来母歌部,二字音同。離、罹并有遭受不幸之义,二字意同。離从离(网)从隹,罹从网从隹,二字构字取象相同。笔者之所以把这两个字看作同源关系,而不是异体关系,是因为它们在用法上存在着一些分工,比如《诗经》当中的一些用例:

(45) 有兔爰爰,雉離于罗。我生之初,尚无为,我生之后,逢此百罹。(《兔爰》)

(46) 唯酒食是议,无父母诒罹。(《斯干》)

(47) 民莫不谷,我独于罹。(《小弁》)

《诗经》中"離"均用作动词,"罹"均用作名词。尤其是例(45)动词用"離",名词用"罹",此疆彼界,截然分明,很能给我们以启发。"罹"用作名词,表示灾难、忧患的意义,是"離"所不具备的。正因为"罹"本用为表示忧患的意义,所以才加上了心符。汉代以后,"離"用来表示遭受不幸这一义位渐少,而"罹"用来表示这一义位的用法却渐多。在贾谊的《新书》里面,表示这一义位的全部用的是"罹"字。

(48) 祸之所罹,岂可豫知?(《藩伤》)

(49) 使民愈愚而民愈不罹县网。(《瑰玮》)

(50) 知巧诈谋不起,所谓愚,故曰使愚而民愈不罹县网。(《瑰玮》)

---

① 谷衍奎:《汉字源流字典》,华夏出版社2003年版,第583页。
② 黄德宽:《古文字谱系疏证》,商务印书馆2007年版,第2313页。

(51) 汤见设网者四面张，祝曰："自天下者，自地出者，自四方至者，皆罹我网。"（《论诚》）

《吕氏春秋》引用汤网开一面的故事时用的是"離"（见例23），而《新书》引用同一故事用的是"罹"，尤能说明问题。由于"離"的遭受义渐不为人所知，所以人们在上古文献中看到"離"的这一用法时，便想当然地把它看作"罹"的通假字了。

二、離的本义与其他义位的关系

離的本义是鸟遭网捕，其他引申义皆由本义派生而来。遭受不幸义由鸟遭网捕义引申而来，上文已论之甚详，我们再来看一下離的其他义位与本义的关系。

1. 触犯义、违背义、感应义

離有触犯义，《韩非子·五蠹》："夫離法者罪，诸先生以文学取。""離法"即犯法。鸟遭网捕是因为鸟触犯到了网上，故離引申为触犯义。犯者，不顺也，故触犯义又可引申为违背义，《管子·任法》："舍公好私，故民離法而妄行。"触犯则有感应，故又引申为感应义，扬雄《剧秦美新》："其异物殊怪，存乎五威将帅，班乎天下者，四十有八章，登假皇穹，铺衍下土，非新家其畴離之？"李善注："離，应也。"

2. 分離义、離开义、逃避义、距離义、離间义、失去义、分析义、断开义、并列义

離有分离义，《国语·周语》："若七德離判，民乃携贰。""離判"即分离。鸟遭网捕则与众鸟分离，故離引申为分離义。分离则意味着離开了原来的群体，故引申为離开义，《管子·八观》："離本国，失都邑，亡也。"離又可引申为逃避，《后汉书·刘盆子传》："必欲杀盆子以塞责者，无所離死。"李善注："離，避也。"離开则有了距離，故又引申为距離义，《三国演义》第十六回："辕门離中军一百五十步。"離间义由分離义引申而来，離间就是使原来紧密的群体产生分離，《孙子·计篇》："亲而離之。"失去义也由分離义引申而来，因为分离就意味着暂时或永久的失去，《管子·宙合》："辰臣離味则百姓不养。"分離才能分析，故分析义亦由分離义引申而来，《韩非子·扬权》："彼既離之，吾因以知之。"分離等于切断了与原来群体的联系，故又引申为断开，《礼记·

学记》："一年视离经辨志。"孔颖达疏："离经，谓离析经理，使章句断绝也。"分离又可引申为并列，《礼记·曲礼上》："离坐离立，勿往参焉。"

3. 陈列、罗列义

离有陈列、罗列义，《左传·昭公元年》："楚公子围设服离卫。"杜预注："设君服，二人执戈陈于前以自卫。离，陈也。"以网捕鸟先要把网陈设、布置好，故引申为陈列、罗列义。

三、余论

"离"与"離"在甲骨文时代就都已经出现了，它们是音义有别的两个字。叶玉英认为，"离"与"禽"（擒）为一字之分化，声母为 gl-，韵部为侵部，后来受到"離"字的影响，而读入来纽歌部。① 笔者认为，离、禽、罕本为一字，后来因意义分化，而导致了字形与语音的分化。罗振玉认为，"古罗、離为一字"，笔者认为，離、罗、罹三字均为来纽歌部字，均有捕获之意，字形构造上均取象于以网捕鸟，属同源关系。離在甲骨文中就已经出现，时代最早。罗、罹二字不见于甲骨文、金文，直至战国文字中才出现，时代较晚。罗繁体作羅，与罹的差别仅是糸符与心符的不同。文字孳乳的途径之一是改换形符，因而罹很可能是羅的孳乳字，为了和羅的意义相区别，把羅的糸符改换成了心符。但改换之后，心与隹恰好构成了惟字，这样就把网与隹的关系给掩盖了起来，后人不解，遂有"从网，不详"之叹。

参考文献

[1] 李格非主编：《汉语大字典（简编本）》，湖北辞书出版社、四川辞书出版社 1996 年版。

[2] [汉] 许慎：《说文解字》，中华书局 1963 年版。

[3] 谷衍奎：《汉字源流字典》，华夏出版社 2003 年版。

[4] 黄德宽：《古文字谱系疏证》，商务印书馆 2007 年版。

[5] 叶玉英：《古文字构形与上古音研究》，厦门大学出版社 2009 年版。

（原文刊于《信阳师范学院学报（哲学社会科学版）》2011 年第 4 期）

---

① 叶玉英：《古文字构形与上古音研究》，厦门大学出版社 2009 年版，第 267 页。

《诗·召南·行露》"谁谓女无家"正诂

《诗·召南·行露》全文如下:

厌浥行露。岂不夙夜?谓行多露。

谁谓雀无角,何以穿我屋?谁谓女无家,何以速我狱?虽速我狱,室家不足。

谁谓鼠无牙,何以穿我墉?谁谓女无家,何以速我讼?虽速我讼。亦不女从。

这是一首女子拒婚的诗。至于拒婚的原因,因对"家"字的理解不同,主要有三种意见。第一种意见认为"家"指"夫"。"女无家"者,女无夫也,就是说女儿没有婆家。"谁谓女无家"是一句反问,"谁说女儿没婆家",意思是女儿已经有了婆家。诗中的男子要强娶女子,女方的家长以女儿已有婆家加以拒绝。这种意见以余冠英、周振甫为代表。余先生训"家"为"夫家",把"谁谓女无家"译为:"谁说我女儿没婆家"①,周先生也把该句译为:"谁说女儿没婆家"②。余先生对诗意解释说:"一个强横的男子硬要聘娶一个已有夫家的女子,并且以打官司作为压迫女方的手段。女子的家长并不屈服,这诗就是他给对方的答复。"③ 余先生、周先生的意见粗看起来,似乎也能说通,但仔细比勘一下文本,就会发现诸多疑点。其一,文本"女""我"相对,"女"为对称代词无疑。其二,文本中"虽速我讼,亦不女从"中的"女"为对称代词是确定的,诗中三个"女"所指的对象显然是统一的,因而"谁谓女无家"的"女"亦当为对称代词。其三,"行"有女子出嫁义。《诗·邶风·蝃蝀》"蝃蝀

---

① 余冠英:《诗经选》,人民文学出版社1990年版,第15页。
② 周振甫:《诗经译注》,中华书局2010年版,第23页。
③ 余冠英:《诗经选》,人民文学出版社1990年版,第14页。

在东,莫之敢指。女子有行,远父母兄弟",《邶风·泉水》"出宿于泲,饮饯于祢。女子有行,远父母兄弟",《卫风·竹竿》"泉源在左,淇水在右。女子有行,远父母兄弟",三句中"行"均应训为"出嫁","女子有行"即"女子出嫁"。"行露"以道路之"行"喻女子出嫁之"行",谓婚姻之路上布满障碍,欲尽快嫁人而不得也。全诗均以女子口吻道出,"女方家长的答复"云云,实无从说起。第二种意见认为"家"指"室家之礼"。"谁谓女无家",意思是说男方曾以室家之礼向女方求婚。"室家不足"意思是说男方的室家之礼还有未完备的地方。这种意见以朱子为代表。朱子训"家"为"谓以媒妁求为室家之礼也",训释诗意曰:"人皆谓汝于我尝有求为室家之礼,故能致我于狱,而求为室家之礼初为尝备,如雀虽能穿屋,而实未尝有角也。"① 朱子此说显然犯了增字解经的错误。方丽杰说:"从《行露》篇原诗来看,没有任何一处文义说明室家就是室家之礼,很明显这是后人异想天开的牵强附会。"② 训"室家"为"室家之礼"已属增字解经,牵强附会,训"家"为"室家之礼"就更不必说了。依照朱子的训释,男方既然曾以室家之礼(按:当为纳采、问名、纳吉、纳徵、请期、亲迎六礼)向女方求婚,如果在礼节上还有没完备的地方,补上就可以了,男方何以会不惜打官司都不愿意弥补?这在情理上是说不通的。再说,女子如果对男方是满意的,绝不会因为"室家之礼未备"就产生如此激烈的反抗。所谓"女终以一物不具,一礼不备,守节持义,必死不往"(见刘向《列女传》)云云,是后世礼学兴起后,文人给诗中女子所贴上的概念化标签。第三种意见认为"家"指"妻"。"谁谓女无家",意思是"谁说你没有家室(妻子)",诗中描写了一个已有妻室的男子对一个未婚女子逼婚,遭到了女子的拒绝,男子因而把她告上了公堂。当代学者多持此说。严明:"无家,没有成家,没有娶妻。"③ 张俊纶:"无家,没有妻子。"④ 张凌翔:"无家,没有家室,尚未婚配。"⑤ 向熹把"谁谓女无家"译为:"谁说你没娶老婆。"⑥ 李朝杰解读诗意为:"一个已婚男子对这个女子有非分之想,甚至采用暴力手段,用刑狱相逼。女子虽然身处弱势,但在恶人的淫威下,有着宁为玉碎的气节,这真是可

---

① [宋]朱熹集注,赵长征点校:《诗集传》,中华书局2017年版,第16页。
② 方丽杰:《〈诗经·召南·行露〉的千古误读》,载《呼伦贝尔学院学报》,2005年第2期,第4页。
③ 严明:《诗经精读》,上海古籍出版社2012年版,第14页。
④ 张俊纶:《诗经译注》,崇文书局2014年版,第29页。
⑤ 张凌翔:《诗经全鉴》,中国纺织出版社2015年版,第19页。
⑥ 向熹译注:《诗经译注》,商务印书馆2013年版,第23页。

歌可泣。"① 刘文秀、孙燕、孙兰解读为："一个有妻室的男子看上了一个应该是美好的女子，可能想通过媒妁之言、父母之命而欲强行取其为妻妾。"② "家"表示"成家、娶妻"是现代的一个常用义，因而很容易为现代人所接受，但是用于本诗的解读却很难成立。在先秦时期，"家"与"室"在表示婚姻取向上迥然有别。女嫁夫曰有家，男娶妻曰有室。③《左传·桓公十八年》："女有家，男有室，无相渎也。"《孟子·滕文公下》："丈夫生而愿为之有室，女子生而愿为之有家。父母之心，人皆有之。"《礼记·曲礼上》："三十曰壮，有室。"郑玄注："有室，有妻也。"《国语·齐语》："罢士无伍，罢女无家。"韦昭注："夫称家也。"因而，训"无家"为"没有家室""没娶老婆"，明显犯了以今律古的错误。另外，已婚男子强娶女子，不仅现代要犯重婚罪，放在先秦时期也是违背礼制的。如果诗中男子确实有如此行径，于情于礼于法，都完全处于下风，无论他以"已有妻室"还是"没有妻室"起诉，诉讼理由都难以成立，男子又怎敢公然诉之于公堂？

那么"谁谓女无家"，究竟是何义呢？换句话说，男子究竟以什么理由起诉女子呢？要弄清这个问题，还是要从"家"在这里表示的意义入手。把"家"理解为"夫"（婆家）、"妻"（妻室）或"家室之礼"都已是死胡同，我们必

---

① 李朝杰：《和你一起读诗经》，中国财富出版社 2012 年版，第 19 页。
② 刘文秀、孙燕、孙兰：《诗经新解》，世界图书出版公司 2012 年版，第 17 页。
③ 屈原《离骚》："周乱流其鲜终兮，浞又贪夫厥家""及少康之未家兮，留有虞之二姚"，此二句中的"家"常被人用作表示"妻室"的例证，均有未安。《左传·襄公四年》："寒浞，伯明氏之谗子弟也，伯明后寒弃之。夷羿收之，信而使之，以为己相。浞行媚于内而施赂于外，愚弄其民而虞羿于田，树之诈慝以取其国家。外内咸服。羿犹不悛，将归自田，家众杀而烹之，以食其子。其子不忍食诸，死于穷门。靡奔有鬲氏。浞因羿室，生浇及豷。""贪夫厥家"即"树之诈慝以取其国家"。大道既隐，天下为家，贪其家即贪其国。因而寒浞"贪夫厥家"，是说寒浞贪图后羿的国家政权。及至后来寒浞娶后羿之妻，则曰"浞因羿室"，"家""室"分别甚明。《左传·哀公元年》："昔有过浇杀斟灌以伐斟鄩，灭夏后相。后缗方娠，逃出自窦，归于有仍，生少康焉，为仍牧正。惎浇，能戒之。浇使椒求之，逃奔有虞，为之庖正，以除其害。虞思于是妻之以二姚，而邑诸纶，有田一成，有众一旅。能布其德，而兆其谋，以收夏众，抚其官职。""少康之未家"，指少康还未被立为大夫，授予官职（牧正），赐予土地、人口（有田一成，有众一旅）。有虞国君只有在少康取得官职，有了田产后，才以女嫁之，而不会在少康还是一介平民时就把女儿嫁给他。因而屈原才说"及少康之未家时，留有虞之二姚"，意思是说：在少康还未取得官职和田产时，先把有虞氏的两个女儿留住。《晏子春秋·外篇·不合经术者十》："有妇人出于室者……田无宇讥之曰：'出于室何为者也？'晏子曰：'婴之家也。'"此处的"家"确实是"妻室"，但《晏子春秋》的成书年代学界争议颇大，大体上有四种说法：六朝说、汉初说、秦朝说、战国说。即使最早的战国说成立，也不能证明《诗经》时代"家"就有了妻室的意义。

须跳出这个怪圈,寻求新的解释。"家"字虽然义项众多,但要进入《诗经》的"谁谓女无家"这一结构,必须符合两个基本条件:其一,该义项在春秋时代或春秋以前就已经使用;其二,该义项的词性是名词。我们依据这两个条件对《汉语大字典》中所列举的"家"的30多个义项进行检索,发现只有七个义项符合这个要求。这七个义项是:(1)住所;(2)家庭;(3)古称夫或妻;(4)家财,私产;(5)朝廷;(6)都城;(7)古代卿大夫及其家族或封地。第(3)项,上文已指斥其非,第(5)(6)(7)项,显然也不合文义。第(1)(2)项也与常识不符,男子既然能将女子诉诸公堂,还不至于连个住处都没有;至于家庭,古代是聚族而居,即使父母双亡,也不能说没有家庭,况且这也不能成为女子拒婚及男子起诉女方的理由。那么,剩下的就只有第(4)项了。男方与女方应早有婚约,并完成了"六礼"中除"亲迎"以外的其他程序,但因为某种原因,男方家道中衰,女方拒婚,男方因此将女方告上公堂。男方告的是女方势利、赖婚,女方针对男方的诉讼理由进行了辩驳:"谁谓女无家,何以速我狱?"意思是说:我哪里是因为你家钱财少而拒婚?你家如果钱财少,怎么会拿得起三十斤铜的诉讼费①跟我打官司呢?显然,女方这是不打自招,男方有钱打官司,并不能证明男方很有钱,女方一再强调的"室家不足",不是"室家之礼"不足,而是"室家之财"不足,即女方认为男方缺少建立、维系家庭的雄厚的物质基础,没法过日子。"无家"就是没有家产,但并不是说一点家产都没有,只是财产少而已,就像我们今天说"没有钱",也不是说分文没有,只是钱少而已。还有一点也很重要,就是训"家"为"家财、私产",诗中的两个比喻也就畅通无碍、怡然理顺了。"谁谓雀无角,何以穿我屋",意思是"谁说麻雀嘴儿小,为何能啄穿我的屋?""谁谓鼠无牙,何以穿我墉",意思是"谁说老鼠牙齿小,为何能咬穿我的墙?"这两句与"谁谓女无家,何以速我狱讼(谁说你家财产少,为何能招我打官司)"语义呼应,一气贯通。过去,人们常常纠结于"谁谓鼠无牙",老鼠明明有牙齿,谁会说它没有牙呢?明白了这里的"无牙",其实不是说"没有牙",而是说"牙齿小",这个问题也就解决了。

《行露》这首诗,男方、女方表达的诉求都有道理,关键是站在谁的立场上。过去封建道学家为了塑造一个谨守礼教的贞女形象,臆造女子拒婚的原因是男方"一物不具,一礼不备",从礼教的高度拔高诗中的女子,这是不足取的。今人反过来,又给诗中女子贴上了"反抗强暴、争取婚姻自由"的标签,

---

① 《周礼·秋官·大司寇》:"以两造禁民讼,入束矢于朝,然后听之。以两剂禁民狱,入钧金,三日乃致于朝,然后听之。""钧金"就是三十斤铜。

同样不足取。如果从礼制方面来看，女子显然是理亏的，她也知道这场官司自己要输，否则也不会反应如此激烈；如果从爱情角度来看，男方女方均无爱情可言，也均无自由可言，男方想根据当时的婚姻制度娶到一个妻子，女方想嫁一个物质基础丰厚的郎君，如此而已。

参考文献

［1］余冠英：《诗经选》，人民文学出版社1990年版。

［2］周振甫：《诗经译注》，中华书局2010年版。

［3］［宋］朱熹集注，赵长征点校：《诗集传》，中华书局2017年版。

［4］方丽杰：《〈诗经·召南·行露〉的千古误读》，载《呼伦贝尔学院学报》，2005年第2期。

［5］严明：《诗经精读》，上海古籍出版社2012年版。

［6］张俊纶：《诗经译注》，崇文书局2014年版。

［7］张凌翔：《诗经全鉴》，中国纺织出版社2015年版。

［8］向熹译注：《诗经译注》，商务印书馆2013年版。

［9］李朝杰：《和你一起读诗经》，中国财富出版社2012年版。

［10］刘文秀、孙燕、孙兰：《诗经新解》，世界图书出版公司2012年版。

《左传》"封人"考

人教版普通高中教材《语文读本》第一册选入了《左传》名篇《郑伯克段于鄢》，对文中的"封人"所作的注解是"管理边界的小官"。如果仅仅是"管理边界"的话，它的品级是很低的，甚至只能算是一种小吏。笔者通过查阅《左传》及其他历史文献，发现这种说法与历史事实存在着较大的出入。

《周礼·地官·封人》："封人：掌设王之社壝，为畿封而树之。凡封国，设其社稷之壝，封其四疆。造都邑之封域者亦如之。令社稷之职。凡祭祀，饰其牛牲，设其楅衡，置其絼，共其水稿。歌舞牲，及毛炮之豚。凡丧纪、宾客、军旅、大盟，则饰其牛牲。"由此可见，封人不仅掌管为邦国都鄙划分疆界等行政事务，而且是掌管社稷祭坛及一些祭祀事务的神职人员。春秋以降，它的职能及社会地位又发生了显著的变化。首先，封人广泛参与了地方行政事务，事实上已相当于负责城市建设的地方行政长官。《左传·宣公十一年》："令尹蒍艾猎城沂，使封人虑事，以授司徒。量功命日，分财用，平板干，称畚筑，程土物，议远迩，略基址，具餱粮，度有司，事三旬而成，不愆于素。"其次，封人又可作为军事将领，参加战争。《左传·隐公十一年》："夏，公会郑伯于郲，谋伐许也。郑伯将伐许，五月甲辰，授兵于大宫。公孙阏与颍考叔（颍封人）争车，颍考叔挟辀以走，子都拔棘以逐之，及大逵，弗及，子都怒。秋七月，公会齐侯、郑伯伐许。庚辰，傅于许。颍考叔取郑伯之旗蝥弧以先登。"无论作为行政官员还是军事将领，封人的爵位均应相当于大夫。以楚国城沂为例，封人主持筑城规划，然后交给司徒负责实施。在楚国司徒的爵位应为中大夫，封人的爵位理应不低于司徒。再以郑国伐许为例，颍考叔与公孙阏争车，说明他们的地位是平等的。公孙阏是大夫，颍考叔也理应是大夫，一个大夫是不可能与一个士争车的。可见春秋时期封人的爵位已经上升为大夫，而不再是西周时期的中士。关于封人的地位问题，还可以从他们的事迹中窥知一二。

《左传·隐公元年》："颍考书为颍谷封人。"颍考叔在郑国的地位如何？是不是只是一个小吏，恐怕并非如此。《左传·隐公元年》载，颍考叔了解到庄公和他母亲处于"冷战"状态后，主动进京调解，如果是一个边关小吏，怎敢插足国君家庭之间的是非？颍考叔晋见郑庄公，庄公亲自设宴招待他，在那个等级森严，非常讲究礼法的时代，一个小吏何以会获得如此殊荣？《左传·隐公十一年》载，郑国将要攻打许国，颍考叔与公孙阏争夺战车。公孙阏是国君的孙子，郑国贵族；如果颍考叔仅仅是一个边关小吏，有什么资格敢与炙手可热的公孙阏争车？颍考叔被人射死后，郑庄公简直气糊涂了，让一百名士兵拿出一头公猪，二十五人拿出一条狗和一只鸡，来诅咒射死颍考叔的凶手。如果颍考叔仅是一个边关小吏，庄公何以会如此大动干戈？

下面的事例也许更能说明问题。

《左传·桓公十一年》："祭封人仲足有宠于庄公，庄公使为卿。"可见祭仲原本是大夫，否则是不可能升任卿的。对《左传》略有了解的人都知道，祭仲是春秋早期郑国政坛的一位举足轻重的人物，参与了郑国的许多重大活动。鲁隐公元年，他看出叔段不臣的苗头，向郑庄公提出要限制叔段的僭越行为。隐公三年，他率领军队割取了周王室温地的麦子。隐公五年，他率军抵御卫国的进犯。桓公五年，他作为左军统帅，参与了对周天子的作战，结果周军大败，桓王也负了伤。事后，庄公又派遣他去慰问周王。桓公十一年，他升任卿，在宋国的威逼下，立郑厉公做了国君。桓公十五年，他的权势已使郑厉公感到了严重的威胁，密谋派雍纠杀死他，结果雍纠反为祭仲所杀，郑厉公被迫逃亡到蔡国。祭仲的政治活动，可以桓公十一年为界分为前后两个阶段。桓公十一年以前，他的职位是大夫，以其忠诚和多谋，成为郑国的一位重臣。桓公十一年以后，他的职位是卿，凭借着他的老谋深算和多年的经营，成为郑国的铁腕人物，其势力达到了与国君分庭抗礼甚至超越国君的程度。

《左传·文公十四年》："宋高哀为萧封人，以为卿，不义宋公而出，遂来奔。书曰：'宋子哀来奔。'贵之也。"高哀以"萧封人"的身份升任卿，可见他在做萧封人时已经是大夫。他出奔鲁国之事《春秋》专门记载，也可见高哀在宋国的重要地位。

《左传·哀公二十五年》："初，卫人翦夏丁氏，以其帑赐彭封弥子。""彭封弥子"即彭封人弥子。史载弥子瑕的食采在彭，为彭封人。封人而有采邑，其身份为大夫无疑。

《左传·隐公元年》杜预注："封人，典封疆者。"此"封疆"应作"边疆"解，而不应当作"边界"解。春秋时期，封人已是集政事、军事、祭祀权力于一身的地方长官，他的身份是大夫。有的人甚至被提拔为卿，在朝廷中担任要职。因此把封人定义为"管理边界的小官"，显然是不确当的。

参考文献

[1] 刘利、纪凌云译注：《左传》，中华书局2007年版。

《论语》训诂疑案的文献学分析

作为一部重要的先秦典籍，《论语》至今还存在着一些训诂疑案。训诂疑案的产生，很多情况下反映文献的背景不清楚。如果我们把文献的时代背景与上下文关系搞清了，训诂疑案也就迎刃而解。本文在先秦语料库的基础上，致力于对这些训诂疑案的文献背景做出正确分析，从而使这些训诂疑案得到确诂。

（一）学而时习之，不亦说乎？有朋自远方来，不亦乐乎？人不知而不愠，不亦君子乎？（学而）

杨伯峻译：学了，然后按一定的时间去实习它，不也高兴吗？有志同道合的人从远处来，不也快乐吗？人家不了解我，我却不怨恨，不也是君子吗？①

李泽厚译：学习而经常实践，不是很愉快吗？有朋友从远方来相聚，不是很快乐吗？没有人了解自己，并不烦恼怨怒，这不才是君子吗？②

句中的"亦"杨伯峻译为"也"，李泽厚没有译，大概是看作表示强调语气的语气词了。"亦"的词性究竟为何，两者究竟孰是孰非，我们需要对先秦文献"不亦……乎"这一格式做出调查分析，才能得出结论。

通过对先秦文献的检索，我们发现："不亦……乎"这一格式表现为三种语义类型：Ⅰ.A，P；B，P，不亦可乎？Ⅱ.M，P，不亦 M 乎？Ⅲ.P，不亦 X 乎？
Ⅰ类，例如：

（1）吴乘我丧，我乘其乱，不亦可乎？（《左传·昭公二十七年》）

---

① 杨伯峻：《论语译注》，中华书局 1980 年版，第 1 页。
② 李泽厚：《论语今读》，生活·读书·新知三联书店 2008 年版，第 28 页。

(2) 平王杀吾父，我杀其子，不亦可乎？（《左传·定公四年》）

这类句子中，A、B所要采取的动作行为P性质相同，A的动作行为已经发生，B的动作行为尚未发生。B认为，既然A已经采取了某种动作行为，自己效仿A采取同样性质的动作行为，是完全正当的，因此用"不亦可乎"强调其动作行为的合理性。由于后一动作行为是对前一动作行为的效仿、认同，因此这里的"亦"可译作"也"，"不亦可乎"译作"不也可以吗？"这类句式的A、B是两种具体的动作行为。

II类，例如：

(3) 曾子曰："士不可不弘毅，任重而道远。仁以为己任，不亦重乎？死而后已，不亦远乎？"（泰伯）

(4) 子曰："君子惠而不费，劳而不怨，欲而不贪，泰而不骄，威而不猛。"

子张曰："何谓惠而不费？"

子曰："因民之所利而利之，斯不亦惠而不费乎？择可劳而劳之，又谁怨？欲仁而得仁，又焉贪？君子无众寡，无小大，无敢慢，斯不亦泰而不骄乎？君子正其衣冠，尊其瞻视，俨然人望而畏之，斯不亦威而不猛乎？"（尧曰）

这类句子中，首先提出概念M，然后用P对M的内涵加以解释，最后以"不亦M乎"作结，强调P正体现了M。M是名，P是实，这类句式体现的是名实一致性。M与P是型与例之间的关系，不是例与例之间的关系，因而句中"亦"的意义已经模糊、虚化，只表强调意义，不能译作"也"。

III类，例如：

(5) 叔孙武叔语大夫于朝曰："子贡贤于仲尼。"

子服景伯以告子贡。

子贡曰："譬之宫墙，赐之墙也及肩，窥见室家之好。夫子之墙数仞，不得其门而入，不见宗庙之美，百官之富。得其门者或寡矣。夫子之云，不亦宜乎？"（子张）

(6) 吾过而里革匡我，不亦善乎？（《国语·鲁语上》）

这类句子，只有 P，而没有 M，X 插在"不亦"与"乎"之间，表示对 P 的评价。由于"不亦 M 乎"，既是强调 P 与 M 的一致性，也是表达对 P 的评价，因而"不亦 X 乎"与"不亦 M 乎"之间的继承关系还是显而易见的。"不亦 X 乎"中的"亦"已经完全虚化为语气词，不可译为"也"。"学而时习之，不亦说乎？有朋自远方来，不亦乐乎？人不知而不愠，不亦君子乎"显然为第三种类型，"亦"为语气词，无义，不宜译作"也"。

（二）攻乎异端，斯害也已。（为政）

杨伯峻译：批判那些不正确的议论，祸害就可以消灭了。注曰："已，应该看作动词，止也。因之我译为'消灭'。"①

李泽厚译：攻击不同于你的异端学说，那反而是有害的。记曰："有三种解释，大多数解'攻'为'专攻'，即致力、学习，就是说学习异端邪说，是有害处的。十余年前出土的《论语》，'攻'作'功'，似更可证实此说。第二种解释说，攻剿异端邪说，于是它们就失去危害了，如杨译本。……传统旧注中也有主此说的。我则选择第三说，认为这可以表现儒学的宽容精神：主张求同存异，不搞排斥异己。"②

问题的关键是对"已"的理解：动词还是语气词？要弄清这一点，就要考察一下"也已"组合中"已"的用法。《论语》中，"也已"共出现 13 例，其他 12 例中，"已"都是用作语气词。例如：

（1）子曰："如有周公之才之美，使骄且吝，其余不足观也已。"（泰伯）

（2）子曰："亦各言其志也已矣。"（先进）

（3）周之德，其可谓至德也已矣。（泰伯）

（4）子曰：君子食无求饱，居无求安，敏于事而慎于言，就有道而正焉可谓好学也已。（学而）

（5）能近取譬，可谓仁之方也已。（雍也）

（6）泰伯，其可谓至德也已矣。（泰伯）

（7）虽欲从之，末由也已。（子罕）

（8）说而不绎，从而不改，吾末如之何也已矣。（子罕）

---

① 杨伯峻：《论语译注》，中华书局 1980 年版，第 18 页。
② 李泽厚：《论语今读》，生活·读书·新知三联书店 2008 年版，第 73 页。

(9) 四十五十而无闻焉，斯亦不足畏也已。（子罕）

(10) 子曰："浸润之谮，肤受之诉，不行焉，可谓明也已矣。浸润之谮，肤受之诉，不行焉，可谓远也已矣。"（颜渊）

(11) 子曰："年四十而见恶焉，其终也已。"（阳货）

笔者又检索了先秦文献，共发现45例"也已"组合，除去《论语》的13例，剩余32例，"已"全部是语气词。例如：

(12) 士蒍曰："去富子，则群公子可谋也已。"（《左传·庄公二十三年》）

(13) 其弃诸姬，亦可知也已。（《左传·襄公二十九年》）

(14) 及楚杀子玉，公喜而后可知也，曰："莫余毒也已！"（《左传·宣公十二年》）

(15) 夫差先自败也已，焉能败人？（《国语·楚语下》）

(16) 后世虽有作者，虞帝弗可及也已矣。（《礼记·表记》）

(17) 以人之小恶，亡人之大美，此人主之所以失天下之士也已。（《吕氏春秋·举难》）

(18) 此其利也，不可失也已，君必灭之。（《国语·越语上》）

先秦文献45例中的"也已"组合除本例以外的44例均为语气词组合，足以说明表示判断语气的"也"与表示限止语气的"已"的组配在先秦是一种常见的固定的组合形式，本例中的"也已"也应当是这样一种组合，出现意外的可能性是很小的。

（三）孔子谓季氏："八佾舞于庭，是可忍也，孰不可忍也。"（八佾）

杨伯峻译："孔子谈到季氏，说：'他用六十四人在庭院中奏乐舞蹈，这都可以狠心做出来，甚么事不可以狠心做出来呢？'"[1]

李泽厚译："孔子评论季氏说：'在自己的庭院居然表演天子享用的舞蹈。如果这可以容忍，那还有什么不能容忍？'"[2]

---

[1] 杨伯峻：《论语译注》，中华书局1980年版，第23页。
[2] 李泽厚：《论语今读》，生活·读书·新知三联书店2008年版，第86页。

杨氏译"忍"为"狠心",李氏译"狠"为"容忍"。杨氏认为:"忍,一般人把它解为'容忍''忍耐',不好;因为孔子当时并没有讨伐季氏的条件和意志。"其实,能否容忍,只是一种情感态度,与是否有某种条件与意志没有关系,因此杨氏的这个理由并不能为他的论点提供支撑。本句中的忍是"狠心"还是"容忍",我们还需要结合先秦语料做出语法分析。

笔者通过检索先秦文献发现:"忍"用作狠心义时,受事通常是人。例如:

(1) 对曰:"人将忍君。"(《左传·成公十七年》)
(2) 野人之无闻者,忍亲戚、兄弟、知交以求利。(《吕氏春秋·节丧》)
(3) 君无忍亲之义。(《谷梁传·襄公三十年》)

如受事为事,则用其否定形式。如:

(4) 欲终而释之,而不忍百姓之无天也。(《庄子·田子方》)

"忍"用作容忍义时,受事通常是事。例如:

(5) 乃废天之命,讫文考之功绪,忍民之苦,不祥。(《逸周书·大开武解》)
(6) 孰为盾而忍弑其君者乎?(《谷梁传·宣公二年》)
(7) 今吾刑外乎大人,而忍于小民,将谁行武?(《国语·晋语六》)

如受事为人,则用其否定形式。例如:

(8) 夫国之疑二三子莫忍老臣。(《管子·大匡》)

孔子谓季氏:"八佾舞于庭,是可忍也,孰不可忍也"一句中,"忍"的受事是"季氏八佾舞于庭"这一件事情,用的又是肯定形式,因此"忍"当为容忍义,而非狠心义。

（四）里仁为美。择不处仁，焉得知？

杨伯峻译：住的地方，要有仁德这才好。选择住处，没有仁德，怎么能是聪明呢？注曰："里，这里可以看作动词。居住也。""处，上声，音杵，chǔ，居住也。""这一段话，究竟孔子是单纯地指'择居'而言呢，还是泛指，'择邻''择业''择友'等等都包括在内呢？我们已经不敢确定。《孟子·公孙丑上》云：'孟子曰：矢人岂不仁于函人哉？矢人唯恐不伤人，函人唯恐伤人。巫、匠亦然。故术不可不慎也。孔子曰，里仁为美。择不处仁，焉得智？'便是指择业。因此译文于'仁'字仅照字面翻译，不实指仁人。"①

李泽厚译："孔子说：'居处在仁爱的邻居乡里才是美。居处不选择仁，怎谈得上聪明智慧？"注曰："《集释》郑曰：里者，民之所居也。居于仁者之里，是为善也。"②

杨氏、李氏都认为"里"是居住的意思。但笔者通过对先秦文献的检索发现，除本例外，"里"用作居住义的只有一个用例，即《周礼·夏官·量人》："量其市朝州涂，军社之所里。"在这个孤例中，"里"是否作"居"的通假字还很难说，即使用作本字，也是不带宾语的；即使"里"是居住义，也只能带方所名词作宾语，不能带其他成分作宾语。因此要把"里仁"中的"里"训作"居住"，证据是很薄弱的，很难成立。《周礼·地官·遂人》："五家为邻，五邻为里。"邻、里析言有异，浑言无别，故可组成"邻里"一词。在先秦文献中，我们检索到多处"邻"用作动词的用例。例如：

(1) 夫吴之与越，接土邻境，道易人通。(《吕氏春秋·长攻》)
(2) 削株无遗根，无与祸邻，祸乃不存。(《韩非子·初见秦》)
(3) 晋居深山，戎狄之与邻，而远于王室。(《左传·昭公十五年》)
(4) 夷德无厌，若邻于君，疆埸之患也。(《左传·定公四年》)
(5) 韩亡，秦尽有郑地，与大梁邻，王以为安乎？(《战国策·魏策三》)
(6) 七日不火食，死生相与邻。(《庄子·天运》)

---

① 杨伯峻：《论语译注》，中华书局1980年版，第35页。
② 李泽厚：《论语今读》，生活·读书·新知三联书店，2008年版，第117页。

因此"里仁"中的"里"当训为邻，其义为"作邻居"，"里仁"就是"与仁人作邻居"。

"择不处仁"杨伯峻译作"选择住处，没有仁德"，李泽厚译作"居处不选择仁"，两译均误，因为他们完全不顾句法，进行了随心所欲的跨界组合。杨译以"择"与"处"组合，"不"与"仁"组合，按照此种组合，句应作：择处不仁；李译以"择"与"仁"组合，"不"与"择仁"组合，"处"与"不择仁"组合，按照此种组合，原句应作：处不择仁。在原句能够解释通顺的情况下，这样随意调整语序的做法，是很不严谨的，也是不可能得出正确结论的。

"处"作动词，有"居住""处于""处理""处置""相处"等多个义位。前几个义位，均不能与"仁"（仁德、仁人）搭配，只有"相处"一个义位，可以与"仁"搭配。"处仁"中的"仁"是"仁德"还是"仁人"呢？通过检索，笔者发现，先秦文献中，"处"用作相处义，共有26例，其搭配对象除一处为动物（麋鹿）外，其余全部是人。例如：

（7）太王亶父曰："与人之兄居而杀其弟，与人之父处而杀其子，吾不忍为也。"（《吕氏春秋·审为》）

（8）吾以国人出，君谁与处？（《左传·定公十年》）

（9）久与贤人处则无过。（《庄子·德充符》）

（10）庄王曰："子去我而归，吾孰与处于此？"（《公羊传·宣公十五年》）

据此，我们可以判断，"处仁"中得"仁"是仁人，"处仁"就是"与仁人相处"。"择不处仁，焉得知"，意思是说"选择邻居而不与仁人相处，怎么能算得上聪明呢？"这与《晏子春秋》中的"君子居必择邻，游必就士"的语义是一致的。由于前句中"里仁"的"里"就是"做邻居"的意思，因此这里的"择"只能是"择邻"，而不会是"择业""择友"等。

（五）由也好勇过我，无所取材。（公冶长）

杨伯峻译：仲由这个人太勇敢了，好勇的精神大大超过我，这就没有什么可取的呀！注曰："材，同'哉'，古字有时通用。有人解做木材，说是孔子以为子路真要到海外去，便说：'没地方去取得木材'。这种解释一定不符合孔子原意。也有人把'材'看作'剪裁'的'裁'，说是'子路太好勇了，不知道节制、检点'，这种解释不知把'取'置于何地，因之也不采用。"①

李泽厚译：子路比我还勇敢哩，就是不知道如何剪裁自己。②

"取材"是不是有"剪裁"义呢？通过检索先秦文献，除本例外，我们找到了4个"取材"的用例。

(1) 故讲事以度轨量谓之轨，取材以章物采谓之物。（《左传·隐公五年》）
(2) 及夫日月星辰，民所瞻仰也；山林、川谷、丘陵，民所取材用也。（《礼记·祭法》）
(3) 引而信之，欲其直也。信之而直，则取材正也。（《周礼·考工记》）
(4) 五良：一取仁，二取知，三取勇，四取材，五取艺。（《逸周书·大武解》）

这4例中，前两例是"选取物质材料"的意思，第三例是"选取皮革原料"的意思，最后一例是"选取才干"的意思，没有一例有"剪裁"之义。由此可见，以"剪裁"训"取材"是站不住脚的。那么，杨伯峻先生的看法是不是有道理呢，笔者通过检索，在先秦文献中发现了5例"无所取"的用例：

(5) 今有人于此，修身会计则可耻，临财物资尽则为己。若此而富者，非盗则无所取。（《吕氏春秋·务本》）
(6) 望而视其轮，欲其幎尔而下迤也。进而视之，欲其微至也。无所取之，取诸圜也。望其辐，欲其掣尔而纤也。进而视之，欲其肉称也。无所取之，取诸易直也。望其毂，欲其眼也。进而视之，欲其帱之廉也。无所取之，取诸急也。（《周礼·考工记》）
(7) 非彼无我，非我无所取。（《庄子·齐物论》）

这5例中，第一例是"没有什么地方获取"的意思，中间三例是"没有别的要求"的意思，最后一例是"没有什么价值（可取之处）"的意思。由此可见"无所取"在先秦是一种较为固定的搭配。"无所取"与语气词"哉"结合，

---

① 杨伯峻：《论语译注》，中华书局1980年版，第44页。
② 李泽厚：《论语今读》，生活·读书·新知三联书店2008年版，第149—150页。

构成"无所取哉",表示感叹,是可以成立的。

《论语》中,孔子曾对子路勇敢有余,思虑不周、缺少谋略多次提出批评:

(8) 子路曰:"子行三军,则谁与?"

子曰:"暴虎冯河,死而无悔者,吾不与也。必也临事而惧,好谋而成者也。"(述而)

(9) 闵子侍侧,訚訚如也;子路,行行如也;冉有、子贡,侃侃如也。子乐。"若由也,不得其死然。"(先进)

(10) 子路问:"闻斯行诸?"子曰:"闻斯行之。"

冉有问:"闻斯行诸?"子曰:"闻斯行之。"

(11) 公西华曰:"由也问闻斯行诸,子曰'有父兄在';求也问闻斯行诸,子曰'闻斯行之'。赤也惑,敢问。"子曰:"求也退,故进之;由也间人,故退之。"(先进)

(12) 子路曰:"君子尚勇乎?"子曰:"君子义以为上,君子有勇而无义为乱,小人有勇而无义为盗。"(阳货)

(13) 子曰:"由也!女闻六言六蔽矣乎?"对曰:"未也。""居!吾语女。好仁不好学,其蔽也愚;好知不好学,其蔽也荡;好信不好学,其蔽也贼;好直不好学,其蔽也绞;好勇不好学,其蔽也乱;好刚不好学,其蔽也狂。"(阳货)

这也证明了"无所取材"就是"无所取哉",杨伯峻的意见是对的。

(六) 子谓子贡曰:"女与回也孰愈?"对曰:"赐也何敢望回?回也闻一以知十,赐也闻一以知二。"子曰:"弗如也,吾与女弗如也。"(公冶长)

这段中的"吾与女弗如也",杨伯峻译作:"赶不上他;我同意你的话,是赶不上他。"注曰:"与,动词,同意,赞同。这里不应该看作连词。"①

李泽厚译作:"是不如他,我与你都不如他!"记曰:"因推崇孔子,最后一句许多解释都释为'我允许(同意)你不如他。'这岂不是多余的别扭话?其实,韩愈早就说过,'弟子不必不如师,师不必贤于弟子。'刘逢禄《论语述何》:'夫子亦自谓不如颜渊。'何况这正是孔子自谦、逊让的

---

① 杨伯峻:《论语译注》,中华书局1980年版,第45页。

词呢？"①

分歧在于"与"的词性，动词还是连词？如果是动词，它的宾语就是一个主谓结构。先秦时期，作"赞同"义的"与"是不是能够带主谓结构，自然成了解决问题的关键。通过检索，笔者发现先秦文献中，"与"作赞同义时，一般只带由名词或代词充当的指人宾语。例如：

(1) 桓公知天下诸侯多与己也，故又大施忠焉。(《国语·齐语》)
(2) 使人请食于越，越王弗与。乃攻之，夫差为禽。(《吕氏春秋·长攻》)
(3) 若使秦求河内，则王将与之乎？(《吕氏春秋·应言》)
(4) 彼请地于韩，韩与之。(《战国策·赵策一》)

如需指出赞同某人的某种特性或行为，则在"与某人"后加以补充说明。例如：

(5) 穆公曰："吾与公子重耳，重耳仁。"(《国语·晋语二》)

我们在先秦文献中只查到2例"与"带主谓结构作宾语，且只见于《公羊传》：

(6) 曷为不使齐主之？与襄公之征齐也。曷为与襄公之征齐？桓公死，竖刀、易牙争权不葬，为是故伐之也。(《公羊传·昭公二十三年》)

考虑到《公羊传》为战国时齐人所著，晚出。因此可以说，春秋以前，"与"作赞同义时，是不能带主谓结构作宾语的、"吾与女弗如也"的"与"应是连词，全句意为：我和你都不如他。

(七) 子谓子产，有君子之道四焉："其行己也恭，其事上也敬，其养民也惠，其使民也义。"(公冶长)

"其行己也恭"，杨伯峻译："他自己的容颜态度庄严恭敬。"②

---

① 李泽厚：《论语今读》，生活·读书·新知三联书店 2008 年版，第 152 页。
② 杨伯峻：《论语译注》，中华书局 1980 年版，第 48 页。

李泽厚译:"他的行为态度谦逊、庄重。"①

"行己"与"事上""养民""使民"一样,都是动宾结构,两位先生或译为定中结构,或译为并列结构,均不够确切。

"行"有一个义位是"做某事"或"从事某种事业"。例如:

(1) 郑也与客将行事。(《国语·晋语三》)
(2) 我欲行礼,子教以我为简,不亦异乎?(《孟子·离娄下》)
(3) 使管子行医术以扁鹊之道,曰桓公几能成其霸乎?(《鹖冠子·世贤》)

"己"的本义是自身,但可以转指与自身有关的事物。例如:

(4) 君子博学而日参省乎己,则知明而行无过矣。(《荀子·劝学》)
(5) 仁者如射,射者正己而后发,发而不中,不怨胜己者,反求诸己而已矣。(《孟子·公孙丑上》)
(6) 故君子不处幸,不为苟,必审诸己然后任,任然后动。(《吕氏春秋·遇合》)
(7) 克己复礼,仁也。(《左传·昭公十二年》)
(8) 知彼知己,百战不殆。(《孙子·谋攻》)
(9) 子路问君子。子曰:"修己以敬。"
曰:"如斯而已乎?"曰:"修己以安人。"
曰:"如斯而已乎?"曰:"修己以安百姓。修己以安百姓,尧舜其犹病诸?"(《论语·宪问》)

例(4),"己"指自身的行为;例(5),"己"指自身的心理;例(6),"己"指自身的才能;例(7),"己"指自身的欲望;例(8),"己"指本方的军事实力、战略战术等;例(9),"己"指自身的品德、行为等。

结合上下文,"行己"之"己"当指自身的事务,即私事。"行己"即做私事或处理私事。笔者在先秦文献中,除本例外,还发现了4例"行己",也都是"处理私事"的意思。

---

① 李泽厚:《论语今读》,生活·读书·新知三联书店2008年版,第159页。

(10) 行己有耻，使于四方，不辱君命，可谓士矣。(《论语·子路》)
(11) 行己而无私，直言而不讳。(《晏子春秋·外篇上》)
(12) 行己不顺，治事不公，不敢以莅众。(《晏子春秋·内篇上》)
(13) 子曰："上好仁，则下之为仁争先人。故长民者，章志、贞教、尊仁，以子爱百姓，民致行己以说其上矣。"(《礼记·缁衣》)

最后一例的"行己"当为"行诸己"的省略，其他三例"行己"均为"处理私事"的意思。"行己有耻"即处理私事时有羞耻心，"行己而无私"即处理私事时没有私心，"行己不顺"即处理私事时不遵守伦理。《汉语大词典》(2007：1818) 把"行己"训为"立身处事"，这样就跟"事上""养民""使民"没有什么区别了，不确。

(八) 愿车马衣轻裘，与朋友共，敝之而无憾。(公冶长)

杨伯峻译：愿意把我的车马衣服同朋友共同使用坏了也没有什么不满。注曰："这句的'轻'字是后人加上去的，有很多证据可以证明唐以前的本子并没有这一'轻'字，详见刘宝楠《论语正义》。"①

李泽厚译：我愿意把自己的车、马、高贵皮衣和朋友们一同享用，即使用坏了，也没有什么遗憾。②

分歧在于"轻"是否为衍文。我们检索发现，先秦文献中共有9例"衣裘"，除《论语》外，并无"衣轻裘"。兹略举数例：

(1) 为游士八十人，奉之以车马衣裘，多其资币，使周游于四方。(《国语·齐语》)
(2) 二十而冠，始学礼，可以衣裘帛，舞大夏。(《礼记·内则》)
(3) 故曰尧之容若委衣裘，以言少事也。(《吕氏春秋·察贤》)
(4) 其为舆马衣裘也，足以逸身暖骸而已矣。(《吕氏春秋·重己》)
(5) 夺人车马衣裘以自利者，有鬼神见之。(《墨子·明鬼》)

---

① 杨伯峻：《论语译注》，中华书局1980年版，第53页。
② 李泽厚：《论语今读》，生活·读书·新知三联书店2008年版，第170页。

(6) 无衣裘以御冬兮,恐溘死不得见乎阳春。《楚辞·九辩》

(7) 以时颁其衣裘,掌其诛赏。(《周礼·天官·宫伯》)

"衣裘","衣"与"裘"均为并列关系。"衣"为夏服,"裘"为冬服。

(8) 冬日麑裘,夏日葛衣。(《韩非子·五蠹》)

(9) 夏不衣裘,非爱裘也,暖有余也。(《吕氏春秋·有度》)

(10) 九土所资,或农或商,或田或渔,如冬裘夏葛,水舟陆车,默而得之,性而成之。(《列子·汤问》)

对于贵族来说,冬日穿的裘还要在外面罩上一层衣,称之为裼:

(11) 缁衣,羔裘;素衣,麑裘;黄衣,狐裘。(《论语·乡党》)

(12) 君衣狐白裘,锦衣以裼之。(《礼记·玉藻》)

(13) 君子狐青裘豹袖,玄绡衣以裼之。(《礼记·玉藻》)

经统计,先秦文献9例当中,有4例"车马衣裘",1例"舆马衣裘",可见车马、衣裘、车马衣裘均是比较固定的搭配。唐以前的版本均无"轻"字,前辈学者已论之甚详,辅之以我们的语料分析,"轻"为衍文,当无疑义。

(九) 不有祝鲍之佞,而有宋朝之美,难乎免于今之世矣。(雍也)

杨伯峻译:假使没有祝鲍的口才,而仅有宋朝的美丽,在今天的社会里怕不易避免祸害了。①

李泽厚译:没有祝鲍那样的尖嘴滑舌,没有宋朝那样的美丽容色,在今天这个社会里,恐怕是很难避免灾祸的了。②

分歧在于否定词"不"的辖域,是仅仅管着"有祝鲍之佞",还是兼管着其下的"有宋朝之美"。

笔者在先秦文献的检索中,除本例外,未发现其他"不有……而有"的用

---

① 杨伯峻:《论语译注》,中华书局1980年版,第60页。
② 李泽厚:《论语今读》,生活·读书·新知三联书店2008年版,第170页。

例，却发现其同义同构句式"无……而有"17 例。兹略举数例：

(1) 婴无倍人之行，而有参士之食，君之赐厚矣。(《晏子春秋·内篇·杂下》)
(2) 无恒产而有恒心者，惟士为能。(《孟子·滕文公上》)
(3) 无大夫冠礼，而有其昏礼。(《仪礼·士冠礼》)
(4) 小国无文德而有武功，祸莫大焉。(《左传·襄公八年》)
(5) 无亢山名谷，而有付丘于其四方者，雄城也。(《孙膑兵法·雄牝城》)
(6) 人无百岁之寿，而有千岁之信士，何也？(《荀子·王霸》)
(7) 无御相之劳而有其功，则知所乘矣。(《吕氏春秋·分职》)
(8) 天下无粹白之狐，而有粹白之裘，取之众白也。(《吕氏春秋·用众》)

先秦文献中的 17 例"无……而有"均是"没有……却有"的意思，"无"只管前一句，不管后一句。由此可见，"不有……而有"也应当是"没有……却有"的意思。

（十）民可使由之，不可使知之。（泰伯）

宦懋庸《论语稽》云："对于民，其可者使其自由之，所不可者亦使知之。或曰，舆论所可者则使共由之，其不可者使共知之。"杨伯峻认为，这样的话，"则原文当读为'民可，使由之；不可，使知之'。恐怕古人无此语法。若是古人果是此意，必用'则'字，甚至'使'下再用'之'字以重指民，作'民可，则使（之）由之；不可，则使（之）知之，方不致晦涩而误解。"①

杨氏的分析很有道理。但杨氏认为："这两句与'民可以乐成，不可与虑始'（《史记·滑稽列传补》所载西门豹之言，《商君列传》作'民不可与虑始，而可与乐成'）意思大致相同，不必深求。"因而把这句话译作："老百姓，可以使他们照着我们的道路走去，不可以使他们知道那是为什么。"同样值得商

---

① 杨伯峻：《论语译注》，中华书局 1980 年版，第 81 页。

权。按照杨译，"使"字下同样可以加一"之"字，作"民可使（之）由之，不可使（之）知之。"这个"之"在显性的句法层面并没有出现，可看作"使"的隐性宾语，这个隐性宾语"之"与句子的主语是同指的。但据我们对先秦语料的检索，"使"的宾语，无论是显性的，还是隐性的，都不可能与句子的主语同指。

（1）高宗梦得说，使百工营求诸野。（《尚书·说命序》）（句子的主语是"高宗"，"使"的宾语是"百工"。）

（2）神农氏没，帝尧舜氏作，通其变，使民不倦。（《周易·系辞下》）（句子的主语是"黄帝尧舜氏"，"使"的宾语是"民"。）

（3）冬，曹伯使其世子射姑来朝（《左传·桓公九年》）（句子的主语是"曹伯"，"使"的宾语是"世子"。）

（4）虞舜侧微，尧闻之聪明，将使嗣位。（《尚书·舜典序》）（句子的主语是"尧"，"使"的隐性宾语是"舜"。）

（5）凡厥正人，既富方谷，汝弗能使有好于而家。（《尚书·洪范》）（句子的主语是"汝"，"使"的隐性宾语是"正人"。）

（6）君今来讨弊邑之罪，其亦使听从而释之。（《国语·鲁语上》）（句子的主语是"君"，"使"的隐性宾语是"弊邑"。）

（7）（齐桓公）遂南征伐楚，济汝，逾方城，望汶山，使供丝于周而反。（《国语·齐语》）（句子的主语是齐桓公，"使"得隐性宾语是"楚"。）

（8）若为小而崇，以怒大国，使加己乱，乱在前矣，辞其何益？（《国语·鲁语上》）（本句的主语是"若"，"使"的隐性宾语是"大国"。）

正确的断句应该是：子曰："民可使，由之；不可使，知之。"意思是：孔子说："老百姓能够使役，就让他们按照我们的指示去做；不能够使役，就让他们明白道理。"这与《宪问》："上好礼，则民易使也"，《阳货》："君子学道则爱人，小人学道则易使也"的精神是一致的。另，《学而》："子曰：'道千乘之国，敬事而信，节用而爱人，使民以时。'"《公冶长》："子谓子产，'有君子之道四焉：其行己也恭，其事上也敬，其养民也惠，其使民也义'"均出现了"使民"（使役民众）的字眼，由此可见，"使民"在当时是一个常见的搭配。

(十一) 子罕言利与命与仁。(子罕)

  杨伯峻译作:"孔子很少(主动)到功利、命运和仁德。"注曰:"《论语》一书,讲'利'的六次,讲'命'的八九次,若以孔子全部语言比较起来,可能还算少的。因之子贡也说过,'夫子之言性与天道,不可得而闻也。'(公冶长篇第五)至于'仁',在《论语》中讲得最多,为什么说'孔子罕言'呢?于是对这一句话便生出别的解释了。金人王若虚《误谬杂辨》、清人史绳祖《学斋佔毕》都以为这句话应如此读:'子罕言利,与命,与仁。''与',许也。意思是:'孔子很少谈到利,却赞成命,赞成仁'。黄式三(《论语后案》)则认为'罕'读为'轩',显也。意思是'孔子很明显地谈到利、命和仁'。遇夫先生(《论语疏证》)又以为'所谓罕言仁者,乃不轻许人以仁之意,与罕言命利之义似不同。试以圣人评论仲弓、子路、冉有、公西华、令尹子文、陈文子之为人及克伐怨欲不行之德,皆云不知其仁,更参之以儒行之说,可以证明矣。'我则认为《论语》中讲'仁'虽多,但是一方面多半是和别人问答之词,另一方面,'仁'又是孔门的最高道德标准,正因为少谈,孔子偶一谈到,便有记载。不能一记载的多便推论孔子谈得也多。孔子平生所言,自然千万倍于《论语》所记载的,《论语》出现孔子论'仁'之处和所有孔子平生之言相比,可能还是少的。诸家之说未免对于《论语》一书过于拘泥,恐怕不与当时事实相符,所以不取。"①

  杨氏说虽有理,但缺乏坚实的证据。本句中的训诂难点,无非是"与"的词性问题,一派认为"与"是连词,"利""命""仁"构成并列关系,一派认为"与"是动词,表示"赞同","罕言利""与命与仁"构成并列关系。要弄清这一点,关键是看,在三项以上的并列词语中,古人是否会连用"与"作连词。如果在先秦文献中所有三项以上的并列式词语,没有连用"与"作连词的,那么本句中"与"也就不是连词;如果在先秦文献中三项以上的并列词语,有连用"与"作连词的,那么也就不能否定本句中"与"用作连词的可能性。笔者通过检索,发现先秦文献中有5例连用"与"的用例。兹略举数例:

---

① 杨伯峻:《论语译注》,中华书局1980年版,第86页。

（1）善说者若巧士，因人之力以自为力，因其来而与来，因其往而与往，不设形象，与生与长，而言之与响。与盛与衰，以之所归。（《吕氏春秋·顺说》）

（2）夫弗及而忧，与可忧而乐，与忧而弗害，皆取忧之道也，忧必及之。（《左传·昭公元年》）

（3）是以明主之治世也，急于求人，弗独为也，与天与地，建立四维，以辅国政。（《鹖冠子·道端》）

（4）愿闻其人情物理所以齿万物与天地总与神明体正之道。（《鹖冠子·玉鈇》）

先秦文献的 5 例中，只有《左传》中的 1 例是用作连词，且连接的是动词性成分，其他 4 例皆用作介词。由此可见，三项以上的并列名词，古人是不用"与"连接的。笔者在先秦文献中检索到的三项以上的名词并列式，都没有用"与"连接，也证明了上述用法。故此，"子罕言利与命与仁"，只能译作：孔子很少谈到利，赞成命、赞成仁。

参考文献

［1］李泽厚：《论语今读》，生活·读书·新知三联书店 2008 年版。
［2］罗竹风主编：《汉语大词典》，上海辞书出版社 2007 年版。
［3］杨伯峻：《论语译注》，中华书局 1980 年版。

（原文刊于《中国语言文学研究》2017 年第 1 期）

《论语》《孟子》中的"显眼缺失"

显眼缺失（be conspicuous by one's absence），意思是因缺席而引人注目。《论语》《孟子》的一些否定句，其用意并不在于否认某种事实，而在于表达一种情感、态度。询问者认为"当然"，孔子、孟子却回答"未然"，这就在人们的心里造成了怅然若失（缺失）的感觉，从而更加引人注意，这也可以看作是一种"显眼缺失"。孔孟的"未然"，从表面上看是说"事未然"，实际上要表达的是"理未然"，读者不可不辨。现从《论语》《孟子》中拈出数例以申之。

（1）卫灵公问陈于孔子。孔子对曰："俎豆之事，则尝闻之矣；军旅之事，未之学也"明日遂行。（《论语·卫灵公》）

卫灵公向孔子询问战争中该如何布阵，孔子回答说："礼仪方面的事情，我知道一些；军旅方面的事，我没有学习过。"从字面看，孔子好像在叙述一种客观事实，军旅方面的事，自己没有学习过，因而对如何布阵无从谈起。但读者只要稍微用心，就不难看出其中的玄机。其一，如果仅仅是客观地陈述"军旅之事，未之学也"，为什么前面还要特别强调"俎豆之事，则尝闻之矣"？这不是答非所问，多此一举吗？事实上孔子正是通过"尝闻之"和"未之学"这样一个对比，表达对礼仪的肯定和对战争的否定。其二，下文紧接着说"明日遂行"，等于是孔子用脚投了票。他知道自己的政治理念在卫国行不通，所以拔脚走人。为什么孔子知道自己的政治理念在卫国行不通呢？就是因为卫灵公只关心军旅之事而不关心俎豆之事，对实行仁政没有兴趣。由此可见，孔子之所以不跟卫灵公谈"布阵"的事，也许他确实没学过，但这不是重要的，重要的是他不想谈，不愿谈，因为这些与他的仁政思想背道而驰，风马牛不相及。"军旅之事，未之学也"，表达的是一种情感态度，是孔子对战争、霸道的否定。

（2）哀公问："弟子孰为好学？"孔子对曰："有颜回者，不迁怒，不

贰过，不幸短命死矣。今也则亡，未闻好学者也。"①（《论语·雍也》）

鲁哀公问孔子："您的弟子当中哪个喜爱学习？"孔子回答说："有个叫颜回的学生，自己遇到了生气的事儿，不把情绪发泄到别人身上；自己犯过的错误，不犯第二次，他不幸短命死掉了。现在没有这样的人了，我没听说（弟子中还有）喜爱学习的人。"孔门弟子三千，"好学者"应该不乏其人，为什么除了颜回之外，孔子否认有其他"好学"的弟子呢？这自然会引起人们的惊异和不解。其实，结合孔子前面对颜回的评价"不迁怒，不贰过"，不难发现，孔子所谓的"好学"，包括"勤学"和"善学"两个层面。善学包括学习与思考结合（学而不思则罔，思而不学则殆）、学习与实践结合（学而时习之）、举一反三，以及通过学习不断改正错误、提高思想道德修养等诸多方面。这里特别提出"不迁怒、不贰过"，侧重通过学习改正错误、提高自己的思想道德修养。其实颜回的"好学"远远不止于此，这在《论语》和其他儒家经典中多有揭示：

①子曰："语之而不惰者，其回也与？"（《论语·子罕》）
②子谓颜渊："惜乎！吾见其进也，未见其止也。"（《论语·子罕》）
③子曰："吾与回言终日，不违如愚。退而省其私，亦足以发。回也不愚。"（《论语·为政》）
④子谓子贡曰："女与回也孰愈？"对曰："赐也何敢望回？回也闻一以知十，赐也闻一以知二。"子曰："弗如也，吾与女弗如也。"（《论语·公冶长》）
⑤子曰："回之为人也，择乎中庸，得一善则拳拳服膺而弗失之。"（《礼记·中庸》）
⑥回也，其心三月不违仁，其余则日月至焉而已矣。（《论语·公冶长》）
⑦子曰："回有君子之道四焉：强于行义，弱于受谏，怵于待禄，慎于治身。"（《孔子家语·颜回》）
⑧子曰："贤哉回也！一箪食一瓢饮，在陋巷，人不堪其忧，回也不改其乐。贤哉回也！"（《论语·雍也》）

①②是赞扬颜回学习态度认真，精益求精，不断进取。③④是赞扬颜回善

---

① 李泽厚先生说："这里仍然可见'好学'指的是实践行为和心理修养。"大体得之。参见李泽厚：《论语今读》，生活·读书·新知三联书店2008年版，第176页。

于学思结合，举一反三，融会贯通。⑤⑥是赞扬颜回知行合一，学习与实践相结合。⑦是赞扬颜渊通过学习所达到的道德修养水平。⑧是赞扬颜回通过学习所达到的思想境界。①②属于勤学，其他各条则属于善学。勤学方面，也许有人能比得上颜回，善学方面，则鲜能及之。由此可见，孔子所谓"好学"，并不是一般意义上的爱学，而是勤学、会学、乐学。这个标准，是孔子主观设定的一个标准，在他心目中，他的学生只有颜渊一个人能达得到，所以才会说"今也则亡，未闻好学者矣"。

(3) 或问禘之说。子曰："不知也。知其说者之于天下也，其如示诸斯乎？"指其掌。(《论语·八佾》)

有人向孔子询问关于"禘祭"意义的解释，孔子回答说："不知道。知道禘祭意义的人治理天下的方法大概就像在这上面显示得那样清晰吧？"说完，指了指自己的手掌。从孔子回答的后半段来看，他是明白禘祭的意义的，他有为什么说自己"不知"呢？前面加以否认，后面欲说还休，正如孟子所云"引而不发，跃如也"，特别引人注目，值得我们一探究竟。杨伯峻先生说："禘是天子之礼，鲁国举行，在孔子看来，是完全不应该的。但孔子又不想明白指出，只得说'不欲观'，'不知也'。"① 其实孔子说其不知禘祭之义，还有更深层的原因。《礼记·祭统》："禘尝之义大矣，治国之事也，不可不知也。明其义者，君也；能其事者，臣也。""明乎郊社之礼，禘尝之义，治国其如示掌乎？"原来，禘祭的意义君主明白就好，臣子不需要明白，尽力做好祭祀的事情就行了。因此，由孔子来解释禘祭的意义，有僭越、非礼之嫌，是不符合他的身份的，故而夫子回答说"不知"，欲说不能，欲说还休。

(4) 宪问耻。子曰："邦有道，谷；邦无道，谷，耻也。""克、伐、怨、欲不行焉，可以为仁矣？"子曰："可以为难矣，仁则吾不知也。"② (《论语·宪问》)

(5) 子张问曰："令尹子文三仕为令尹，无喜色；三已之，无愠色。旧

---

① 杨伯峻：《论语译注》，中华书局1980年版，第27页。
② "仁则吾不知也"，杨伯峻先生译曰："若说是仁人，那我不能同意。"得之。杨伯峻：《论语译注》，中华书局1980年版，第145页。

令尹之政必以告新令尹，何如？"子曰："忠矣。"曰："仁矣乎？"曰："未知①，焉得仁？""崔子弑齐君，陈文子有马十乘，弃而违之，至于他邦，则曰：'犹吾大夫崔子也。'违之。之一邦，则又曰：'犹吾大夫崔子也。'违之。何如？"子曰："清矣。"曰："仁矣乎？"曰："未知。焉得仁？"（《论语·公冶长》）

（6）或曰："雍也仁而不佞。"子曰："焉用佞？御人以口给，屡憎于人。不知其仁②，焉用佞？"（《论语·公冶长》）

以上三例有一个共同的地方，对于某人或某事是否达到了"仁"，孔子一概答之"不知"。这里的"不知"，并非真的不知道，而是一种委婉的否定，是"未达到（仁）"的意思。孔子对仁的解释多种多样，但最核心的有两条：一是"己欲立而立人，己欲达而达人"，一是"克己复礼"，即"非礼勿言，非礼勿视，非礼勿听，非礼勿动"。也就是说首先要有一颗爱心，以成就别人作为自己的幸福，其次要克制自己的欲望，言谈举止都到遵守礼的规定。例（4）中的"克、伐、怨、欲不行"，即不好胜、不自夸、不怨恨、不贪求，这些虽然难能可贵，但属于外在的强制，而不是植根于仁，以仁制心。李泽厚先生说："（这里）仍然是将'仁'与任何其他的美德、善行区别开来，显示了'仁'的积极性主动性的情感方面，不只是克制、化解消极面而已。"③ 钱穆先生说："（克、伐、怨、欲）四者贼心，遏抑不发，非能根绝，是犹贼在家，虽不发作，家终不安，故孔子谓之难。其心仁，则温、和、慈、良。其心不仁，乃有克、伐、怨、欲，学者若能以仁存心，如火始燃，如泉始达，仁德日显，自不可待遏制而四者绝。"④ 阮元则认为：此（克伐怨欲不行）但能无损于人，不能有益于人，未能立人达人，所以孔子不许为仁。⑤ 例（5）令尹子文无论在位与否，都能恪尽职守，可称之为忠。陈文子不与乱臣贼子同居一国，可称之为清。他们的行为既没有造福他人的动机，也没产生造福他人的效果，所以孔子亦不以仁许之。李泽厚先生说："这仍然是强调'仁'是内在情感本体，并非外在的某种

---

① 杨伯峻先生注曰："未知，和上文第五章'不知其仁'，第八章'不知也'的'不知'相同，不是真的'不知'，只是否定的另一方式。"杨伯峻：《论语译注》，中华书局1980年版，第50页。
② 杨伯峻先生注曰："孔子说不知，不是真的不知，只是否定的另一种形式，实际上说冉雍还不能达到'仁'的水平。"杨伯峻：《论语译注》，中华书局1980年版，第43页。
③ 李泽厚：《论语今读》，生活·读书·新知三联书店2008年版，第406页。
④ 钱穆：《论语新解》，九州出版社2011年版，第329页。
⑤ 转引自李泽厚：《论语今读》，生活·读书·新知三联书店2008年版，第405—406页。

行为、品德所能等同或替代。"① 钱穆先生说："盖忠之与清，有就一节论之者，有就成德言之者。细味本章辞气，孔子仅以忠清之一节许此两人。若果忠清成德如比干、伯夷，则孔子亦即许之为仁矣。盖比干之为忠，伯夷之为清，此皆千回百折，毕生以之，乃其人之成德，而岂一节之谓乎？"② 亦颇有理。例（6）在孔子的学生中，冉雍可谓德才兼备。"德行：颜渊、闵子骞、冉伯牛、仲弓（冉雍）"（《论语·先进》），"雍也可使南面"（《论语·雍也》），但仍没达到孔子"仁"的标准，所以孔子也没有以"仁"许之。

(7) 齐宣王问曰："齐桓晋文之事，可得闻乎？"孟子对曰："仲尼之徒无桓文之事者，是以后世无传焉，臣未之闻也。无已，则王乎？（《孟子·梁惠王上》）

齐宣王问孟子说："齐桓公、晋文公的事迹，可以谈一谈让我听听吗？"孟子回答说："孔子的门徒没有谈论齐桓公、晋文公事迹的，所以在孔门没有流传到后代，我没有听到过。如果您想听我谈点什么，那就谈谈王道吧。"此条与第一条可谓如出一辙，异曲同工。齐桓公、晋文公都是春秋时期的霸主，他们推行的是霸道而不是王道，这是与孟子的理念背道而驰的。无论孟子知不知道齐桓、晋文的事迹，都不会与齐宣王谈这些。孟子所说的"未之闻"，不等于真的不知道，只是委婉地拒绝谈论罢了。孟子等于向齐宣王宣告：在霸道问题上，我们是没有共同话题的！

(8) 齐宣王问曰："汤放桀，武王伐纣，有诸？"孟子对曰："于传有之。"

曰："臣弑君可乎？"曰："贼仁者谓之贼，贼义者谓之残，残贼之人谓之一夫。闻诛一夫纣矣，未闻弑君也。"（《孟子·梁惠王下》）

齐宣王问孟子说："商汤流放了夏桀，周武王攻打商纣王，有这样的事吗？"孟子回答说："在史传中有这样的记载。"齐宣王说："臣子弑杀君王，难道可以吗？"孟子回答说："残害仁德叫作贼，残害道义叫作残，残贼的人叫作独夫。我只听说诛杀了一个背离民众的独夫——纣，没有听说弑杀君王。"周武王攻打

---

① 李泽厚：《论语今读》，生活·读书·新知三联书店 2008 年版，第 163—164 页。
② 钱穆：《论语新解》，九州出版社 2011 年版，第 117—118 页。

商纣王，逼得纣王自杀，从礼教上来说，这叫以下犯上，这种行为就是弑君。明明是弑君，孟子为什么偏偏说"未闻"呢？原来，孟子对"弑君"有着自己独到的见解。他认为，荒淫残暴、倒行逆施的君王就是独夫民贼。独夫民贼，人人得而诛之。诛杀他们，是正义的行为，不能看作是"弑君"。如果机械地从以下犯上的角度来看，诛杀商纣王在事实上是弑君；如果从替天行道、为民除害的角度来看，诛杀商纣王在道义上不是弑君。孟子是从道义着眼看待弑君问题的，所以说"闻诛一夫纣矣，未闻弑君也"。

参考文献

［1］李泽厚：《论语今读》，生活·读书·新知三联书店2008年版。
［2］钱穆：《论语新解》，九州出版社2011年版。
［3］杨伯峻：《论语译注》，中华书局1980年版。

《孙子兵法》训诂札记

《孙子·计篇》:"计利以听,乃为之势,以佐其外。"

对"其外"的理解,主要有两种。一种认为"其外"指常法之外,曹操、李筌、杜牧、贾林均主其说。曹操注曰:"常法之外也。"① 贾林注曰:"计其利,听其谋,得敌之情,我乃设奇谲之势以动之。外者,或傍攻,或后蹑,以佐正陈。"一种认为"其外"指"外在的条件",郭化若主此说。郭氏《孙子今译》把本句译为:"分析利害条件,使意见被采纳,然后造就有利的态势,作为外在的辅佐条件。"②

以上两种看法均可商。前一种看法犯了增字解经的错误,"其外"为什么就是"常法之外"呢?"常法"来得太突兀,毫无根据。再者,也与文意不符。庙算有利,战略方针被采纳,此时应动员所有的力量,造成强有力的态势。"兵以正合,以奇胜。""正"是根本,"奇"是权变。"奇"只有在"正"的基础上才能发挥作用。一旦离开了"正",单纯靠"常法之外"的"奇兵"是很难取胜的。因而所谓"于常法之外更求兵势,以助佐其事"(杜牧注)是根本站不住脚的,也是与孙子力戒冒险、务求全胜的军事指导方针背道而驰的。后一种看法于意略近,但仍不够准确。首先,从结构上看,"佐其外"与"外在的辅助条件"南辕北辙,相距甚远,难以转换。其次,从语义上看,有外在的辅佐条件,而无内在的主导条件,对"内""外"的概念把握得不够准确。其实《孙子》中确实隐含了一个与"外"相对的概念"内",找到了这个"内",我们对"外"便不难索解。"计"篇之"计"是动词"计算",而不是名词"计策"。战争是国之大事,临战之前,要在庙堂(古代祭祀祖先与商议大事的地方)计

---

① 本文古注均采自〔春秋〕孙武著、〔三国〕曹操等注:《孙子》,上海古籍出版社 1989 年版。
② 郭化若:《孙子今译》,上海古籍出版社 1977 年版,第 2 页。

议，称之为"庙算"。庙算的内容是对敌我双方的实力从各方面做出计算、比较，然后做出战略决策。因为庙算发生在国都之内，因而称之为"内"；战争（开始阶段）发生在国都之外，因而称之为"外"。《管子·七法》："故凡攻伐之为道也，计必先定于内，然后兵出乎境。计未定于内，而兵出乎境，是则战之自胜，攻之自毁也。"显然，"内"指国都之内的谋划决策，"外"则指国都之外的军事行动。全句的意思是说：谋划的方案有利并且被采纳，就要根据它做出战略部署，以辅助军事行动。

《孙子·谋攻》："上兵伐谋，其次伐交，其次伐兵，其下攻城。"

"伐谋""伐交""伐兵"，历来存在着两种理解。一种认为"谋""交""兵"是伐的对象，做"伐"的宾语。曹操注曰："敌始有谋，伐之易也。"杜佑注曰："敌方设谋，欲举其众师，伐而抑之，是其上。"李筌注曰："伐其始谋也。"张预注曰："敌始发谋，我从而攻之。"另一种认为"谋""交""兵"是伐的方式，做"伐"的方式补语（或曰方式宾语），"伐谋""伐交""伐兵"即"伐以谋""伐以交""伐以兵"（或"以谋伐""以交伐""以兵伐"）。"上兵伐谋"，梅尧臣注曰："以谋胜。"王晳注曰："以智谋屈人为最上。"现代学者多赞同后一说。《孙子校释》云："伐谋，用智谋使敌人屈服。"① 孙晓玲注译《孙子兵法》云："伐谋，以谋略攻敌赢得胜利。"②

笔者认为，虽然两说皆可通，但综合考虑，当以前说为胜。从语法关系看，"伐谋""伐交""伐兵"与"攻城"应为同一种结构，"城"为"攻"的对象，则"谋""交""兵"均为"伐"的对象。"伐谋"就是破坏敌人的计谋。朱军先生说："'伐谋'指以己方的谋略战胜敌方的谋略，就是对敌人正在计划中的谋略，或某一谋略刚开始行动之际，便能识破其谋略并运用自己的谋略以挫败之，达到'不战而屈人之兵的目的'。"③ 可谓切中肯綮。"伐交"就是破坏敌人的外交，具体来说就是分化瓦解敌方的盟国，使敌人陷于孤立无援的境地。"伐兵"就是消灭敌人的军事力量。"伐"的基本词义是攻打，讨伐，其后面所跟的对象不同，其意义会呈现少许的变化。用同一个词表达语义稍别的不同内容，是为了造成衔接紧密、一脉贯注的效果。

---

① 吴九龙：《孙子校释》，军事科学出版社1991年版，第38页。
② 孙晓玲：《孙子兵法》，武汉出版社1994年版，第27页。
③ 朱军：《孙子兵法释义》，海潮出版社1995年版，第75页。

《孙子·九地》:"刚柔皆得,地之理也。"

"刚柔",过去的注家多以为指强弱。王皙注曰:"刚柔,犹强弱也。言三军之士强弱皆得其用者,地利使之然也。"杨炳安先生指出:"各家多以'刚柔'指强弱,言强弱皆得用者,地理条件使之然也。按正文明言'地之理',非言地之助,故'刚柔'乃以地言之,指性质不同之地理条件如高下、险夷等。"① 杨先生所言甚当。汉简本《孙子兵法·地形二》:"地刚者,毋□□也。""地刚者"就是"刚地",从而确证了"刚柔"指的是地形,而不是军士。在先民的思维里,"刚柔"与"死生"是相通的。《老子》七十六章:"人之生也柔弱,其死也坚强。草木之生也柔脆,其死也枯槁。"细研《孙子》,笔者认为,"刚柔"指的就是"死生"。"死生"也就是死地和生地。死地,即不便攻守进退的作战地形;生地,即攻守进退自如的作战地形。"刚柔皆得"指的就是无论在生地,还是在死地,都能够充分发挥地形的作用。

参考文献

[1] [春秋] 孙武著、[三国] 曹操等注:《孙子》,上海古籍出版社 1989 年版。

[2] 郭化若:《孙子今译》,上海古籍出版社 1977 年版。

[3] 吴九龙:《孙子校释》,军事科学出版社 1991 年版。

[4] 孙晓玲:《孙子兵法》,武汉出版社 1994 年版。

[5] 朱军:《孙子兵法释义》,海潮出版社 1995 年版。

[6] 杨炳安:《孙子会笺》,中州古籍出版社 1986 年版。

(原文刊于《长江学术》2007 年第 3 期)

---

① 杨炳安:《孙子会笺》,中州古籍出版社 1986 年版,第 169 页。

也说《庄子》"蓬之心"

《庄子·逍遥游》:"今子有五石之瓠,何不虑以为大樽而浮乎江湖,而忧其瓠落无所容?则夫子犹有蓬之心也夫?""蓬"是蓬草,"心"是内心,皆明白无误,但"蓬之心"为何物,历代注家却注解纷歧,莫衷一是。郭象注:"蓬,非直达者也。此章言物各有宜,苟得其宜,安往而不逍遥也?"成玄英疏:"蓬,草名。拳曲不直也。……而惠生既有蓬心,未能直达玄理。"吕惠卿曰:"蓬非直达者也,则有心而不能直达而求之他者,皆蓬而已。"① 向秀注:"蓬者短不畅,曲士之谓。"王先谦曰:"向云'蓬者,短不畅,曲士之谓';案:言惠施以有用为无用、不得用之道也。"② 张默生曰:"蓬者短而不畅,此言惠施不能因物为用,真是一曲之士。"③ 钱穆(2010:9)引阮毓崧曰:"此与孟子'茅塞'义略同。"④ 陈鼓应曰:"蓬之心,喻心灵茅塞不通。"⑤ 陆永品曰:"有蓬之心,谓心为茅塞(刘凤苞《南华雪心编》)。比喻惠施见识浅薄,不通道理。"⑥ 曹础基曰:"如有茅草闭塞之心,犹说'茅塞'。"⑦ 张松辉曰:"蓬之心:茅塞不通的思想,即心里不开窍。"⑧ 傅佩荣曰:"有蓬之心,心为杂草所蔽。"胡仲平曰:"蓬之心,心被野草堵塞。喻见识狭隘。"⑨ 杨军、陈挚(2016:51)曰:"'蓬之心'犹言蓬草至心,以喻心窍不通。"⑩ 就语法结构来说,或以为定中关

---

① [宋]吕惠卿著,汤君集校:《庄子义集校》,中华书局2009年版,第13页。
② 王先谦:《庄子集解》,三秦出版社2005年版,第11页。
③ 张默生:《庄子新释》,新世界出版社2007年版,第58页。
④ 钱穆:《庄子纂笺》,生活·读书·新知三联书店2010年版,第9页。
⑤ 陈鼓应:《庄子今译今注》,商务印书馆2004年版,第36页。
⑥ 陆永品:《庄子通解》,中央编译出版社2015年版,第9页。
⑦ 曹础基:《庄子浅注》,中华书局2014年版,第14页。
⑧ 张松辉:《庄子译注与解析》,中华书局2011年版,第16页。
⑨ 傅佩荣:《傅佩荣译解庄子》,东方出版社2012年版,第16页。
⑩ 杨军、陈挚:《读〈庄子〉札记两则》,见马启俊主编:《中国辞书学理论研究与实践创新》,安徽人民出版社2016年版,第50—51页。

系，或以为主谓关系；就"蓬"之取象而言或以为取象于曲而未达，或以为取象于短而不畅，或以为取象于堵塞、蒙蔽。诸家究竟孰是孰非，很值得深入探讨一番。

王力先生说："语言是社会的产物，词的意义是受社会制约的。""至于望文生义，那是此词本无此义，只是从上下文推测到它有这个意义，我们只能在这个地方遇着它，在别的地方就再也遇不着它。……这就不符合语言的社会性原则，这种解释就是错误的。""如果一个作家用一个词，用的不是社会一般所接受的意义，读者就看不懂，语言在这里就失掉它的作用。""如果某词只在一部书中具有这种意义，同时代的其他书并不使用这种意义，那末这种意义是可怀疑的。""如果我们所作的词义解释只在这一处讲得通，不但在别的书上再也找不到同样的意义，连在同一部书里也找不到同样的意义，那末，这样解释一定是不合语言事实的。作家使用这种在社会上不通行的词义，只能导致读者的不了解。为什么不用一个能为社会上所接受的词呢？实际上，作家并没有使用这个词义，而只是注释家误解罢了。"①

社会性是语言的本质属性，是判断词义训诂是否正确的重要标准。我们用社会性这一标准对诸家对"蓬之心"作一检验，孰是孰非就会非常清晰地呈现在我们面前。

首先，让我们用语言的社会性原则对"蓬之心"是定中结构还是主谓结构作一检验。

笔者在北京大学中国语言学研究中心（CCL）语料库检索到先秦时期（周代至战国）的"N（名词）之心"结构共98例（不含"蓬之心"），全部为定中结构，没有一例是主谓结构或动宾结构。例如：

(1) 尔有善，朕弗敢蔽；罪当朕躬，弗敢自赦。惟简在上帝之心。（《今文尚书·汤诰》）

(2) 七日来复，天行也。利有攸往，刚长也。复其见天地之心乎？（《易·复卦·彖辞》）

(3) 我有旨酒，以宴乐嘉宾之心。（《诗·小雅·鹿鸣》）

(4) 岂不使诸侯之心惕惕焉？（《国语·楚语》）

(5) 王不若设戎，约辞行成，以喜其民，以广侈吴王之心。（《国语·吴语》）

---

① 王力：《王力语言学论文集》，商务印书馆2003年版，第520—523页。

（6）休公徒之怒，而启叔孙氏之心。(《左传·昭公二十七年》)
（7）王割子期之心以与随人盟。(《左传·定公四年》)
（8）我愚人之心也哉！(《老子·第二十章》)
（9）申侯伯如郑，阿郑君之心。(《吕氏春秋·仲冬纪》)
（10）人之心，隐匿难见，渊深难测。(《吕氏春秋·观表》)

由此可见，杨军、陈挚认为"蓬之心"为主谓结构，"之"为动词的说法缺少语言事实的支持，难以立足。

其次，让我们对"蓬之心"中"蓬"的意义作一验证。

笔者在北京大学CCL语料库检索到先秦文献共用"蓬"32例（不含"蓬之心"），其中8例与"蒿、艾、藿、藜、藋、莠"等并称，用作野草、杂草的代称，没有其他明显的语义特征。例如：

（1）譬如农夫作耨，以刈杀四方之蓬蒿。(《国语·吴语》)
（2）昔我先君桓公与商人皆出自周，庸次比耦以艾杀此地，斩之蓬蒿藜藋而共处之。(《左传·昭公十六年》)
（3）行秋令，则民大疫，疾风暴雨数至，藜莠蓬蒿并兴。(《吕氏春秋·孟春纪》)
（4）松柏有积，蓬艾有积。(《墨子·旗帜》)
（5）将妄凿垣墙而殖蓬蒿也。(《庄子·庚桑楚》)

4例为蓬杆义，没有其他的明显语义特征。例如：

（1）攓蓬而指之曰："唯予与汝知而未尝死，未尝生也。"(《庄子·至乐》)
（2）射人以桑弧蓬矢六，射天地四方。(礼记·内则)
（3）故男子生，桑弧蓬矢六，以射天地四方。(礼记·射义)
（4）蓬矢射之。(墨子·迎敌祠)

9例含轻贱、轻微义。例如：

（1）夫三子者，犹存乎蓬艾之间。(《庄子·齐物论》)
（2）原宪居鲁，环堵之室，茨以生蒿，蓬户不完，桑以为室而瓮牖。

(《庄子·让王》)

(3) 儒有一亩之宫，环堵之室，筚门圭窬，蓬户瓮牖，易衣而出，并出而食。(《礼记·儒行》)

(4) 蜚蓬之问，明主不听也。(《管子·形势解》)

(5) 今夫飞蓬遇飘风而行千里，乘风之势也。(《商君书·禁使》)

4 例含散乱义。例如：

(1) 自伯之东，首如飞蓬。(《诗·卫风·伯兮》)

(2) 然吾王所见剑士，皆蓬头突鬓，垂冠。(《庄子·说剑》)

(3) 庶人之剑，蓬头突鬓。(《庄子·说剑》)

(4) 伊尹黑而短，蓬而髯。(《晏子春秋·内篇谏上》)

3 例为拟声词。例如：

(1) 今子蓬蓬然起于北海，蓬蓬然入于南海。(《庄子·秋水》)

(2) 风曰："然，予蓬蓬然起于北海而入于南海也，然而指我则胜我。"(《庄子·秋水》)

2 例含茂盛义。例如：

(1) 彼茁者蓬，壹发五豵。(《诗·召南·驺虞》)

(2) 维柞之枝，其叶蓬蓬。(《诗·小雅·采菽》)（毛传："蓬蓬，盛貌。"）

2 例含披散义。例如：

(1) 譬之犹秋蓬也，孤其根而美枝叶，秋风一至，根且拔矣。(《晏子春秋·内篇杂上》)

(2) 蓬生麻中，不扶而直。(《荀子·劝学》)

综上，先秦文献中，"蓬"没有一例取象于曲而未达或短而不畅，郭象、向秀对蓬的喻意的解释不符合语言的社会性，难以令人信服。

比较而言，钱穆、陈鼓应等学者的解释更为亲近语言事实。首先，"杂草蒙住了心"在先秦时期当是一种常见的譬喻。这种"杂草"可以是"蓬"，可以是"茅"，也可以是其他东西，《庄子》用"蓬"，《孟子》用"茅"。

"山径之蹊间，介然用之而成路；为间不用，则茅塞之矣。今茅塞子之心矣！"（《孟子·尽心上》）

"茅塞子之心"，其义等同于"夫子犹有蓬之心"。其次，名词在一定语境下具有动态意义，是古汉语的一种常见现象。诸如"蓬矢"就是用蓬杆做的箭，"蓬户"就是用蓬草做的门，因此，把"蓬之心"理解为"蓬草蒙住的心"是很自然的。这里的"蓬"理解为名词用作动词固无不可，但不如依旧看作名词，只不过在特定语境下其动态意义被激活了而已。"蓬"在一般情况下是用作指称的，是静态的，具有「＋静态」的语义特征，在特殊语境中可用作陈述，是动态的，具有「＋动态」的语义特征。"蓬之心"的"蓬"就具有这种动态语义特征。① 再次，庄子用"蓬草蒙住了心"比喻惠施的心灵被成见所遮蔽，不能明达道境，看不到"无用"之大用，契合文本意旨。诚如李振纲所云："瓠原本还是那个瓠瓜，你以为无用而剖之，说明你的心灵中装着你自以为是的'用'的成心，就像长满了蓬草，故而不能明达道境。所以，要明达无用之大用，就必须克服你的'有蓬之心'。有蓬之心，犹有我之心，割除心中的成见，也就是'无己'的至人了。"②

参考文献

［1］［宋］吕惠卿著，汤君集校：《庄子义集校》，中华书局2009年版。

［2］王先谦：《庄子集解》，三秦出版社2005年版。

［3］张默生：《庄子新释》，新世界出版社2007年版。

［4］钱穆：《庄子纂笺》，生活·读书·新知三联书店2010年版。

［5］陈鼓应：《庄子今译今注》，商务印书馆2004年版。

［6］陆永品：《庄子通解》，中央编译出版社2015年版。

［7］曹础基：《庄子浅注》，中华书局2014年版。

---

① 参见沈家煊：《名词和动词》，商务印书馆2016年版，第170—171页。

② 李振纲：《生命的哲学——〈庄子〉文本的另一种解读》，中华书局2009年版，第17页。

［8］张松辉：《庄子译注与解析》，中华书局2011年版。

［9］傅佩荣：《傅佩荣译解庄子》，东方出版社2012年版。

［10］马启俊主编：《中国辞书学理论研究与实践创新》，安徽人民出版社2016年版。

［11］王力：《王力语言学论文集》，商务印书馆2003年版。

《孟子》词语训诂札记

《孟子》中的一些词语,古今训释多有不够明确的地方。本文从语法、修辞等角度提出了新的阐释。

一、有以

《孟子·梁惠王上》:"叟不远千里而来,亦将有以利吾国乎?"古今《孟子》注本多未对"有以"加以注释,其实很有必要加以探讨。"有以"后来成为一个固定结构,这是由于"有"的宾语经常省略造成的。先秦汉语中,"有+宾语+以+VP"是一个很常见的结构。《论语·卫灵公》:"有杀身以成仁。"《左传·昭公十三年》:"有莒、卫以为外主。""有鲍叔牙、宾须无、隰朋以为辅佐。"《左传·昭公二十六年》:"有都以卫国也。"在需要强调时,"有"的宾语可以前置到句首,《礼记·杂记》:"吊死而问疾,颜色戚容必有以异于人也。""颜色戚容"是动词"有"的逻辑宾语,因为强调而前置到了句首。一般来说,当"有"的宾语显而易见或没有必要明确说出时,可省略。《左传·隐公元年》:"颍考叔为颍谷封人,闻之,有献于公。"句中"有"的宾语当是一种礼品,但具体是什么礼品,没有必要明确说出,就省略了。

本句中,"有"字下面省略了一个宾语,这个宾语可以是"意见""建议""方法""道理"等,在语义上为句中动词"利"的工具格。这个宾语之所以省略,是因为它在上下文语境中意义比较明确,省略了也不至于影响交际。与此类似的是,《孟子·梁惠王下》:"暴未有以对也。""有"字下同样隐含了一个宾语,这个宾语是"话",在语义上是动词"对"的受事格。

二、夫

《孟子·梁惠王上》："王知夫苗乎？""夫"字，古注多云"发声"，《词诠》曰："语中助词，无义"。① 所释均不够贴切。这里的"夫"字实有指示焦点的作用，可看作焦点标记。② 有人认为这里的"夫"可译为"那""这个""那些"等，也很值得商榷。"那"类代词是定指代词，受其修饰的词语都是特定的人或物。本句中的"苗"是泛指的，没有任何特定的内容。从下面的句子中，我们更容易看清表示定指的"夫"和指示焦点的"夫"的区别。

表示定指的"夫"：

(1) 微夫人之力不及此。(《左传·僖公三十年》)

(2) 寿余曰："请东人之能与夫二三有司言者，吾与之先。"(《左传·文公十三年》)

(3) 宣子私觐于子产以玉与马，曰："子命起舍夫玉，是赐我玉而免我死也，敢不藉手以拜！"(《左传·昭公十六年》)

(4) 公嗾夫獒焉，明搏而杀之。(《左传·宣公二年》)

例 (1) 的"夫人"是特定的人，即秦穆公；例 (2) 的"夫二三有司"也是特定的人，指魏地的官员；例 (3) 的"夫玉"是特定的玉，指郑国商人手中与韩宣子的玉环配对的那只玉环。例 (4) 的"夫獒"是特定的獒，指晋灵公豢养的那只獒。

指示焦点的"夫"：

(5) 子产为丰施归州田于韩宣子，曰："日君以夫公孙段为能任其事，而赐之州田。"(《左传·昭公七年》)

(6) 汝不知夫螳螂乎？怒其臂以当车辙，不知其不胜任也。(《庄子·人间世》)

---

① 杨树达：《词诠》，上海古籍出版社 1986 年版，第 32 页。
② 本文中所说的"标记"，是就词语在句中的功能而言。

例（5）的"公孙段"本来就已经是一个特定的人，没有必要再加上"夫"作为定指标记，"夫"在这里起到的是提示焦点的作用。例（6）的"螳螂"加上"夫"，仍然是泛指，而不是指某个或某些特定的螳螂，因此"夫"在这里不是定指标记，而是焦点标记。

三、者

《孟子·梁惠王上》："然，诚有百姓者。""者"字，诸家多无释。杨伯峻《孟子译注》将该句译作"对呀，确实有这样的百姓。"① 杨氏等于把这里的"者"译成"这样（的）"，这无疑是正确的。齐王在衅钟时"以羊易牛"，齐国不少百姓认为齐王吝啬，这里的"百姓"指的就是有这种看法的百姓，因此"者"具有定指的作用，为定指标记。

下面句子的"者"均有定指的作用，可看作定指标记。

（7）齐侯、卫侯不敬。叔向曰："二君者必不免。"（《左传·襄公二十一年》）

（8）今二子者，君生则纵其惑，死又益其侈，是弃君于恶也，何臣之为？（《左传·成公二年》）

（9）复使薳子冯为令尹，公子齮为司马，屈建为莫敖。有宠于薳子者八人，皆无禄而多马。……谓八人者曰："吾见申叔，夫子所谓生死而肉骨也。知我者如夫子则可；不然，请止。"辞八人者。而后王安之。（《左传·襄公二十二年》）

（10）请神择于五人者，使主社稷。（《左传·昭公十三年》）

（11）子高曰："微二子者，楚不国矣。"（《左传·哀公十六年》）

（12）三子者出，曾晳后。曾晳曰："夫三子者之言何如？"子曰："亦各言其志也已矣。"（《论语·先进》）

对于例（9），何乐士先生认为"'者'用在这里可能是起强调作用，表示这'八人'就是上文的'有宠于薳子者'"，并且认为例（10）的"者"似是同

---

① 杨伯峻：《孟子译注》，中华书局1960年版，第18页。

样作用。① 笔者认为复指上文的人或事物是定指用法,而非表示强调。

四、独

《孟子·梁惠王上》:"今恩足以及禽兽,而功不至于百姓者,独何与?"

这里的"独"仍当是"唯、仅、但"之义,只不过由上句移位至此。移位前本当作:今恩足以及禽兽,而功独不至于百姓者,何与?把"独"移位至末句句首,起到了加强反问语气的作用。《孟子》当中"独"字置于句首的反问句,多是这种用法。例如:

(13)子谓薛居州,善士也,使之居于王所。在于王所者,长幼尊卑皆薛居州也,王谁与为不善?在王所者,左右尊卑皆非薛居州也,王谁与为善?一薛居州,独如宋王何?(《孟子·滕文公下》)

(14)故曰:口之于味也,有同耆焉;耳之于声也,有同听焉;目之于色也,有同美焉;至于心,独无所同然乎?(《孟子·告子上》)

例(13)一般语序当作:"独一薛居州,如宋王何?"意思是:仅仅一个薛居州,能把宋王怎么样?例(14)一般语序当作:"独至于心,无所同然乎?"意思是:单单到了内心,就没有相同的地方了吗?这些句子的"独"移位后置于下面反问小句的句首,同样起到了加强反问语气的作用。这些句子有一个共同的特点,在结构上是排比句,在逻辑上具有类推的性质。

五、明

《孟子·梁惠王上》:"愿夫子辅吾志,明以教我。我虽不敏,请尝试之。""明以教我",杨伯峻《孟子译注》译为"明明白白地教导我"。② 把"明"译作状语,这样,由于缺少表示"教我"内容的名词性成分,"尝试之"的"之"就落空了。"明"应当译作"明白的道理";"明以教我",就是"用明白的道理

---

① 何乐士:《左传虚词研究》,商务印书馆 2004 年版,第 218 页。
② 杨伯峻:《孟子译注》,中华书局 1960 年版,第 21 页。

教导我"。古文中，中心语在具体语言环境中比较明确，常常可以省略。本句中"明"的中心语就是不言而喻的，为简洁起见，就省略掉了。其他如：

(15) 诘诛暴慢，以明好恶。(《吕氏春秋·孟秋纪》)
(16) 将军身被坚执锐，伐无道，诛暴秦。(《史记·陈涉世家》)
(17) 乃弃步兵，与其轻锐倍日兼行逐之。(《史记·孙子吴起列传》)
(18) 身披轻暖，口厌百味。(曹植《求自试表》)

六、终身饱

《孟子·梁惠王上》："乐岁终身饱。"注者大多回避对本句的确切解释。杨伯峻《孟子译注》对该句中的词语没有注释，译作"好年成，丰衣足食"。① 不仅"终"字无解，而且增字解经，译文中的"丰衣"在原文中没有着落。其他诸家的训释大都与此类似。例如：

郭锡良主编的《古代汉语》对该句的注释是："大意是：年成好就丰衣足食。乐岁，丰年。"② 王力主编的《古代汉语》对该句的注释为："大意是：假使一辈子都过丰年，就一辈子都可吃饱。乐岁，丰年。"③ 前者与杨注基本相同。后者虽然对"终岁"没有明确解释，但是从译文中可以清楚地看出："一辈子"对译"终身"。但这样对译，不免与前文抵触。前文的"乐岁"是"丰年"，丰年的收成再好，也不会保证"一辈子"都会吃饱。为了避免前后文的冲突，注者只好在句首也硬加上了"一辈子"。但这样做本句是通顺了，可是放在更大的上下文中却又不通了。"乐岁终身饱，凶年免于死亡。""乐岁"是与"凶年"对比着说的，其所指的时间限度是完全一致的。如果"乐岁"是指"一辈子都过丰年"，莫非"凶年"是指"一辈子过荒年"？这显然是不成立的。它同时说明了：把"终身"理解为"一辈子"是一条死胡同，无论怎么补救，都不可能得出正确的结论。单单从句子的表层结构看：把"终身"理解为"一辈子"，没有什么问题，为什么一旦把这种理解放入句子当中就会语义不通呢？

---

① 杨伯峻：《孟子译注》，中华书局1960年版，第22页。
② 郭锡良主编：《古代汉语》，商务印书馆1999年版，第639页。
③ 王力主编：《古代汉语》，中华书局1962年版，第294页。

这确实有些令人困惑。其实我们把思路稍稍放开一些，就会走出这种困惑。我们习惯于从句子的表层结构来理解语义，为什么不能从句子的深层语义来观照结构呢？

其实对于"乐岁终身饱"一句的深层语义，我们不难索解。在孟子生活的时代，即使是"明君"实行"仁政"，老百姓在灾荒年景也不过是能够避免饿死和逃亡而已，是根本吃不饱穿不暖的，那么丰年呢？至多也不过是一年到头都能吃饱穿暖。"丰年，一年到头都能衣食充足"① 这样一个意义，在文言中应用什么结构来表达呢？最简洁的表达应该是：

乐岁终岁饱。

这样的表达无论在语义上还是在语法上都没有什么问题，并且"终岁"在先秦古籍中也是一个常见的组合：

(19) 禅灶指之曰："犹可以终岁，岁不及此次也已。"（《左传·襄公三十年》）

(20) 斗食，终岁三十六石；参食，终岁二十四石；四食，终岁十八石；五食，终岁十四石四斗；六食，终岁十二石。（《墨子·杂守》）

(21) 终岁御，衣衽不敝，此唯鞴之和也。（周礼·考工记）

但为什么作者没有用呢？在语义、语法都无法解释的情况下，我们就不能不关注到修辞的层面。"乐岁终岁饱"在修辞上并不完美，它的缺陷是：第一，文字重复。五个字当中"岁"字就出现了两次。第二，声音不够谐和。全句的平仄是"仄仄平仄仄"，仄字音节太多。此式已经是最简单的表达式，因此要改善它的表达，不能采用省简的办法，只能替换词语或增加文字。唯一能被替换的词语似乎只有"岁"字，它可以用"年"来替换，语义与语法关系都没有任何改变：

乐年终年饱。

这样的替换虽然在语音上稍有改善，但是仍没有解决重复的问题，何况语

---

① 这里采用了方有国先生的观点，"终身饱"里的"饱"为饱足、充足义。

音上的谐和也不十分理想！更为重要的是：在表示丰收年成这个意义上，"岁"只与"乐"搭配，而不与"年"搭配。"丰"才与"年"搭配，组成"丰年"一词；"丰年"又与下句的"凶年"有重复之弊，达不到变化的效果。那么增字呢？"饱"自然是身体的需要得到饱足，所以"饱"前可增加一个"身"字：

乐岁终岁身饱。

这样仍不能避免重复，唯一能够避复的办法就只有承前省略了。

乐岁终身饱。

奇妙的是，这样不仅达到了避复的效果，而且全句的平仄变成了"仄仄平平仄"，语音之谐和，甚至可以入诗了。所以作者最终采用了"乐岁终身饱"这样的表达形式。明白了"乐岁终身饱"是"乐岁终岁身饱"的省略式，这个句子的疑难也就解决了。《孟子·滕文公上》："乐岁，粒米狼戾，多取之而不为虐，则寡取之；凶年，粪其田而不足，则必取盈焉。为民父母，使民盻盻然，将终岁勤勤，不得以养其父母。""终岁勤勤"与《梁惠王上》的"终身苦"意思相同，由此可见"终身苦"就是"终岁身苦"，"终身饱"就是"终岁身饱"。

七、居

《孟子·公孙丑上》："夫圣，孔子不居。""居"，诸家多无释，应解作"承受、担当。""居"的本义是"踞（跪）"，《左传·哀公元年》："昔阖庐食不二味，居不重席，室不重坛。"古人席地而坐，跪坐为日常家居的常态，因此引申为"居住"，由"居住"又引申为"处于"，《书·伊训》："居上克明。"由"处于"又引申为"担当、承受"。《论语·颜渊》："夫闻也者，色取仁而行违，居之不疑。"《老子》第二章："是以圣人处无为之事，行不言之教；万物作而弗始，生而弗有，为而弗恃，功成而弗居。"

八、所

《孟子·滕文公上》:"亲丧,固所自尽也。""所",诸家多无释。本句杨伯峻《孟子译注》译为:"父母的丧事,本应该自动地尽心竭力的。"是。《汉语大字典(简编本)》:"所,宜;适宜。"① 此处的"所"即是此义。

九、舍

《孟子·滕文公上》:"且许子何不为陶冶,舍皆取其宫中而用之?何为纷纷然与百工交易?何许子之不惮烦?""舍",朱熹《孟子集注》解作:"止也"。杨伯峻《孟子译注》注曰:"何物也,缓言之为'什么''甚么'",均不通。本句第一个小句是一个否定疑问句,以疑问词"何"发问,"何"后紧承否定词"不";第二个小句从句意上看,亦当是一个否定疑问句,疑问词"何"后亦当紧承否定词"不","何不"急读则为"盍",因此"舍"当为"盍"的讹字。全句意为:为什么许子不去烧陶冶铁?为什么他不(直接)从自己家中取来器具来使用?为什么要忙着与百工交易?为什么许子这样不怕麻烦?这样,四个句子都用"何"发问,气势贯通,意思明确。

参考文献

[1] 杨树达:《词诠》,上海古籍出版社1986年版。
[2] 杨伯峻:《孟子译注》,中华书局1960年版。
[3] 何乐士:《左传虚词研究》,商务印书馆2004年版。
[4] 郭锡良主编:《古代汉语》,商务印书馆1999年版。
[5] 王力主编:《古代汉语》,中华书局1962年版。
[6] 李格非主编:《汉语大字典(简编本)》,湖北辞书出版社、四川辞书出版社1996年版。

(原文刊于《国学学刊》2016年第3期)

---

① 李格非主编:《汉语大字典(简编本)》,湖北辞书出版社、四川辞书出版社1996年版,第1052页。

释 "狱市"

《史记·曹相国世家》：

惠帝二年，萧何卒。参闻之，告舍人趣治行，"吾将入相。"

居无何，使者果召参。参去，属其后相曰："以齐狱市为寄，慎勿扰也。"

后相曰："治无大于此者乎？"

参曰："不然，夫狱市者，所以并容也，今君扰之，奸人安所容也？吾是以先之。"

"狱市"一词到底是什么意思？大致有三种意见：一种看法认为"狱市"就是监狱和集市，一种看法认为"狱市"是齐国的一个大市场，还有一种看法"狱市"是一种市场制度。笔者认为：第一和第三种看法是错误的，第二种看法是正确的。

监狱和集市功能大不相同，把二者并列，殊为不类。监狱是关押犯人的地方，而集市则汇聚了各色人等，因而集市堪称"并容"之处，监狱则不可。"夫狱市者，所以并容也。""并容"什么？联系下文"今君扰之，奸人安所容"，明显是"并容"良人和奸人之地，也就是三教九流、五行八作的各色人等汇聚之地，因此"狱市"只能是一个处所，而不能是一种制度。

"狱市"是齐国的一个市场，这个市场为什么叫作狱市，它又在齐国的什么地方呢？这个问题前人没有论及，笔者简要地做个说明：

"狱"这里通"嶽"，狱、嶽俱为疑母屋部，古音相同。"狱市"就是"嶽市"。"嶽"是齐国国都的一个热闹繁华之地，"嶽市"是齐都嶽地的一个市场。《孟子·滕文公下》：

孟子谓戴不胜曰："子欲子之王之善与？我明告子。有楚大夫于此，欲其子之齐语也，则使齐人傅诸？使楚人傅诸？"

曰："使齐人傅之。"

曰："一齐人傅之，众楚人咻之，虽日挞而求其齐也，不可得矣；引而置之庄、嶽之间数年，虽日挞而求其楚，亦不可得矣。"

顾炎武《日知录卷七》"庄嶽"条："'庄'是衢名，'嶽'是里名。"蒋伯潜（1970：238）说："'庄'既康庄之衢，'嶽'指稷山，所谓'庄嶽之间'即康庄之衢与稷山之间，盖此为齐都最繁盛之区。"从孟文来看，无论"嶽"为里名，还是稷山，其为齐都繁华热闹之地殆无疑义。

汉朝初年，曹参被任命为齐国国相，以盖公为师，推行黄老之术，在任九年，齐国大治。萧何去世后，曹参接替萧何担任丞相，临行时谆谆告诫他的继任者，不要干涉、整治嶽地的市场。因为嶽市汇集了各色人等，无论善人恶人，在这里都能谋生。如果政府对此过多干预，恶人不能谋生，则作奸犯科，危害社会。所谓"以齐狱市为寄，慎勿扰也"，正是"无为之治"的体现。钱泳《履园丛话》："治国之道，第一要务在安顿穷人。昔陈文恭公宏谋抚吴，禁妇女入寺烧香，三春游屐寥寥，舆夫、舟子、肩挑之辈，无以谋生，物议哗然，由是弛禁。胡公文伯为苏藩，禁开戏馆，怨声载道。金阊商贾云集，晏会无时，戏馆酒馆凡数十处，每日演剧养活小民不下数万人。此原非犯法事，禁之何益于治。昔苏子瞻治杭，以工代赈，今则以风俗之所甚便，而阻之不得行，其害有不可言者。由此推之，苏郡五方杂处，如寺院、戏馆、游船、青楼、蟋蟀、鹌鹑等局，皆穷人之大养济院。一旦令其改业，则必至流为游棍，为乞丐，为盗贼，害无底止，不如听之。潘榕皋农部《游虎丘冶坊浜诗》云：'人言荡子销金窟，我道贫民觅食乡。'真仁者之言也。"可看作"勿扰狱市"的最好注脚。

参考文献

[1] 蒋伯潜：《诸子通考》，正中书局1970年版。

[2] 熊逸：《春秋大义》，陕西师范大学出版社2007年版。

《楚辞》研究中的训诂问题

一、引言

顾炎武曰:"愚以为读九经自考文始,考文自知音始,以至诸子百家之书,亦莫不然。"① 戴震曰:"经之至者道也,所以明道者其词也,所以成词者字也。由字以通其词,由词以通其道,必有渐。"② 对古代文献的研究,一定要建立在对词义的正确理解上,《楚辞》研究也概莫能外。纵观《楚辞》研究中存在的问题,很多都与词义的训诂有关。要正确地理解楚辞中的词义,既要懂字形、明音韵、通训诂,又要明悉其文本语境与社会语境,只有这样,才能做到"揆诸本句而谐,验诸全卷亦通。"只有训诂无误,才能为楚辞研究奠定坚实的基础。笔者有感于斯,乃就《楚辞》研究中的若干训诂问题提出探讨,祈盼方家有以正焉。

二、关于"离骚"

"离骚"一词究为何意,自东汉以后就异说纷呈,令人颇有眼花缭乱之感。归纳起来,其中的三个说法最有影响。其一为"遭忧"说,首倡者为东汉的班固;其一为"别愁"说,首倡者为东汉的王逸;其一为"离开骚地"说,首倡者为现代学者李嘉言。班固《离骚赞序》曰:"离,犹遭也。骚,忧也。言己遭忧作辞也。"此说提出后,影响极大,差不多成了学术界的主流看法。离,繁体

---

① [清]顾炎武:《顾亭林诗文集》,中华书局1983年版,第73页。
② [清]戴震:《戴震集》,上海古籍出版社1980年版,第183页。

作離，为鸟遭网捕之义，可引申为遭受义。① 骚，《玉篇》《广韵》《集韵》并云："愁也。"骚、忧、愁音近，意义可通。离有遭受、遭遇义，骚有忧愁义，都是没有问题的，但两个词结合在一起，却未必是"遭遇忧愁"的意思。两个词组合要受到语义、语法等诸多因素的制约。遭遇义动词如与事件名词搭配，要求事件名词代表的是外在的不期而至的负面事件，如离尤（遭罪、遇祸）、离咎（遭遇灾难）、离殃、离害、离纷（遭难）、离慭（遇到痛心事）、离谤、遭灾、遭难、遭祸、遭劫、遭艰（遭到父母丧事）、遭殃、遭罪，等等，概莫能外。而忧愁不是来自外部的事件，而是源自内心的一种情绪，因此是不能与遭遇义动词搭配的。这一点，无论古今都是一致的。"遭忧"（忧表忧愁）这种组合，本身就是不成立的②，因而"离骚"乃"遭忧"云云，是根本站不住脚的。离有离别义，骚有忧愁义，离别义动词与情绪义名词可以组合为定中结构的名词，但这种组合形式开始出现于三国，大量出现于唐代，三国以前未见这种结构的用例。例如：

离思　嗟离思之难忘，心惨毒而含哀。（三国魏曹植《九愁赋》）
离端　乐酒辄今辰，离端起来日。（晋谢混《送二王在领军府集》诗）
离情　将乖不忍别，将以遣离情。（南朝梁任昉《出郡传舍哭范仆射》诗）
离绪　春望年年绝，出闺离绪切。（唐王勃《春思赋》）
离伤　流水通波接武岗，送君不觉有离伤。（唐王昌龄《送柴侍御》诗）
离忧　李杜齐名真忝窃，朔云寒菊倍离忧。（唐杜甫《长沙送李十一》诗）
离怀　异乡岁晚怅离怀，游子驱驰愧不才。（唐牟融《客中作》诗）
离肠　何事苦萦迴，离肠不自裁。（唐杜牧《丹水》诗）
离志　主公知非文什无以纾离志。（唐符载《钟陵夏中送裴判官归浙西序》）
离恨　离恨恰如春草，更行更远还生。（南唐李煜《清平乐》词）

---

① 参见蔡英杰：《释"離"》，载《信阳师范院学报（哲学社会科学版）》，2011年第4期，第76—78页。
② 《楚辞·刘向〈九叹·离世〉》："哀仆夫之坎毒兮，屡离忧而逢患"，出现"离忧"一语，王逸注："言己不自念惜身之放逐，诚哀仆御之夫，坎然恚恨，以数逢忧患，无已时也。"这里的忧是忧患义，而非忧愁义。

离愁　剪不断，理还乱，是离愁，别是一番滋味在心头。（南唐李煜《相见欢》词）

离怨　湘南自古多离怨，莫动哀吟易凄惨。（南唐张泌《晚次湘源县》诗）

别念　别念动神襟，华文切离觎。（南朝梁庾肩吾《侍宴饯张孝总应令》诗）

别魂　知离梦之踯躅，意别魂之飞扬。（南朝梁江淹《别赋》）

别愁　不作书相问，谁能慰别愁？（唐崔颢《赠卢八象》诗）

别怨　一年衔别怨，七夕始言归。（唐杜审言《奉和七夕侍宴两仪殿应制》诗）

别绪　曲终惊别绪，醉里失愁容。（唐李峤《饯骆四》二首之一）

别思　京城南去邓阳远，风月悠悠别思劳。（唐张籍《送从弟濛赴饶州》诗）

别恨　别恨随流水，交清脱宝刀。（唐高适《送柴司户充刘卿判官之岭外》诗）

别肠　别肠车轮转，一日一万周。（唐韩愈、孟郊《远游联句》）

别情　又送王孙去，萋萋满别情。（唐白居易《赋得古原草送别》诗）

别意　别意说难尽，离杯深莫辞。（唐李成用《送别》诗）

别怀　别怀萦系，为个人留滞。（宋廖行之《点绛唇》词）

由于背离了其时代的规定性，因而"离骚"为"别愁"一说也是不能成立的。李嘉言先生说："骚应解作地名，离骚就是离开骚那个地方。"其引《左传·桓公十五年》《元和郡县制》卷二七，认为骚即汉水之北应城县境的蒲骚。① 该说纯出于臆测，没有任何事实根据。首先，骚为蒲骚显系捕风捉影，作者先假定骚是个地名，然后在楚国的地名中去寻找，找来找去，并无着落，于是只好拿蒲骚充数。岂不知，双音节地名除非有专有的简称，一般是不能省作单音节的，正如我们今天不能把合肥省称为"合"，把南京省称为"南"一样。其次，屈原是否到过蒲骚尚难确定，更遑论离开蒲骚了！

其实，"离骚"一词的意义本不难索解。《史记·屈原列传》："离骚者，犹离忧也。"以"忧"释"骚"，为以通语释方言。"离忧"一词的意义若何，我们可从屈原本人的作品中找到答案。《九歌·山鬼》："思公子兮徒离忧。"

---

① 参见李嘉言：《〈离骚〉丛说》，载《河南大学学报》，1982年第5期，第17—20页。

《诗·小雅·四月》:"乱离瘼矣。"毛传:"离,忧也。"《诗·王风·兔爰》:"逢此百罹。"陆德明释文:"罹,本作离,忧也。"可见,离可训忧,离忧当为同义复合词,意为忧愁。文怀沙《屈原集》释离忧为忧伤,聂石樵《楚辞新注》释为"忧愁",并是。张叶芦《屈赋辨惑稿》辨明司马公"离忧"真谛,力主"离骚"一词意为"忧愁",既于训释畅然无碍,又符合作品的时代性,可谓信而有征。

三、关于"民生"

《离骚》:"长太息以掩涕兮,哀民生之多艰。"其中的"民"字,王逸释为"万民",今人从之者甚众。清蒋骥《山带阁注楚辞》:"民,人也。"今人游国恩、林庚等从之,以为"民生"即"人生"。《说文》:"民,众萌也。"《玉篇》:"民,众氓也。"《广雅》:"民,氓也。""民"与"君"相对,是从社会学上对人所做的一个分类,意为民众。其含义源于愚蒙无知。《春秋繁露·深察名号》:"民者,瞑也。"《论语·学而》"使民以时"刘宝楠正义引《书·多士序》郑注:"民,无知之称。"因而"民众"义实乃"民"之本义。但训"民"为"人"同样于训诂有据。《诗·大雅·生民》:"厥初生民"朱熹集传:"民,人也。"《左传·成公十三年》:"民受天地之中以生"孔颖达疏:"民者,人也。"单从句子本身来看,"民生"之"民"无论释为"人"还是释为"民众",都是能够解释通的。因而要寻求合理的解释,就必须跳开句子层面的小语境,放到篇章层面的大语境中去。我们且看其上下文:

> 长太息以掩涕兮,哀民生之多艰。余虽好修姱以鞿羁兮,謇朝谇而夕替;既替余以蕙纕兮,又申之以揽茝;亦余心之所善兮,虽九死其犹未悔;众女疾余之蛾眉兮,谣诼谓余以善淫;固时俗之工巧兮,偭规矩而改错;背绳墨以追曲兮,竞周容以为度;忳郁邑余侘傺兮,吾独穷困乎此时也。

自"余虽好修姱以鞿羁兮"至"吾独穷困乎此时也",无不在讲述屈原本人的"人生多艰",正是对"哀民生之多艰"的申述。"哀民生之多艰"为总领,下文为分述,一总一分,相应无间。因而此处"民生"之"民"应训作"人","民生"应作"人生"解,殆无疑问。"哀民生之多艰",与《远游》之"哀人生之长勤",《涉江》之"哀吾生之无乐兮"可谓一唱三叹,异曲同工。

四、关于"成言"

《离骚》："初既与余成言兮，后悔遁而有他。余既不难夫离别兮，伤灵修之数化。"其中的"成言"，王逸注："成，平也。言，犹议也。""成言"谓"与我平议国政。"朱熹集注："谓成其要约之言也。""成言"一词，在春秋时就已出现。《左传·襄公二十七年》："壬戌，楚公子黑肱先至，成言于晋。"杜预注："时令尹子木止陈，遣黑肱就晋大夫成盟载之言。"又"宋向戌如陈，从子木成言于楚。"杜预注："就于陈，成楚之要言。"由此可见，"成言"即订约、达成协议之义。这个意义，也得到了出土材料的证实。郭店楚简《成之闻之》："士成言不行，名弗得也。"九店楚简："凡城日，大吉，利以结言、取妻、内人，城（成）言。"其中的"成言"均为"订约、达成协议"之义。① 这些，都足证朱熹谓"成言"是"成其要约之言"是正确的，王逸所谓"平议国政"不足为训。那么"成言"的具体内容是什么呢？笔者认为当为联齐抗秦的外交战略。屈原主张联齐抗秦，这是毫无疑问的，而屈原在任左徒期间，"出则与王图议国事，以出号令；出则接遇宾客，应对诸侯。王甚任之。"因而"联齐抗秦"当是屈原与怀王达成的共识，制定的国策，因而谓之"成言"。可是后来怀王或利令智昏或情令智昏，违背了既定国策，与楚修好。《史记·屈原列传》记载了如下两则史实：

其一，屈平既绌，其后秦欲伐齐，齐与楚亲，惠王患之，乃令张仪详（佯）去秦，厚币委质事楚。曰："秦甚憎齐，齐与楚从（纵）亲，楚诚能绝齐，秦愿献商、於之地六百里。"楚怀王贪而信张仪，遂绝齐，使使如秦受地。

其二，时秦昭王与楚婚，欲与怀王会。怀王欲行，屈平曰："秦，虎狼之国，不可信，不如毋行。"怀王稚子子兰劝王行："奈何绝秦欢！"怀王卒行。入武关，秦伏兵绝其后，因留怀王，以求割地。怀王怒，不听。亡走赵，赵不内。复之秦，竟死于秦而归葬。怀王背弃成言，使自己、使楚国都走向了不归路，是屈原最深的隐痛。

---

① 参见徐广才：《根据出土古文字材料校读〈离骚〉三则》，载《黑龙江教育学院学报》，2009年第5期，第100—101页。

五、关于"离别"

《离骚》:"余既不难夫离别兮,伤灵修之数化"。游国恩指出:"'离别'二字,显然是放逐的口吻。"张叶芦批驳说:"单凭'离别'二字,就断然得出是'放逐的口吻',看问题未免太片面了。屈原被疏,'不复再位'(《屈原列传》),难道不能说'离别'君王,'离别'左徒之位吗?"笔者认为,张氏的批驳是无力的。"离别"者,分离也。如果屈原仅仅是"被疏""不复在位",是谈不上与"君王"分别的。并且,"离别"一词,自古及今,皆用来指人与人、人与地的分离、分隔,从没有离别某个职位的用法,因此"'离别'左徒之位"是不能成立的。先秦时不能说"离别左徒",正如我们今天不能说"离别市长(职位)"一样。本句中的"离别"义为分离、分隔,也意味着屈原遭到了楚怀王的贬斥、放逐,本甚浅显,为什么一再有人试图否认呢? 这在很大程度上源于《史记·屈原列传》对这一段事实的记载比较含混,不够清晰。《列传》既说:"王怒而疏屈平""屈平既绌""屈平既疏,不复在位",又说"(屈原)虽放流,睠顾楚国,系心怀王",屈原是被疏、被绌,还是被流放,自然就难免引起人们的争议。依笔者看来,屈原被流放,是经过一个过程的。先是被疏远,既而被免职(绌),最终被流放。否定屈原在怀王朝被流放的学者,对于《列传》中"(屈原)虽放流"的"放流"一词觉得特别刺眼,想方设法想改变它的意义。郭沫若说:"第二层的'放流'两个字当作流谪解,是后来的人讲错了的。其实'放流'就等于'放浪',并不是说屈原在楚怀王时就遭到流刑。"又说:"向来把'放流'二字即解为放逐,因此便生出许多龃龉。其实'放流'只是'放浪',屈原被疏之后居于闲位,曾向四处游历过而已。"① 张叶芦说:"'放流'犹言'放荡',亦犹言'放游',即郭氏所说的'放浪'也。《楚辞章句·大招》:'无远遥只'王逸注'遥,飘遥,放流貌也'的'放流',用的就是'放游'义。'无远遥'者,不要远浪游也。屈原被疏,不复在为,于是浪游各地以自适,然仍关心国家,希望怀王觉悟而再重用他。"无论把"放游"理解为"放浪"也好,"放荡、放游"也罢,都不能不正视这样一个现实,就是古籍中"放游"一词,对人而言,只用于流放、放逐,没有用于放浪、放游的。

---

① 转引自张叶芦:《屈赋辨惑稿》,钱塘诗社 1998 年版,第 64 页。

唯仁人放流之，迸诸四夷，不与中国同。（《礼记·大学》）

（驩兜、共工、三苗、鲧）罪皆在身，不加于上，唐虞放流，死于不毛。（《论衡·恢国》）

屈原放流九年，忧思烦乱，精神越散，与形离别。（王逸《楚辞章句》）

污秽不修，旷职尸官，数逆至法，逾越制度，当伏放流之诛。（《汉书·外戚传》）

昔孝己孝而被谤，伯奇仁而放流。（《前汉纪·前汉孝武皇帝纪》）

昔二叔放流，郑段不弟，皆经典所绝。（《通典·礼典》）

如果说只有司马迁一人把"放流"用作"放浪、放游"义，这不仅不符合语言的社会性原则，也显得太牵强了。

六、关于"美要眇"与"善窈窕"

《湘君》："君不行兮夷犹，蹇谁留兮中洲。美要眇兮宜修，沛吾乘兮桂舟。"《山鬼》："若有人兮山之阿，被薜荔兮带女萝。既含睇兮又宜笑，子慕予兮善窈窕。""要眇"有人释为"眯目媚视的样子"，"善"有人释为"好的品行"，均误。"美要眇"即"善窈窕"，"美"与"善"同义，均为容貌美丽；"要眇"与"窈窕"同义，均为体态妖娆。《吕氏春秋·古乐》："以见其善"高诱注："善，美。"《大戴礼记·盛德》："夫民善其德"王聘珍解诂："善，犹美也。"《广雅》《广韵》并训："善，佳也。"佳亦美也。"要眇""窈窕"，王逸并注"好貌"，是。"要眇"又作"要妙""窈妙""窈眇""窈渺"，均为体态妖娆之义。南朝刘孝标《辩命论》："观窈眇之奇舞，听云和之琴瑟。"唐刘复《游仙》诗："王母何窈渺，玉质青且柔。""窈窕"亦体态妖娆之义。秦李斯《谏逐客书》："而随俗雅化、佳冶窈窕赵女不立于侧也。"《后汉书·烈女传》："入则乱发坏形，出则窈窕作态。"李贤注："窈窕，妖冶之貌也。""美要眇"及容貌美丽、体态妖娆，与下文"宜修"正相呼应；"善窈窕"与"美要眇"同义，与上文"既含睇兮又宜笑"亦相契无间。

七、关于"哀郢"

《哀郢》为郢都被秦攻占后所写还是被秦攻占前所写,这是学界争论不休的一个问题。这个问题的关键首先是源自对"哀"的不同理解。如果把"哀"理解为哀痛、哀怜、哀悯,自然会认为《哀郢》写于郢都被秦攻占以后。但"哀"除有上述词义外,还有思念的意义。《释名》:"哀,爱也,爱乃思念之也。"《诗·豳风·破斧》"哀我人斯"马瑞辰《传笺通释》:"哀有当训爱者,爱乃思念之也。"《诗·大序》"哀窈窕"王先谦《三家义集疏》:"哀之为言爱,思之甚也。"《文选·范晔〈后汉书·皇后记论〉》"哀窈窕而不淫其色"李周翰注:"哀,思也。"《文选·卜商〈诗大序〉》"哀窈窕"李周翰注:"哀,念也。"如果《哀郢》的"哀"是思念的意义,从题目上就不能轻易断定本篇写于郢都被秦攻占以后。其次源于对本篇中"百姓之震愆""民离乱而相失兮,方仲春而东迁"的不同理解。如果认为只有国都沦亡,才会百姓惊恐,流离失所,自然会认为《哀郢》写于郢都被秦攻占之后。但事实是,即使国都没有沦亡,家乡沦亡照样会引起百姓惊恐、流离失所。因此仅仅从"百姓震愆""离乱相失"出发,是不能遽然判定郢都已被攻陷的。《史记·楚世家》记载:

> (楚怀王)二十八年,秦乃与齐、韩、魏共攻楚,杀楚将唐昧,取我重丘而去。二十九年,秦复攻楚,大破楚,楚军死者二万,杀我将军景缺。三十年,秦复伐楚,取八城。

楚国连年战争失败,损兵折将,领土沦陷,引起民众流亡自然不足为奇。因此《哀郢》写于郢都沦亡以后的两个证据都是没有说服力的,相反,《哀郢》本身的内容足以推翻这个观点。《哀郢》:"忽若去不信兮,至今九年而不复。"表明屈原写《哀郢》时,已被放逐九年。我们知道,郢都被秦军攻陷的时间是顷襄王二十一年。无论屈原被放逐于怀王晚年还是顷襄王初年,到顷襄王二十一年时,都大大超过了九年。因此《哀郢》应写于郢都沦亡之前,"哀郢"之"哀"应为"思念"之义,与"何日夜而忘之"表达的感情相同。同篇中"哀故都之日远"与"哀州土之平乐兮"中的"哀",俱当作如是解。

八、关于"惮青兕"

《招魂》:"与王趋梦兮课后先,君王亲发兮惮青兕。"对于"惮青兕",今之注家多采用清朱亦栋《群书札记》说,认为是用《吕氏春秋》一书中的典故:

荆庄哀王猎于云梦,射随兕,中之。申公子培劫王而夺之。王曰:"何其暴而不敬也!"命吏诛之。左右大夫皆进谏曰:"子培,贤者也,又为王百倍之臣,此必有故,愿察之也。"不出三月,子培疾而死。荆兴师,战于西棠,大胜晋,归而赏有功者。申公子培之弟进请赏于吏曰:"人之有功也于军旅,臣兄之有功于车下。"王曰:"何谓也?"对曰:"臣之兄尝读故记曰:'杀随兕者,不出三月。'是以臣之兄惊惧而争之,故伏其罪而死。"王令人发平府而视之,于故记果有,乃厚赏之。

其实,认为用典未免求之过深,上述故事清楚地表明,"随兕"即在随地出产的一种兕才是涉猎的禁忌,并不是射所有的兕都有此禁忌。《战国策·楚策一》记载:

于是,楚王游于云梦,结驷千乘,旌旗蔽日,野火之起也若云霓,虎嗥之声若雷霆,有狂兕𫍯车依轮而至,王亲引弓而射,壹发而殪。王抽旃旄而抑兕首,仰天笑曰:"乐矣,今日之游也!寡人万岁千秋之后,谁与此乐矣!"

楚王射死了兕并抑其首,可见射猎"随兕"以外的兕,并没有什么禁忌,"惮青兕"的"惮"并非避忌之义。《方言》卷六:"惮,怒也。楚曰惮。""惮"是一个楚方言词,意义为怒,意即"震惊、惊惧"之义。《周礼·考工记》:"则虽有疾风,亦弗之能惮矣。""惮"义为惊惧。《庄子·外物》:"白波如山,海水震荡,声侔鬼神,惮赫千里。"胡文英《庄子独见》注曰:"惮赫,震惊。"是。故"惮青兕"意即使青兕惊惧也。

九、关于"南夷"

《涉江》:"哀南夷之莫吾知兮,且余济乎江湘。"龚维英认为"南夷是辱骂楚人的话",又认为"南夷等同南蛮",进而得出结论说:"这样的话,出自热爱自己宗邦的楚人屈原,则非也",从而断定《涉江》为伪作。① 要弄清"南夷"是不是辱骂楚人,我们有必要对"夷"字的源流做一番考辨。《说文》:"夷,东方之人也。"夷本指东夷,为我国远古时代东方的一支民族,太昊、少昊均为东夷族的领袖。东夷在远古时代为文化昌明之邦,因此许慎在《说文解字》中特地指出:"惟东夷从大。大,人也。夷俗仁,仁者寿,有君子不死之国。"因此,夷,就其本原来讲,决无贬低之义。其后文化中心渐渐移向中原华夏,夷的范围随之扩大,变成与"夏"相对的一个概念。中原地区奉华夏礼俗者为夏,四周地区不奉华夏礼俗者为夷。夷成为一个既具有地域属性又具有文化属性的概念。《孟子·离娄下》:"舜生于诸冯,迁于负夏,卒于鸣条,东夷之人也。文王生于岐周,卒于毕郢,西夷之人也。"舜与文王,都是孟子心目中的圣人,孟子分别称他们为东夷之人、西夷之人,决无贬低、辱骂之意。据《史记·楚世家》记载,楚王熊渠公然声称"我,蛮夷也",楚王不可能贬低、辱骂自己。屈原所流放的楚国南部,是苗人聚居区,其礼俗、文化皆与中原华夏不同,谓之"南夷",何辱之有?因此,以篇中有"南夷"一词作为否定《涉江》为屈原所作的一条理由,是不成立的。

参考文献

[1] 姜亮夫校注:《屈原赋校注》,人民文学出版社1957年版。

[2] 刘永济:《屈赋通笺》,人民文学出版社1961年版。

[3] 林庚:《诗人屈原及其作品研究》,中华书局1962年版。

[4] [宋]朱熹集注:《楚辞集注》,上海古籍出版社1979年版。

[5] 游国恩:《离骚纂义》,中华书局1980年版。

[6] 詹安泰:《离骚笺疏》,湖北人民出版社1981年版。

[7] [清]蒋骥:《山带阁注楚辞》,上海古籍出版社1984年版。

---

① 参见龚维英:《屈原赋辨伪》,载《南京师院学报(社会科学版)》,1981年第4期,第26—30页。

［8］李嘉言：《李嘉言古典文学论文集》，上海古籍出版社1987年版。

［9］［清］钱澄之撰，殷呈祥点校：《庄子精释屈赋精释》，黄山书社1995年版。

［10］张叶芦：《屈赋辨惑稿》，钱塘诗社1998年版。

［11］聂石樵：《楚辞新注》，商务印书馆2004年版。

《说文》从寸字说解献疑

《说文》从寸字所从之"寸"多为"手"之讹变。本文从古文字、字本义等角度对其一一做了厘正。

一

《说文》:"寸。十分也。人手却一寸,动脉,谓之寸口。从又,从一。"寸的本义是手腕下一寸的寸口,ᖗ象手形,-指示寸口所在的位置,但《说文》从寸的字却未必与寸口甚或法度之义有关,《说文》对这些字的分析和解说颇有乖误或牵强之处,难以令人信服。

二

寺,《说文·寸部》:"廷也。有法度者也。从寸,之声。"寺,金文作 ᔍ、ᔋ,林义光《文源》:"从又,从之。本义为持。ᖗ象手形,手之所之为持也。"黄德宽师主编《古文字谱系疏证》:"寺,周金文从又,止声,持之初文。战国文字承袭周金文,下部又或作寸。"按:林、黄之说是。籀文《车工》:"驿驿角弓,弓兹以寺。""持"正作"寺"。不过籀文中的"寺",已不从又,而是从寸。由此可见,寺所从之寸,应是又(手)的讹变,其讹变的动因是在又(手)的左下部增加"一"作为字缀,以达到结体上的平衡。总之,寺字本不从寸,而是从又(手),其本义既与寸口义无关,亦与法度义无关。《说文》为了把"寺"字与"寸"字拉上关系,释为"有法度者也",附会之迹显然。

将,《说文·寸部》:"帅也。从寸,酱省声。"段注:"必有法度而后可以主之,先之,故从寸。"将,《诅楚文》作㸦,篆文亦有作㸦者,皆从又(手)而不从寸,其本义为扶持、扶助。《诗·周南·樛木》:"乐只君子,福履将之。"郑玄笺:"将,犹扶助也。"护持、将养等均是其引申义。将与持意义相近,又可引申为持取之义。《洛阳伽蓝记·平等寺》:"将笔来,朕自作之。"李白《将进酒》:"五花马,千斤裘,呼儿将出换美酒。"将均为持取之义。将本不从寸,亦与法度之义无关,将帅义只是其假借义。《说文》说解此字有误,段氏曲为之说,亦不足取。

寻,《说文·寸部》:"寻,绎理也。从工,从口,从又,从寸。工、口,乱也。又、寸,分理之。彡声。度,人之两臂为寻,八尺也。"按:《说文》所释"寻"字本义无误,但字形分析有误。徐灏《段注笺》:"《系传》曰:'工为器。'灏谓口亦器也。"是。"工"是收丝之器,"口"当为"筘"之象形,其作用是保持经纱的位置,并把纬线推到织口。寻,篆文亦有作㝷者,从两又(手),而不从寸。寻表示的正是双手从收丝器抽丝输入到织口的织布过程。《说文》所谓"又、寸,分理之"大致不错,而"工、口,乱也"则完全不着边际。

専,《说文·寸部》:"六寸簿也。从寸,叀声。一曰:専,纺専。"専,甲骨文作㚻、叀,篆文亦有作叀者,从又(手)而不从寸,像用手摇动纺专之形。① 其本义当为纺专。《说文》所谓"六寸簿"云云,显系望文生义。

尃,《说文·寸部》:"布也。从寸,甫声。"尃,甲骨文作㞢,金文作叀,甲、金文皆从又(手)而不从寸。黄德宽师主编《古文字谱系疏证》:"尃,从又,甫声。"尃的本义是敷布、散布,与手有关,而与寸无关。

導,《说文·寸部》:"導,导引也。从寸,道声。"導,金文从又(手),道声。篆文或作㨂,从行(道路),从人,从手;或作㨂,从手,首声;或作㨂,从彳,从手,首声。导的本义为导引,与手有关,而与寸无关。

封,《说文·土部》:"爵诸侯之土也。从之,从土,从寸,守其制度也。公侯百里,伯七十里,子男,五十里。"封,中山王壶作㞢,从又(手)不从寸,是封土植树为界的意思。《周礼·地官·大司徒》:"制其畿疆而沟封之。"郑玄

---

① 汤可敬:《说文解字今释》(上册),岳麓书社1997年版,第433页。

注:"封,起土界也。"黄德宽师主编《古文字谱系疏证》:"封,从又,从土,从丰,会手植林木以为地界之意。"封的本义是封土植树以为地界,封疆、封爵等义均为引申义。封的本义与手有关,与寸无涉。

射,《说文·矢部》:"弓弩发于身而中于远也。从矢,从身。射,篆文射从寸;寸,法度也,亦手也。"射,甲骨文作 ❉,表示引弓射箭,金文作 ❉,篆文亦有作 ❉、❉者,俱从手,从弓,从矢,会以手发箭之意。《说文》看到这里的"寸"有"手"义,这是他的见识卓越处。但囿于所见到的小篆字形,又释"寸"为法度,则是错误的。

尌,《说文·豆部》:"立也。从豆,从寸,持之也。读若驻。"尌,甲骨文作 ❉,从又(手)不从寸,是以手立物的意思。许慎可能也认识到"尌"与"寸口"义无关,所以把这里的"寸"释为"持之也",这是正确的。

尊,《说文·酋部》:"尊,酒器也。从酋,廾以奉之。《周礼》六尊:牺尊、象尊、著尊、壶尊、太尊、山尊,以待祭祀、宾客之礼。尊,或从寸。"尊,甲骨文作 ❉,金文作 ❉,皆从酋从廾,《说文》正篆亦从酋从廾,表示双手奉酒尊祭祀或宴飨之义。篆文或体尊从寸作,其所从之"寸",当是"手"的讹变。尊与手有关,而与寸无关。

對,《说文·丵部》:"应无方也。从丵,从口,从寸。"段注:"寸,法度也。丵(众)口而一归于法度也。對,或从土。"對,甲骨文作 ❉,金文作 ❉、❉。李孝定《甲骨文字集释》:"象以手持丵(丛生草)树之之形,其下亦从土。""其意当同标识之物,旨在明示后人。""应对之意盖假借义。"李氏对"对"字本义的看法虽不无可商之处,但他对字形的分析以及指明"应对"义属假借,无疑是正确的。黄德宽师主编《古文字谱系疏证》亦指出"对"从"又"作。对的本义从手,不从寸,与寸口及法度义无关。

守,《说文·宀部》:"守官也。从宀,从寸,寺府之事者。从寸,寸,法度也。"守,金文作 ❉、❉,篆文亦有作 ❉者,其下皆作手形,不从寸。守与手同为书母幽部,守当为形声字,从宀,手声,本义为守卫、守护。守卫的地方多为城邑,多房屋建筑,故从宀。黄德宽师主编《古文字谱系疏证》:"守,商金文从宀,从又,会守护居室之意,又亦声。……西周金文习于又下羡加短促的饰笔(并非寸字,古文字又字或写作寸形)。"是。守的本义是守卫,"职守"应为其引申义。

讨,《说文·言部》:"治也。从言,从寸。"徐锴系传作"从言、寸",注云:"寸,法也。奉辞伐罪,故从言。此会意也。"按:讨的本义是声讨、公开谴责,与法度义并无多少牵连,徐锴之说颇为牵强。古文字偏旁中的"手",小篆多讹变为"寸"。讨,透母幽部;手,书母幽部,二字音近。颇疑讨为形声字,从言,手声。

肘,《说文·肉部》:"臂节也。从肉,从寸。寸,手寸口也。"肘与寸口意义无涉,而与"手"声音相近。肘,端母幽部,手,书母幽部。肘当为从肉,从手,手亦声。与此类似,纣当是从糸,手声,而不是《说文》所言"从糸,肘省声"。

三

叔,《说文》或体从寸作𢂿,诅楚文、睡虎地秦简皆从寸作;尉,《说文》从又(手)作𡰢,睡虎地秦简、居延汉简皆从寸作。联系到上文所列举的古文字从又(手),后代文字从寸的事实,说明了从又(手)的字讹变为寸,是一种相当普遍的现象,具有一定的规律性。其成因主要是在又(手)的左下方增加一短横作为字缀,以达到结体的平衡。由于这些从寸字的原始字形并不从寸,因而与寸口义甚或法度义都没有什么关系,甚至"寸"是否有法度义,也是很值得商榷的。我们研究文字的时候,只有追溯其原始构形,抓住其形体演变的特点,才有可能跳出后起字形的束缚,使其意义得到确诂。

参考文献

[1] 汤可敬:《说文解字今释》(上册),岳麓书社1997年版。

[2] 李格非主编:《汉语大字典(简编本)》,四川辞书出版社、湖北辞书出版社1996年版。

[3] 黄德宽主编:《古文字谱系疏证》,商务印书馆2007年版。

(原文见《说文学研究(第四辑)》,线装书局2010年版)

"閙春院""閉春院"还是"閑春院"

一、引言

《西厢记》版本众多,明清两代出现了几十种版本,文字歧异现象十分突出。第一本"题目正名"的首句"老夫人閑春院"中的"閑",因别本或作"閉",或作"閙"①,数百年来争论不息。王季思、吴晓铃均为《西厢记》研究的名家,成就卓著。自1944年至1978年,王季思先后出版《西厢五剧注》(浙江龙吟书社1944年版)、《集评校注西厢记》(上海开明书店1948年版),其后又在新文艺出版社(1954)、古典文学出版社(1957)、中华书局上海编辑所(1958)、上海古籍出版社(1978)出版了多种《西厢记》校注本。王季思先生在《西厢记》校注工作中用力甚勤,精益求精,对每一新发现的版本均不放过,力求通过对校勘定讹误,确定正字。在《西厢五剧注》中,王氏校订"老夫人X春院"的"X"为"閑"字,沿至1978年的《西厢记》校注本②,这种看法并无变化。吴晓铃校注的《西厢记》③,对底本和对校本选择精审,他将该句校订为"老夫人閒春院","閒""閑"异文,与王氏所校并无差异。

1978年,事情出现了转折。该年,北京中国书店在整理库藏时从一部元刻《文献通考》的书皮背面发现了四片《新编校正西厢记》残叶,第一本"题目正名"恰在其中,首句作"老夫人閉春院"。一石激起千层浪,该发现在学界引起巨大反响,众多学者集体转向,以"閉"为正字。蒋星煜先生最早就残叶发

---

① 弘治本、徐士范本、王骥德本作"閑",罗懋登本、金圣叹本作"閙",毛西河本作"閉"。为保持文字使用上的统一性,本文中闲、闭、开三字一概作閑、閉、閙。
② [元]王实甫著,王季思校注:《西厢记》,上海古籍出版社1978年版,第41页。
③ [元]王实甫著,吴晓铃校注:《西厢记》,作家出版社1954年版,第34页。

声,他认为已知三种异文都能自圆其说,不过新发现的残叶既然作"閇",且"刻书时代较所有现存的版本为早",最早的本子用"老夫人閇春院"的可能性较大。① 除发现者外,吴晓铃先生是最早看到元刻《西厢记》残叶的,他在1983年发表《春院欣闻閇不闲》一文,一改早年的看法,把元刻《西厢记》残叶作为主证,断定"'閇'字无疑当属王德信原词"。② 一向坚守"老妇人闲春院"的王季思先生也悄然改变了看法,他在新版《集评校注西厢记》(1987)中,把"闲春院"改成了"閇春院",并特地加了说明:"閇字原本作闲,此据北京中国书店藏元末明初刻本残页改"③。张燕瑾(1995)亦云:"'閇春院'原作'闲春院',据一九七八年发现的《新编校正西厢记》残页,改'闲'为'閇'。"④ 这样一来,"閇春院"几成定谳。时间在前的版本固然值得重视,但它是不是一定靠得住,真正解决了这个疑案呢?问题并非如此简单,要弄清真相,还需要我们从结合文本语境、人物形象做出综合的分析。

二、异文与文本

(一) 关于"春院"

"春院"有两个义位,一指春日的院落。杜甫《大云寺赞公房》:"天黑闭春院,地清栖暗芳。"一指妓院。《警世通言·玉堂春落难逢夫》:"却说公子辞了王匠夫妇,径至春院门首。"文本显然用的是第一义。

《西厢记》的背景发生在暮春时节,文中多次提及:

(1) 第一本楔子[幺篇]:可正是人值残春蒲郡东,门掩重关萧寺中;花落水流红,闲愁万钟,无语怨东风。

(2) 第一本楔子:今日暮春天气,好生困人,不免唤红娘出来吩咐他。

---

① 蒋星煜:《西厢记的文献学研究》,上海古籍出版社1997年版,第25—30页。
② 吴晓铃:《春院欣闻閇不闲》,载《光明日报》,1983年9月27日。
③ [元]王实甫著,王季思校注,张人和集评:《集评校注西厢记》,上海古籍出版社1987年版,第47页。
④ [元]王实甫著,张燕瑾校注:《西厢记》,人民文学出版社1995年版,第63页。

(二)"闲""閉""開"的动词义位

"老夫人 X 春院"一语中的 X,不论是"闲""閉"还是"開",都应当是一个动词①,因此我们有必要查明它们的动词义位,然后带入该句,看看哪一个义位与文本最为契合。

1. "闲"的动词义位

闲,《汉语大词典》列有五个动词义位:

①防止、限制。《说苑·杂言》:"故曰:君子不可不严也,小人不可不闲也。"

②捍卫、保卫。《孟子·滕文公下》:"仁义充塞,则率兽食人,人将相食,吾为此惧,闲先圣之道,距杨墨,放淫辞,邪说者不得作。"朱熹集注:"闲,卫也。"

③阻隔。扬雄《太玄·亲》:"亲非其肤,中心闲也。"司马光集注:"闲者,隔碍不通之谓。"

④闭。扬雄《太玄·闲》:"闲其藏,固珍宝。"范望注:"闲,闭也。"

⑤纠正、治理。《大戴礼记·千乘》:"开明闭幽,内禄出灾,以顺天道。近者闲焉,远者稽焉。"

2. "閉"的动词义位

閉,《汉语大词典》列有十个动词义位:

①关门。《左传·成公十七年》:"閉门而索客。"

②闭合。刘向《九叹·思古》:"心婵媛而无告兮,口噤閉而不言。"

③关押、幽禁。《后汉书·窦宪传》:"后事发觉,太后怒,閉宪于内宫。"

④禁止。《左传·僖公十五年》:"晋饥,秦输之粟;秦饥,晋閉之籴。"

---

① 张人和先生说:"所谓'闲',当是指老妇人嘱咐红娘'你看佛殿上没人烧香呵,和小姐闲散心耍一回去来'一事。莺莺的唱词也有'花落水流红,闲愁万种,无语怨东风'。"见张人和:《〈西厢记〉论证(增订本)》,中华书局 2015 年版,第 71 页。按:"闲春院"的"闲"是动词,非"悠闲""闲愁"之"闲"。把"老妇人闲春院"的"闲"理解为悠闲,也与题旨不符。

⑤阻隔，壅塞。《易·坤》："天地閉，贤人隐。"孔颖达疏："谓二气不相交通，天地否閉。"

⑥遮蔽。《说岳全传》第七十八回："霎时间乌云閉日，黑雾迷天。"

⑦隐覆，埋没。《三国演义》第六十五回："吾闻越之西子，善毁者不能閉其美。"

⑧防守。《韩非子·外储说左上》："臣閉其外也已远矣，而守其内已固矣。"

⑨结束，停止。《素问·至真要大论》："腹胀溏泄，瘕水閉。"

⑩收藏，隐藏，埋藏。《庄子·缮性》："古之所谓隐士者，非伏其身而弗见也，非閉其言而不出也，非藏其知而不发也，时命大谬也。"

3. "開"的动词义位

開，《汉语大词典》列有33个动词义位：

①開启，打开。《诗·周颂·良耜》："以開百室，百室盈止，妇子宁止。"

②张開。《庄子·秋水》："今吾无所開吾喙，敢问其方。"

③展開。陆机《猛虎行》："人生诚未易，曷云開此衿？"

④展示，展现。左思《魏都赋》："《河》《洛》開奥，符命用出。"

⑤花朵開放。沈约《早发定山》诗："野棠開未落，山樱发欲然。"

⑥宽解，舒畅。杜甫《秋尽》诗："不辞万里长为客，怀抱何时好一開。"

⑦開裂，分開。阮籍《大人先生传》："天地解兮六合開。"

⑧云雾消散。陶潜《咏贫士》："朝霞開宿雾，众鸟相与飞。"

⑨冰雪融化。鲍照《拟古》诗："河渭冰未開，关陇雪正深。"

⑩推衍。《管子·地员》："凡将起五音，凡首，先主一而三之，四開以合九九，以是生黄钟小素之首以成宫。"

⑪開辟、開拓。《水经注·原公水》："魏兴，更開疆宇，分割太原四县，以为邦邑。"

⑫開创。班固《东都赋》："分州土，立市朝，作舟舆，造器械，斯乃轩辕氏之所以開帝功也。"

⑬開始。嵇康《太师箴》："欲以物開，患以事成。"

⑭引起，导致。刘向《烈女传》："宗邑无主，则民不畏，边境无主，

则开寇心。"

⑮启发，开导。《礼记·学记》："故君子之教喻也，道而弗牵，强而弗抑，开而弗达。"

⑯设置，设立。班固《东都赋》："遂绥哀牢，开永昌。"

⑰开掘，开发，打通。《荀子·修身》："厌其源，开其渎，江河可竭乎。"

⑱陈述，表达。《史记·吕不韦列传》："不以繁华时树本，即色衰爱弛后，虽欲开一语，尚可得乎？"

⑲允许。《晋书·李重传》："谓九品既除，宜先开移徙，听相并就。"

⑳排列。李白《古风》："中贵多黄金，连云开甲宅。"

㉑开列，逐一写出。《后汉书·徐防传》："臣以为博士及甲乙策试，宜从其家章句，开五十难以试之。"

㉒赦免，开脱。《书·多方》："于民乃胥惟虐于民，至于百为，大不可开。"

㉓消除，解除。《北齐书·神武帝纪下》："请开酒禁，并赈恤宿卫武官。"

㉔免职，辞退，解雇。清陈康祺《燕下乡脞录》："本朝定制，凡以尚书协办大学士者，不开尚书缺。"

㉕刊刻。《水浒传》第三十八回："本身姓金，双名大坚，开得好石碑文，剔得好图书、玉石、印记。"

㉖开销，支付。巴金《兄与弟》："明天吃茶，我开茶钱。"

㉗水沸腾。赵树理《张来兴》："我看了看，两把铁壶都正在火炉上开得翻滚。"

㉘开动，发动。韩愈《桃源图》诗："船开棹进一回顾，万里苍苍烟水暮。"

㉙队伍开拔。杨朔《征尘》："这又是往北开的，都是八路军。"

㉚举行，举办。明沈受先《三元记·博施》："如今冯员外大开赈济，我和你同去他家走一遭看如何？"

㉛建造。《徐霞客游记》："纯阳阁之上，则开轩三槛。"

㉜方言。吃掉。刘心武《银锭观山》："做出来再说，没准我们哥们儿先自己'开'了它。"

㉝去除，分开，离开。苏轼《花影》诗："重重叠叠上瑶台，几度呼童扫不开。"

（三）关于老夫人

要弄清"老夫人 X 春院"的"X"究竟是何字，我们必须弄清老夫人是个什么样的人，她在普救寺寄居期间究竟做了什么。且看《西厢记》的描述：

(3) 第一本第二折：［净扮洁上］夫人处事温俭，治家有方，是是非非，人莫敢犯。

(4) ［洁云］老夫人治家严肃，内外并无一个男子出入。

(5) ［红怒云］俺夫人治家严肃，有冰霜之操。内无应门五尺之童，年至十二三者，非呼召不敢辄入中堂。向日莺莺潜出闺房，夫人窥之，召立莺莺于庭下，责之曰："汝为女子，告而出闺门，倘遇游客小僧私视，岂不自耻？"莺莺谢而言曰："今当改过从新，毋敢再犯。"是她亲女，尚然如此，可况以下侍妾乎？先生习先王之道，尊周公之礼，不干己身，何故用心？早是妾身，可以容恕，若夫人知其事，决无干休。今后得问的问，不得问的休胡说。

(6) ［哨遍］听说罢心怀悒悒，把一天愁都撮在眉尖上，说："夫人节操凛冰霜，不召乎，谁敢辄入中堂？"

(7) ［五煞］小姐年纪小，性气刚。张郎倘得相亲傍，乍相逢厌见何郎粉，看邂逅偷得韩寿香。才到得风流况，成就了会温存的娇婿，怕甚么能拘束的亲娘。

(8) ［耍孩儿］本待要安排心事传幽客，我则怕漏泄春光与乃堂。夫人怕女孩儿春心荡，怪黄莺儿作对，怨粉蝶儿成双。

(9) 第二本第一折：［旦云］俺娘也好没意思，这些时直恁般提防着人。小梅香伏侍得勤，老夫人拘束得紧。

可见，老妇人是一位恪守封建礼节、严男女之大防的传统女性形象。需要指出的是，老妇人代表的是当时社会的主流价值观念，在当时社会是得到认可和推崇的。朱娟指出："这些老夫人（按：指元杂剧中的崔母一类的母亲）俨然是封建伦理道德规范的代言人，她们严格遵守着男权社会对于女性的要求，做事谨慎小心，并且把这种思想以强势的姿态强制性地灌输给自己的女儿。"① 马兰指出："她们（按：指元杂剧中的崔母一类的母亲）按照儒家伦理规范赋予她们的职责

---

① 朱娟：《元杂剧中的母亲形象研究》，安徽大学研究生硕士论文，2014 年，第 19 页。

立身行事，是当时的正统文化所推崇的母亲。"① 这些论述无疑是正确的。

三、X 究竟是何字？

"開"的动词义位虽多，但除①（打开）、⑯（设置）、㉛（建造）、㉝（离開）外，其他动词义位均不能与宾语"春院"搭配，可以排除。春院既非老夫人设置，亦非老夫人建造，因而⑯、㉛与事实明显不符，亦可以排除。老夫人思想比较保守，恪守封建礼教，严男女之大防，"治家严肃，内外并无一个男子出入""内无应门五尺之童，年至十二三者，非呼召不敢辄入中堂"，因此说老夫人打开春院，任人出入，显然也有违逻辑。张人和先生认为当以"开"为是，考虑欠周，第一个义位也可以排除。② "离開"义位不能单独带宾语，必须与行为动词组成动补结构才能带宾语，因此这个义位也可以排除。这样说来"老夫人 X 春院"的 X 显然不是"開"。

"閉"共有十个动词义位，其中③（关押，幽禁）、④（禁止）、⑨（结束，停止）、⑩（收藏、隐藏、埋藏）四个义位不能与宾语"春院"搭配，可以排除。⑤（阻隔、壅塞）、⑥（遮蔽）、⑦（隐覆、埋没）、⑧（防守）四个义位明显与文本事实不符，亦可排除。老夫人只是严男女之大防，男子"年至十二三者，非呼召不敢辄入中堂"，女子"告而出闺门"，并没有关闭春院大门，严禁出入。小姐、红娘散心、烧香、做法事都曾出入春院：

(10) 第一本楔子：［夫人云］你看佛殿上没人烧香呵，和小姐散心耍一回去来。

(11) 第一本第二折：［夫人上白］前日长老将前去与老相公做好事，不见来回话。道与红娘，传着我的言语去问长老：几时好与老相公做好事，

---

① 马兰：《论元杂剧中的母亲形象的类型化》，载《合肥学院学报（社会科学版）》，2014年第6期，第44页。

② 张人和先生说："但从曲意来看，当以'开'字为是。老妇人让莺莺去佛殿玩耍是全剧的发端，由于老妇人'開春院'才有崔张的佛殿相逢，如果是'閉春院'，就没有可能发生崔张的爱情故事了。"按：此说貌似能讲得通，实则不然。老夫人只是趁无人之际让莺莺去佛殿散散心，并非打开"春院"。更为重要的是，剧中老夫人的形象是恪守封建礼教、严男女之大防的传统家长形象，如是"開春院"，则让人产生老妇人放纵儿女私情的联想，与老夫人的形象严重抵触，显然有背王实甫原意。见张人和：《〈西厢记〉论证（增订本）》，中华书局2015年版，第75页。

就着他办下东西的当了,来回我话者。

(12) 第一本第三折:[旦笑云] 天色晚也,安排香案,咱在花园内烧香去来。

(13) [旦引红娘上云] 开了角门,将香案出来者。

(14) [金蕉叶] 猛听得角门儿呀的一声,风过处衣香细生。踮着脚尖儿仔细定睛,比我那初见时庞儿越整。

(15) 第一本第四折 [夫人引旦上云] 长老请拈香,小姐,咱走一遭。

老夫人看到佛殿上没人烧香,主动提出要红娘陪小姐到佛殿上散心耍一会,可见在不与年轻男子发生接触的情况下,老夫人并不禁止莺莺和红娘外出,因此"閉"的第一个义位(关门)、第二个义位(闭合)也与文本的事实不符。"老夫人 X 春院"的 X 不是"閉"。

在排除了"開""閉"以后,X 只剩下了一个选择项,那就是"閑",王季思、吴晓铃等先生早年均校订为"閑",确实体现出了学术功力。"閑"共有五个动词义位,②(捍卫、保卫)、③(阻隔)、④(闭)、⑤(纠正、治理)四个义位明显与文中事实不符,可以排除。因此"老夫人 X 春院"的 X 是"閑",意思只能是防止、限制。这个义位,后世多用双音词"防閑",《后汉书·烈女传》:"家人每防閑之,经百许日后稍懈,雄因乘小船,于父堕处恸哭,遂自投水死。"尤多用于防备、禁阻男女之间的私相接触。兹略举数例:

(16) 齐人恶鲁桓公微弱,不能防閑文姜,使至淫乱,为二国患焉。(《诗·齐风·敝笱序》)

(17) 夫人郑氏,乃隋骠骑将军、刺史璋之孙也,贞专淑顺,圣善母仪,肃穆闺闱,防閑内则。(《唐朝散大夫苗君墓志铭》,《唐代墓志汇编续集》)

(18) 又是年余,其夫觉得有些风声,防閑严切,不能往来,狄氏思想不过,成病而死。(明小说《初刻拍案惊奇》)

(19) 平常时节,对于姬妾媵侍,不加防閑,听其任意出入外斋,与宾客生徒,杂处其间,谑浪调笑,无所不至。(民国小说《宋代宫闱史》)

《西厢记》文本中说老妇人"治家严肃,内外并无一个男子出入""内无应门五尺之童,年至十二三者,非呼召不敢辄入中堂",老妇人责备莺莺"汝为女子,告而出闺门,倘遇游客、小僧私视,岂不自耻",莺莺埋怨老妇人"俺娘也好没意思,这些时直恁般提防着人。小梅香伏侍得勤,老妇人拘束得紧",清楚无误地揭示出了老妇人对莺莺与异性私相接触的防闲。另外,"闲春院"一语双关,体现了王实甫语言才能与艺术功力,"闲"明与"春院"搭配,防闲的是莺莺与异性的私相接触,暗与"春"呼应,防闲的是莺莺的少女春心。

四、结语

元刊本《西厢记》残叶虽然是目前见到的《西厢记》最早的版本,但它不等于原本,也不等于最早的版本,残叶原题"新编校正",就说明了这一点,因此不能据此作为勘定版本异文的绝对标准。曾有学者指出:"闲"因漫漶缺笔而讹为"闭"比之"闭"因增加笔画而讹为"闲",其概率要大得多①,无疑是很有见地的。勘定版本异文,一定要从文本实际出发,从文本的人物形象、大小语境等方面作综合考量。大语境指的是上下文之间的逻辑关系,小语境指的是词义、语法。验之人物形象、验之词义、验之语法、验之上下文,均无窒碍,异文勘定的准确性才能得到保证。

参考文献

[1] [元] 王实甫著,王季思校注:《西厢记》,上海古籍出版社1978年版。

[2] [元] 王实甫著,吴晓铃校注:《西厢记》,作家出版社1954年版。

[3] 蒋星煜:《西厢记的文献学研究》,上海古籍出版社1997年版。

[4] 吴晓铃:《春院欣闻闭不闲》,载《光明日报》,1983年9月27日。

[5] [元] 王实甫著,王季思校注,张人和集评:《集评校注西厢记》,上海古籍出版社1987年版。

[6] [元] 王实甫著,张燕瑾校注:《西厢记》,人民文学出版社1995年版。

[7] 张人和:《〈西厢记〉论证(增订本)》,中华书局2015年版。

[8] 朱娟:《元杂剧中的母亲形象研究》,安徽大学研究生硕士论文,2014年。

[9] 马兰:《论元杂剧中的母亲形象的类型化》,载《合肥学院学报(社会科学版)》,2014年第6期。

---

① 杨焄:《〈西厢记〉中一个字,争论几百年》,https://www.thepaper.cn/newsDetail_forward_1582091(访问时间:2016年12月21日)。

"扬名立万"解

"扬名立万",现当代最有影响的大中型辞书如《汉语大词典》《辞源》《现代汉语词典》等均未收录。但近年来,随着武侠小说的流行与普及,该词逐渐成为一个热词,在百度搜索中,可以得到 225 万条查询结果,其使用数量超过了"闻名遐迩""扬名四海"等近义词。由于缺少权威辞书的解释,人们对该词的意义也就有了各种不同的见解,尤其是其中的"立万",更是言人人殊,莫衷一是。"万"为何物,"万"为什么可以"立","立万"与"扬名"是什么关系,这些问题都没有得到清晰的解释。

陈林森(2006)的《新成语小辞典》收入了该词,解释如下:

> 扬名立万来自新武侠小说及据此改编的电视剧。"立万"理据和典源。据专家推测"立万"疑为"立身"之误,因"身"之俗字及草书易误认为"万",习非成是而得以流传(参见《咬文嚼字》2004/2)。意为在某一领域(如武林)传播名声,树立自己的形象(如品节、行为、才力等)。

这种认为"立万"是"立身"之误的说法显然值得商榷。其一,如果"扬名立万"是"扬名立身"的误书,那么"扬名立身"一定是一个流行较广的成语,但事实上成语中只有"立身扬名",而没有"扬名立身"。表面上,"立身扬名"与"扬名立身"只是前后顺序的不同,似可互易。实际上,"立身扬名"与"扬名立身"体现的是不同的价值观念,"立身"与"扬名"的顺序互易不得。"立身扬名"源于《孝经·开宗明义》:"立身行道,扬名于后世,以显父母,孝之终也。"最早见于三国魏人应璩的《与从弟君苗君胄书》:"潜精坟籍,立身扬名。"所谓"立身"就是精研儒家典籍,并以之作为自己行为的标准,从而以优良的品德自立于世。"立身"是扬名的基础,"扬名"不过是立身的副产品。"立身"与"扬名"是因果关系,并非并列关系,因而顺序不能颠倒。如果换成"扬名立身",就变成了靠炒作名声自立于世,与"立身扬名"何啻天壤之别？其二，"立身扬名"是儒家的价值观念，要求敦品砺行，建立功业，多见于主流话语系统。如明瞿祐《剪灯新话·爱卿传》："丈夫壮而立身扬名，以显父母。"《红楼梦》第一一五回："况且人家这话是正理，做了一个男人，原该要立身扬名的，谁像你一味的柔情私意？""扬名立万"是江湖价值观念，要求在本行当中传播名声，建立地位，属于非主流的话语系统。如金庸《白马啸西风》五："以你今日的本事，江湖上已可算得是一流好手。若是回到中原，只要一出手，立时便可扬名立万。"朱秀海《乔家大院》第八章："我要是连你这一号人也制服不了，还能在这晋中一带扬名立万吗？"其三，"扬名立万"流行于江湖，江湖人士多没有文化，他们使用该词，源于口耳相传，而不是源于文献阅读，口耳相传，是很难把"身"误读为"万"的。再说，即使以文字而论，"身"字俗字、草书虽然与"万"相近，但区别还是很明显，把"身"误认为"万"的可能性不大。

王铭三（2006）在《谈北京话里常被误用的五个词》中也谈到"扬名立万"来源问题。王先生认为，"万"是"腕"之误，而"腕"又来自"蔓"。王先生分析说，在梨园行中，只有角儿才有票房号召力，其他演员都依靠角儿生存，称为"傍角儿"。由于过去唱戏是个卑贱的行业，演员大都出身贫苦家庭，文化水平低，所以起初得依靠"蔓"爬到架上去，叫"傍蔓儿"。假如他（她）以后能够自立了，那就是"立蔓了"，在这个基础上产生了"扬名立腕（蔓）"这样的成语，再由于简化的缘故，"扬名立腕"又写作"扬名立万"。"扬名"是在社会上的名气大，"立万"则是在行业内有威望，用现在的话说是事业有成，所以对成功的名角也称"万"，但是这里的"万"是经过儿化的。大约经过一段时间的演化，在江湖上形成了一个切口——万儿，表示名号、绰号的意思。①

这个说法，看似有些道理，其实也不确切。因为"蔓"（万）在江湖语言中主要表示姓氏，名号之类只能看作其衍生品。江湖语言中，报报蔓，是指报上姓氏；什么蔓，是问姓什么；甩蔓，是指互通姓氏。更有说服力的是，江湖上姓什么，即称什么蔓，并且用的都是隐语。例如：

    1. 姓氏用拆字法表示：双口蔓——吕姓　古月蔓——胡姓　千里草蔓——董姓

    2. 姓氏用谐音法表示：灯笼蔓——赵姓（照谐音赵）　千斤子蔓——

---

① 王铭三：《谈北京话里常被误用的五个词》，http：//culture.163.com/06/1027/10/2UEFEEK500282107Q.html（访问时间：2006年10月27日）。

陈姓（沉谐音陈）

  3. 姓氏用注解法表示：平头蔓——齐姓　天下响蔓——雷姓　围子蔓——罗姓

  4. 姓氏用形象法表示：虎头万——王姓　雪花蔓——白姓　花纸蔓——钱姓

  5. 姓氏用相关法表示：心头愿蔓——许姓　圣贤蔓——孔姓　庚辛蔓——金姓

  6. 姓氏用歇后法表示：龙子龙蔓——孙姓　狠心蔓——郎姓　步步登蔓——高姓

  7. 姓氏综合运用歇后法、谐音法表示：一脚门蔓——李姓（里谐音李）　二龙戏蔓——朱姓（珠谐音朱）　五经四蔓——舒姓（书谐音舒）

  8. 姓氏综合运用相关法、谐音法表示：补丁蔓——冯姓（缝谐音冯）　梯子蔓——尚姓（上谐音尚）　喇叭蔓——崔姓（催谐音崔）

  9. 姓氏综合运用注解法、谐音法表示：蚕吐蔓——施姓（丝谐音施）　地下湿蔓——曹姓（潮谐音曹）　烧干锅蔓——胡姓（糊谐音胡）

  10. 综合运用形象法、谐音法表示：尖子蔓——丁姓（钉谐音丁）　横水蔓——乔姓（桥谐音乔）　海沙子蔓——阎姓（盐谐音阎）

  江湖上为什么用"蔓"来隐喻姓氏呢，这里无疑遵循的是功能相似原则。一个家族使用同一个姓氏，所有的家族成员可用姓氏来统系，正像一根蔓儿结出不同的瓜，所有的瓜都可以用蔓儿统系一样。

  蔓、万音同，江湖中用作姓氏的"蔓"也写作"万"，"扬名立蔓"也就被写成了"扬名立万"。"扬名立万"就是"扬名立姓"，意思是在业界树立形象，传扬名声，光宗耀祖。"名"与"姓"相配合，无疑是十分允当的。

参考文献

[1] [清] 曹雪芹：《红楼梦》，人民文学出版社2008年版。

[2] 陈林森：《新成语小辞典》，中国文史出版社2006年版。

[3] 金庸：《白马啸西风》，海南出版社1993年版。

[4] [元] 瞿祐：《剪灯新话》，上海古籍出版社1996年版。

[5] 朱秀海：《乔家大院》，上海辞书出版社2005年版。

（原文刊于《辞书研究》2016年第4期）

也谈"耳提面命"

20世纪80年代初期,关于"耳提面命"一词的意义,在《中国语文》曾引发热烈的讨论。"耳提面命"是一个常见的成语,它的使用义(也是常用义)是:形容长辈对晚辈、上级对下级热心而恳切的教导。这一点大家没有什么疑议。引起意见纷纭的是,它的本义是什么?具体来说,"耳提"究竟是什么意思?从古至今,对"耳提"的理解主要有两种意见。一种意见认为,"耳提"就是提着(某人的)耳朵(对某人说)。对于"匪手携之,言示之事;匪面命之,言提其耳"一句,郑笺曰:"我非但以手携掔之,亲示以其事之是非。我非但对面语之,亲提撕其耳。"孔疏曰:"我非但以手携掔之,我乃亲示以其事之是非,庶其睹之而悟也;我非但对面命语之,我又亲提撕其耳,庶其志而不忘。"现代的各种词典对"耳提面命"的训释多沿袭其说。《现代汉语词典(第5版)》(2005:351):"意思是不但当面告诉他,而且揪着他的耳朵叮嘱。"《新华语典》(2014:254):"提着他的耳朵当面教导他。"《新华汉语词典》(2014:260):"拉着耳朵,面对面地教导。"《新现代汉语双语词典》(2004:213):"不但是当面告诉他,而且是提着他的耳朵对他讲。"《新世纪现代汉语词典》(2001:323):"不但当面叮嘱,而且揪着耳朵讲。"《古今汉语实用词典》(1988:1086):"意思是不仅当面指示,而且提着他的耳朵叮嘱。"《中华现代汉语词典》(2011:329):"不但当面告诉他,而且提着耳朵叮咛。"《商务国际现代汉语大词典》(2015:364):"不但当面告诉对方,而且提着他的耳朵叮嘱。"《语文大辞海》(1997:179):"提着耳朵,当面教导。"各种在线词典亦是沿袭如故。《在线成语词典》《在线汉语辞海》均释为:"不仅是当面告诉他,而且是提着他的耳朵向他讲。"另一种意见认为,"耳提就是附在(某人的)耳边(对某人说)"。谢政伟(2008)引明代焦竑《焦氏笔乘》曰:"《诗》'匪面命之,言提其耳',提音抵,言附耳以教之也。《礼记·少仪》:'牛羊之肺,离而不提心。'《史记》:'薄后以冒絮提文帝。'《汉书》:'景帝以博局提杀太子。'扬雄《酒箴》:'身提黄泉',皆作抵音。若作平声,当作揪扯之意,不如前说为近雅也。"又引清代钱澄之《田间诗学》云："言提其耳，附耳以叮咛之也。……携手提耳，皆长者教诰小子之常。"许庄叔（1984）云："'提'可训为'睼'，《说文》目部：'睼，迎视也，从目，是声。'睼引申有逢逆、迫近之义，'近，附也'，'附耳'要这样训释才恰切。"《现代汉语词典（第7版）》采纳了这个意见，"耳提面命"词条释曰："不但当面告诉他，而且还贴近耳朵提醒和叮嘱。"

"耳提"之"提"训为提撕、揪扯，孤立地看没有什么问题，耳朵当然可以提撕、揪扯，小孩不听话，也可以揪着他的耳朵告诫，但进入具体的语境当中问题就来了。"匪手携之，言示之事；匪面命之，言提其耳"，出自《诗·大雅·抑》，该诗一般认为是卫武公写给周平王的谏诗。卫武公虽然比周平王年长，是周平王的长辈，但二人毕竟有君臣之分，岂有人臣提撕、揪扯君王的耳朵之理？当然，卫武公如果是个胆大妄为的权臣，这种极端的事情也不是绝无可能发生，但从历史事实来看，卫武公显然不是这样的权臣，周平王也没有弱势到可以由臣子揪着耳朵凌辱的地步。吕长仲（1984）认为："现实生活中确实不会有'揪着耳朵'和人讲话的事，但确实有'揪着耳朵和你讲'这样的话，在胶东半岛的口语中，就常常这样说。特别是家长教训闯祸的孩子，或长者教训多次不听话的晚辈，往往说：'掐着耳朵嘱咐你，就是不听！'其中的'掐'就是'揪、拽、提'之意，'掐着耳朵'就是'揪着耳朵'，它的含义是：反复地教导，多次的告诫，是'形容恳切地教导'，（《现代汉语词典》）而不是真正动手去揪耳朵。这是一种修辞方法。"吕文的说法看上去有些道理，但经不起推敲。首先，卫武公进谏的对象是周平王，"提耳"如果是"揪着耳朵"的意思，即使是修辞方法，仍然是"大不敬"的，平王虽然较卫武公年轻，但毕竟是君王，身份比卫武公尊贵，卫武公是不可以用这样的修辞的，况且是不是修辞方法，也难以分辨。其次，使用这种修辞方法的时候，"揪着耳朵和你讲"只是前件，是一个前提，必须有"你也不听"之类表结果的后件与之配合、呼应。就像吕文所举的例子："掐着耳朵嘱咐你，就是不听。""掐着耳朵嘱咐你"是不能单说的，必须有"就是不听"与之呼应。"匪面命之，言提其耳"，"提耳"之后并没有表示结果的词语与之呼应，因而"提耳"是修辞方法说不能成立。

焦竑等人把"提耳"训释为"附耳以教之"，看上去要合理得多，但其提出的证据同样经不起推敲。《礼记·少仪》"牛羊之肺，离而不提心"，意思是牛羊的肺，切割时不能切断，要留着中央的一点相连。"提"的意思是切断，其后起本字是"劙"。《玉篇》："劙，剠也。"《广韵》："劙，剠劙，以刀割物。"

《集韵》:"刲,刿也。"《玉篇》:"刿,小裂也。"这里的"提"不通"抵",与附着义无关。《史记》"薄后以冒絮提文帝",意为"薄太后抓起头巾掷向文帝";《汉书》"皇太子引博局提吴太子",意为"皇太子抄起博局掷向吴太子";扬雄《酒箴》:"身提黄泉",意思是"身体被抛掷到黄泉"。以上三处"提",均作"抛掷"义,不通"抵",也与附着义无关。王克仲(1983)认为:"考察这些例句可以发现,'某物作用于另一物'或者'把某物投向另一物',是这些例字的基本含义,根据'抵''提'诸字的这一基本含义,可以把《诗·抑》的'提其耳'理解为使道理'作用于对方的听觉器官'或者'投向于对方的听觉器官'。把道理传递给对方,也就是给对方讲清道理。从这个意义出发,把'提耳'解释为'教诲''开导'之类的意思就显得自然些。……'面命'是当面训诫,此可揭示长者教诲之严厉;'提耳'是用'道理'打动心灵,此可窥见长者教诲之恳挚。"许庄叔(1984)反驳说:"从词义引申来说,'抵''提''击'都作用于对方''投向于对方',这是不错的,但以什么去'作用'和拿什么'投向',必须有其他的词才能表现得出来,因而王文的'把道理传递给对方',把'提耳'解释为'教诲''开导'之类的意思,不知从何得出来。'传递给对方'的,也可以是'恶声','投''击'的更是什么都可以。从成语的固定性说,出处的代替性说,都是不能任意把'提耳'单独提出了解释的,所以'面命是当面训诫,此可揭示长者教诲之严厉;提耳是用道理打动心灵,此可窥见长者教诲之恳挚'是割裂成说,勿当原意。"许氏之驳斥十分中肯,有力。但许氏(1984)训"提"为"睼",同样经不起推敲。"睼"有迎视义,但并没有引申出迫近义,更没有引申出附着义。训"提"为"睼",再辗转训"睼"为"附",完全是凭空臆造,没有任何证据支撑。

要想得出"耳提面命"的确诂,还是要细读文本,回到现场。论年龄,卫武公是长者,周平王是年轻人;论尊卑,卫武公是大臣,周平王是君王;论从政经验,卫武公很丰富,周平王很欠缺。这就是文本中的作者和他要进谏的对象的基本关系。孔颖达将"匪手携之,言示之事"训为"我非但以手携掣之,我乃亲示以其事之是非,庶其睹之而悟也",是契合这种关系的,也就是俗话说的"引上道,送一程"。"手携之"是"引上道","示之事"是"送一程"。"面之命"与"提其耳"的关系也应是如此。王克仲(1983)指出:"'命'和'提'是递进关系,长者不唯训示其当然,而且还要晓诸其所以然。"这个理解是正确的。无论把"提"训为"提撕",还是"附着","提耳"都只是"面命"的方式,都不能体现出"面命"和"提耳"的递进关系。对于国君来讲,对于政事的处理,无非两个方面,一是对具体事务的决断,一是对所听到的言论的判断。"匪手携之，言示之事"，是卫武公教平王如何处理具体政务。"匪面命之，言提其耳"则是卫武公教平王如何甄别言论，对之做出正确的判断。顺着这个思路，我们不难发现，"提"应是"諟"的借字。《说文》："諟，理也。"段注："理犹今人言是正也。"《广雅》："諟，是也。"《玉篇》："諟，审也，谛也。"《广韵》："諟，正也。"《书·太甲》："先王顾諟天之明命。"传："諟，是也。"《陈书·姚察传》："研覈古今，諟正文字。"注："諟即是也。""諟"意为校正、订正。諟，禅母支部，提，定母支部，音近可通。"耳"在此处意为听闻。"耳闻"即听闻，"耳软"即听信别人的话，"耳顺"即听了别人的话能辨察其微妙用意。"提耳"意为订正听闻。"匪顾之命，言提其耳"意为不仅当面教导他，还要帮他订正听闻之是非。"面命之"与"提其耳"构成递进关系，同样是"引上道，送一程"，足见老臣良苦之用心。这样一来，"匪手携之，言示之事"与"匪面命之，言提其耳"无论从结构和意义上都构成了严格的对仗关系，否则的话，把"耳"理解为"耳朵"，与前边的"事"就对应不上。

参考文献

［1］龚学胜主编：《商务国际现代汉语大词典》，商务印书馆国际有限公司2015年版。

［2］吕长仲：《"耳提面命"常解》，载《中国语文》，1984年第6期。

［3］说词解字辞书研究中心编著：《中华现代汉语词典》，华语教学出版社2011年版。

［4］王克仲：《"耳提面命"常解商兑》，载《中国语文》，1983年第3期。

［5］王同亿：《新世纪现代汉语词典》，京华出版社2001年版。

［6］温端正主编：《新华语典》，商务印书馆2014年版。

［7］吴昌恒、陆卓元、韩敬体、吕天琛、陆尊梧、李志江、李玉英编：《古今汉语实用词典》，四川人民出版社1988年版。

［8］谢政伟：《"耳提面命"释疑》，载《辞书研究》，2008年第5期。

［9］《新华汉语词典》编委会：《新华汉语词典》，商务印书馆国际有限公司2014年版。

［10］《新现代汉语双语词典》编写组：《新现代汉语双语词典》，延边大学出版社2004年版。

［11］许庄叔：《〈"耳提面命"常解商兑〉质疑一》，载《中国语文》，1984年第2期。

［12］赵振钧主编：《语文大辞海》，辽宁大学出版社1997年版。

［13］中国社会科学院语言研究所词典编辑室编：《现代汉语词典（第5版）》，商务印书馆2005年版。

［14］中国社会科学院语言研究所词典编辑室编：《现代汉语词典（第7版）》，商务印书馆2017年版。

第三编 03
语法研究

者：从语用成分到构词成分

——兼评吴怀成、沈家煊"者"表"提顿复指"说

一、引言

朱德熙（1983）提出："VP+者"中的"者"是名词化标记，其语义功能有转指和自指两种。转指的"者"是提取主语的，自指的"者"不提取句法成分。"NP+者"中的"者"是自指成分，不是名词化标记。袁毓林（1997）试图证明"NP+者"隐含了"曰、谓"一类动词，"者"提取"曰/谓NP"的主语，这样就可以说这种"者"的语义功能是转指，语法功能是名词化，进而将"VP+者"和"NP+者"中的"者"统一起来。但是，这种努力并不成功，孙洪伟（2015），吴怀成、沈家煊（2017）[以下简称吴、沈（2017）]均指出了其失误之处，证据充分，此不赘述。孙洪伟（2015）认为所谓自指标记的"者"其实是三类不同的"者"：1. 语气词，为表判断或解释的句子的话题标记，这种用法是由转指标记"者"语法化而来。"者"用在时间名词之后的功能是其扩展用法。"者"用于条件小句后的用法是由话题标记或转指标记语法化而来。2. 附着在"数+名"或部分"所"字结构后，表强调或确定指称。其来源尚不清楚。3. 在"有+NP+者"格式中，是转指标记的扩展用法。从孙洪伟对第一类、第三类"者"的解释来看，他倾向于自指的"者"源于转指。吴、沈（2017）承认"者"有自指和转指功能，但认为把自指的"者"定性为话题标记不妥，因为无"者"同样可以做话题，汉语的话题从古至今都没有强制性的标记。他们认为"者"的统一之道是转指归入自指，转指是自指的特例，并把自指的"者"定性为提顿复指词，即兼具提顿作用的复指词。对于"提顿复指词"，吴、沈（2017）做了如下的解释："所谓'提顿'，'提'就是说话的人提请对方注意这个指称语，也是给自己要说的话起个头，提挈下面的话，'顿'就

是说话的人稍作停顿延宕要对方准备好收听下面的话，也是给自己一点时间思考怎么接着往下说。复指和提顿都是说话的人为了加强对方对指称对象的注意，同时也提请对方注意接下去的话。"这个解释对于用在主语或话题后面的"者"似无问题，对于用在宾语、补语后面的"者"就发生了困难。例如：

(1) 君曰告夫三子者。(《论语·宪问》)
(2) 君不行仁政而富之，皆弃于孔子者也。(《孟子·离娄上》)①
(3) 南门之外有一黄犊食苗道左者。(《韩非子·内储说上》)②
(4) 于是使勇士某者往杀之。(《公羊·宣公六年》)

例 (1)、例 (2)、例 (3) 中的"者 s"（自指的"者"）均处于句尾，所谓"给自己要说的话起个头，提挈下面的话"就失去了着落；句尾是天然的客观的停顿位置，代表一句话所表达语义的终结，所谓"说话的人稍作停顿延宕要对方准备好收听下面的话，也是给自己一点时间思考怎么接着往下说"，也就失去了着落。正如朱德熙（1983）指出的那样："过去的语法著作大都把判断句里主语后头的'者 s'看成是跟句末的'也'字相配的语气词，并且认为'者 s'的作用在于表示提顿语气。现在我们知道语气词的说法难以成立。至于判断句里表现出来的提顿语气，应该说是'VP 者 s'所处的语法位置（主语）造成的，跟'者'字本身没有多少关系。因为只要把'VP 者 s'放在别的语法位置上去，这种提顿语气就完全消失了。"例 (4) 中的"某"是一个表示所指对象不确定的代词，而复指的对象总是确定的，用"者"来复指"某"，很难说通。笔者注意到，吴、沈（2017）主张"突破单一的主谓结构，着眼于语篇的组织方式"来考察"者"的功能，换句话说，在吴、沈二先生看来，上述句子中的"者"在句子当中不表示提顿，放在语篇当中可能是表示提顿的。为此，笔者尽可能地顾及上下文，摘录上述例 (1) —例 (3) 所在篇章的原文如下：

---

① 此例杨永龙先生认为"可能不典型，可分析为判断句：皆 NP。NP = VP 者。意思是都是孔子弃的。"本人认为，这是个用"于"引进施事的被动句，"皆弃于孔子"看作 VP 更适当些，"者"是自指。
② 杨永龙先生认为"可能也不典型，也有看作后置定语的。如此，'者'是转指。"从上下文来看（见例7），韩昭侯问使者看到了什么违法行为，使者只能顺着韩昭侯的意思回答看到了"南门之外有黄犊食苗道左"这件事，而不是回答看到了"食苗道左之黄犊"这个物，因而看作"后置定语"不够妥当，这里的"者"应该是自指。

(5) 陈成子弑简公。孔子沐浴而朝，告于哀公曰："陈恒弑其君，请讨之。"公曰："告夫三子。"孔子曰："以吾从大夫之后，不敢不告也。君曰'告夫三子'者。"之三子告，不可，孔子曰："以吾从大夫之后，不敢不告也。"（论语·宪问）

(6) 求也为季氏宰，无能改于其德，而赋粟倍他日。孔子曰："求，非我徒也！小子鸣鼓而攻之可也。"由此观之，君不行仁政而富之，皆弃于孔子者也。况于为之强战！争地以战，杀人盈野；争城以战，杀人盈城；此所谓率土地而食人肉，罪不容于死。故善战者服上刑，连诸侯者次之，辟草莱任土地者次之。（孟子·离娄上）

(7) 韩昭侯使骑于县，使者报，昭侯问曰："何见也？"对曰："无所见也。"昭侯曰："虽然，何见？"曰："南门之外有黄犊食苗道左者。"昭侯谓使者："毋敢泄吾所问于汝。"乃下令曰："当苗时，禁牛马入田中，固有令，而吏不以为事，牛马甚多入人田中。亟举其数上之！不得，将重其罪。"于是三乡举而上之。昭侯曰："未尽也。"复往审之，乃得南门之外黄犊。吏以昭侯为明察，皆悚惧其所而不敢为非。（韩非子·内储说上）

从例（5）可以看出，"君曰告夫三子者"（按："夫"，吴、沈误引作"乎"，今正），是孔子对鲁哀公话语的重复，并无"提挈下面的话"或"让对方准备好收听下面的话"的作用。例（6）中"皆弃于孔子者也"是对上文"不行仁政而富之"的总结，下文提到的是另外一个话题——战争，因而这句话也没有对下文的提挈作用。例（7）中韩昭侯问使者沿途所见的一些违法行为，使者回答"无所见"。昭侯让他打开思路，回想一下沿途哪些现象引起了他的注意，他想了一下回答道："南门之外有黄犊食苗道左者"，意即南门之外发现有黄色牛犊在吃道路左边的田地里的禾苗。使者的回答到此为止，并无任何要"提挈下面的话"或"让对方准备好收听下面的话"的意图和作用。笔者还注意到，吴、沈（2017）解释说："'X者'出现在宾语问题上，按照'链式话题结构的分析'，它们也都是潜在的话题。当然也得承认，这个位置上'者'的'顿'的作用要大于'提'的作用。"但上述三例却清楚地表明，话题轮到"X者"宾语处戛然而止，此处的停顿完全是一种自然停顿，与"者"毫无关系。至于"X者"是不是潜在的话题，我们无从置喙，至少在文本上没有体现出来。

还有一个证据对"者s"表示复指说极为不利，那就是一些"者s"前面的名词可以受指示代词"此、夫"的修饰。除例（1）外，我们再举数例：

(8) 此二人者实弑寡君。(《左传·隐公四年》)

(9) 此三志者，晋之谓矣。(《左传·僖公二十八年》)

(10) 此二物者，所以惩肆而去贪也。(《左传·昭公三十一年》)

(11) 伯夷、叔齐，此二士者，皆出身弃生以立其意，轻重先定也。(《吕氏春秋·季冬纪·诚廉》)

"夫、此"已经对 NP 进行了定指，再用"者 s"复指就没有必要了。

二、"者 s"在"NP 者 s"中对 NP 起强调作用

孙洪伟（2015）认为，只有附着在"数＋名"或部分"所"字结构后的"者"，才表强调或确定指称，者 s 用在时间名词之后，是话题标记的扩展用法，用在"有＋NP＋者"格式中，是转指标记的扩展用法，未确。"者 s"附着在 NP 后，对 NP 只起强调作用。例如：

(12) 君者，舟也；庶人者，水也。(《荀子·王制》)

(13) 虎者戾虫，人者甘饵也。(《战国策·秦策二》)

(14) 北山愚公者，年且九十，面山而居。(《列子·汤问》)

(15) 陈胜者，阳城人也。(《史记·陈涉世家》)

君、庶人、虎、人、北山愚公、陈胜都是名词性成分，本身就是指称，因此对其指称的身份无须确定，其后的"者"只起强调作用。这些句子去掉"者"之后虽然仍能成立，但强调的功能减弱了。"数＋名""'所'字结构"、时间名词、"有＋NP"中的"NP"同样是名词性成分，其后的"者"也只起强调作用。例如：

(16) 三子者出，曾皙后。(《论语·先进》)

(17) 吕太公望封于齐，周公旦封于鲁，二君者甚相善也。(《吕氏春秋·长见》)

(18) 《诗》所谓"人之无良"者，其羊斟之谓乎？(《左传·宣公二年》)

(19) 客有教燕王为不死之道者，王使人学之，所使学者未及学而客

死。(《韩非子·外储说左上》)

(20) 有颜回者好学,不迁怒,不贰过。(《论语·雍也》)

(21) 楚越之间有寝之丘者,此其地不利,而名甚恶。(《吕氏春秋·异宝》)①

(22) 昔者吾友尝从事于斯矣。(《论语·泰伯》)

(23) 莫春者,春服既成。(《论语·先进》)

例(16)如只说"三子出",只是普通的叙述,"三子"后加一"者"字,强调意味顿出;例(17)的"者"强调"二君"(太公、周公)。例(18)的"者"强调"人之无良";例(19)的"者"强调"所使学"(燕王派出的使者);例(20)的"者"强调"颜回",例(21)的"者"强调"寝之丘"。例(22)的"者"强调"昔"(从前);例(23)的"者"强调"莫春"时节。蒲立本(2006:82)注意到了专有名词后的"者"字所起的强调作用:"除了名物化的功能以外,'者'还可以出现在居于突显位置上的名词之后,用作形成对比性强调的标记。'夫明堂者,王者之堂也。'The Hall of Light is a hall belonging to a King. 跟'也'一样,'者'常常用在专有名词之后,上例中的'明堂'就是专有名词。在下面的例句中,'者'也是用在专有名词之后,这个专有名词并没有处在自己所属从句的突显位置上,它实际上是后面从句的被突显的主语。'有颜回者好学。'There was Yan Hui, He loved loeaning."

三、"者s"在"VP者s(话题)"中对VP起明确和强调指称作用

龚波(2016):"语言为了实现交际的功能,除了对事物进行指称(表现为名词)之外,有时候也需要对事件或形状进行指称。当需要说明某个事件、性状的性质或论述断定这个事件、性状与其他的事件、性状之间的联系的时候,需要对事件进行指称。这是语言反映客观现实的一个必然要求。"因此,VP可以用作话题,成为指称语。"者s"如果附着在用作话题的VP后,则对VP起明确和强调指称的作用。例如:

---

① 例(15)—例(20)见孙洪伟:《上古汉语"者"的所谓自指标记功能再议》,载《中国语文》,2015年第2期,第133页。

(24) 君人者，将祸是务去。(《左传·隐公三年》)
(25) 夫固国者，在亲众而善邻，在因民而归之。(《国语·晋语二》)
(26) 以顺为正者，妾妇之道也。(《孟子·滕文公下》)

例（24）"君人"已经事件化了①，所谓事件化，指的是取消了动词性成分的时间性，使之成为无界成分，具体到本句来说，它不是指某一次对民众的具体统治行为，而是抽象为统治民众的一般行为，在语义功能上成为一种指称。"者"因为能够强调指称语，所以附着在其后，既能起到对指称的明确作用，又能起到强调的作用。例（25）"固国"也已经事件化了，不是指某一次巩固国家的具体行为，而是抽象为巩固国家的一般行为，在语义功能上也成为一种指称。"者"对此起到明确和强调的作用。同理，例（26）的"以顺为正"是妾妇应遵循的一般行为准则，而不是某次具体的行为，在语义功能上也成为一种指称，"者"对此加以明确和强调。姚振武（1994）指出，此类句子中，"有者s的可以把者s删去，没有的也可加上，意思不会有什么变化。原因就在于，做主语的VP本身就是指称性的，只能受'何'，不能受'如何'的指代。者s在这里实际上只起到加强指称语气的作用。"也就是说，句法位置决定了VP的指称化，"者"则使这一指称化得到明确和强调。《诗经》中的"AP者s NP"，如"蓼蓼者莪"（《诗·小雅·蓼蓼者莪》）、"皇皇者华"（《诗·小雅·皇皇者华》），同样可据此加以解释。"蓼蓼""皇皇"已经指称化，"者"字对此加以明确和强调。②

复句中以小句形式出现的"VP者s"，"者s"起到的也是明确和强调指称作用。例如：

---

① 朱德熙（1983）将之称为"事物化"，指出："撇开语法功能不论，专从语义的角度看，'VP者s'的作用就是把VP所表示的意义加以事物化。如果说VP是表示行为、动作、状态的，那么'VP者s'表示的就是事物化了的行为、动作、状态。"我们认为VP者s跟一般的名词性成分还是有所不同，称之为事件化更恰当一些。

② 一些句子中，代词、副词、拟声词后面有带"者s"的现象，是因为这些句子中的代词、副词、拟声词均可看作谓词性成分，如"何者？严大国之威以修敬也。"（《史记·廉颇蔺相如列传》）"何"意为"为什么"，独立做谓语。"不者，若属皆且为所虏。"（《史记·项羽本纪》）"不"后面有省略，意思是"不如此"，用作假设小句。"窾坎镗鞳者，魏献子之歌钟也。"（苏轼《石钟山记》）"窾坎镗鞳"，指发出"窾坎镗鞳"的声音，用作动词。

（27）片言可以折狱者，其由也与？（《论语·颜渊》）

（28）虽有槁暴不复挺者，揉使之然也。（《荀子·劝学》）

（29）入则无法家拂士，出则无敌国外患者，国恒亡。（《孟子·告子下》）

（30）战士怠于行阵者，则兵弱也；农夫惰于田者，则国贫也。（《韩非子·外储说左上》）

例（27）是按断复句，"片言可以折狱"是按语，"其由也与"是断语。按语叙述情况，断语做出评判。此句的按语显然不是一个具体的行为，而是抽象化的事件，是指称语，所以用"者"明确和强调。例（28）是一个让步复句，让步小句"槁暴不复挺"也是一个抽象化的事件，是指称语，故而用"者"明确和强调。例（29）、例（30）都是假设复句。"假设句是一种论断句。在论断中，由于需要说明事件之间的关系，往往需要先说出一个事件，然后说明此事件的性质、所能导致的结果以及发生此事件的原因等等，因而常常需要对事件进行指称。""'N 之 VP''其 VP''VP 者'作为指称性的谓词性结构，它们之所以能用于假设句前件表示假设，实际上是为了实现对假设前件的指称。"（龚波，2016）例（29）的虚拟条件小句"入则无法家拂士，出则无敌国外患"从逻辑关系上看，是"国恒亡"的条件，从话题与陈述的关系来看，是一个抽象化的事件，在语义功能上相当于一个指称语，"者"附着在其后，对此起到明确和强调的作用。例（30）的"战士怠于行阵""农夫惰于田"，均不是一次孤立的行为，而是抽象化的事件，是指称语，其后的"者"对此起到明确和强调的作用。① 下面，笔者对朱德熙（1983）提出的下列句子做些分析：

（31）所不与舅氏同心者，有如白水。（《左传·僖公二十四年》）

（32）若背其言，所不归尔孥者，有如河。（《左传·文公十三年》）

（33）所不杀子者，有如陈宗。（《左传·哀公十四年》）

（34）余所有济汉而南者，有若大川。（《左传·定公三年》）

（35）余所否者，天厌之！天厌之。（《论语·雍也》）

---

① 江蓝生（2004）指出，现代汉语中常用的假设语助词"的话"即来源于金元时期具有泛化指代意义的"的话"。自指性的"VP 的话"可以作为前件表示假设。龚波（2016）指出，英语可以用动词不定式、动词的 - ed 分词或 - ing 分词等动词的非限定形式作假设句前件，梵语可以用动词的绝对分词形式和过去被动分词形式作假设句前件。

朱先生把这些句子都看作假设复句，未尝不可，假设小句都是需要说明的事件，"者"附着在其后对其起到明确和强调指称的作用。但这些句子同样可看作按断复句，后面的小句是"决辞"，表示的是一种断言，跟按段复句的断语无二；前面的小句只不过是虚拟的事实而已，相当于按断复句的按语。按语为消除了时间性的抽象化事件，功能上相当于指称语，附着在其后的"者"起到的也是明确和强调指称语的作用。

述谓是 VP 的原型用法，只是出现在主宾语位置上才表示指称。当"VP 者 s"回到谓语位置上后，"者 s"仅对 VP 起强调作用，其指称作用丧失。① 例如：

（36）孔子于乡党，恂恂如也，似不能言者。（《论语·乡党》）

（37）晋荀吴假会秦师者，假道于鲜虞，遂入昔阳。（《左传·昭公十二年》）

（38）阳虎伪不见冉猛者，曰：猛在此，必败。（《左传·定公八年》）

（39）晋赵鞅纳卫大子于戚……使大子絻，八人衰绖，伪自卫逆者。（《左传·哀公二年》）

（40）不识舜不知象之将杀已与？曰：奚而不知也。象忧亦忧，象喜亦喜。曰：然则舜伪喜者与？（《孟子·万章上》）

（41）候十数日间，州司有处分，方可东西者。（《入唐求法巡礼行记》卷二）（此例引自董秀芳，2002）

四、"VP 者 t"源于对"VP 者 s"的重新分析

吴、沈（2017）指出："谓词性成分无须形式标记就可以转指与动作相关的人或事物，这是很普遍的现象。"吴、沈指出"执事""执政""司民""御"这些职务名称源自谓词性成分。其实，用谓词性成分作职官、职务名称，无论古今，都是一种十分普遍的现象。古代的职官、职务名称，如相、宰、傅、保、令、尹、司马、司徒、司空、司寇、司狱、司乐、司匠、知府、知州、知县、知事、总督、巡抚、将军、都督、提督、统领、游击、指挥、侍读、侍讲、编

---

① "AP 者 s"处在谓语位置上，"者 s"同样只对 AP 起强调作用。如《论语·宪问》："丘何为是栖栖者与？""者"强调"栖栖"。

撰、编修、主簿、教授、拾遗、训导等，现代的职官、职务名称，如书记、总理、司令、参谋、总监、经理、编辑、编审、编导、策划、导演、指导等，都源自谓词性成分。这说明，由谓词性成分来转指从事某种活动的人，在人们心理上十分自然，不存在什么障碍。吴、沈（2017）还提供了下列例句：

（42）杀一无罪，非仁也。（《孟子·尽心上》）（转指无罪者）

（43）春省耕而补不足，秋省敛而助不给。（《孟子·告子下》）（转指耕力不足者和歉收者）（吴、沈的引文漏掉了"秋省"两字，据原文补）

（44）一箪食，一瓢饮，在陋巷，人不堪其忧，回也不改其乐。（《论语·雍也》）（转指所饮）

（45）问知而听能。（《韩非子·解老》）（转指知者能者）

没有形式标记的 VP 演变为 NP 尚且没有什么问题，VP 者 s 演变为 VP 者 t 也没有什么困难，只要给其提供适当的语境即可。孙洪伟（2015）注意到在下列句子中，VP 者既可理解为 VP 者 s，也可以理解为 VP 者 t：

（46）君人者，将祸是务去。（《左传·隐公三年》）

（47）帅师者，受命于庙，受脤于社，有常服矣。（《左传·闵公二年》）

（48）夫事君者，先其善不从其过。（《国语·楚语上》）

例（46）"君人者"既可理解为"君人"这种行为，也可以理解为做出这种行为的人——统治者。例（47）"帅师者"既可理解为"帅师"这种行为，也可理解为做出这种行为的人——将帅。例（48）"事君者"既可理解为"事君"这种行为，也可理解为做出这种行为的人——臣子。这种理解上的两歧诱发了对 VP 者 s 的重新分析，导致了 VP 者 t 的形成。

姚振武（1994）指出：在例（49）—例（51）中，VP 加"者"与不加"者"同意，VP 者中的"者"表示自指；在例（52）中，VP 加"者"与不加"者"同意，VP 者中的"者"表示转指。

（49）男女授受不亲，礼也；嫂溺援之以手者，权也。（《孟子·离娄上》）

（50）孩提之童，无不知爱其亲者。及其长也，无不知亲其兄也。

(《孟子·尽心上》)

(51) 夫断死与断生者不同，而民为之者，是贵死也。(《韩非子·初见秦》)

(52) 是故诚有功，则虽疏贱必赏；诚有过，则虽近爱必诛。疏贱必赏，近爱必诛，则疏贱者不怠，而近爱者不骄也。(《韩非子·主道》)

这似乎表明，就像 VP 在一定的句法条件上可以名词化一样，VP 者 s 无须经过重新分析即可在一定的句法条件下演变为 VP 者 t。尽管 VP 者 s 是否经过重新分析的阶段才能形成 VP 者 t 还有待进一步研究，但有一点是可以肯定的，就是 VP 者 t 源于 VP 者 s，先有 VP 者 s，后有 VP 者 t，这一点，笔者的意见与吴、沈（2017）是相同的。

五、"者"的词缀化

在"VP 者 t"结构中，如果 VP 是个单音节动词（$V_{单}$），受词汇双音化的影响，则 $V_{单}$ 极易与"者"结合成词，形成"$V_{单}$ 者"型双音节名词。董秀芳（2002：24）："当短语是双音节时就满足了一个音步的要求，构成一个韵律词，具备了造词的形式基础。由于音步是在语音上结合最为紧密的自由单位，处在同一音步中的短语组成成分之间的距离就被拉近了，在反复的使用中它们之间的句法关系可能逐渐变得模糊，最终变为一个在句法上无需再做分析的单纯的单位，韵律词就发展为词汇系统中的词。""$V_{单}$ 者 t"不仅仅是个韵律词，而且"者"字本身就具有附着性，因此比其他双音组合更易结合成词。董秀芳（2002：222—224）列举了几例作为韵律词的"$V_{单}$ 者 t"：

(53) 今不言牲号而云尹祭，亦记者误矣。(《仪礼·士虞礼》"用尹祭"汉郑玄注)

(54) 魏高堂隆、秦朗，皆博闻之士，争论于朝，云无指南车，记者虚说。(《宋书·礼志》)

(55) 大匠诲人，必以规矩，学者亦必以规矩。(《孟子·告子上》)

(56) 学者有四失，教者必知之。(《礼记·学记》)

(57) 作者之谓圣，述者之谓明。(《礼记·乐记》)

(58) 穿汾、河渠以为溉田，作者数万人。(《汉书·司马相如传》)

(59) 赋者,言事类之所附也;颂者,美盛德之形容也,故作者不虚其辞,受者必当其实。(《三国志·魏志·后妃传》南朝宋裴松之注引《魏略》)

例(53)、例(54)的"记者"指记录的人,是韵律词,现在"记者"是指采访新闻和写通讯报道的人,意义已经专门化,是词汇系统中的词。例(55)、例(56)的"学者"指学习的人,是韵律词,现在的"学者"指在某个学科有一定成就的人,意义已经专门化,是词汇系统中的词。例(57)的"作者"指创始之人,例(58)中的"作者"指参加劳动的人,均为韵律词。需要注意的是,例(59)中的"作者"其义为"文章或艺术作品的创作者",与现代汉语中的词语"作者"好像同义,那么它是不是词汇系统中的词呢?笔者认为还不是。从上下文看,这里的"作者"与"受者"对文,性质相同,均为韵律词。更重要的是,词语"作者"一般指"文章或艺术作品在出版物上公开发表的人",其意义已经专门化,与泛化的创作者含义有别。也就是说,在"$V_单$者"结构中,如果"者"仅仅是个转指标记,$V_单$与"者"分别是两个独立的成分,"$V_单$者"的意义相当于$V_单$的意义加"(的)人",那么"$V_单$者"还没有词汇化,还不能看成词。只有当"$V_单$者"的意义已经专门化,不再是$V_单$和"(的)人"的意义的简单相加时,"$V_单$者"才实现了词汇化,成为词汇系统中的词。这就解释了为什么"记者"可以成词,"写者"没有成词,"学者"可以成词,"教者"没有成词的原因,也解释了"看者""阅者""听者""闻者""说者""讲者""走者""坐者""跑者""睡者"等大量"$V_单$者 t"没有词汇化的原因。朱德熙(1983)也举出了几个"$V_单$者 t"的例子:

(60) 今有功者必赏,赏者不得(德)君,力之所至也。有罪者必诛,诛者不怨上,罪之所生也。(《韩非子·难三》)

(61) 初,武城人或有因于吴竟田焉,拘鄫人之沤菅者,曰:"何故使吾水滋?"及吴师至,拘者道之以伐吴城。(《左传·哀公八年》)

(62) 今大国之攻小国也,攻者农夫不得耕,妇人不得织,以守为事,攻人者亦农夫不得耕,妇人不得织,以攻为事。(《墨子·耕柱》)

这几例中的"赏者""诛者""拘者""攻者"都没有词汇化,原因有二:其一,这几例的"$V_单$者"均表受事,而词汇化的"$V_单$者"表施事。其二,这几例的"$V_单$者"都相当于$V_单$的被动意义与"者"的转指意义"(的)人"的相加。

六、结论

"者"本来附着于 NP 后，表示对 NP 的强调。当 VP 处于主宾语位置上时，VP 发生指称化，由于"者"字本来是强调指称语的，因此便附着在 VP 后，表示对 VP 指称化的确认和强调。这时，无论"者"附着在 NP 后还是 VP 后，均表示自指，是一个语用成分。在一定的句法环境中，"VP 者"由动作行为演变为动作行为的发出者（施事）或承担者（受事），"者"由自指标记变为转指标记，成为句法成分。在韵律句法的推动下，某些单音节动词与"者"的结合日益紧密，并且形成了专门的意义，实现了词汇化，"者"演变成词缀，成为构词成分。在现代汉语中，"者"的结合能力依然很强，但其构词能力却濒于消失。

参考文献

[1] 董秀芳：《词汇化：汉语双音词的衍生和发展》，四川民族出版社 2002 年版。

[2] 龚波：《上古指称化谓词性结构作假设句前件及其解释》，载《古汉语研究》，2016 年第 1 期。

[3] 江蓝生：《跨层非短语结构"的话"的词汇化》，载《中国语文》，2004 年第 5 期。

[4] [加拿大] 蒲立本：《古汉语语法纲要》，孙景涛译，语文出版社 2006 年版。

[5] 孙洪伟：《上古汉语"者"的所谓自指标记功能再议》，载《中国语文》，2015 年第 2 期。

[6] 吴怀成、沈家煊：《古汉语"者"：自指和转指如何统一》，载《中国语文》，2017 年第 3 期。

[7] 姚振武：《关于自指和转指》，载《古汉语研究》，1994 年第 3 期。

[8] 袁毓林：《"者"的语法功能及其历史演变》，载《中国社会科学》，1997 第 3 期。

[9] 朱德熙：《自指与转指：汉语名词化标记"的、者、所、之"的语法功能和语义功能》，载《方言》，1983 年第 1 期。

语气副词"则"的焦点标记作用探微①

一、引言

"则"是古汉语中很常见的一个虚词,学者们对它的用法讨论得很热烈。有人认为,"则"只用作连词(如马建忠 1983:297—304,李杰群 2003:525—530),也有人认为"则"字除用作连词外,还可以用作时间副词(如杨树达 1986:244)。但是对于"则"字用作语气副词,却很少有人提及。实际上,在古代汉语中,处在主谓之间的"则"字用作语气副词的用例是很多的,在《左传》中的用例近 40 次,在其他先秦典籍如《诗经》《孟子》《庄子》中也有不少用例。例如:

(1) 吾不得志于汉东也,我则使然。(《左传·桓公六年》)
(2) 己则不明而杀人以逞,不亦难乎?(《左传·僖公二十三年》)
(3) 秦不哀吾丧而伐吾同姓,秦则无礼,何施之有?(《左传·僖公三十三年》)
(4) 我则不德,而徼怨于楚。(《左传·宣公十二年》)
(5) 恶之来也,己则取之。(《左传·宣公十三年》)
(6) 我则为政而亢大国之讨,将以谁任?(《左传·宣公十三年》)
(7) 德则不竞,寻盟何为?(《左传·成公九年》)

---

① 本文为国家社会科学基金西部项目"古代汉语变序句与焦点提取"(项目编号:16XYY016)的阶段性成果。本文曾在第八届古代汉语学术研讨会和第八届国际古代汉语语法学术研讨会上宣读,承蒙中国社会科学院杨永龙研究员、孟蓬生研究员提出宝贵意见,谨此致谢。

(8) 郑人围许，示晋不急君也。是则公孙申谋之。(《左传·成公九年》)

(9) 瘠则甚矣，而血气未动。(《左传·襄公二十一年》)

(10) 国则不共，而执其使。(《左传·昭公二年》)

(11) 鱼网之设，鸿则离之。(《诗·邶风·新台》)

(12) 大夫跋涉，我心则忧。(《诗·鄘风·载驰》)

(13) 虽则佩觿，能不我知。(《诗·卫风·芄兰》)

(14) 其室则迩，其人甚远。(《诗·郑风·东门之墠》)

(15) 曰予不戕，礼则然矣。(《诗·小雅·十月之交》)

(16) 是岂水之性哉？其势则然也。(《孟子·告子上》)

(17) 乃孔子则欲以微罪行，不欲为苟去。(《孟子·告子下》)

(18) 今我则已有谓矣，而未知吾所谓之其果有谓乎？(《庄子·齐物论》)

(19) 周与蝴蝶则必有分矣。(《庄子·齐物论》)

(20) 公则自伤，鬼恶能伤公？(《庄子·达生》)

(21) 非阴阳贼之，心则使然也。(《庄子·庚桑楚》)

(22) 臣则尝能斫之。(《庄子·徐无鬼》)

二、"则"用作语气副词的验证

（一）训诂学家对"则"的有关训释

这些用例中的"则"的词性是什么？向来颇有争议，多数学者把它看作连词（如马建中，1983：297—304），部分学者把其中的一些用例看作副词，但未明确为"语气副词"（如杨伯峻，1981：324—327），也有学者把其中的一些用例看作动词（如杨树达，1986：243）。清代学者吴昌莹首先敏锐地发现了"则"在这类用例中的独特意义。《经词衍释·卷八》：

> 则，犹是也，寔也。左传宣十二年：我则不德，而徼怨于楚。谓我寔不德也。定十四年：太子则祸余。此皆则之训寔。

寔与实同。《春秋·桓公六年》"寔来",杜预注:"寔,实也。"《礼记·坊记》"寔受其福",孔颖达疏:"寔,实也。"《诗·召南·小星》"寔命不同",朱熹集传:"寔与实同。"马瑞辰《毛诗传笺通释》:"诗中凡作寔者皆正字,作实者皆假借字。"由此可知,表示"诚然、确实"意义的语气副词"实"本是"寔"之假借。"则"用作寔,其为表"诚然、确实"义的语气副词无疑。这些用例中的"则"用作语气副词,还可以用语法学的一些方法加以验证。①

(二) 位移法

用作连词的"则"如果引领的是一个主谓句,一般放在这个主谓句的前面,而不是放在主语与谓语动词之间。因为"则"连接的是句子与句子,而不是主语与谓语。例如:

(23) 物不足以讲大事,其材不足以备器用,则君不举。(《左传·隐公五年》)

(24) 宗邑无主则民不威。(《左传·庄公二十八年》)

(25) 若晋君朝以入,则婢子夕以死。(《左传·僖公十五年》)

(26) 是故财聚则民散。(《礼记·大学》)

(27) 大王与秦,则秦必弱韩魏。(《战国策·赵策》)

即使有的句子中"则"出于语用需要,放在了主谓之间,也是可以通过位移法加以还原的。位移后语法关系及语义均不发生改变。例如:

(28) a. 举正于中,民则不惑。(《左传·文公元年》) →b. 举正于中,则民不获。

(29) a. 我若受秦,秦则宾也。(《左传·文公七年》) →b. 我若受秦,则秦宾也。

---

① 匿名审稿专家指出,位移法、替换法、对举法用于证明现代汉语的结构,或者用于古汉语词汇研究大概还有一定的说服力,但是很难用于古代汉语的句法结构。笔者认为,这些方法有的是对传统虚词研究方法对继承,如对举法;有的是对现代语言学组合理论、聚合理论的应用,如位移法、替换法。清代学者王引之《经传释词》,近代学者张相《诗词曲语词汇释》,均运用对举法研究虚词,取得了突出成绩。古代汉语句法虽有一定的特殊性,但并非排斥组合、聚合理论。退一步说,运用一种方法就得出结论,不免有些偶然性、片面性,但如果运用多种方法都能得出同样结论,其可靠性就大大增强了。

(30) a. 若大国逃，我则死之。(《左传·宣公十二年》) →b. 若大国逃，则我死之。

(31) a. 其子趋而往视之，苗则槁矣。(《孟子·公孙丑上》) →b. 其子趋而往视之，则苗槁矣。

(32) a. 君有势，我则从君。(《史记·廉颇蔺相如列传》) →b. 君有势，则我从君。

用作副词的"则"放在谓语动词前面修饰谓语动词，一般不能放在主语的前面。即使放在主语之前仍能成立，其语法关系及语义均会发生改变。例如①：

(33) a. 吾不得志于汉东也，我则使然。
　　 *b. 吾不得志于汉东也，则我使然。
(34) a. 我则无礼，何以战乎？　　　　　*b. 则我无礼，何以战乎？
(35) a. 牛则有皮，犀兕尚多。　　　　　*b. 则牛有皮，犀兕尚多。
(36) a. 恶之来也，己则取之。　　　　　*b. 恶之来也，则己取之。
(37) a. 唯子则又何求？　　　　　　　　*b. 则唯子又何求？
(38) a. 非我无信，女则弃之。　　　　　*b. 非我无信，则女弃之。

例（33）b、例（36）b、例（38）b似乎能说得通，但其语法关系与语义关系均发生了改变。位移前，"则"对谓语动词有修饰作用，位移后丧失了这种修饰作用。不唯如此，其意义也与原义大相径庭。(33) a 的意思是：楚国在汉东不得志的原因在于楚国自身（我），(33) b 的意思是：如果我们（楚国）不能在汉东得志，那么我们就要想办法使自己得志。(36) a 的意思是：灾祸实在是由自己招来的，(36) b 的意思是：罪恶到来的时候，自己要去获取。(38) a 的意思是：不是我不讲信用，实在是你抛弃了它（信用）。(38) b 的意思是：如果不是我不讲信用，你就会抛弃它（信用）。由此可见，这些用例中的"则"是副词而不是连词。如果是连词，把它们的位置移到主语之前，其意义是不会发生改变的。

（三）替换法

如果这些用例中的"则"都能被同一个词语所替换，替换后其意义和语法

---

① 本文凡是错误或不妥的用法，均按照国际惯例在其前面加上星号（*），以示区别。

关系均不发生变化,说明这些用例中的"则"和该词语的词性相同。第一部分列举的所有用例中的"则"都能被表示"诚然、确实"意义的副词"实"字所替换,替换后的意义及语法关系均未发生改变。例如:

(39) a. 吾不得志于汉东也,我则使然。 →b. 吾不得志于汉东也,我实使然。

(40) a. 己则不明而杀人以逞,不亦难乎? →b. 己实不明而杀人以逞,不亦难乎?

(41) a. 我则不德,而徼怨于楚。 →b. 我实不德,而徼怨于楚。

(42) a. 恶之来也,己则取之。 →b. 恶之来也,己实取之。

(43) a. 瘠则甚矣,而血气未动。 →b. 瘠实甚矣,而血气未动。

古代汉语的"也"是一个表示确认语气的语气助词,在功能上与"则"相近,只不过语法位置不同,前者放在句末,后者放在句中。表示确然意义的"则"字也可以被"也"字替换,替换后的意义及语法关系均未发生改变。

(44) a. 秦不哀吾丧而伐吾同姓,秦则无礼,何施之有? →b. 秦不哀吾丧而伐吾同姓,秦无礼也,何施之有?

(45) a. 我则为政而亢大国之讨,将以谁任? →b. 我为政也而亢大国之讨,将以谁任?

(46) a. 公则自伤,鬼恶能伤公。 →b. 公自伤也,鬼恶能伤公?

因此,我们可以较有把握地说,这些用例中的"则"的词性是语气副词,表示"实在""确实"的意义。

(四) 对应法

前人常常根据对举来确定一个词的语法性质。所谓对举,就是在两个结构相同的句子中的相应位置上出现的两个词所呈现的关系。处于对举状态的词语,其词性应是相同的。我们姑且把这种确定词性的方法称为对应法,这种方法无疑是符合语法原则的。如果在一组结构相同的句子中,与"则"对举的是副词,那么句子里的"则"也理应是副词。例如:

(47) 非我无信,汝则弃之。(《左传·宣公十五年》)

(48) 今二子者,君生则纵其祸,死又益其侈,是弃君于恶也。(《左传·成公二年》)

(49) 瘠则甚矣,而血气未动。(《左传·襄公二十一年》)

(50) 范、中行氏虽信为乱,安于则发之。(《左传·定公十四年》)

(51) 乃孔子则欲以微罪行,不欲为苟去。(《孟子·告子下》)

(52) 非阴阳贼之,心则使然也。(《庄子·庚桑楚》)

"则"与"非""未""不"对举,二者表示的语义相反,"非、未、不"为表示否定的副词,"则"当为表示肯定的副词。"则"与"信"对举,二者表示的语义相同,均为表示确然意义的副词。

三、语气副词"则"的焦点标记作用

副词一般用来修饰其后的动词,语气副词"则"的作用却不尽然,在单句和并列、承接等联合类复句中,"则"指向其前的主语;在因果、条件、假设、让步等偏正类复句中,"则"指向其前的主语和其后的谓语所组成的主谓结构。加拿大学者蒲立本(2006:80—81)较早注意到了"则"有强调主语的作用。蒲立本认为:"由于'则'从语源上毫无疑问是指示性的,它跟指示性的语根'兹''此'是有联系的,因而可以用来标记突显的名词短语以示对比。在通常的情况下,当然并非没有例外,被突显的成分是主语。"蒲氏注意到了"则"有标记突显名词短语(一般是主语)的作用,这是难能可贵的。但从其所举的例子"士则兹不说""是则可忧也""圣则吾不能"来看,"则"主要起指示作用,跟我们说的语气副词的"则"是两回事。杨永龙(2016)认为:"(语气副词'则')句法上可以说是做状语,但不是修饰后面的动词谓语,而是强调前面的主语。功能在于表明其前名词是焦点,语义指向是前指而不是后指。"杨先生这一发现是敏感的,独到的,但并不能全面反映"则"的焦点标记功能。杨先生所举的三个例子是:

大子告人曰:"戏阳速祸余。"戏阳速告人曰:"大子则祸余。大子无道,使余杀其母。余不许,将戕于余。"(《左传·定公十四年》)

楚子将杀之,使与之言曰:"尔既许不谷,而反之,何故?非我无信,

女则弃之。速即尔刑!"(《左传·宣公十五年》)

"鸡既鸣矣,朝既盈矣。""匪鸡则鸣,苍蝇之声。""东方明矣,朝既昌矣。""匪东方则明,月出之光。"(《诗经·齐风·鸡鸣》)

从以上三个例句来看,"则"可以认为是强调其前的主语。但这三个例句有一定的特殊性。第一个例句是单句,余下两个例句是正反并列式联合复句。如果换成偏正复句,情况就大大不同了。例如:

斗伯比言于楚子曰:"吾不得志于汉东也,我则使然。我张吾三军而被吾甲兵,以武临之,彼则惧而协以谋我,故难间也。"(《左传·桓公六年》)

"吾不得志于汉东矣,我则使然"是个因果复句。"吾不得志于汉东"是既成事实,是旧信息,造成这一结果的原因是什么,谁应该对此负责才是新信息,是语义焦点。"我则使然",突出了"我"是造成这一结果的责任者,既强调责任者(我),也强调导致结果发生的原因(扩充军队,修整兵器,以武力相威胁,使得汉东诸国团结起来,难以离间)。换言之,句中的"则"强调的是"我使然",而不是单纯用来强调主语"我","则"的语义指向并非仅仅前指。

九月,晋惠公卒。怀公命无从亡人。期,期而不至,无赦。狐突之子毛及偃从重耳在秦,弗召。冬,怀公执狐突曰:"子来则免。"对曰:"子之能仕,父教之忠,古之制也。策名委质,贰乃辟也。今臣之子,名在重耳,有数年矣。若又召之,教之贰也。父教子贰,何以事君?刑之不滥,君之明也,臣之愿也。淫刑以逞,谁则无罪?臣闻命矣。"乃杀之。

卜偃称疾不出,曰:"周书有云:'乃大明服。'己则不明而杀人以逞,不亦难乎?民不见德而唯戮是闻,其何后之有?"(《左传·僖公二十三年》)

这段话中,有两处用到语气副词"则"的句子:一处是"淫刑以逞,谁则无罪",一处是"己则不明而杀人以逞"。前一句是条件复句,"淫刑以逞"是条件,"谁则无罪"是结果。晋怀公发布命令,要求跟随重耳逃亡的人归国(无从亡人),并约定了期限,如果这些人不能按期归国,就要杀害他们的家人(无赦),从而达到削弱重耳的势力,实现其政权稳定的目的(淫刑以逞),这些都是旧信息,由此条件造成的后果才是句子要强调的新信息。通过连坐而滥杀无辜，造成的结果是连那些忠义之士都会获罪，那天下人谁还会没有罪过呢（谁则无罪），这才是句子要强调的新信息。该句的语义焦点是"谁无罪"，而不是"谁"，"则"作为焦点标记，其语义指向也是"谁无罪"。后一句是转折复句，"杀人以逞"（通过杀人实现自己的目的）是旧信息，"己不明"（自身不贤明）是新信息，是句子的语义焦点。"则"作为焦点标记，其语义指向是"己不明"。

晋原轸曰："秦违蹇叔，而以贪勤民，天奉我也。奉不可失，敌不可纵。纵敌患生，违天不祥。必伐秦师。"栾枝曰："未报秦施而伐其师，其为死君乎？"先轸曰："秦不哀吾丧而伐吾同姓，秦则无礼，何施之为？"（《左传·僖公三十三年》）

这段话中，有一处用到语气副词"则"的句子："秦不哀吾丧而伐吾同姓，秦则无礼，何施之为？"这个句子是按断复句，"秦不哀吾丧而伐吾同姓"是按语，"秦则无礼，何施之为"是断语。按语是旧信息，断语"秦无礼"是句子要强调的新信息，为整个句子的语义焦点。"则"作为焦点标记，指向的是"秦无礼"，而不仅仅是前面的主语"秦"。

四、语气副词"则"误释考辨

用作语气副词的"则"常被误认为表示对待关系、假设关系或者让步关系（许仰民，1988：111—113），对此我们有必要加以辨明。

（一）"则"被误认为表示对待关系
下列句子，常被认为表示对待关系：

（53）小人恐矣，君子则否。（《左传·僖公二十六年》）
（54）非我无信，女则弃之。（《左传·宣公十五年》）
（55）君生则纵其祸，死又益其侈。（《左传·成公二年》）
（56）子为师，我则远矣。（《左传·襄公十四年》）
（57）曩者志入而已，今则怯也。（《左传·襄公二十四年》）
（58）夫子知我矣，我则不足。（《左传·昭公十年》）
（59）范、中行氏虽信为乱，安于则发之。（《左传·定公十四年》）

(60) 鸟则择木，木岂能择鸟？（《左传·哀公十一年》）
(61) 粱则无矣，粗则有之。（《左传·哀公十三年》）

"则"字表示对待的说法最早见于《马氏文通》，其后学者靡然相从。马建中（1983：301）说："事有对待而见为异同者，'则'字承之，乃以决其为异为同也。"意思是说，如果两个分句所标举的事物是两两对待的事物，那么其后用"则"字来判定它们之间的同异。"则"字究竟有没有表示对待关系，判定事物同异的作用呢？我们从马氏所举的例句中可以看得很清楚：

(62) a. 指不若人，则知恶之；心不若人，则不知恶，此之谓不知类也。（《孟子·告子上》）
(63) a. 庶人召之役则往役，君欲见之，召之则不往见之，何也？（《孟子·万章下》）
(64) a. 布帛长短同，则贾相若；麻缕丝絮轻重同，则贾相若。（《孟子·滕文公上》）
(65) a. 以母则不食，以妻则食之。（《孟子·滕文公下》）
(66) a. 小人则以身殉利，士责以身殉名。（《庄子·骈拇》）

对待关系既是要判定事物的同异，如果表述的对象只是一个事物，没有另一个事物和它相比较，自然就无须用"则"字来判定同异。换句话说，上述所谓表示对待关系的句子，是由语义相对的两个句子组成的，如果我们删掉了其中的一个，另一个句子中的"则"就失去了存在的依据，这个句子就不能成立，但事实并非如此。例如：

(67) b. 指不若人，则知恶之。
(68) b. 庶人召之役则往役，君欲见之。
(69) b. 布帛长短同，则贾相若。
(70) b. 以母则不食。
(71) b. 小人则以身殉利。

这些句子都能够成立。这说明这些句子中的"则"字的用法是独立的，并不受另外一个句子的影响。例（53）至例（61）句的对待关系是由句子本身的语义逻辑决定的，与"则"字无关。换句话说，"则"即使用在对待关系的句子中，只用作语气副词，并不表示对待关系。例（55）中的"则"和"又"字对应，例（59）中的"则"和"信"字对应，就是很好的证明。

（二）"则"被认为表示假设关系
下列句子中的"则"常被认为表示假设关系

(72) 己则不明而杀人以逞，不亦难乎？（《左传·僖公二十三年》）
(73) 我则无礼，何以战乎？（《左传·僖公二十八年》）
(74) 秦不哀我同丧而伐我同姓，秦则无礼，何施之有？（《左传·僖公三十三年》）
(75) 己则无礼，而讨于有礼者。（《左传·文公十五年》）
(76) 己则反天，而又以讨人，难以免矣。（《左传·文公十五年》）
(77) 牛则有皮，犀兕尚多。（《左传·宣公二年》）
(78) 我则不德，而徼怨于楚。（《左传·宣公十二年》）
(79) 我则为政而亢大国之讨，将以谁任？（《左传·宣公十三年》）
(80) 德则不竞，寻盟何为？（《左传·成公九年》）
(81) 己则无信，而杀人以逞，不亦难乎？（《左传·襄公五年》）
(82) 我则取恶，能无咎乎？（《左传·襄公九年》）

事实上，这些句子中的"则"如被看作表示假设关系，或扞格不通，或与原义相违。例（77）、例（78）、例（79）中的"则"如果换成表示假设关系的"若"或"如"，句子显然难以读通。"牛如有皮，犀兕尚多"，这不是牛头不对马嘴吗？其他句子中也都是对实际已经发生的情况的一种强调（结合原文的语境，这一点可看得很清楚），如果把"则"看成是表示假设关系，句子所表示的意思就成了一种虚拟的情况，这显然是与原义不符的。反之，如果把"则"看作表示"确实"意义的语气副词，则与整个句子所表示的意义契合无间。

（三）"则"被误认为表示让步关系
下列句子中的"则"常被看作表示让步关系

(83) a. 瘠则甚矣，而血气未动。（《左传·襄公二十一年》）
(84) a. 己则勇矣，将若君何？（《左传·哀公二十五年》）

这两个句子中的"则"虽然看作表示让步关系能够说得通,但是把它看作语气副词无疑更合乎实际。因为表示让步关系的连词既可以放在主谓之间,也可以放在主语之前;而上面两个句子中的"则"只能放在主谓之间,而不能置于主语之前。

(85) *b. 则瘠甚矣,而血气未动。
(86) *b. 则已勇矣,将若君何?

杨伯峻(1993:486)把(84)a译为:"您固然勇敢,可是打算把国君怎么办?"以"固然"来对译"则",是很准确的。同理,笔者认为,下列句子中的"则",习惯上被当作表示让步关系的典型例证,但实际上是语气副词。

(87) 其室则迩,其人甚远。(《诗经·郑风·东门之墠》)
(88) 美则美矣,抑臣亦有惧矣。(《国语·晋语》)
(89) 美则美矣,而未大也。(《庄子·天道》)
(90) 仁则仁矣,恐不免其身。(《庄子·渔父》)
(91) 道则高矣,美矣,宜若登天然,似不可及也。(《孟子·尽心上》)

五、"则"用作语气副词源于重新分析①

"则"用作连词,表示承接关系,一般位于后一分句的句首,即主语之前;但如果需要强调后一分句的主语,则需将主语置于"则"的前面。例如:

---

① 匿名审稿专家指出,"则"的语气副词用法从连词重新分析而来,不符合语法演变的一般规律。实际上"则"本来就是副词,其来源与"此则寡人之罪也"有关。笔者推测,这里的"一般规律",可能是指语法化一般表现为词义虚化,语气副词的意义并不比连词更虚,因而不符合"一般规律"。笔者认为,词义虚化确实是语法化的一般规律,但"重新分析"并不限于语法化,只要在结构关系当中容易诱发新的理解,不论词义由实向虚,还是由虚向实,都容易引起重新分析。最著名的例子就是回指代词"是"经重新分析成为系词,系词的意义显然比代词实在,但却不能认为不符合语法演变的一般规律。匿名审稿专家认为"则"的语气副词用法与"此则寡人之罪也"有关,"此则寡人之罪也"出自《国语》,《国语》是战国时代的作品,而"则"的语气副词用法在《诗经》《左传》中都有不少用例,其成书年代都比《国语》要早,其说恐怕难以成立。

(92) 尔不从誓言，予则孥戮汝，罔有攸赦。(《书·汤誓》)
(93) 而康而色，曰予攸好德，汝则赐之福。(《书·洪范》)
(94) 王出郊，天乃雨，禾则尽起。(《书·金縢》)
(95) 二公命邦人凡大木所偃，尽起而筑之，岁则大熟。(《书·金縢》)

"则"置于主语、谓语之间，就处在了状语的位置上，容易被重新分析为副词。钱宗武（2004：191）认为上述句子的"则"为关联副词，即源于"则"的语义角色和句法位置的冲突。从语义角色上看，"则"处于承接复句的后一分句前，表承接关系；从句法位置上看，"则"处在主谓之间，具有副词的性质。"则"被重新分析为副词后，由于后一分句往往表示对某一虚拟或既成事实的确认，如例（92）、例（93）表示对虚拟事实的确认，例（94）、例（95）表示对既成事实的确认，"则"被再次重新分析为语气副词。当"则"脱离了表示承接关系的复句，可以置于复句的前一分句的主谓之间的时候，"则"的语气副词的用法就真正完成了。例如：

(96) 淇则有岸，隰则有泮。(《诗·卫风·氓》)
(97) 其室则迩，其人甚远。(《诗·郑风·东门之墠》)
(98) 虽则如云，匪我思存。(《诗·郑风·出其东门》)

参考文献

[1] 李杰群：《连词"则"的起源和发展》，载《中国语文》，2001年第6期。
[2] 马建忠：《马氏文通》，商务印书馆1983年版。
[3] [加拿大] 蒲立本：《古汉语语法纲要》，孙景涛译，语文出版社2006年版。
[3] 钱宗武：《尚书新笺与上古文明》，北京大学出版社2004年版。
[4] 杨伯峻：《古汉语虚词》，中华书局1981年版。
[5] 杨伯峻：《白话左传》，岳麓书社1993年版。
[6] 杨树达：《词诠》，上海古籍出版社1986年版。
[7] 杨永龙：《先秦汉语强调主语宾语的语气副词》，纪念黄侃先生130周年诞辰国际学术研讨会论文，2016年。
[8] 许仰民：《古汉语语法》，河南人民出版社1988年版。

女性第一人称代词"卬"的演变

一、"卬"用作第一人称代词的文献用例考辨

先秦典籍中,"卬"疑似用作第一人称代词的有 4 例,其中 3 例见于《诗经》,1 例见于《尚书》。我们先看见于《诗经》的 3 例:

(1) 招招舟子,人涉卬否。人涉卬否,卬须我友。毛传:卬,我也。(《诗·邶风·匏有苦叶》)

(2) 卬盛于豆,于豆于登,其香始升。毛传:卬,我也。(《诗·大雅·生民》)

(3) 樵彼桑薪,卬烘于煁。维彼硕人,实劳我心。毛传:卬,我也。(《诗·小雅·白华》)

例(1)的"卬"为第一人称无疑,至于是男性还是女性,我们还需结合整首诗意体会:

匏有苦叶,济有深涉。深则厉,浅则揭。
有瀰济盈,有鷕雉鸣。济盈不濡轨,雉鸣求其牡。
雝雝鸣雁,旭日始旦。士如归妻,迨冰未泮。
招招舟子,人涉卬否。人涉卬否,卬须我友。

《诗经》中的《国风》多用比兴之法,诗句往往兴中有比,本诗中"有鷕雉鸣""雉鸣求其牡"即是如此。所谓"雉鸣求其牡"者,即喻女求士也,所以此诗中的"卬"必为女子无疑。对于此诗意境,余冠英先生曾有一段精彩的

描述:"一个女子在岸边徘徊,她惦着住在河那边的未婚夫,心想:他如果没有忘了结婚的事,该趁着河里还不曾结冰,赶快过来迎娶才是,再迟怕来不及了。现在这济水虽然涨高,也不过半车轮子深浅,那亲迎的车子该不难渡过吧?这时耳边传来野鸡和雁鹅叫唤的声音,更触动她的心了。"

例(2)的"卬"有人解释为"我",有人解释为"仰、举",两种解释都有问题。"卬"训为"我"的问题表现在:其一,《生民》第七章"诞我祀如何"句中第一人称已经选用了"我",第八章突然改用"卬",于理难通。其二,《大雅》共用第一人称代词57次,其中用"我"52次,用"予"5次,用"予小子"1次,其分工非常明确,凡是诗作者自称均用"我",凡是周王或上帝自称才用"予",周王自称或用"予小子"。总之,周人自称是不用"卬"的,故《生民》中的"卬"不能训为"我"。另外,"卬"也不能训为"仰、举",因为"举"义与"盛"义既不能构成并列关系,也不能构成修饰关系,这两个意义的动词放在一起,实在扞格难通。这里的"卬"当是"以"字误书。《六书通》中"卬"字作卬,"以"字作以,二字近似,易抄写致误。更重要的是,如果把诗中的"卬"换成"以",不仅毫无阻碍,而且文意畅达。且看该诗的上下文:

> 载谋载惟,取萧祭脂,取羝以軷。载燔载烈,以兴嗣岁。
> 卬盛于豆,于豆于登。其香始升,上帝居歆。胡臭亶时,后稷肇祀。

"卬盛于豆"作"以盛于豆",紧承上文,指把烧烤的羊肉置于豆中。介词"以"的宾语如果前文已出现,常常可以省略,这是先秦汉语常见的用法。

例(3)同样为"以"字误书。"卬烘于煁",即"以烘于煁"也,意谓把桑薪置于灶(煁)上烧烤,介词"以"的宾语"桑薪"因为在前文已出现,因此省略了。这种句式在《诗经》中经常出现。例如:

> 我有旨酒,以燕乐嘉宾之心。(《诗·小雅·鹿鸣》)
> 执其鸾刀,以启其毛,取其血膋。(《诗·小雅·信南山》)
> 蚕月条桑,取彼斧斨,以伐远扬。(《诗·豳风·七月》)

接下来再看《尚书》中的1例:

> 予越冲人,不卬自恤。陆德明《经典释文》:"卬,我也。"(《书·大诰》)

孔颖达《五经正义》训这里的"卬"为"我",这个训释是错的。"卬"如训为"我",则与"自"犯复。"不卬自恤",传云:"不惟自忧",是。疑这里的"卬"亦是"以"字误书。以,余母之部,惟,余母微部,二者音近可通。裴学海《古书虚字集释》:"以,犹惟也。"文献中"以"可通"惟(维、唯)",其例颇多。《论语·先进》:"如其礼乐,以俟君子","以俟君子"即"唯俟君子"。《战国策·齐策四》:"君家所寡有者,以义耳","以义耳"即"唯义耳"。《史记·自序》:"不流世俗,不争势利,上下无所凝滞,人莫之能言,以道之用","以道之用"即"唯道是用。"反之,"惟(维、唯)"亦可通"以"。王引之《经传释词》:"惟,犹以也"。文献中的用例亦不少。《书·盘庚》:"亦惟女故,以丕从厥长","亦惟女故"即"亦以女故"。《左传·成公二年》:"唯是风马牛不相及也","唯是"即"以是"。《左传·僖公三年》:"冀之既病,则亦唯君故","亦唯君故"即"亦以君故"。《诗·郑风·狡童》:"维子之故,使我不能餐兮","维子之故"即"以子之故"。

总之,先秦典籍中,"卬"字明确用为第一人称代词的只有《匏有苦叶》1例,在这个用例中,"卬"字无疑是用来指女性的。

二、"卬"的演变

要证明"卬"是女性第一人称代词,单凭《诗经》的一处用例显然是不够的。所幸,《说文》《尔雅》等典籍为我们提供了佐证。

《说文》:"姎,女人自称,我也。"《广韵》:"姎,女人自称。"姎,影母阳部,卬,疑母阳部,音近可通。关于卬、姎为一声之转,训诂学家众口一词,并无异议。《尔雅》:"卬,我也。"郭璞注:"卬犹姎也,语之转耳。"邢昺疏:"女人称我曰姎,由其语转,故曰卬。"陆德明《经典释文》:"卬犹姎也。"桂馥《说文解字义证》:"姎,通作卬。"

吾,疑母鱼部,我,疑母歌部,卬,疑母阳部。疑母双声,鱼阳、歌阳对转,音近可通。"卬"用作第一人称,当源于"吾"或"我",为"吾""我"的社会方言变体。《诗·邶风》共用第一人称57次,其中52次用"我",1次用"余",1次用"予",3次用"卬"。用"余"的见于《谷风》"不念昔者,伊余来塈";用"予"的见于同篇的"既生既育,比予于毒。""伊X来Y","比X于Y"均为一种构式,《谷风》这两句的第一人称选用"余""予",可能是受到了这种构式的影响。《匏有苦叶》用第一人称4次，其中3次用"卬"，1次用"我"，说明"卬"当是卫地某些方言中"我"用作女性自称的一种社会变体。《匏有苦叶》用"卬"的3次均做主语，用"我"的1次做定语，这或许说明在卫地某些方言中，女性只有在第一人称做主语的时候才用"卬"，其他时候仍用"我"。"我"是无标记形式，"卬"是有标记形式。由于"卬"只用作女性第一人称，至汉代时乃创制了从女央声的"姎"字。

卬，汉代音变为姎，又音变为阳。《尔雅》："阳，予也。"郭璞注："鲁诗曰'阳如之何'，今巴濮之人自呼'阿阳'。"阳，余母阳部，卬，疑母阳部。二者音近，故得相通。晋代某些方音中的自称"阿阳"，实为"姎"的分裂音变。阿，影母，阳，阳部，姎，影母阳部，"阿阳"适以构成"姎"的切语。尽管郭璞并未明言"阿阳"为女性自称，但从"阿阳"与"姎"的语音联系来看，"阿阳"当为女性自称，至少最早用作女性自称。

六朝时期，"卬"在吴语中音变为"侬"。卬，疑母阳部，侬，泥母东部。疑、泥准双声，东阳旁转，音近可通。"侬"用作女性第一人称，主要见之于《乐府诗集》"清商曲辞"的"吴声歌曲"。《晋书·乐志》云："吴歌杂曲，并出江南。东晋以来，稍有增广。其始皆徒歌，既而被之管弦。盖自永嘉渡江之后，下及梁陈，咸都建业，吴声歌曲起于此也。"据笔者对《乐府诗集》的统计，在该诗集中共用"侬"49次，除8处语义不明外，其他41次均用作女性第一人称。这41例中，有的是"侬"与"君""子""欢""郎"对举，有的从语义上可以判断"侬"为女性。比如：

    为君侬歌世所稀。（采莲曲）
    君既为侬死，独生为谁施？（华山畿）
    欢若见怜时，棺木为侬开。（华山畿）
    念子情难有，已恶动罗裙，听侬入怀不？（读曲歌）
    欢作沉水香，侬作博山炉。（《杨叛儿》）
    欢取身上好，不为侬作虑。（读曲歌）
    闻欢远行去，送欢至新亭。（杨叛儿）
    余花任郎摘，慎莫罢侬莲。（读曲歌）
    郎作十里行，侬作九里送。（释宝月《估客乐》）
    拔侬头山钗，与郎资路用。（释宝月《估客乐》）
    成匹郎莫断，忆侬经绞时。（青阳度）
    郎船安两桨，侬舸动双桡。（江南曲）

长鸣鸡,谁知侬念汝,独向空中啼。(华山畿)
作生隐藕叶,莲侬在何处?(读曲歌)
蕃师王鼓行,离侬何太早?(读曲歌)

其他几个语义不明的例子,"侬"多用"新""旧""故""他"等词语修饰。比如:

闻欢得新侬,四支懊如垂。(读曲歌)
诈我不出门,冥就他侬宿。(读曲歌)
葳蕤当忆我,莫持艳他侬。(孟珠曲)
鸡亭故侬去,九里新侬还。(寻阳乐)

细玩语义,这些句子里的"侬"均当是"女子"之义。如此说成立,当为"侬"本为女性第一人称的又一有力证据。因为只有"侬"是特有的女性称谓,方可引申为"女子"之义。《洛阳伽蓝记》:"吴人之鬼,住居建康,小作冠帽,短制衣裳。自呼阿侬,语则阿傍。"《异苑·鬼仙歌》:"登阿侬孔雀楼,遥闻凤凰鼓。""阿侬""阿傍"均为"阿姎"之一音之转。《玉篇》:"侬,吴人自呼我","侬"当由女性第一人称扩大为吴人第一人称的统称。笔者推测,这一扩大当与幼儿受到母亲的影响有关。认知语言学认为,心理感知上的显著性是形成词义扩大与缩小的一个重要因素。一般情况下,具体的事物必抽象的事物显著,常见的事物比一般的事物显著,特别的事物比普通的事物显著,距离近的事物比距离远的事物显著。局部指代整体或整体指代局部都呈现出一种规律,即由显著的东西指代不显著的东西。在幼儿心目中,母亲显然是最具体、最常见、最特别、最亲近的人,其显著性也是最高的,因此母亲的自称"侬"自然会对幼儿发生影响,成为第一人称的首选。幼儿因袭用"侬"既久,长大成人后亦不复改用他称,"侬"遂由吴人的女性第一人称变为第一人称的泛称。《南史·王敬则传》:"仲雄在御前鼓琴,作《懊侬曲》,歌曰:'常叹负情侬,郎今果行许'。"韩愈《泷吏》:"闻此州囚,亦有生还侬。""侬"并作"人"义,当为"女子"之义的泛化引申。今天闽南语"人"读/naŋ/,本字也正是"侬"字。闽南语通摄多读/aŋ/,如东读/taŋ/。由"女子"之义引申为"人",与由"女性第一人称"引申为"泛第一人称"是同步的,李宗江(1999)称这种现象为"平行衍生"。

唐五代时期,"侬"已由南方影响到北方,《敦煌变文集》中,"侬"作

"奴""阿奴"," 侬家"作"奴家"。"奴""阿奴"既可用于男性,也可用于女性;"奴家"只用于女性。"奴""阿奴"可用于男性①,例如:

我缘一国帝王身,眷属由来宿业因。争那就中容貌差,交奴耻见国朝臣。(《敦煌变文集》卷四)

时有金璘(陵)陈王,知道杨坚为军(君),心生不负(服)。宣诏合朝大臣,在殿前当时宣问:"阿奴今拟兴兵,收伏狂秦,卿意者何?"(《敦煌变文集》卷六)

皇帝宣问:"阿奴无得(德),槛(滥)处为军(军)。今有金璘(陵)陈叔古(宝)便生为(违)背,不顺阿奴。"(《敦煌变文集》卷六)

陈王宣问:"阿奴无得(德),槛(滥)处称尊。"(《敦煌变文集》卷六)

皇帝闻语,亦见衾(擒)虎年登一十三岁,妳(奶)星未落,有日大胸今(襟)阿奴何愁社稷?(《敦煌变文集》卷六)

不知将军作阴司之主,阿奴社稷若何?(《敦煌变文集》卷六)

陈王闻语,大怒非常。处分左右,令交托(拖)入。横拖到(倒)拽,直至殿前。责而言曰:"(叵)耐遮(这)贼,临阵交锋,识认亲情,坏却阿奴社稷。"(《敦煌变文集》卷六)

陈王书曰:"阿奴本任金璘(陵)之日,地管五十余州,三百余县,握万里山河,权军百万,便拟横行天下,自号称尊。"(《敦煌变文集》卷六)

皇帝揽表,惊讶非常,宣诏衾(擒)虎,直到殿前。"缘朕之无得(德),滥处称尊,不知将军作阴司之主,阿奴社稷若何?"(《敦煌变文集》卷六)

"奴""阿奴"亦可用于女性。比如:

夫人语大王曰:"占看气色,道奴身亡,却后七朝,已过两日。臣今恐命定不存留,暂拟归舍,辞别父母,伏愿帝听,放奴归家。"(《敦煌变文集》卷四)

明妃既册立,元来不称本情。可汗将为情和,每有善言相向。"异方歌乐,不解奴愁。别城(域)之欢,不令人爱。"(《敦煌变文集》卷五)

远指白云呼且住,听奴一曲别乡关。妾家宫宛(苑)住奏(秦)川,南望长安路几千?(《敦煌变文集》卷五)

---

① 研究生谭樊马克提示说:宋武帝刘裕小名寄奴。

女子道:"阿奴身年十五春,恰似芙蓉出水滨。"(《敦煌变文集》卷三)

皇后问言:"将军今夜点检御军五百,须得阔刃陌刀,甲幕下埋伏。阿奴来日,前朝自幾(已)宣问。若也册立使君为军(君),万事不言。"(《敦煌变文集》卷六)

"奴家"只用于女性。唐代文人作品中作"侬家",《敦煌变文集》作"奴家"。比如:

武昌何郁郁,侬家无定匹。(温庭筠《西洲曲》)
纤腰舞尽春杨柳,未有侬家一首诗。(薛能《杨柳枝》)
第一女道:"世尊,世尊,人生在世,能得几时?不作荣华,虚生过日。奴家美貌,实是无双,不合自夸,人间少有,故来相事,誓尽千年。"(《敦煌变文集》卷三)
女道:"奴家爱着绮罗裳,不勋(熏)沉麝自然香。"(《敦煌变文集》卷三)
第三女道:"世尊,世尊,奴家年幼,父母偏怜,端正无双,聪明少有。"(《敦煌变文集》卷三)

以上作品中的"奴""阿奴""奴家"不是用作谦称的名词,而是用作自称的代词,理由有以下几点:第一,以上作品中自称为"奴""阿侬"的男性均为皇帝,皇帝自称虽然也用谦称,如"孤家""寡人"之类,但绝对不会用表示低贱身份的名词"奴"。皇帝为一国之主,焉能称"奴"?合理的解释只能是"奴"为"侬"的借字。第二,汉代以来,女性自称谦称用"妾",不用"奴"。《敦煌变文集》中女性称"妾""贱妾"者76例,居于主流地位。及至宋元明清,女子谦称仍一直用"妾",从未发生动摇。如果女子自称中的"奴"是与"妾"同义的名词,就会发生替代性演变。第三,用于谦称的名词可附以后缀"身",如"妾身",但不能附以后缀"家";人称代词则可附以后缀"家",如"侬家""咱家"。第四,"奴""阿奴""奴家"与"侬""阿侬""侬家"对应整齐,绝非偶然,"奴"当为"侬"的借字。

据统计,《敦煌变文集》中"奴""阿奴""奴家"用于第一人称的,仅限于《破魔变文》《欢喜国王缘》《丑女缘起》《韩擒虎话本》等五篇变文。这种现象说明,这五篇变文的作者有可能为南方吴人。南朝末年,"侬"的用法已从女性第一人称扩展为泛第一人称,因而敦煌变文中的"奴"就不限于女性自称,而是男女通用的自称。在唐五代，已经有南方人把"侬"的用法带到了北方，但其影响还很有限。

宋元明时期，"阿奴"罕用，"奴""奴家"得到较广泛的应用，但一般只用于女性。

若得山花插满头，莫问奴归处。（严蕊《卜算子》）
好似儿夫出去，怎得教奴供给得公婆甘旨？（高明《琵琶记》）
那妇人便道："奴等一早起，叔叔怎地不归来吃早饭？"（《水浒传》第二十三回）
娘子道："奴着了气，一径回来了。"（《初刻拍案惊奇》卷六）
莫大姐道："奴正是徐家媳妇。"（《二刻拍案惊奇》卷三十七）
奴与崔郎五百年姻契，合为夫妇。（《警世通言》第十九卷）
如春曰："奴一身嫁与官人，只得同受甘苦。"（《喻世明言》第二十卷）
小娘子还了万福，道："是奴家要往爹娘家去，因走不上，权歇在此。"（《京本通俗小说错斩崔宁》）
公婆年纪老，靠着奴家相依倚。（高明《琵琶记》）
那妇人道："奴家年轻，如何敢受礼？"（《水浒传》第四十三回）
奴家家无夫主，不便久陪，告别则个。（《二刻拍案惊奇》卷十四）
闻氏看在眼里，私对丈夫说道："看那两个泼差人，不怀好意。"（《喻世明言》第十卷）
美娘道："如今奴家要从良，还是怎地好？"（《醒世恒言》第三卷）
郑夫人道："实不相瞒，奴家怀九个月身孕，因昨夜走急了路，肚疼，只怕是分娩了。"（《警世通言》第十一卷）

"奴""奴家"均为女性第一人称，意义相同，用法亦同。在同一文本的上下文中，可以交替使用。

那妇人便道："官人不知，容奴告禀，奴家是东京人氏。"（《水浒传》第三回）
闻氏道："公公有所不知，我丈夫三十无子，取奴为妾。奴家跟了他二年了，幸有三个多月身孕。"（《喻世明言》第四十卷）

清代，"奴""奴家"作为女性第一人称的使用趋于衰落，除《红楼梦》还偶尔使用外，《儿女英雄传》《歧路灯》《儒林外史》《镜花缘》中已不见踪迹。唯在一些长篇评书当中，出现"哀家"一词，多见于皇室中皇后、太后或已婚公主的自称。

娘娘点头，含泪道："哀家二十载沉冤，多亏了你夫妇二人。"（《三侠五义》第十七回）

娘娘不觉失声答道："皇姐，你难道不认识哀家了吗？"（《三侠五义》第十八回）

"啊呀，包卿，苦煞哀家了！"只这一句，包公座上不胜惊讶。包兴在旁，急冷冷打了个冷战。登时，包公黑脸也黄了，包兴吓得也呆了，暗说："我，我的妈呀，闹出哀家来咧！"（《三侠五义》第十五回）

且说包公见贫婆口呼包卿，自称哀家，平人如何有这样口气。（《三侠五义》第十六回）

太后说："你跟哀家结什么善缘呢？"（《济公全传》第二百三十二回）

张后传懿旨，卷起珠帘，宣谕诸臣曰："哀家前者因咎被废，今蒙皇上重加殊恩，复正昭阳。"（《海公案》第二十七回）

冯后勃然大怒道："他敢如此，先要了他的命，明天待哀家警戒他一番罢了。"（《隋代宫闱史》第十七回）

公主说："二位先生且听。自驸马去世之后，朝中大政哀家不管。"（《说唐全传》第七十八回）

公主大怒，吩咐左右："将这两奸臣锁着，待哀家见圣上发落。"（《说唐全传》第七十八回）

公主奏说："哀家公公秦叔宝打成唐朝天下，驸马秦怀玉征东平西战死沙场。"（《说唐全传》第七十八回）

以上作品中的"哀家"，当源于方言词"娭毑"（嬢姐）。《现代汉语词典》："［娭毑］〈方〉1. 祖母。2. 尊称年老的妇女。"《汉语方言大词典》："娭毑：祖母，湘语；对老年妇女的尊称，西南官话，湘语；母亲，湖南临武金江。"《说文解字》："蜀谓母曰姐。"《康熙字典》引《集韵》："姐古作毑。"又"嬢姐：祖母或尊称老年妇女。"林清书（2006）："客家人用的是'嬢姐'，指1. 祖母；2. 外祖母；3. 尊称老年妇女。"此时官话已大致尖团合流，"哀"与"娭""嬢"音同，"家"与"姐"音近，娭毑、嬢姐家用来尊称老年女性，哀家也偏重指皇室中的年老的女性成员（有些皇后、皇太后从年龄上看并不老，但由于其地位尊贵，便有了称老的资格），"哀家"源于"娭毑"（嬢姐）是显而易见的。"哀家"一词，只见于处于社会底层的评书艺人创作的长篇评书，并不见于文人作品，这其中的原因是什么呢？笔者推测，太后等人自称"哀家"，在实际生活中也许并不存在。评书艺人出于对她们高贵身份的尊重，便移花接木，从方言中选取了表示对老年妇女尊称的"娭毑"（嬢姐）一词，用作太后等皇室女性成员的自称。娭，在湘方言中读作 ŋai33，仍保留疑母读音，当与"卬"同源。

三、结语

"卬"是"吾"或"我"的社会方言变体，作为女性自称，先秦时期用于卫国部分地区。汉代"卬"音变为"姎"，六朝时期，又音变为"侬"，用于吴方言中。宋元时期，"侬"又音变为"奴"，也作"奴家"。明清时期用于皇室女性的"哀家"实源于方言词"娭毑"（嬢姐），"娭"与"卬"当有同源关系。李宗江（1999）："人称代词、指示代词和疑问代词这三大类中的主要成员在古代和近代变化发展的基本面貌大致上是清楚的，但从词汇史的角度，将不同时期的代词联系起来，通过较为可靠的接近口语的语料，来描述新旧词的消长替换过程，说明新旧词交替的原因等方面还有很多工作要做。"本文正是这方面工作的一个粗浅的尝试。

参考文献

[1] 蒋绍愚：《古汉语词汇纲要》，商务印书馆 2005 年版。

[2] 李宗江：《汉语常用词演变研究》，汉语大词典出版社 1999 年版。

[3] 林清书：《湘方言的"娭毑"和客家方言的"嬢姐"》，载《龙岩学院学报》，2006 年第 1 期。

[4] 潘重规：《敦煌变文集新书》，文津出版社 1983 年版。

[5] 王寅：《认知语言学》，上海外语教育出版社 2007 年版。

[6] 许宝华、[日] 宫田一郎主编：《汉语方言大词典》，中华书局 1999 年版。

[7] 张志毅、张庆云：《词汇语义学》，商务印书馆 2005 年版。

[8] 赵艳芳：《认知语言学概论》，上海外语教育出版社 2006 年版。

[9] 中国社会科学院语言研究所词典编辑室编：《现代汉语词典》，商务印书馆 1995 年版。

（原文刊于《长江学术》2015 年第 4 期）

古汉语"名而动"结构的再认识①

"名而动"结构,作为古汉语的一种特殊结构形式,受到了语法学界的高度关注,自2008年以来,仅《中国语文》就先后发表了四篇文章讨论这一问题(杨荣祥,2008;宋洪民,2009;傅书灵,2010;吴春生、马贝加,2014),把这一问题的研究不断引向深入。但是,在"名而动"的来源问题,"名而动"的"名"的语义特点和语法地位问题,"名而动"的主观倾向问题等若干重大问题上还存在严重分歧。造成分歧的主要原因:一是未能厘清"名而动"结构其实分为三类,一类是主谓结构,一类是连谓结构,一类是状中结构,而是把几类结构混为一谈,导致治丝益棼;二是主谓结构的"名而动"虽然讨论得最为热烈,描写得也很细致,但始终围绕表层句法结构打转转,以致言人人殊,意见纷纭。不识庐山真面目,只缘身在此山中。如果我们在厘清三类结构的基础上,能够转换一下视角,跳出主谓式"名而动"的表层句法结构,深入探究一下其深层语义结构,弄清楚这一深层结构投射到句法表层的机制,庶几会对这一结构认识得更加清楚。

一、主谓结构的"名而动"

(一)主谓结构的"名而动"与对比焦点

杨荣祥先生(2008)指出:"连词'而'的基本语法功能是标记'两度陈述',即'而'连接的一定是两个在句法结构中具有述谓功能的成分。"这一论断没有问题,但他接着说:"在'名而动'结构中,'名'原本是一个判断句的谓语部分,它和'而'后的'动'通过'而'连接构成一个复杂谓语形式,共

---

① 本文承蒙匿名审稿专家提出宝贵修改意见,谨致谢忱。

同对句子的话题性主语加以陈述。'名而动'来源于话题性主语 + '名而动'句法结构省略'话题性主语'。"这一论断显然没有厘清深层语义结构与表层句法结构的关系，把问题绝对化了。按照乔姆斯基（1986）的理论，人们心理上的认知（深层结构）演化为具体的言语形式（表层结构），要经过一个投射、衍生的变化过程。语言的表层结构决定了句子的形式，深层结构决定了句子的意义。把心里的意思转换成言语（从深层到表层）可以有符合本民族语法的不同的形式。因而在深层结构中的判断投射到表层结构，未必都要通过判断句的形式表现出来，深层结构中的陈述，投射到表层结构，未必都是谓语。尚杰（2009）认为，在西方属性虽不离事物却又非事物，而在中国属性不但属于事物，它自己也是"事物本身"。"名而动"结构中的"名"是表示述谓的，但它既可以是谓语，也可以是具有述谓性的主语或状语。① 也就是说"名而动"结构既可以是连谓结构，也可以是主谓结构或状中结构。由于没能严格区分这几种结构，杨荣祥（2008）对下列句子的解析常常遭人诟病：

（1）伯牛有疾，子问之，自牖执其手，曰："诶，命矣夫！斯人而有斯疾也！斯人也而有斯疾也。"（《论语·雍也》）——（伯牛）斯人也而有斯疾也。

（2）邦君树塞门，管氏亦树塞门；邦君谓两君之好，有反坫，管氏亦有反坫。管氏而知礼，孰不知礼？（《论语·八佾》）——彼管氏也而知礼。

（3）且先君而有知也，毋宁夫人，而焉用老臣？（《左传·襄公二十九年》）——且彼先君而有知。

---

① 关于谓词性主语，可参见朱德熙：《语法讲义》，商务印书馆1982年版。裘燮君（2005）说："'而'字前后两个语言单位之间的语法性质和语法关系需要从句法层面和语义层面两个层面加以说明：从句法层面看，'而'主要用来连接两个谓词（或谓词性短语）以构成一个连谓短语，来充当大句的各种句子成分，或连接两个分句中的谓词（或谓词性短语）以构成一个复句。……从语义层面看，在所谓'而'字连接主语和谓语的句子中。'主语'和'谓语'之间并不存在陈述和被陈述那样的语义关系，两者分别代表在语义上具有转折关系的两件事，它们之间在语义上是一种'转折性联络'，是'逆接'。"笔者认为，裘先生能够注意到"而"字结构的深层语义结构和表层句法结构，是难能可贵的，但它显然把这一复杂问题简单化了，把深层结构的陈述与表层结构的谓语做了简单的对接。在主谓结构的'名而动'中，主谓之间存在陈述与被陈述的语义关系，这是客观事实，是不容否认的。至于"转折性联络"，那是就句子的逻辑关系而言的，与话题—陈述关系是两回事，构不成否认话题—陈述关系的理由。况且，主谓结构的"名而动"，并非都是逆接，详见本文第四部分。

宋洪民（2009）指出："说这几例'而'前的'名'来源于判断句谓语非常牵强，杨文加上了原句中没有出现的所谓"话题性主语"如'伯牛''彼'等，添加得也很勉强，如'彼'与'管氏'之间似乎看不出有什么判断性的主谓关系。"宋洪民先生的这一批评可谓切中要害。上述例句的"名而动"结构其实都是主谓结构，"名"不过是具有述谓性的主语，并不源于任何句子的省略，因而在它前面添加任何成分都只能是画蛇添足，徒劳无功。

主谓结构的"名而动"中的"名"一般都是对比焦点①，这个焦点成分在深层结构中具有述谓性，当它转换为表层结构时，与连词"而"要求其前后成分都具有述谓性正相契合，因而它不需要做任何改变即可进入这一结构。这种结构中名词的对比可以是内在的，也可以是外在的，内在的对比止于自身，外在的对比延及他人。上述例句的对比都是内在对比。伯牛在孔门弟子中，以德行与颜渊、闵子骞并立，但却得了恶疾，因此例（1）是以"斯人"（善人）与"斯疾"（恶疾）对比。管仲辅佐齐桓公九合诸侯，一匡天下，对此孔子是高度赞许的，但他也存在一些诸如"树塞门""有反坫"等非礼行为，对此孔子是持批评态度的，例（2）是以"管氏"（有非礼行为）与"知礼"（管氏得到的称誉）对比。"先君"已逝，不能"有知"，例（3）是以"先君"（已逝的现实）与"有知"（虚拟的情况）对比。下列例句则体现的是外在对比：

（4）子产曰："兄弟而及此，吾从天所与。"（《左传·襄公三十四年》）

（5）乐羊为魏将而攻中山，其子在中山，中山之君烹其子而遗之羹，乐羊坐于幕下而啜之，尽一杯，文侯谓堵师赞曰："乐羊以我故而食子之肉。"答曰："其子而食之，且谁不食？"（《韩非子·说林上》）

（6）辛垣衍曰："先生独未见夫仆乎？十人而从一人者，宁力不胜，智不如耶？畏之也。"（《战国策·赵策》）

例（4）中的兄弟与一般关系对比，强调其关系之近。例（5）中的"其子"与一般关系对比，强调其关系之亲。例（6）中的"十人"与"一人"对

---

① 焦点是一个话语功能概念，它是说话人最想让听话人注意的部分，是说话人赋予信息强度最高的部分。徐烈炯、刘丹青（1998：96—102）用"突出"和"对比"来概括焦点的功能。所谓突出，是指跟句子的其他成分相比，焦点是最被强调的部分；所谓对比是指在话语中，焦点用作与语境中或听说者心目中的某个对象对比。焦点可分为常规焦点和对比焦点，常规焦点具有［＋突出］［－对比］的特征，对比焦点具有［＋突出］［＋对比］的特征。

比，强调其数量上的悬殊。对于这类"名而动"结构中的"名"是对比焦点，杨荣祥（2008）已经注意到①：

> 在（"名而动"结构）的上下文中，通常有一个显性的或暗含的与"名"对比的成分，说话人是把"名"作为一个对比焦点提出来的。《马氏文通》里面就多次提到"名"当"重读""重顿"。既然是对比焦点，对比就是强调它是什么，是说话人主观上对它做出判断，因此我们认为在这种结构中，说话人是将"名"作为一个判断提出的。如：
> 相鼠有皮，人而无仪。人而无仪，不死何为？（《诗经·鄘风·相鼠》）
> 我有子弟，子产诲之；我有田畴，子产殖之；子产而死，谁其嗣之？（《左传·襄公三十年》）
> 叶公曰：王子而相国，过将何为？（《左传·哀公十七年》）
> "人"与"鼠"对比，相对"鼠"，说话人要说的"是人"，"子产"与别人对比，是一个令人爱戴的人（从上文可以看出），说话人要说的"是这样一个子产"。"王子"与别的身份对比，说话人要说的"是王子"。正因为"而"前"名"在说话人那儿是当作一个判断提出来的，所以它具有陈述性，所以能够用"而"和另一个陈述成分"动"连接。

杨荣祥先生的这一发现是敏锐的，可惜的是，他未能充分认识到深层语义结构与表层句法结构对应的复杂性，把陈述性成分与谓语划了等号，不承认名词用作对比焦点的"名而动"结构中的名词的主语地位。这类"名而动"结构中的"名"是作为一个判断提出来的并没有错，不过这个判断投射到句法的表层结构是做主语的，而不是做谓语的。

---

① 于富章（1983）较早注意到主谓之间的"而"有突出的作用，杨伯峻、何乐士（2001：1004）指出："'主而谓'中的连词'而'主要是起了强调、加强语气的作用，伴随文义有转折、顺承、假设之意，它所在句常用作表条件或假设的分句。"解植永（2006）进一步指出："'主而谓'结构中的'而'字的作用，主要在于延宕音节，加重语气，凸显主语，强调主语的身份。"但他们都还没有注意到"而"前之"名"（主语）是对比焦点，因而无法解释主语放在"而"前为什么会得到突出、强调。

深层结构　　　述谓（"名词"是对比焦点）　　　述谓
　　　　　　　　↓ 投射　　　　　　　　　　　↓ 投射
表层结构　　　名（主语）　　　而　　　动（谓语）
　　　　　　　述谓　　　　　　　　　　述谓

也就是说，"名而动"结构中"而"字之前的成分，在深层结构中是述谓性的，当投射到句法表层时，由"而"字结构赋予了其述谓性（"而"前后的成分都要求具有述谓性），因而从深层到表层，述谓的语法意义都没有改变，只是因为这个成分中的名词是对比焦点，因而在表层结构中被凸显了出来。

（二）主谓结构的"名而动"与"而"前"名"的指称特性

宋洪民（2009）依据"而"前之"名"的指称特性将"名而动"结构分为三类，分别是：第一类，无指用法。来源于判断句的"而"前"名"，表示个体的类别归属及身份的确认强调。例如①：

（7）平公见之，曰："司武而梏于朝，难以胜矣。"（《左传·襄公六年》）——彼司武也而梏于朝。

（8）亡人而国荐之，非敌而君设之，非天，谁启之心。（《国语·晋语四》）——公子亡人而国荐之，公子非敌而君设之。

（9）骊姬泣曰："大子何忍也？"其父而欲弑代之，况他人乎？（《史记·晋世家》）——君其父也而欲弑代之。

第二类，定指用法。作为有感叹意味的评判性成分"而"前"名"，表示个体性质的确认强调。例如：

（10）使宋王（如此威猛的宋王/以宋王之威猛）而寤，子为齑粉矣！（庄子·列御寇）

第三类，通指用法。作为描述性申说成分的"而"前"名"，表示类别群体属性的确认强调。例如：

---

① 宋文所举的例句如在前文已经出现过并已做出分析，则不再重复出现。

(11) 士而怀居（《论语·宪问》）（本应品行高洁，超出常人的士子）

(12) 匹夫而为天下者，德必若舜禹。（《孟子·万章上》）（绝无凭借的匹夫）

宋文通过分类，强调这三类"名而动"结构中所要突出的"而"前名词的属性存在着差异，这一描述无疑是细致准确的。但是宋文有意无意地忽略了它们的共性——强调。这些句子中的"而"前"名"为什么能得到强调？无他，盖因为它们是对比焦点，与它们的指称特性没有关系。为了便于理解各句的语义，我们在必要时，录出其上下文。例（7）的上下文语境是：

宋华弱与乐辔少相狎，长相优，又相谤也。子荡怒，以弓梏华弱于朝。平公见之，曰："司武而梏于朝，难以胜矣。"遂逐之。

宋国的华弱与乐辔是发小，小的时候非常亲昵，长大入朝为官，既互相轻薄、调戏，又互相诽谤、指责。乐辔发了火，就用弓把华弱桎梏于朝廷，宋平公看到司武华弱竟被人用弓给桎梏了起来，担心这样懦弱的司武带领军队打仗难以取胜，就把华弱驱逐出了宋国。

在这个句子中，"司武"是与一般官职对比的焦点，一般官职无须多么威武刚强，但"司武"（司马）是统帅军队的，则必须要求具有这一品性。宋国的华弱作为一国之"司武"，竟然被大夫乐辔用弓桎梏在朝廷，可见他是多么懦弱，难怪宋平公对他大为不满，担心这样的司武统帅军队难以取胜，要把他驱逐出国了。①

例（8）的上下文语境是：

（公子重耳）遂如楚，楚成王以周礼享之，九献，庭实旅百。公子欲辞，子犯曰："天命也，君其飨之。亡人而国荐之，非敌而君设之。非天，谁启之心？"

重耳一行到楚国去，楚成王用周王室待诸侯的礼节款待他。宴会上献酒九次，院子里陈列的酒肴、礼器数以百计。公子重耳想要推辞，子犯说："这是上天的意志，您还是接受吧。一个逃亡在外的人，竟用国君的礼节来进献，身份

---

① 《左传·襄公六年》杜预注："司武，司马，言其懦弱不足以胜敌。"

地位不相等，却像对待国君那样陈设礼物。若不是上天有灵，谁会使楚成王有这样的想法呢？"

很明显，例（8）中的"亡人"是与在位的公子对比的，"非敌"是与"敌"（身份地位相等的诸侯）对比的，它们均因是对比性焦点才得到了强调。

例（9）的"其父"与一般关系对比，强调其关系亲近，"其父"尚欲"弑代之"，其他人更不必说。需要指出的是，"其父而欲弑代之"一句是主谓结构做谓语，小主语"大子"承前省略了。

例（10）以"宋王"与一般职务对比，强调宋王的权势，这从下一句"子为齑粉矣"中看得很清楚。

例（11）"士"与一般民众对比，"士"受过良好的教育，被赋予历史使命，有责任，有担当，不能像一般民众一样贪图安逸，恋家怀乡。

例（12）的上下文语境是：

> 万章问曰："人有言，'至于禹而德衰，不传于贤'，有诸？"孟子曰："否，不然也。天与贤，则与贤；天与子，则与子。昔者舜荐禹于天，十有七年，舜崩，三年之丧毕，禹避舜之子于阳城，天下之民从之，若尧崩之后不从尧之子而从舜也。禹荐益于天，七年，禹崩，三年之丧毕，益避禹之子于箕山之阴。朝觐讼狱者不之益而之启，曰：'吾君之子也。'丹朱之不肖，舜之子亦不肖。舜之相尧，禹之相舜也，历年多，施泽于民久。启贤，能够承继禹之道。益之相禹也，历年少，施泽于民未久。舜、禹、益相去久远，其子之贤不肖，皆天也，非人之所能为也。莫之为而为者，天也；莫之致而至者，命也。匹夫而有天下者，德必若舜禹，而又有天子荐之者，故仲尼不有天下。继世而有天下，天之所废，必若桀纣者也。"

由此可见，例（12）的"匹夫"（一般人）是与"继世"（天子的儿子）做对比的，"匹夫"有天下，不仅要有高尚的德行，还要得到天子的推荐；"继世"有天下，只要贤明就可以了。

运用对比焦点理论还可对吴春生、马贝加（2014）中提到的1例"名而动"做出合理的解释。

> 是故卷甲而趋，日夜不处，倍道兼行，百里而争利，则擒三将军，劲者先，疲者后，其法十一而至。（《孙子兵法·军争》）

"十一"是与"三军"（全军）做对比的焦点，因而得到强调，它不源自任何判断句的省略。"十一而至"是主谓结构，"十一"是具有述谓性的主语。

总之，主谓结构"名而动"中的"而"前之"名"得到强调，盖因为它们是对比焦点，无关乎指称。"而"前之名无论是无指、定指、还是通指，都不能证明是来源于判断句"话题性主语"的省略。①

（三）现代汉语中的述谓性主语

主谓结构的"名而动"，"名"是述谓性主语。述谓性的体词成分做主语，并非为古代汉语所独有，现代汉语中也很常见。由古可以知今，由今亦可以知古，古今语言虽有变化，它们反映的语言规律却具有一致性。以下例句除特别注明外，均采自北京大学语言学中心（CCL）语料库：

（13）一个哲学家，一个小小的人，他居然可以为天地立心。
（14）小小的虫子却有如此的智慧与毅力！
（15）主办者做梦也想不到，堂堂的桑普多利亚队竟会对中国队如此重视。

"一个哲学家""小小的虫子""堂堂的桑普多利亚队"，都是作为一个判断提出的，但没有人会把它们看作判断句的省略，上述成分也都具有述谓性，但是没有人会把它们看作谓语，它们是地地道道的述谓性主语，这是毫无疑义的。除此之外，上述句子在以下两点上也与古代汉语主谓结构的"名而动"有相同之处。其一，述谓性主语均为对比焦点。例（13）"一个哲学家"与那些有权势的大人物对比，例（14）"小小的虫子"跟大型生物对比，例（15）足球劲旅桑普多利亚队与弱旅中国队对比。其二，主谓之间都有连接成分。古汉语"名而动"结构名动之间用"而"连接，现代汉语"述谓性 NP + VP" NP 与 VP

---

① 陈平（1987）指出："如果名词性成分的表现对象是话语中的某个实体（entity），我们称该名词性成分为有指成分，否则，我们称之为无指成分。判断一个名词性成分是有指还是无指，有一个简捷的办法：有指成分可以用种种方式加以回指（anaphoric reference），而无指成分则无法回指。"宋洪民（2009）所举的无指用法的例句中，所谓"无指"成分都可以回指，如例（7）的"司武"可以用"彼""华弱"回指，例（8）的"亡人"可以用"公子""重耳""公子重耳"回指，例（9）的"其父"可以用"君""公""陛下"等回指，因而这些成分都是有指成分、定指成分，因而，宋文关于"名而动"中的"名"有一类为无指用法的说法是不成立的，相应的宋文认为这一类的"名"源于判断句指称性主语的省略的说法也是不成立的。

之间则通常用"居然""竟然""竟""却"等连接。换句话说，现代汉语的"述谓性 NP+竟然（居然、公然、却、但等）+VP"就是古代汉语"名而动"（主谓结构）的翻版，可以还原为"名而动"结构。① 梅广先生（2018：192—193）把主谓之间的"而"看作副词，联系现代汉语相应句式的"居然""竟然""竟""却"都是副词，这种看法不无道理。

二、连谓结构的"名而动"

连谓结构是汉语中比较特殊的一种句法结构，它由两个述谓性成分连用组成。连谓结构与谓词性联合结构虽然都可表述为 VP_1+VP_2，但两者的性质有很大不同，谓词性联合结构中的 VP_1 和 VP_2 是并列关系，在时间上和事理上没有先后之分，可以交换次序而意义不变，连谓结构的 VP_1 和 VP_2 在时间或事理上有先后之分，不能够交换次序。连谓结构往往会导致 VP_1 或 VP_2 的词义和语法性质发生变化，我们将之称为连谓结构槽。汉语史上诸多著名的构式都是通过连谓结构槽形成的，诸如使成式、"把"字式、"被"字式，等等。连谓结构中的 VP_1 和 VP_2 的语义地位并不平等，通常 VP_2 才是表述的重心，这就导致 VP_1 中的动词虚化，产生出使成式、"把"字式、"被"字式等特殊构式。② 除此之外，连谓结构槽还有一种功能，就是能够使进入这个结构中的名词性成分述谓化。在古汉语中，充当连谓结构中的 VP_1 和 VP_2 的连接成分，是"而"字最重要的功能。马建忠（1998：282）指出："'而'字之为连字，不惟用以承接，而用为推转者亦习见焉。然此皆上下文义为之。不知'而'字不变之例，惟用以为动静诸字之过递耳，是犹'与''及'等字之用以联名代诸字也。"杨荣祥（2008）指出："连词'而'的基本功能是标记'两度陈述'，即'而'连接的一定是两个在句法结构中具有述谓功能的成分。""名而动"结构中的"而"连接的也是两个具有述谓功能的成分，只有在"而"前之"名"是对比焦点时，"名而动"结构才是主谓结构，除此之外的"名而动"结构大都是连谓结构。例如：

---

① 如"一个哲学家，一个小小的人，他居然可以为天地立心"可以还原为：一哲夫，小小之人，而可以为天地立心。余例可类推，恕不一一对译。
② 参见王力：《汉语语法史》，商务印书馆 2005 年版，第 262—288 页。

(16) 曹人凶惧，为其所得者，棺而出之。(《左传·僖公二十八年》)

(17) 楚一言而定三国，我一言而亡之。(《左传·僖公二十八年》)

(18) 郤至甲胄而见客，免胄而听命。(《国语·晋语》)

(19) 古之民，未知为宫室时，就陵阜而居，穴而处。(《墨子·辞过》)

(20) 上士操丧也，必扶而能起，杖而能行，以此共三年。(《墨子·节葬下》)

连谓结构槽"VP_1 + 而 + VP_2"，要求"而"前后的成分都是述谓性成分，"而"的前后如果出现名词性成分，这个名词性成分就会发生述谓化，变成述谓性成分，上述例句中的名词性成分"棺""一言""力""君""百里""甲胄""穴""杖""风"都发生了述谓化，活用为了动词。连谓结构的"名而动"之"名"跟判断句没有关系，自然也就不会源于判断句"话题性主语的省略"。如果"而"的前后都是名词性成分，构成"NP_1 + 而 + NP_2"格式，那么 NP_1 和 NP_2 可能都会发生述谓化。① 例如：

(21) 主晋祀者，非君而谁？(《左传·僖公二十四年》)

(22) 且是人也，蜂目而豺声，忍人也。(《左传·文公元年》)

(23) 夫郤氏，晋之宠人也，三卿而五大夫，可以戒惧矣。(《国语·周语下》)

(24) 叔鱼生，其母视之，曰："是虎目而豕喙，鸢肩而牛腹，溪壑可盈，是不可餍也，必以贿死。"遂不视。(《国语·晋语八》)

---

① "NP_1 + 而 + NP_2"格式也可以是谓词性并列结构，如"夫齐，甥舅之国也，而大师之后也。"(《左传·成公三年》)和名词性并列结构，如"夫昆吾之金和铢父之铁，使於越之工，铸之以为剑，而弗加砥砺，则以刺不入，以剑不断。"(《尸子·劝学》) 郭锡良(2007：106) 指出，这类名词性并列结构，带有描写的性质，因而可以用"而"字连接，一般名词性的词组是不能用"而"字连接的。

三、状中结构的"名而动"

"名而动"结构中的"名"如果是表示时点的名词,该结构为状中结构。①管燮初(1994:355)称这种结构的"而"为偏正连词。例如:

(25) 庚寅,日中而克葬。(《左传·定公十五年》)
(26) 齐侯使连称、管至父戍葵丘,瓜时而往,曰:及瓜而代。(《左传·庄公八年》)
(27) 旦而里克见丕郑,曰:"夫史苏之言将及矣!"(《国语·晋语二》)
(28) 张老夕焉而见之,不谒而归。(《国语·晋语八》)
(29) 襄王三年而立晋侯,八年而陨于韩,十六年而晋人杀怀公。(《国语·周语》)

"名而动"结构中的"名"如果是表示时段的名词,该结构为连谓结构,时段名词一般由"数词+时间名词"构成。例如:

(30) 南宫万奔陈,以乘车辇其母,一日而至。(《左传·庄公十二年》)
(31) 故宋公、陈侯、蔡人、卫人伐郑,围其东门,五日而还。(《左

---

① 裘燮君(2005)认为:"在所谓'而'字连接状语和中心语(谓语)的句子中,在语义层面上存在两种语义关系。一种是主要的显性的语义关系,与'而'字结构的句法层面意义有直接关联,对句法层面的意义(即句法结构)起决定性作用;一种是次要的隐性的语义关系,与'而'字结构句法层面意义没有直接关联,对句法层面的意义(即句法结构)不起决定性作用。对于作为状语的那个词语来说,它与主事(施事)所构成的'主事—形状''施事—动作'等语义关系是主要的、显性的语义关系,而它与'而'后谓词所构成的'方式'(情态)—动作''条件(原因、时间)—动作'等语义关系则是次要的隐性的语义关系,因此这类'而'字句从句法层面看,应是连谓短语,而不是状中偏正词组。"我们认为,对这个问题不能一概而论。即以"时间名词+而+动词"来说,时间名词如果表示的是时段,则"施事—动作"的语义关系是主要的语义关系,该结构为连谓结构;时间名词如果表示的是时点,则"时间—动作"的语义关系是主要的语义关系,该结构为状中结构。时段名词前面可以补出"经""历"等动词,时点名词前面不能补出动词。

(32) 天子七月而葬，同轨毕至。(《左传·隐公元年》)
(33) 公父定叔出奔卫，三年而复之。(《左传·庄公十六年》)

状中结构的"名而动"中的"名"也可以是表示处所或表示原因、凭借等的名词。例如：

(34) 里而栽，广丈，高倍。(《左传·哀公元年》)
(35) 彭氏之子半道而问曰："君将何之？"(《墨子·贵义》)
(36) 若从君者，则貌而出者，入可也；寇而出者，行可也。(《左传·定公元年》)
(37) 夫圣人为政，其所以众人之道，亦数术而起与？(《墨子·节用上》)

"里""半道"表示处所，"貌""寇"表示原因，"数术"表示凭借。状中结构的"名而动"，"名"跟判断句没有关系，不是判断句"话题性主语的省略"。

四、"名而动"结构与逆情陈述

傅书灵（2010）认为，"名而动"结构"表达的主要是一种在说话人看来违背社会常理、常情或者个人情感、价值取向等的语义，其主观性很强，是一种有特定蕴含的陈述"，即所谓"逆情陈述"。这种逆情陈述，在"名而动"结构中大量存在，是一个不争的事实，究竟应该怎样看待这一问题呢？笔者认为，把"而"的用法与"名而动"结构中的"名"表对比焦点结合起来进行考察，就能很好地解决这一问题。首先，连词"而"既可以表示顺接，也可以表示转接。正如马建忠（2005：282）所说"'而'字之为连字，不惟用以承接，而用为推转者亦习见焉。"刘景农（1994：304）指出："'而'的基本作用，是表示前后相连的关系。'而'的联络是一贯直下（即使中间有语气停顿，实际上还是连而不断），前后的句子结合得很密切，两个句就等于一个句。"郭锡良（2007：108）进一步指出："其实，所谓顺接和逆接是从具体上下文考虑的，并不是说'而'字本身有这两种性质。"因此，"连而动"结构无论表达顺情陈述还是逆情陈述，都符合"而"的正常用法，并没有什么特别之处。那么"名而动"结构表达逆情陈述为什么大大多于顺情陈述呢？这就与"名而动"中的"名"是对比焦点有关了。"名而动"中的"名"之所以成为对比焦点，基本上源于以下两种情况：一是自身的行为与自身的职责的对比，一是自身的行为与自身的身份的对比。前者是自身内部的对比，我们称之为内在对比，后者是自身与他人对比，我们称之为外在对比。例如：

(38) 夫狄无列于王室，郑伯南也，王而卑之，是不尊贵也；狄，豺狼之德也，郑未失周典，王而蔑之，是不明贤也；平桓庄惠皆受郑劳，王而弃之，是不庸勋也；郑伯捷之齿长矣，王而弱之，是不长老也；狄，隗姓也，郑出自宣王，王而虐之，是不爱亲也；夫礼，新不间旧，王以狄女间姜、任，非礼且弃旧也。王一举而弃七德，臣故曰利外矣。(《国语·周语中》)

(39) 子而思报父母之仇，臣而思报君之仇，其有敢不尽力者乎？(《国语·越语上》)

(40) 从者为羁绁之仆，居者为社稷之守，何必罪居者？国君而仇匹夫，惧者众矣。(《左传·僖公二十三年》)

(41) 大夫非不能也，让父兄也。尔童子，三掩人于朝。吾不在晋国，亡无日矣。(《国语·晋语五》)

例(38)是以周王的行为与周王的职责做对比，周王的行为与其职责皆不相称，是逆情陈述。例(39)是以子、臣之行为与其职责做对比，子、臣之行为与其职责相称，是顺情陈述。例(40)是以"国君"之行为与其身份对比，例(41)是以"童子"之行为与其身份对比，"君""童子"之行为均不符合其身份，皆为逆情陈述。由此看来，主谓结构的"名而动"结构，只要"名"是对比焦点就行，并不要求都是逆情陈述，顺情陈述也可以容纳其中。这一结构的逆情陈述之所以比顺情陈述多，是因为当某人的行为与其职责或身份不相称时，更需要将其置于对比焦点的位置，使其得到突出强调，以充分暴露其反常甚至荒谬，例(38)就以周王的七种反常行为，暴露了其荒谬。刘景农(1994：312)认为："这种句是利用'而'的转接作用，从反面而折入正意。主语应当重读，使以下的转折更为有力。"

五、结语

"名而动"结构是两度陈述,这一论断没有问题。深层结构中的陈述性成分投射到表层结构,并不一定都是谓语,它可以是谓语,也可以是主语、状语,因而"名而动"结构可以是连谓结构,也可以是主谓结构、状中结构。马建忠(1998:288):"若'而'字之前若后惟有名字者,则其必假为动静字矣。不然,则含有动静之字者也。不然,则用若状字者也。"所谓"假为动静字"者,指连谓结构的"名而动","名"一般活用为动词;所谓"含有动静之字者",指主谓结构的"名而动","名"为对比焦点,在深层语义上为陈述,在表层句法上为谓语,当某人的行为与其身份、职责不相称时,更容易成为对比焦点,因而主谓结构的"名而动"多为逆情陈述。所谓"用若状字者",指状中结构的"名而动","名"多为表示时点的时间名词,也可以是处所名词或表示原因、凭借的名词。袁本良(2003)指出:"在同一结构体并存的几种语义关系中,往往有主与次、显与隐的不同。主要的显性的语义关系与整个句子结构的句法层面意义有直接关联,对句法层面的意义(即句法结构)起决定性的作用,而次要的、隐性的语义关系与整个结构的句法层面的意义没有直接关联,对句法层面的意义不起决定作用。"连谓结构的"名而动",表示两度陈述是主要语义关系;主谓结构的"名而动",名动之间的陈述与被陈述关系是主要语义关系;状中结构的"名而动",名动之间的修饰与被修饰是主要语义关系。连谓结构的"名而动"、状中结构的"名而动","而"前之"名"都不源于判断句"话题性主语的省略"。我们不否认主谓结构的"名而动"的个别例句,"名"有源自判断句"话题性主语省略"的可能性,但就其总体情况来看,"名"是述谓性主语,与判断句没有多少关系。

参考文献

[1] 陈平:《释汉语中与名词性成分相关的四组概念》,载《中国语文》,1987年第2期。

[2] 傅书灵:《关于古汉语"名而动"的一点思考》,载《中国语文》,2010年第5期。

[3] 管燮初:《左传句法研究》,安徽教育出版社1994年版。

[4] 郭锡良:《古代汉语语法讲稿》,语文出版社2007年版。

[5] 刘景农：《汉语文言语法》，中华书局1994年版。

[6] 马建忠：《马氏文通》，商务印书馆1998年版。

[7] 梅广：《上古汉语语法纲要》，上海教育出版社2018年版。

[8] 裘燮君：《连词"而"语法功能试析》，载《广西师范学院学报》，2005年第3期。

[9] 宋洪民：《也谈"名而动"结构》，载《中国语文》，2009年第2期。

[10] 王力：《汉语语法史》，商务印书馆2005年版。

[11] 吴春生、马贝加：《"名而动"结构补说》，载《中国语文》，2014年第4期。

[12] 解植永：《古汉语"主而谓"结构论析》，载《遵义师范学院学报》，2006年第5期。

[13] 徐烈炯、刘丹青：《话题的结构与功能》，上海教育出版社1998年版。

[14] 杨伯峻、何乐士：《古汉语语法及其发展》（下），语文出版社2001年版。

[15] 杨荣祥：《论"名而动"结构的来源及其语法性质》，载《中国语文》，2008年第3期。

[16] 于富章：《主谓间之"而"字辨》，载《东北师大学报》，1983年第4期。

[17] 袁本良：《古汉语句法变化研究中的语义问题》，载《中国语文》，2003年第3期。

[18] 朱德熙：《语法讲义》，商务印书馆1982年版。

[19] [美] 诺姆·乔姆斯：《句法理论的若干问题》，黄长著、林书武、沈家煊译，中国社会科学出版社1986年版。

（原文刊于《古汉语研究》2019年第3期）

甲骨文"隹、叀"性质的再探讨①

甲骨文"隹""叀"的性质很早就引起人们的关注。孟世凯（1987：113，118）认为是语助词，张玉金（1994：92，193）认为是表示强调的语气副词，朱彦民（2003：11—16）认为是表示肯定性强调推测语气的语气词，马晓琴（2002：55）认为"隹""叀"在甲骨文中有副词、介词、助词三种用法。笔者认为，如果非要把"隹、叀"归入现代语法学中的词类，看作语气词勉强可行；看作语气副词则略嫌片面，因为它很难解释"隹、叀"用在名词前面的性质；把它归入副词、介词、助词三个词类，实际上是根据现代语法学理论对"隹""叀"用法的生硬切分，削足适履，并不符合实际。张玉金（1988：59）认为：隹、叀都是焦点和新信息的辅助标记②，笔者赞同这种看法。"隹、叀"的这种用法并不适合用现代语法学中的任何一个词类对它进行框定。下面笔者对用在不同位置的"隹、叀"的性质逐一进行辨析。

一、用在动词、形容词和句子前面的"隹、叀"

马晓琴（2002：55—56）把用在动词、形容词和句子前面的"隹"和"叀"一律视作副词。例如：

(1) 癸酉卜：日月有食，隹若？（佚 374）
(2) 贞：叀吉？燕。（前 6-44-5）

---

① 基金项目：国家社科基金项目"上古汉语的变序句与焦点提取"（项目编号：16XYY016）。
② 张先生（1988）认为"叀"后的词语是兴趣中心之所在，也是心理重音之所在，甲骨卜辞中的"叀"乃是焦点和新信息的辅助标记。

(3) 疾止（趾）隹有它？（拾10.5）

(4) 庚子卜，貞：王其觀耤，叀往？十二月。（后下28-16）

(5) 隹其雨？（馬衡氏藏片）

(6) 商叀其不宅？（乙8685）

(7) 貞：隹父乙它？（佚844）

(8) 叀王往伐工？（天67）

(9) 壬子卜，㱿貞：工方出，隹我有乍禍？（續3-10-2）

马文认为例（1）、例（2）强调程度，例（3）、例（4）加强肯定语气，例（5）、例（6）表示时间，例（7）、例（8）表示确定语气，例（9）表示推测估计的语气。其实这种看法过于机械，胶柱鼓瑟，只见树木，不见森林。且不说"肯定语气"与"确定语气"很难区别，例（3）、例（4）、例（7）、例（8）固然可以说表肯定语气或确定语气，例（1）、例（2）、例（5）、例（6）、例（9）不照样可以说表肯定语气或确定语气吗？再说，卜辞是用来占卜的，既是占卜，就有不确定性，就难免推测估计，因此不仅例（9）表推测估计语气，以上所有的句子都可以说表推测估计语气。换言之，"推测估计"是通过全句表达出来的，并非通过"隹"或"叀"来体现。最为值得注意的是，马文把放在动词前和句子前的"隹"和"叀"都看作副词，以现代语法学的观念来看，固然无可厚非，但以此来确定"隹"和"叀"的性质，未免削足适履，并不符合实际。在卜辞当中，用作虚词的"隹"和"叀"无论出现在什么位置，其用法都是统一的，因此其性质也是统一的，这已是学界共识，毋庸置疑。"隹"和"叀"的作用类似现代汉语的"是"，它放在哪个实词的前面，哪个实词就是突出强调的对象，就是句子的焦点，它们的作用就是用作焦点标记。（1）"隹"用在形容词"若"的前面，强调顺利与否；（2）"叀"用在形容词"吉"的前面，强调吉利与否，两例均不强调程度；（3）"隹"用在动宾词组"有它"前面，强调是否会有灾祸；（4）"叀"用在动词"往"前面，强调可否前往，说两例"加强肯定语气"，并不确切；（5）"隹"用在动词"雨"前面，强调是否会下雨；（6）"叀"用在状中词组"不宅"前面，强调是否会迁居，两例均不表示时间；（7）"隹"用在名词"父乙"前面，强调父乙是否会带来灾祸；（8）"叀"用在名词"王"前面，强调商王是否应该亲自征伐工方，说两例表示"确定语气"，并不确切；（9）"隹"用在代词"我"前面，强调是否会给我方带来灾祸。以上用在动词、形容词和句子前面的"隹"和"叀"，用法只有一个——就是用作焦点标记。

二、用在时间、方所、祭名、牲名、用牲数量等前面的隹、叀

马晓琴（2002：56—57）把用在时间、方所、祭名、牲名、用牲数量等前面的"隹""叀"一律看作介词。① 例如：

(10) 帝隹癸其雨？（前3-21-3）
(11) 戊子卜，宾贞：叀今夕用三百羌于丁？（卜245）
(12) 庚申卜，觳贞：昔日（祖）丁不黍，隹南？（乙1968）
(13) 壬寅卜，宾贞：若兹不雨，帝隹兹邑？二月。（中村兽骨，东京中村不折氏藏）
(14) 其省田叀宫？（宁1-381）
(15) ……其田，隹肜衣？在二月。（佚113）
(16) 高妣豪叀羊，又大雨？叀牛，又大雨？（续4-16-3）
(17) 贞：御叀牛三百？（通26）

马文认为以上例句中的"隹""叀"均用作介词。例（10）、例（11）中的"隹""叀"引介时间，例（12）、例（13）、例（14）中的"隹""叀"引介方所，例（15）中的"隹"引介祭名，例（16）中的"叀"引介牲名，例（17）中的"叀"引介用牲数量。这种看法是非常值得商榷的。

卜辞中的时间，不用介词引介比用介词引介更为常见。例如：

(18) 日其雨？（白天会下雨吗）（遗142）
(19) 昧雨。（天明之前下雨）（后上33-10）
(20) 明雨。（天明之时下雨）（合集481）
(21) 大食雨。（大食之时下雨）（合集90）
(22) 中日其雨？（中午会下雨吗）（粹719）
(23) 昃雨。（昃时下雨）（合集370）
(24) 小采雨。（小采之时下雨。）（合集79）

---

① "叀"用作介词的说法最早见于陈梦家：《殷虚卜辞综述》，商务印书馆1988年版，第102页。

(25) 夕雨。(夜晚下雨)（粹665）

(26) 乙启丙雨。(乙日晴，丙日雨)（乙6405）

(27) 乙郭启不雨。(乙日郭分之时天晴不雨)（宁1-8）

(28) 王夕入于之。(王在夜晚到这里)（粹697）

(29) 王异其田。(王他日田猎)（甲3915）

在少量用介词引进时间的卜辞中，"在"用来引介占卜的月份，"自"用来引介时间的起点，其余用"于"引介。例如：

(30) 其田，隹肜衣，在二月。（佚113）

(31) 癸未卜，行贞：王步，自雇于嘉，亡灾？在八月，在雇。（合集24347）

(32) 甲戌卜，宾贞：自今至于戊寅雨？（前3-21-5）

(33) 甲辰贞：其受禾于丁未？（合集33331）

(34) 丁亥卜，汝有疾，于近三月弗水？（合集22098）

(35) 贞：勿于今夕入？（合集1506）

在这种情况下，仅仅因为"隹""更"后面有时间名词，就认为它们是介词，无疑是十分武断的。赵诚（1988：298）即对用于时间名词前面的"隹"和"于"做了明确区分："帝隹癸其雨——近似于说帝于癸日下雨，即'在'癸日下雨。但'隹癸'又不完全等于'于癸'。'于癸'所说的时间是肯定的。'隹癸'所说的时间带有推测的成分。从这一点来说，'隹'又不完全等于'于'，而只能看作是表示某种意义的助词。"赵先生所说的某种意义，其实就是强调。例（10）、例（11）两句，隹、更仍是用作焦点标记。例（10）"隹"用在"癸"前，强调会不会在癸时下雨。例（11）"更"用在"今夕"前，强调是不是要在今夕用三百名羌人祭祀丁。

卜辞中的方所，"自"引介起点，其余用介词"在"和"于"引介。例如：

(36) 乙酉卜，雨自东。（乙144）

(37) 在盺东北。（人3113）

(38) 辛未贞：今日告其步于父丁，一牛，在祭卜。（宁1-346）

(39) 癸未卜：王在壴贞：旬无咎？（后上10-9）

(40) 甲戌卜，殻贞：今六月王入于商？（前2-1-1）

(41) 癸巳卜，古贞：令师般涉于河东。（合集 5566）

(42) 贞：作大邑于唐土（英 1105 正）

(43) 有虹自北饮于河。（合集 10405 反）

我们同样不能因为"隹""叀"后面跟方所名词就认为它们是介词。例 (12)、例 (13)、例 (14) 中的"隹""叀"，同样是用作焦点标记。例 (12) "隹"用在方位名词"南"前面，用来强调祖丁不黍是不是在南方。例 (13) "隹"用在处所名词"兹邑"前面，用来强调是不是要在兹邑举行禘祭。例 (14) "叀"用在处所名词"宫"前面，用来强调省田的地方是不是宫地。

用在祭名、牲名、祭牲数量前面的"隹""叀"同样不能看作介词，而是焦点标记。例 (15) "隹"用在祭名"肜衣"前面，强调要不要举行肜祭和衣祭。例 (16) "叀"用在牲名"羊"和"牛"的前面，强调寮祭高妣要用羊还是用牛。例 (17) "叀"用在祭牲数量"牛三百"前面，强调御祭的祭牲数量要不要用三百头牛。

伊藤道治 (1985) 考察了甲骨文三、四期卜辞，比较了语气词"其"与"叀"的关系，认为"'其'字处于优势地位"，"主要行为或主体是用'其'字来表示的，而当作卜问这个主要行为的一部分，如行动的担任者、日期、祭奠的对象、种类，为了提示或替代的事物时，则用'叀'"。① 这也说明了"其"主要被用作表达整个句子语气的语气词，而"叀"强调的是动作行为的一部分，是焦点标记。

三、用在前置宾语、前置兼语前面的隹、叀

马晓琴（2002：57）把前置宾语、前置兼语前面的"叀"也看作介词。例如：

(44) 辛酉贞：王叀西方正？（拾 5-6）

(45) 王叀龙方伐？（乙 3797）

(46) 叀牝兹用？（宁 1-281）

---

① ［日］伊藤道治：《卜辞中虚词之性格——以叀与隹之用例为中心》，见中国古文字研究会、中华书局编辑部编：《古文字研究（第十二辑）》中华书局 1985 年版，第 163 页。

(47) 叀象,令从仓侯归?(乙7342)
(48) □午卜,宾贞:王叀妇好,命征尸?(佚527)
(49) 叀般乎田于井?(中村氏所藏甲骨断片)

前三例为前置宾语句,后三例为前置兼语句。唐钰明(1990:121)指出:"由于它(按:指兼语)具有宾语的功能,所以同样可遵循宾语前置的原则。"杨树达(1986:89)最早提出"隹、叀"有前置宾语的作用,但并未将其视之为介词。其实,看到"隹、叀"放在前置宾语前面,就以为它们具有前置宾语的作用,完全是一种误会。动词与宾语之间语义联系比较紧密,一般不能插入表达语气的词语。① 因此需要强调宾语的时候就须采用变更语序的方式来实现,把它放在动词的前面。也就是说,当宾语为宾语时,必须采用焦点提取的手段。试看下面例句:

(50) 辛卯卜:甲午祷禾上甲三牛?(合集33309)

我们可以不改变语序,直接把"隹"或"叀"放在时间状语(甲午)、述语(祷禾)、补语(上甲、三牛)前面,对其加以强调:

(51) 辛卯卜:隹(叀)甲午祷禾上甲三牛?
(52) 辛卯卜:甲午隹(叀)祷禾上甲三牛?
(53) 辛卯卜:甲午祷禾隹(叀)上甲三牛?
(54) 辛卯卜:甲午祷禾上甲隹(叀)三牛?

但是,我们不能在不改变语序的情况下,直接把"隹"或"叀"放在宾语(禾)前面:

(55) *辛卯卜:甲午祷隹(叀)禾上甲三牛?

---

① 齐航福《殷墟甲骨文焦点问题的初步研究》认为:在"丙寅,其御唯贾视马于癸子,叀一伐一牛一毁"(花东289)一句中,"其御唯贾视马于癸子"可以说明"惠+宾语"或"唯+宾语"结构也可以置于动词之后。我们认为,上述句子包含三句话:丙寅,其御? 唯贾视马于癸子? 叀一伐一牛一毁? 三个句子的焦点分别用"其""唯""叀"标记,句意为:丙寅,要举行御祭吗? 祭祀癸子要贾挑选马吗? 要用一伐、一牛、一毁作祭品吗?

如果需要强调宾语"禾",就必须将其前置:

(56) 辛卯卜:甲午隹(叀)禾祷上甲三牛?

"隹、叀"是用来标记焦点的,既然作为焦点的宾语前置了,作为焦点标记的"隹、叀"自然处在前置宾语的前面。管燮初(1953:17)指出:"(甲骨文)凡宾语在他动词之前,这个宾语前头一定有一个介词'惠'或'唯'做标记。"管先生认为宾语前置需用"惠"(叀)和"唯"(隹)做标记是正确的,但认为"惠"和"唯"是介词则值得商榷。无论处在前置宾语还是前置兼语前面,隹、叀均非介词,而是焦点标记,用以强调其后的宾语、兼语。例(44)"叀"用在前置宾语"西方"前面,强调征伐的对象是不是西面的方国。例(45)"叀"用在前置宾语"龙方"前面,强调征伐的对象是不是龙方。例(46)"叀"用在前置宾语"牝"前面,强调祭祀所用的牺牲是不是母牛。例(47)"叀"用在前置兼语"象"前面,强调是不是要命令象随从仓侯回来。例(48)"叀"用在前置兼语"妇好"前面,强调是不是要命令妇好征伐尸(夷)方。例(49)"叀"用在前置兼语"般"前面,强调是不是要命令般往井地田猎。

齐航福(2014:42)注意到:卜辞中的祭祀动词双宾语句,如果牲名宾语和神名宾语同时出现,焦点一般是牲名宾语。例如:

(57) 癸丑卜:叀二牢于祖甲?/癸丑卜:叀一牢又牝于祖甲?(花东459)

齐航福(2014:44)对此解释说:"在某些场合下,应该祭祀的哪位神灵也是确定的,所以这时殷人往往只需关注要用哪类牺牲,用哪种毛色的牺牲,以及所用牺牲的数量,故牲名宾语较神名宾语更容易成为焦点,这就是在祭祀卜辞宾语前置句中,牲名宾语前置的数量要多于神名宾语前置的数量。"也就是说,已知的确定的人或事物,一般不会成为占卜的焦点,未知的人或事物大多会成为占卜的焦点,只有占卜的焦点才用"隹"或"叀"来标记。

齐航福(2008:100)指出,在祭祀卜辞双宾语句中,由于祭祀动词不是焦点,常可省略。例如:

(58) 己卜，叀豕于妣庚？（花东 3 - 6）

(59) 乙卯卜，叀白豕祖乙？不用。（花东 37 - 24）

(60) 叀三牛于庚？（花东 113 - 27）

(61) 叀牝一于妣庚？（花东 182 - 10）

(62) 乙卜，叀羊于母、妣丙？（花东 401 - 1）

(63) 乙卜，叀小牢于母，祖丙？（花东 401 - 2）

(64) 癸丑卜，叀一牢又牝于祖甲？不用。（花东 459 - 7）

牲名宾语因是语义焦点，是绝对不能省略的。

四、隹、叀不用作衬音助词、语首助词

马晓琴（2002：57—58）还把一些名词前面的隹、叀看作衬音助词、语首助词。例如：

(65) 贞：隹火？五月。（后下 37 - 4）

(66) 贞：隹多兄？（佚 419）

(67) 贞：隹它？（佚 46）

(68) 来告大方出，伐我师。叀马小臣。（粹 1152）

(69) 贞，叀小臣令众黍？（前 4 - 30 - 2）

(70) 癸卯王卜，贞：酒翌日自上甲至于多后……隹王五祀。（后上 20 - 7）

(71) 隹十祀，才九月，甲午余步从侯喜正人方，告于大邑商。（卜 592）

(72) 癸丑卜，贞：今岁受年，弘吉？才八月，隹王八祀。（粹 896）

前五例马文认为隹、叀用作衬音助词，后三例马文认为"隹"用作语首助词。甲文不是韵文，追求简洁，只要不影响意思表达，无须使用衬音助词，因此所谓隹、叀用作衬音助词是不成立的。同理，追求简洁的甲文也不使用类似发语词[①]之类的冗余成分，因此语首助词说也缺乏依据。其实，这些名词性成

---

① "隹"用作发语词的说法最早见于吴其昌：《殷虚书契解诂》，台北艺文出版社 1959 年版，第 273 页。

分前面的隹、叀仍是用作焦点标记。例（65）"隹"用在名词"火"前，强调会不会发生火灾？例（66）"隹"用在名词"多兄"前，对其加以强调。例（67）"隹"用在名词"它"前，强调会不会发生灾祸。例（68）"叀"用在名词"马小臣"前，强调来汇报敌情的是马小臣。例（69）"叀"用在名词"小臣"前，强调是否应派小臣带领民众种黍。例（70）、例（71）、例（72）"隹"分别用在"王五祀""十祀""王八祀"等词语前面，用来强调动作行为的时间。例（70）、例（72）"隹"后的时间词语都在句尾，尤能证明"隹"用作语首助词的谬误。卜辞中"隹、叀"与"不隹""勿隹"的对贞也很能说明问题：

　　（73）贞：叀王伐工方？贞：勿隹王伐工方？（合集614）

　　（74）贞：工方出，隹我有作祸？不隹我有作祸？（合集715）

　　（75）乙未卜，㱿贞：王叀（今）日往？贞：王勿隹今日往？（合集7351）

　　（76）贞：帝隹降摧？贞：帝不隹降摧？（合集14717）

如果"隹"用作语首助词，前面就不会受"不""勿"的修饰，与"不隹""勿隹"形成对贞。

五、结语

　　姚振武（2006：2）指出："上古汉语语法的特点在于其综合性强。综合性的主要表现是'一种形式多种功能'和'多种形式一种功能'。"甲骨卜辞中，"隹""叀"的位置非常灵活，以词类而论，可以用在动词、名词、形容词前面，以句法成分而论，可以用在主语、谓语、宾语、状语、补语前面，但这并不意味着它们具有多种性质。朱彦民（2003：11—16）指出："'叀'在句中的位置不同，所肯定强调的对象也不同，或对主语，或对整个句子（有关事实），或对前置宾语，或对状语（时间、原因等），或对补语（牺牲物）。""'隹'在句中的位置不同，也表示了它所肯定或否定的强调对象不同。""隹""叀"用在什么句法成分前面，就用来强调什么句法成分，这正说明的"隹""叀"的语法性质是单一的——用作焦点标记。朱德熙（1991）说："现代语言学的许多重要观点是以印欧语系的语言事实为根据逐渐形成的。采用这种观点来分析汉语，总有一些格格不入的地方。这是因为汉语和印欧语在某些方面（最明显是语法）有根本性的不同。"① "隹、叀"用作焦点标记，很难根据现代西方语法学理论把它归入任何一个词类。

本文所引甲骨文文献目录及简称

①佚　《殷契佚存》
②前　《殷虚书契前编》
③拾　《殷契拾遗》
④后　《殷虚书契后编》
⑤乙　《小屯殷虚文字乙编》
⑥天　《天壤阁甲骨文存》
⑦续　《殷虚书契续编》
⑧卜　《殷契卜辞》
⑨宁　《战后宁沪新获甲骨集》
⑩通　《卜辞通纂》
⑪遗　《殷契遗珠》
⑫合集　《甲骨文合集》
⑬粹　《殷契粹编》
⑭甲　《小屯殷虚文字甲编》
⑮人　《京都大学人文科学研究所藏甲骨文字》
⑯英　《英国所藏甲骨集》
⑰花东　《花园庄东地甲骨》

参考文献

[1] 管燮初：《殷墟甲骨刻词的语法研究》，中国科学院 1953 年版。

[2] 马晓琴：《甲骨文中虚词"隹"与"叀"的异同比较》，载《陕西教育学院学报》，2002 年第 2 期。

[3] 齐航福：《花东卜辞中的宾语前置句试析》，载《河北师范大学学报》，2008 年第 5 期。

[4] 齐航福：《殷墟甲骨文焦点问题的初步研究》，载《语文研究》，2014 年第 4 期。

[5] 孟世凯：《甲骨学小词典》，上海古籍出版社 1987 年版。

---

① 转引自马学良主编：《汉藏语概论》，北就大学出版社 1991 年版，序。

[6] 唐钰明：《甲骨文"唯宾动"式及其蜕变》，载《中山大学学报》，1990年第3期。

[7] 姚振武：《试论上古汉语语法的综合性》，载《古汉语研究》，2006年第1期。

[8] 中国古文字研究会、中华书局编辑部：《古文字研究（第十二辑）》，中华书局1985年版。

[9] 张玉金：《甲骨卜辞中"惠"与"唯"的研究》，载《古汉语研究》，1988年第1期。

[10] 张玉金：《甲骨文虚词词典》，中华书局1994年版。

[11] 赵诚：《甲骨卜辞简明词典——卜辞分类读本》，中华书局1988年版。

[12] 马学良主编：《汉藏语概论》，北京大学出版社1991年版。

[13] 朱彦民：《甲骨卜辞中"叀"与"隹"用法之异同》，载《殷都学刊》，2003年第4期。

也谈古汉语"有/无 + 以 VP"及其相关结构

2013 年 8 月,笔者参加了在韩国首尔举行的第 8 届国际古汉语语法研讨会,读到韩国淑明女子大学李昭东教授的《古汉语"有无以 VP"及其相关结构分析》一文。李文认为:"有/无 NP 以 VP"是"有 + NP + VP"结构的一种扩大形式,由于这种结构在语义上和形式上与"有/无 + 所以 VP"结构没有什么不同,因而逐渐取代了"有/无 + 所以 VP"结构。"有/无 NP 以 VP"结构里 NP 的语义一般取决于后边的"以 VP",这自然带来 NP 的省略,产生出"有/无 + 以 VP"这种结构形式。对于这种看法,笔者实在不敢苟同。笔者认为"有/无 NP 以 VP"与"有 + NP + VP"是两种完全不同的结构形式,"有/无 + 以 VP"与"有 + VP"分别是两种结构形式的简式。"有/无 NP 以 VP"与"有/无 + 所以 VP"的语法意义与语用价值并不相同,"有/无 NP 以 VP"不可能取代"有/无 + 所以 VP"。

一、"有/无 NP 以 VP"与"有 + NP + VP"

李昭东(2013)认为,"有/无 NP 以 VP"是"有 + NP + VP"的扩大形式。所谓"扩大",意思是说"有/无 NP 以 VP"是在"有 + NP + VP"的基础上形成的。实际上二者的语法性质根本不同,二者无论在形式上和语义上都有很大的差异。有/无 NV 以 VP 是复句形式,构成目的关系;有 + NP + VP 是单句形式,构成承接关系。在"有 + NP + VP"的基础上是无法形成"有/无 NP 以 VP"的。试比较:

A 类:有/无 NP 以 VP

  我有旨蓄,亦以御冬。(《诗·邶风·谷风》)
  微我无酒,以敖以游。(《诗·邶风·柏舟》)

我有旨酒，以燕乐嘉宾之心。(《诗·小雅·鹿鸣》)
维南有箕，不可以簸扬。(《诗·小雅·大东》)
维北有斗，不可以挹酒浆。(《诗·小雅·大东》)

B类：有 + NP + VP

有鳏在下曰虞舜。(《书·尧典》)
有鸜鹆鸟来巢。(《左传·昭公二十五年》)
有鸮萃止。(《诗·陈风·墓门》)
有鄙夫问于我。(《论语·子罕》)
有颜回者好学。(《论语·雍也》)
有神降于莘。(《国语·周语上》)
有饿者蒙袂辑屦贸贸然来。(《礼记·檀弓下》)

A类的"有"表领属关系，B类的"有"表存在关系。A类"有"前有主语，B类"有"前无主语；A类"有"可省略，B类"有"不可省。A、B两类"有"的语法性质根本不同，因而把A类看作B类的扩大形式是毫无根据的。

二、"有/无 NP 以 VP"与"有/无 + 所以 VP"

李昭东（2013）认为，"有/无 NP 以 VP"与"有/无 + 所以 VP"在语义与形式上都没有什么不同，因而后者被前者所取代。这一结论是否正确呢？我们且看文献用例：

我有旨蓄，亦以御冬。(《诗·邶风·谷风》)
微我无酒，以敖以游。(《诗·邶风·柏舟》)
我有旨酒，以燕乐嘉宾之心。(《诗·小雅·鹿鸣》)
维南有箕，不可以簸扬。(《诗·小雅·大东》)
维北有斗，不可以挹酒浆。(《诗·小雅·大东》)
所谓死者，无有所以知，复其未生也。(《吕氏春秋·贵生》)
郡国有所以为便者，上丞相、御史以闻。(《汉书·武帝纪》)
夫天生蒸民，有所以取之，志意致修，德行致厚，智虑致明，是天子

之所以取天下也。(《荀子·荣辱》)

是故草木之发若蒸气，禽兽之归若流泉，飞鸟之归若烟云，有所以致之也。(《淮南子·主术训》)

"有/无 NP 以 VP"是"有/无 NP 以之 VP"的省略式。以上"有/无 NP 以 VP"句均可变换为"有/无 NP 以之 VP"。

原式	变换式
我有旨蓄，亦以御冬。	我有旨蓄，亦以之御冬。
微我无酒，以敖以游。	微我无酒，以之敖以之游。
我有旨酒，以燕乐嘉宾之心。	我有旨酒，以之燕乐嘉宾之心。
维南有箕，不可以簸扬。	维南有箕，不可以之簸扬。
维北有斗，不可以挹酒浆。	维北有斗，不可以之挹酒浆。

"有/无 NP 以之 VP"中介词"以"的宾语"之"是 NP 的复指成分。由于 NP 在前面已经出现，因此介词"以"的宾语的指向是非常明确的，这就为"之"的省略创造了语义条件。在一些"有/无 NP 以之 VP"句子中，省掉了"之"字，能够使句式更简洁，韵律更和谐，这又为"之"的省略创造了语用条件。在语义、语用的双重作用下，"有/无 NP 以之 VP"就有了省略式"有/无 NP 以 VP"。在"有/无 NP 以 VP"结构中，"以"成了悬空介词，处在"有/无 NP"与"VP"两个谓词性词组中间，这个句法位置正是连词的位置。"有/无 NP"表示的是有/无某种资源、方法、手段，"VP"表示通过某种资源、方法、手段实现的结果、达到的目的，因而处在"有/无 NP"与"VP"中间的"以"字就被重新分析为表示目的关系的连词。

"有/无 + 所以 VP"中的"所以 VP"是一个名词性结构，相当于 NP，因此其后面可以加"者"字，如"郡国有所以为便者，上丞相、御史以闻。"其他句子当中的"有/无 + 所以 VP"均可以变换为"有/无 + 所以 VP 者"。

原式	变换式
所谓死者，无有所以知	所谓死者，无有所以知者
夫天生蒸民，有所以取之	夫天生蒸民，有所以取之者
是故草木之发若蒸气，	是故草木之发若蒸气，
……有所以致之也	……有所以致之者也

"有/无 NP 以 VP"是连谓结构,"有/无 + 所以 VP"是述宾结构,李昭东(2013)却认为二者在形式上没有什么不同,真是不知从何谈起。"有/无 NP 以 VP"表达的是通过某种资源、方式、方法达到某种结果或目的,"有/无 + 所以 VP"表达的是有没有某种资源、方法、手段,二者在语义上相距甚远,李昭东(2013)却认为二者的语义相同,也令人颇为费解。

三、"有/无 NP 以 VP"与"有 + NP + VP"省略 NP 的原因

李昭东(2013)认为:"有/无 NP 以 VP"结构里 NP 的语义一般取决于后边的"以 VP",这自然带来 NP 的省略,产生出"有/无 + 以 VP"这种结构形式。对于这种看法,笔者实在不敢苟同。"有/无 NP 以 VP"中的 NP 的语义真的取决于后边的"以 VP",因而可以"自然带来省略"吗?语言事实给出的答案是否定的。且看:

a. 我有旨蓄,亦以御冬   *b. 我有亦以御冬
a. 微我无酒,以敖以游   *b. 我无以敖以游
a. 我有旨酒,以燕乐嘉宾之心   *b. 我有以燕乐嘉宾之心
a. 维南有箕,不可以簸扬   *b. 维南有不可以簸扬
a. 维北有斗,不可以挹酒浆   *b. 维北有不可以挹酒浆

以上"有/无 NP 以 VP"结构中的 NP 都不能省略,这是因为如果省略 NP,整个句子的语义就含混不清,达不到正常交际的目的。因而,"有无 NP 以 VP"结构中 NP 能不能省略,取决于 NP 本身,与其后边的"以 VP"毫无关系。如果 NP 是说话人要传递的具体信息,省略后听话人无法意会,无法完成交际,NP 就绝对不能省略;如果 NP 是说话人要传递的抽象信息,省略后听话人可以意会,照样可以完成交际,则 NP 可以省略。请看下面 NP 省略的句子:

尔贡包茅不入,王祭不共,无以缩酒,寡人是徵。(《左传·僖公四年》)

今大国曰:"尔未逞吾志。"敝邑有亡,无以加焉。(《左传·文公十七年》)

不学礼，无以立。(《论语·季氏》)

汤使人遗之牛羊，葛伯食之，又不以祀。汤又使人问之曰："何为不祀？"曰："无以供粢盛也。"(《孟子·滕文公下》)

以上诸例中，"以"后的 NP 均为代表物品、灾祸、办法的抽象事物，省略后听话人可以意会，不妨碍交际的顺利进行，故而都省略了。

"有 + NP + VP"中的 NP 如果是具体的人或物，是说话者要传递的重要信息，省略则听话人无法意会，则绝对不能省略。反之，NP 如果是抽象或非定指的人或物，省略后听话人仍然可以意会，不影响交际的正常进行，则 VP 可以省略。例如：

夏，有告陈桓子，曰："子旗、子良将攻陈、鲍。"(《左传·昭公十二年》)

有夜登丘而呼曰："齐有乱。"(《左传·僖公十六年》)

有渝此盟，明神殛之。(《左传·僖公二十八年》)

有陨自天。(《易·姤》)

颍考叔为颍谷封人，闻之，有献于公。(《左传·隐公元年》)

以上诸句，"有"的宾语分别为人、石、物，均为非定指，省略后听话人仍可意会，故而在句子的表层结构均未出现。

综上所述，不难看出，无论是"有/无 NP 以 VP"省略为"有/无以 VP"，还是"有 + NP + VP"省略为"有 + VP"，NP 的省略均与其表达的是非具体特定的信息有关，而与其后的 VP 无关。

需要指出的，有的"有 + VP"结构，VP 本来就是"有"的宾语，并非来自"有 + NP + VP"的省略。例如：

十二月戊午，秦军掩晋上军，赵穿追之，不及。反，怒曰："裹粮坐甲，固敌是求。敌至不击，将何俟焉？"军吏曰："将有待也。"(《左传·文公十二年》)

从者曰："子恸矣！"曰："有恸乎？非夫人之为恸而谁为？"(《论语·先进》)

告子曰："或曰：'有性善，有性不善。'"(《孟子·告子上》)

故至治之国，有赏罚而无喜怒。(《韩非子·用人》)

以上诸句的"有 VP",表示存在某一动作行为或性质状态。这种动作行为或性质状态均已事件化,表指称而非表陈述,故可作"有"的宾语。

四、结语

"有 + NP + VP"与"有/无 NP 以 VP"是两种不同的结构形式,表达不同的语法意义,前者是单句形式,表承接关系,后者是复句形式,表目的关系。前者的"有"是表存在的,后者的"有"是表领属的,语法性质不同,因而前者无法扩展为后者。二者中的 NP 省略与否,取决于 NP 是否表达具体特定的信息,与其后的 VP 没有关系。"有/无 NP 以 VP"在结构和语义上都与"有/无所以 VP"相距甚远,认为前者取代了后者,是缺乏说服力的。

参考文献

[1] 李佐丰:《文言实词》,语文出版社 1993 年版。
[2] 吕叔湘:《汉语语法论文集》,商务印书馆 1987 年版。
[3] 王力:《汉语史稿》,中华书局 1980 年版。
[4] 朱德熙:《语法讲义》,商务印书馆 1982 年版。

(原文见《中国语言学(第九辑)》,北京大学出版社 2018 年版)

"个"的特性与"V 个 VP"的形成[①]

一、引言

V 个 VP 结构长期以来是汉语语法研究的一个热点,其研究进程可以分为两个阶段:第一个阶段,大致有两种截然相反的观点,一种意见认为 V 个 VP 是述宾结构,以赵元任(1979:162—163)、朱德熙(1984:121—122)、邵敬敏(1984)为代表;一种意见认为 V 个 VP 是述补结构,以丁声树(1979:66—67)、吕叔湘(1999:145—175)、游汝杰(1983)为代表。第二个阶段,大家的意见渐趋一致,认为 V 个 VP 的原型是述宾结构,后来发展为述补结构,其由述宾结构向述补结构的发展呈现为一个连续统,以祝克懿(2000)、张谊生(2003)为代表。张谊生(2003)认为这个连续统的两端清晰,中间模糊,要判断中间地带的 V 个 VP 是述宾还是述补,可以采用三个标准:(a)VP 是否可用"什么"加以提问;(b)提取"个"后 VP 是否可以正反并列式提问;(c)"个"是否可用"得"替换。符合(a)(b)条的是述宾,例如:图什么——图个快活/图不图快活/*图得快活/*图得快快活活,"图个快活"符合(a)(b)条,所以是述宾结构;符合(c)条的是述补结构,例如:忘什么——*忘个干净/*忘不忘个干净/忘得一干二净/忘得干干净净,"忘个干净"符合(c)条,所以是述补结构。本文讨论的对象是 V 个 VP 的成因。V 个 VP 能成为述宾结构及述补结构,跟量词"个"的特性密切相关。

[①] 本文曾在第七届现代汉语语法国际研讨会上宣读,得到中国社会科学院江蓝生研究员、澳门大学徐杰教授的指教,谨此致谢。

二、量词"个"的语义特征及其与名词的搭配功能

在探讨量词"个"的语法化过程的时候,学者们注意到了"个"的功能变化,比如由无定标记到定指标记,由量词到助词;注意到了"个"后的语义成分的变化,如 VP 的事件化、状态化;注意到了"个"的语法位置的变化——由前附到后附;注意到了 V 个 VP 的表达功用——结果性、事件性、习语性、惯用性(张谊生,2003),但唯独缺少对量词"个"特有的语义内涵的解释。在揭示量词"个"虚化的原因时,也只着眼于泛化、吸收、隐喻、推理、和谐等外在条件,而未能揭示其虚化的内因。笔者认为:外因是条件,内因是根据,外因必须依靠内因才能发挥作用。在众多的量词中,"个"走向了一条独特的语法化道路,并最终形成了 V 个 VP 这种特殊的述宾结构与述补结构,与量词"个"自身的语义特征、搭配功能是密不可分的。那么量词"个"的语义特征为何?搭配功能又怎样呢?笔者认为量词"个"的语义特征是整体性,搭配功能体现为广域性。

(一)个、箇、個的本义及其向量词的演变

个,本为介字之讹。介,隶书作 ⼘,省去上面一撇则作"个"。《广雅·释诂》:"介,独也。"《集韵·黠韵》:"介,特也。"介有独特、单独之义。《左传·襄公八年》:"君有楚命,亦不使一介行李告于寡君。"杜预注:"一介,独使也。"《尚书·秦誓》:"如有一介臣。"陆德明释文:"介,字又作个,音工佐反。""介"(个)用作量词,就是由其"单独"义发展而来,因而遗留了其"单独"(独个儿)的语义特征。李建平、张显成(2009)认为:"在量词和名词的双向选择中,单独这一语义基础对名词没有太多要求,因此量词介(个)一经产生就是泛指的,并没有经过专指到泛指的过程。既可以称量无生之物,也可以称量有生之物。"也就是说,量词"个"所遗留的"单独"义语义特征,决定了其搭配的广域性。箇,《说文·竹部》:"竹枚也。"《说文·木部》:"枚,榦也。"竹枚即是竹榦。竹榦为竹之主体,箇由此发展为表竹的量词。据李建平、张显成(2009)统计,无论是传世文献还是出土文献,箇的早期用例都是称量竹的。汉语量词大都由实物名词演变而来,其演变的途径均经过"取象"这一阶段,或取象于实物的整体,或取象于实物的局部,或取象于实物的二维或三维结构。如头、眼、口、尾、根者皆取象于实物局部,张、面、片、块者

皆取象于实物的二维或三维结构，枚、箇则取象于实物的整体形象。因而"箇"演变为量词后，自然遗留了其"整体性"的语义特征。"個"为"个"之异体。《仪礼·士虞礼》："俎释三个。"郑玄注："个犹枚也。今俗或名枚曰個，音相近。"洪诚（2000）认为，個是介字从泰部音变以后形旁取介，声旁作箇另造的异体字，继承介字作为计数词。魏晋以后，个、箇、個三字合流，箇逐渐成为唯一的正体，唐代以后取代"枚"成为唯一的广域量词。新中国成立后汉字简化，确定了"个"为正体。个（個）、箇合流以后，量词"个"既保留了"个"在搭配上的广域性，又保留了"箇"在语义上的整体性。

（二）量词"个"的整体性

所谓整体性，指受"个"修饰的词语具有不可切分性——切分以后就不再构成一个整体。比如：马、牛、羊等是不能切分的，马切分以后的部分是马头、马腿、马肉、马骨头等，均不能构成马的整体，也不能再称之为马。泥、土、水、纸等式可以切分的，切分以后，泥仍然称为泥，土仍然称为土，水仍然称为水，纸仍然称为纸，并且仍然可视为一个整体。魏晋南北朝时期，数量名结构基本确立，标志量词步入了成熟时期。这个时期，量词"个"的主要用法是：量动物、量植物、量其他物类、量人、神（王绍新，1989）。毫无疑问，动物、植物、人、神都具有不可切分的性质，切分以后就不再构成一个整体。至于受"个"修饰的其他物类，也都具有不可切分的性质。鲍照《拟行路难》："但愿樽中九酝满，莫惜床头百个钱。""钱"是不可切分的。用来计量不可切分的物体，不仅在魏晋南北朝时是量词"个"的主要用法，直到现在，仍然是量词"个"的主要用法。比较：

A. 一个人　一个老虎　一个鸟　一个虫　一个青蛙　一个手　一个眼　一个鼻子　一个耳朵　一个瓜　一个桃子　一个茄子　一个馒头　一个米粒　一个桌子　一个凳子　一个瓶子　一个手机　一个书包　一个口袋　一个抽屉　一个枕头　一个皮球　一个画儿　一个太阳　一个星　一个山　一个怪物　一个魔鬼

B. *一个土　*一个泥　*一个水　*一个沙　*一个纸　*一个玻璃　*一个云　*一个线　*一个肉、*一个血　*一个皮　*一个灰尘　*一个米　*一个糖　*一个茶　*一个塑料　*一个彩霞　*一个丝　*一个棉花

"一个米"不能说,"一个米粒"能说,就是因为"米"是集合名词,不具有整体性,是可以切分的,米粒是个体名词,具有整体性,是不可切分的。

吕叔湘(1999:151)说,抽象事物很少有特用的单位词的,普通都用個①字。抽象事物用"个"作量词,宋代就已出现:

(1) 不若大学、中庸有个准则。(《朱子语类·卷六十七·易三》)
(2) 须使得篇篇有个下落,始得。(《朱子语类·卷八十·诗一》)
(3) 凡人各有个见识。(《朱子语类·卷十八·大学五》)
(4) 大学首三句说一个体统。(《朱子语类·卷十四·大学一》)
(5) 则天下事事物物皆知有个定理。(《朱子语类·卷十四·大学一》)
(6) 心下有个定理,便别无胶扰。(《朱子语类·卷十四·大学一》)
(7) 是先教他做个伎俩。(《朱子语类·卷三十四·论语十六》)
(8) 圣人也是且要存得个君臣大义。(《朱子语类卷·三十五·论语十七》)
(9) 资质好底便化,不好底须立个制度。(《朱子语类·卷二十三·论语五》)

其实对抽象事物的计量并非都能跟量词"个"。"个"能跟一些非实体的抽象名词相配合,是因为这些抽象名词具有整体性,是不可切分的。如果人们认为这个抽象名词所代表的事物是可以切分的,就不能受"个"的修饰:

A. 一个道理 一个结果 一个局面 一个消息 一个毛病 一个脾气 一个气势 一个样子 一个机会 一个差事 一个宗教 一个情况 一个方法 一个义务
B. *一个水平 *一个学问 *一个知识 *一个疾苦 *一个内容

"一个知识"不能说,"一个知识点"能说,就是因为"知识"在说话人心中不具有整体性,是可以切分的,"知识点"具有整体性,是不能切分的。

相对、相反、相关的事物可以构成一个整体,因而在其前面可以加量词"个"。

---

① 为照顾全文用字的统一,凡引吕叔湘(1999)中的"個",下文统一作"个"。

（10）易有个阴阳，诗有个邪正，书有个治乱。（《朱子语类·卷十一·学五》）

（11）凝结成个男女，因甚得如此，都是阴阳。（《朱子语类·卷六十二·中庸一》）

（12）人只有个天理人欲。（《朱子语类·卷十三·学七》）

（13）凡事只是去看个是非。（《朱子语类·卷十三·学七》）

（14）世间只有个阖辟内外。（《朱子语类·卷十九·论语一》）

（15）"小大由之"，言大事小事皆是个礼乐。（《朱子语类·卷二十二·论语四》）

（16）天只有有个春夏秋冬，人只有个仁义礼智。（《朱子语类·卷七十一·易七》）

一些形容词、动词前面也可以用量词"个"，是因为说话人把形容词、动词所表示的性状、动作看成了一个不可切分的整体，也就是张谊生所说的 VP 在说话人心中已经事件化了（张谊生，2003）。这样，就形成了述宾结构 V 个 VP。这种用法，较早见于宋代。

（17）某甲有个借问，居士莫惜言句。（《景德传灯录》）

（18）诚只是一个实，敬只是一个畏。（《朱子语类·卷六性·理三》）

（19）仁之为物说，只是个恻隐。（《朱子语类·卷四十三·论语二十五》）

（20）进修便是个笃实，敬义便是个虚静。（《朱子语类·卷六十九·易五》）

（21）他那个顽嚣，已是天知地闻了。（《朱子语类·卷五十八·孟子八》）

（22）天地间只是个感应。（《朱子语类·卷六十五·易一》）

（23）想古时这般大事，必有个权宜。（《朱子语类·卷八十三·春秋》）

（24）如天地之化都没个遮拦。（《朱子语类·卷七十四·易十》）

（25）无适，是个不走作。（《朱子语类·卷九十六·程子之书二》）

（26）若未读彻语孟中庸大学便去看史，胸中无一个权衡，多为所惑。（《朱子语类·卷十一·学五》）

（27）这道理脉络方始一一流通，无那个滞碍。（《朱子语类·卷三十

四·论语十六》)

(28) 易只是说一个阴阳变化。(《朱子语类·卷七十四·易十》)

(29) 二者须有个思量倒断始得。(《朱子语类·卷十二·学六》)

(30) 盖仁是个发出来了，便硬而强。(《朱子语类·卷六·性理三》)

(31) 只是收放心，把持在这里，便须有个真心发见。(《朱子语类·卷十二·学六》)

(32) 某自潭州来，其他尽不曾说得，只不住地说得一个教人子细读书。(《朱子语类·卷十·学四》)

(33) 二者自是个两头说话，本若无相干。(《朱子语类·卷十八·大学五》)

(34) 那个万里不留行，更无商量。(《朱子语类·卷一百一十九·朱子十六》)

(35) 只有一个公平正大行将去。(《朱子语类·卷七十二·易八》)

这种用法，一直持续到元明清。下面是吕叔湘（1999）所举的元明清文献的一些例句：

(36) 待装个老实。(《元曲选》)

(37) 问他个详细。(《元曲选》)

(38) 把人一刀砍了，并无血痕，只是个快。(《水浒传》)

(39) 胡萝卜就烧酒，仗个干脆。(《儿女英雄传》)

(40) 你这病根却又只吃亏在一个聪明好胜。(《儿女英雄传》)

(41) 行个好罢。(《三侠五义》)

(42) 学书学剑，两个都没个成功。(《玉蟾诗余》)

(43) 你看我寻个自尽，觅个自刎。(《元曲选》)

(44) 我与他一匣子金银，只买一个不言语。(《元曲选》)

(45) 在阴司里也得个倚靠。(《红楼梦》)

(46) 砖头瓦块儿还有个翻身呢。(《聊斋志异》)

合肥方言中，在表示感叹、夸张、娇嗔等感情色彩时，有"好……一个"的表达方式：

（47）你好坏一个！①

（48）他好傻一个！

（49）我好想你一个！

（50）这本书我好喜欢一个！

（51）这姑娘好漂亮一个！

（52）老师的话剧演得好精彩一个！

（53）小姐的舞跳得好棒一个！

"好坏""好傻""好想你""好喜欢"等无论在结构上还是语义上都是自足的，表达的感情也很强烈，为什么在它们后面还要加上"一个"呢？这是因为"好VP"在表达主观评价时非常常用，正因为常用，所以就显得有些平淡，说话者要表示强调、夸张的语气，就必须添加一些成分。为什么要添加"一个"呢？就是要借助"一个"在语义上的整体性，整体性与程度高是相通的。这从"S—好A一个"可以转换成"S—整个一N"看得很清楚，不过，"S—整个一N"一般只用于负面评价。例如：

（54）你好坏一个 → 你整个一坏蛋

（55）他好傻一个 → 他整个一傻帽

（56）小王好糊涂一个 → 小王整个一糊涂虫

当然，"S—好A一个"与"S—整个一N"，在语气与感情色彩上，还有些细微差别，这里就不详细讨论了。

（三）量词"个"的广域性

所谓广域性，指受"个"修饰的词语涵盖的范围很广，囊括了人、物、事等方方面面。据王绍新（1989），魏晋南北朝时期，"个"主要用于动物、植物、人、鬼神及一些物类名词；到唐代，"个"的用法扩展到可修饰肢体、器官、自然景物、处所、时间、数目、文字、抽象事物，超过了原来的头号量词"枚"，跃居量词之首。我们发现，量词"个"还可以用于引用的词句或疑问词。

（57）若是常人言，只道一个"思无邪"便了。（《朱子语类·卷二十

---

① 例（47）—例（53）由研究生俞静提供。

三·论语五》）

（58）单单说个"风乎舞雩，咏而归"。（《朱子语类·卷一百一十七·朱子十四》）

（59）颜子亦只是这个"博文约礼"。（《朱子语类·卷三十三·论语十五》）

（60）曾子于零碎曲折处尽得，只欠个"一以贯之"否？（《朱子语类·卷二十七·论语九》）

（61）子路须是有个"车马轻裘"，方把与朋友共。（《朱子语类·卷二十九·论语十一》）

（62）圣贤所说只一般，只是一个"择善固执之"。（《朱子语类·卷十九·论语一》）

（63）只是一个"为人谋"，那里有两个？（《朱子语类·卷二十一·论语三》）

（64）有物始言养，无物养个甚？（《朱子语类·卷五十二·孟子二》）

（65）且身已死矣，又成个甚底？（《朱子语类·卷五十八·孟子八》）

（66）"君子引而不发，跃如也"，须知得是引个甚么。（《朱子语类·卷六十·孟子十》）

（67）大凡读书，须要先识认本文是说个甚么。（《朱子语类·卷十六·大学三》）

（68）天下万物之理便自然备于我，成个甚么。（《朱子语类·卷四十九·论语三十一》）

（69）须是智能知，仁能守，斯可言勇，不然，则恃个甚？（《朱子语类·卷六十四·中庸三》）

（70）此逸诗，不知当时诗人思个甚底。（《朱子语类·卷三十七·论语十九》）

（71）且如雎鸠，不知是个甚物。（《朱子语类·卷八十一·诗二》）

（72）想侊必未识道是个何物。（《朱子语类·卷三十一·论语十三》）

（73）须先识得元与仁是个甚物事。（《朱子语类·卷九十五·程子之书一》）

（74）仁毕竟是个甚形状？（《朱子语类·卷三十二·论语十四》）

（75）今公才看着便妄生去取，肆以己意，是发明得个甚么道理。（《朱子语类·卷八十·诗一》）

现在,"个"仍然是使用频度最高的量词,据北京语言学院编写的《现代汉语频率词典》,在使用度最高的前 8000 词中,"个"居于第九位。量词按其搭配范围的广狭可分为广域量词、中域量词、狭域量词。朵、袭、顶、床、堵、峰、记、贴、听、挺、眼、刀等属于狭域量词,狭域量词一般只跟个别的事物搭配,如"朵"只跟花、云搭配,"袭"只跟袍、裙搭配;头、只、条、把、道、张、根、支、件、台等属于中域量词,中域量词一般跟具有某种性状的一类事物搭配,如"条"跟具有长条状的事物搭配,"张"跟具有平面状的事物搭配;"个"的搭配范围最广,受到的限制最小,属于广域量词。有人把"个"称为通用量词,从上文的分析可以看出,"个"不能用来修饰不具整体性的事物,在使用过程中还是受到一定限制的,因而称为"通用量词"是不准确的。

三、量词"个"的搭配功能与语义特征对 V 个 VP 形成的影响

(一)"个"的广域性搭配功能对 V 个 VP 的影响

在表示数量"一个"的意义时,数词"一"常常省略,尤其是在述宾结构中,"一"的省略更是一种常态,比如"拿个苹果"比"拿一个苹果"要更自然,"找个工作"比"找一个工作"要更自然。学者们普遍认为,数量结构"一个"中"一"的省略,是造成"个"语法化的一个重要原因(朱德熙,1982;祝克懿,2000;张谊生,2003)。张谊生(2003)认为,"一"的省略,导致了"一个"的数量义日趋淡化,指称义不断加强,使得本来表示述谓的 VP 能够转为指称,替代 V 个 NP 结构中的 NP,形成 V 个 VP 结构。吕叔湘先生(1999)注意到:"一个"中的"一"并不是都能省略的,表强义的"一"、与其他数目字对举的"一",说话人心目中有所指的"一"都不能省略。"一"的省略与它的位置有关,常常发生在宾语之前,但处在这个位置的其他量词前面省略"一"的现象也很常见,下面是吕文所举的例子:

(76)待寄封书去,更与丁宁一遍。(《全宋词》)

(77)拖条竹杖家家酒,上个篮舆处处山。(《樵歌》)

(78)戴顶烧香铺翠小冠儿。(《乐府雅词》)

(79)我起来时少着了件衣裳。(《京本通俗小说》)

(80)把那性命只当根草。(《元曲选》)

(81) 且忍口气，回去慢慢向老师说明。(《儒林外史》)
(82) 到底说句话儿，也像件事啊。(《红楼梦》)
(83) 穿着件短布衫儿，拖着双薄片鞋儿。(《儿女英雄传》)
(84) 果然盛了碗饭。(《三侠五义》)

既然以上"封""条""顶""件""根""口""句""双""碗"等量词前面的"一"也可省略，为什么这些量词没有衍生出指称义，形成 V + 量词 + VP 的结构呢？笔者认为这跟"个"的广域性有关。一个词的意义越宽泛，则抽象性越强，越容易虚化，语法化的程度也就越高。反之，一个词的意义越具体，则越不易虚化，语法化的程度也就越低。"封""条""顶""件"等量词表示的意义较具体，语法化的程度较低，难以从指量义发展出指称义。"个"的意义宽泛、空灵，语法化的程度高，因而才能由指量义衍生出指称义，形成 V 个 VP 结构。

(二) "个"的整体性语义特征对 V 个 VP 的影响

量词"个"由指量义发展出指称义形成的 V 个 VP 结构，仍然是一个述宾结构，这个结构是怎么由述宾结构演变成述补结构的呢？张谊生（2003）指出了三个方面的动因：一是 VP 状态化；二是近宾虚指化；三是"个"的后附化。对于第二个动因，张文指出："在我们所调查的近代汉语语料中，并没有发现典型的近宾虚化的例子，但有两点应该是可以肯定的。首先，现代汉语中 O 虚化的'VO 个 VP'类述补结构都来源于近代汉语的'VO 个 VP'双宾结构；其次，这种虚化的过程在近代汉语中已经开始了。"笔者认为，首先，述补结构 V 个 VP 在近代汉语中已经形成了，而近代汉语的语料中并没有典型的近宾虚化的例证，因而拿"近宾虚化"作为述补结构 V 个 VP 形成的动因是缺乏说服力的。其次，即使在近代汉语中发现了近宾虚化的例证，也只能有助于说明"V 他个 VP"形成的原因，与述补结构 V 个 VP 的形成没有直接关系。至于第三个动因，笔者认为是本末倒置。"个"的后附源于述补结构 V 个 VP 形成后对"个"的重新分析，因而"个"的后附是述补结构 V 个 VP 形成后造成的结果，而不是其形成的原因。对于第一个动因，张文的解释是："随着语用表达的需要，当 VP 在语义上不再作为 V 的支配、关涉的对象，而是作为 V 的结果、情状时，VP 也就从事件转化为状态。"笔者认为这种解释仍然没有搔到痒处，语用表达的需要只是 VP 状态化的外因，而不是内因。如果没有内因的配合，外因是不会发挥作用的。要充分解释述补结构 V 个 VP 的形成，就必须挖掘出 VP 状态化的内因，

笔者认为这个内因就是"个"在表义上的整体性。请看下面例句:

(85) 妇女们把他围了个严严实实。(西戎《纠纷》)

(86) 山之高,水之深,暑之热,冬之冷,加上比这一切总和还要苦痛的人间滋味,全领受个遍。(李国文《人生如谷》)

(87) 他们大车小辆地开进了这片苇子地,几个时辰就把这片铁杆苇子砍了个精光。(从维熙《风眼泪》)

(88) 他还没讲完这个游戏,我已经猜个八九不离十了。(从维熙《黑伞》)

(89) ……干脆过去,瞅个底儿透。(刘心武《凤凰台上忆吹箫》)

"严严实实""遍""精光""八九不离十""底儿透"都有周遍、完整的意义,也就是说 VP 的状态义与"个"的特征义是相匹配的。换句话说,如果"个"没有完整性的语义特征,其后就不能形成表示完整义的状态化 VP。完整义与彻底、充分义是相通的,比如"十分"本来表示完整义,却常用来做状语,表示彻底、充分义。因而 V 个 VP 中的 VP 也常用来表示彻底、充分的状态:

(90) 把这半年来所受的冤屈和痛苦,都借声音发泄个一干二净。(艾芜《石青嫂子》)

(91) 索泓一终于把天上那只越来越大的飞禽看个一清二楚。(从维熙《阴阳界》)

(92) 两个行者都急不可耐地跑到河边,用手捧起河水咕嘟嘟地喝了个够。(从维熙《风眼泪》)

(93) 自从女娃出世,她的那双脚一定是被娃子、尿布、锅台捆了个结结实实。(从维熙《风眼泪》)

(94) 这湖忒浅,泡两天就能浮上来,死就死个彻底,死个无影无踪,那才有意思。(王朔《玩的就是心跳》)

以上例句中的"一干二净""一清二楚""够""结结实实""彻底""无影无踪"表示的都是彻底、充分义。彻底、充分义进一步虚化,可以表示程度高:

(95) 刚刚找到一个窝,出点事就要弄个鸡飞蛋打。(从维熙《阴阳界》)

(96) 她用粗野的话把海喜喜骂个狗血喷头。(张贤亮《绿化树》)

(97) 不知还会有哪些坑坑洼洼，等着你去跌个鼻青脸肿呢！(李国文《寻找快乐》)

(98) 我最恨小偷，每逢逮着就打个半死。(王朔《枉然不供》)

(99) 这千篇一律的风景画，他总是看个不够。(从维熙《风眼泪》)

(100) 它们脖子上的铃铛，叮铃叮铃地响个不停。(从维熙《阴阳界》)

(101) 我浑身哆嗦个不住。(从维熙《落红》)

(102) 一斤豆腐，馊了就馊了，谁也不是故意的，何必说个没完。(刘震云《一地鸡毛》)

以上例句中"死去活来""狗血喷头""天昏地暗"都明确地表示程度高。"半死"虽然不够彻底、充分，但相对于常态来讲，仍然程度很高。"不住""不停"等是借时间的延续之长来表示程度高。述补结构 V 个 VP 中的"个"已由量词虚化为助词。

四、余论

近年来，语法化是汉语语法研究中的一个热点问题。在语法化的研究中，学者们对语法化的外在机制探讨得较多，对词语发生语法化的内在根据则关注得不够，这个问题在 V 个 VP 结构的研究中体现得较为突出。本文试图从"个"的语义特征出发，探讨 V 个 VP 形成的内在依据。笔者相信，只有把词语语法化过程中的内在依据和外在机制都揭示得十分充分，才能使语法化的研究更为完整、科学。

参考文献

[1] 丁声树：《现代汉语语法讲话》，商务印书馆1977年版。

[2] 洪诚：《洪诚文集》，江苏教育出版社2000年版。

[3] 李建平、张显成：《泛指性量词枚/个的兴替及其动因》，载《古汉语研究》，2009年第4期。

[4] 吕叔湘：《汉语语法论文集》，商务印书馆1999年版。

[5] 邵敬敏：《"动＋个＋形/动"结构分析》，载《汉语学习》，1984年第

2 期。

[6] 王绍新:《量词"个"在唐代前后的发展》,载《语言教学与研究》,1989 年第 2 期。

[7] 游汝杰:《补语标志"个"和"得"》,载《汉语学习》,1983 年第 3 期。

[8] 张谊生:《从量词到助词——量词"个"语法化过程的个案分析》,载《当代语言学》,2003 年第 3 期。

[9] 赵元任:《汉语口语语法》,商务印书馆 1978 年版。

[10] 朱德熙:《语法讲义》,商务印书馆 1982 年版。

[11] 祝克懿:《析"动+个+形/动"结构中的"个"》,载《汉语学习》,2000 年第 3 期。

(原文见《汉语语法研究的新拓展》,上海教育出版社 2015 年版)

"了不得"与"了得"的趋同与差异

一、引言

"了不得"与"了得"在字面上意义应当是相反的,但实际上,二者有时表达的语义非常接近。例如:

张三这人了不得。
张三这人十分了得。

"了不得"与"了得"都表示"非凡、出众"之义。两个形式上看似相反的词语,何以会有相近的语义,这是个值得探讨的问题。

二、"了得"与"了不得"溯源

(一)"了得"溯源

"了得"在唐代已经出现。司空图《偶书》诗之一:"情知了得未如僧,客处高楼莫强登。"这里,"了得"是"领悟、理解"的意思。"了"有"了解、晓悟"义。郭璞《〈尔雅〉序》:"其所易了,阙而不论。"《世说新语·捷悟》:"我才不及卿,乃觉三十里。"刘孝标注:"魏武见而不能了,以问群寮,莫有解者。""得"亦有"了解、晓悟"义。《韩非子·外储说左下》:"臣昔者不知所以治邺,今臣得矣,愿请玺,复以治邺。"故最早出现的"了得"一词是"了"与"得"同义连用构成的复合词。"了得"的这种用法,南宋应用甚广,《朱子语类》"了得"一词共出现 49 次，其中 43 次皆是"明了、晓悟"义。例如：

（1）盖道理缜密，去那里捉摸，若不下功夫，如何会了得？（卷八）
（2）大凡学者，无有径捷一路可以教他了得，须是博洽，历涉多，方通。（卷八）
（3）凡纤悉细大，固著逐一理会。然更看自家力量了得底如何。（卷十八）
（4）以此知学问岂是执一个小小底见识便了得。（卷五十二）
（5）问："二礼制度如何可了？"曰："只看注疏便了得。"（卷八十七）
（6）天下道理更有几多，若只如此看，几时了得？（卷一百二十一）

其余有 5 次是"知道、懂得"义，例如：

（7）先生曰："人只了得每日与鬼做头底，是何如此无心得则鬼神服？"（卷三）
（8）似此支离，病痛愈多，更不曾做些工夫，只了得安排杜撰也。（卷十二）
（9）须是真个明得这明明德是怎生地明，是如何了得他虚灵不昧。（卷十四）
（10）为宰相者每日只了得应接，更无心理会国事。（卷七十二）
（11）有些功夫只了得去磨练文章，所以无工夫来做这边事。（卷一百三十七）

"了得"的"知道、懂得"义由"明了、晓悟"义引申而来，前者及物，可带宾语，后者不及物，不带宾语。

还有 1 次是"了结、决断"义：

（12）秦曰："此事不然，我当时做这事，尚拖泥带水，不曾了得。"
问："何事未了？"
曰："是未取他中原。"（卷一百三十一）

这种用法的"了得"是动补结构，"了"表"了解、决断"，"得"表动作的完成、实现，与"取得""获得"等词语中的"得"意义相同。

南宋文献中,"了得"亦有"非凡、出众"的用例。例如:

(13) 至如韩持国自是经国之才,用为执政亦了得。(李焘《续资治通鉴长编》卷四百八)

(14) 先生曰未必才识了得,必其胸中不凡,素有定力。(赵善璙《自警编·善处事》)

《汉语大词典》"了得"词条"了不起,本领高强"义项下,举了一个唐代的书证:

(15) 荆轲只为闲言语,不与燕丹了得人。(唐李山甫《游侠儿》诗)

"了得"的这种用法,在唐代只有这样一个孤证,不由得让人起疑。要弄清此例中的"了得"是不是"了不起、本领高强"之义,我们有必要检视一下荆轲刺秦王的出处。

关于荆轲刺秦王,《战国策》与《史记》均有记载,《史记》因循《战国策》,文字大同小异。

燕国有勇士秦武阳,年十二杀人,人不敢与忤视,乃令秦武阳为副。荆轲有所待,欲与俱,其人居远未来,而为留待。顷之,未发。太子迟之,疑其有改悔。乃复请之曰:"日以尽矣,荆卿其无意哉?丹请先遣秦武阳。"荆轲怒,叱太子曰:"今日往而不反者,竖子也!今提匕首入不测强秦,仆所以留者,待吾客与俱。今太子迟之,请辞决矣。"遂发。(《战国策·燕策三》)

燕国有勇士秦舞阳,年十三杀人,人不敢忤视,乃令秦舞阳为副。荆轲有所待,欲与俱;齐人居远未来,而为治行。顷之,未发。太子迟之,疑其改悔。乃复请曰:"日已尽矣,荆卿岂有意哉?丹请得先遣秦舞阳。"荆轲怒,叱太子曰:"何太子之遣?往而不返者,竖子也。且提一匕首入不测之强秦,仆所以留者,待吾客与俱。今太子迟之,请辞决矣!"遂发。(《史记·刺客列传》)

无论是《战国策》还是《史记》,均只提到荆轲等待其"客"(朋友),而未涉及这位朋友本领如何,因而把李山甫诗中"了得人"的"了得"训为"了不起、本领高强"纯属主观臆测,没有事实根据。笔者认为,荆轲之所以等待其"客",最重要的不是此"客"本领如何高强,而是此客与荆轲相知甚深,能够临危不惧,与荆轲完美配合。秦舞阳十二岁杀人,本领堪称高强,但到秦廷后"色变振恐",置荆轲于孤军作战的险境,也从反面证明了这一点。因此这里的"了得"不是"本领高强",而是"熟悉、了解"之义。

"了得"的"非凡、出众"义殆由"了结、决断"义引申而来。对事务尤其是复杂的事务能够了结、决断,容易使人联想到对工作能够胜任。借助这种联想,"了得"引申为"才能非凡、出众"义。

"了得"的"非凡、出众"义又作"了的"。元无名氏《符金锭·楔子》:

(16) 我有两个伴当,好生了的,我如今叫他来计议。

明初,这个意义的应用最为普遍,《水浒传》中"了得"共出现45次,其中43次皆是"非凡、出众"义。例如:

(17) 史进听了大喜,说道:"不枉诸人叫你赛伯当,真个了得!"(第一回)
(18) 他这和尚道人好生了得,都是杀人放火的人。(第五回)
(19) 师父却是那里来的长老,怎地了得!(第六回)
(20) 便是保正与刘兄十分了得,也担负不下。(第十三回)
(21) 那里赶得上,这伙贼端的了得。(第十七回)
(22) 又说梁山泊好汉十分英雄了得,无人近傍得他,难以收捕。(第十九回)

只有2次是"熟悉、了解"义:

(23) 府尹道:"既是如此说时,再差一员了得事的捕盗巡检,点与五百官兵人马,和你一处去缉捕。"(第十八回)
(24) 为首的教头虽然了得些枪刀,终不及花荣武艺,不敢不从刘高。(第三十三回)

南宋时最常见的"明了、晓悟"义一次也未出现。

(二)"了不得"溯源

"了不得"又作"了不的",最早出现于宋代。

(25) 徐(徐兢)与同官王昌俱访大节,忽言病来。又曰:"了不得!了不得!且救我!"遂倒仆。(庄绰《鸡肋编》卷下)

(26) 今时参禅者,不问了得生死了不得生死。(《大慧普觉禅师语录》卷十四)

(27) 须是信得及,这件物事好笑,不信,便了不得。(《朱子语类》卷十三)

例(25)的"了不得"意为"情况严重",意义已经虚化,显非本义。例(26)的"了不得"义为"晓不得"。例(27)的"了不得"意为"完不成、做不到"。"了不得"在南宋应用最广的意义当为"完不成、做不到",《朱子语类》中"了不得"共出现9次,皆是此义。例如:

(28) 自非大贤以上,自见得这道理会是恁地,了不得也。(卷三十七)

(29) 方其乍见孺子入井时,也著脚手不得。纵有许多私意,要誉乡党之类,也未暇思量到。但更迟霎时,则了不得了。(卷五十三)

(30) 今来,欲教吏部与二三郎官尽识得天下官之贤否,定是了不得这事。(卷一百九)

(31) 只理会得门内事,门外事便了不得。(卷一百一十七)

这种意义的"了不得"在"了"后还可以插入宾语,例如:

(32) 但谓霸王事大,恐孟子了这事不得。(《朱子语类》卷五十二)

"完不成、做不到"即"了结不了",进一步引申,即可虚化为"行为或情状超出身体或心理能够承受的极限",多带有夸张的意味。这种心理,既可以是正面情绪,也可以是负面情绪。据笔者对北京大学中国语言学研究中心古代汉语语料库的检索,跟"了不得"搭配的动词有爱、爱慕、爱赏、懊悔、巴结、抱怨、称许、称赞、吃劲、宠、宠爱、惦记、感激、歌颂、恭维、惯、害怕、恨、唬、惶惧、搅扰、哭、乐、恼、恼惧、怕、佩服、气、气喘、器重、钦佩、倾倒、骚扰、赏识、思慕、叨光、痛恨、畏惮、喜欢、吓、羡慕、想望、笑、心疼、欣羡、喧哗、艳羡、厌烦、仰慕、饮恨、淤塞、晕、憎嫌、钟爱，共54个。其中心理动词39个，占72.2%，表示正面情绪的占19个，占35.2%，表示负面情绪的20个，占37%，无明显差别。跟"了不得"搭配的形容词有哀悲、肮脏、懊恼、悲惨、悲悼、悲愤、悲悔、笨、蹩脚、病、不堪、惨伤、惭愧、诧怪、诧异、猖獗、沉重、吃亏、崇敬、愁、愁苦、喘急、纯熟、大、大模大样、道学、得意、刁狡、多、婀娜、饿、恩爱、烦、烦渴、烦闷、烦难、纷乱、愤恨、愤急、愤激、愤懑、愤闷、愤慨、愤怒、方正、放肆、丰腴、高兴、恭顺、广阔、规矩、贵、寒冷、好、和睦、后悔、糊涂、欢爱、欢喜、荒疏、慌、慌乱、慌张、惶急、惶惧、惶恐、悔愤、饥荒、饥渴、机密、急、挤、焦、焦急、焦躁、焦灼、胶葛、骄横、狡猾、搅乱、搅痛、谨饬、紧急、惊惶、惊慌、惊扰、惊讶、惊疑、精细、敬信、敬重、窘、倦、开心、坎坷、刻忌、恐慌、苦、苦痛、快活、快乐、快意、狂妄、困苦、阔、劳苦、罗唣、忙、忙碌、忙乱、美、纳罕、难过、难为情、恼、恼悔、恼惧、浓密、怒、胖、贫苦、奇诧、奇怪、谦恭、强毅、亲密、亲热、清高、清脆、情急、穷、扰乱、热闹、荣宠、荣幸、伤心、深、瘦硬、疏阔、讨愧、疼、疼痛、体面、头疼、痛、痛苦、外道、顽劣、威风、威武、威严、危急、委顿、温软、龌龊、喜、稀奇、嚣张、心焦、心疼、心痛、辛苦、欣喜、欣悦、香、兴头、消瘦、凶恶、凶横、羞、羞惭、羞愤、喧哗、煊赫、羞赧、厌烦、要好、饮恨、英雄、拥挤、勇壮、忧急、怨苦、脏、憎嫌、着急、震怒、忠勇、重、专擅、庄严、醉，共192个。其中心理形容词97个，占50.5%，表示正面情绪的17个，占8.9%，表示负面情绪80个，占41.7%；表示负面情绪的形容词远远高于表示正面情绪的形容词，"了不得"后来引申为"情形严重"义，殆与此有关。

"了不得"的意义为"完不成、做不到"，换言之，做成某事超出了自己的能力，所以引申为"超出自己的能力"之义，我们从吴趼人《二十年目睹之怪现状》中检索到两个用例，正是这种意义：

(33) 我本来纯然是一个小孩子，那里够得上讲麻利呢？少上当已经了不得了。

(34) 其实我这个人，少点过错就了不得了，哪里配称到"贤德"两个字。

由"超出自己的能力"引申为"非凡、出众"，还是《二十年目睹之怪现状》中的例子：

(35) 你们读书人的记性真了不得。

(36) 读了两年书的孩子，发出这种议论，有这种见解，就了不得。

《汉语大词典》在"了不得"的"不平凡、非常突出"的义项下，举的是鲁迅《集外集拾遗》中的例子，明显偏晚了。

三、"了得"与"了不得"的趋同与差异

（一）"了得"与"了不得"的趋同

"了得"与"了不得"在形式上看应当是意义相反的，实际上，二者一开始的意义也确实相反。"了得"表示"了结，完成"，"了不得"表示"完不成、做不完"。例如：

(37) 某自谪居以来，可了得《易传》九卷，《论语》五卷。（苏轼《与王定国书》）

(38) 若不曾做工夫，虽说十分话，亦了不得。（《朱子语类》卷一百一十七）

二者意义上的趋同，是由于引申所致。"了得"的"了结、完成"义，容易使人联想到对工作能够胜任，借助于这种联想，引申为"（才能）非凡、出众"。"了不得"由"完不成、做不完"引申为"超出自己的能力"，由"超出自己的能力"引申为"（才能）非凡、出众"。意义相反的两个词，由于引申的路径不同，竟至殊途同归。

（二）"了得"与"了不得"的差异[①]

"了得"与"了不得"都有"非凡、出众"之义，但由于来路不同，因而

[①] 本文只在"非凡、出众"这一个义位上比较"了得"与"了不得"的差异，不涉及别的义位。

在用法上存在很大的差异。

首先，这个意义上的"了得"基本上属于历史词，在现代汉语中使用较少。我们通过对北京大学中国语言学研究中心现代汉语语料库的检索，发现这种用法的"了得"只有182例，其中110例是形容武功。可以看出，现代汉语书面语中用"了得"形容人的才能主要是受到了古代小说的影响，缺少口语的基础。用"了不得"形容人的才能非凡、出众，约起于晚清，与"了得"相比，是小字辈，因而生命力还很旺盛，无论在现代汉语口语还是书面语中都很活跃。因此严格说来，两个词不在一个历史层面上。

其次，"了得"一般只用于对人的正面评价，因而多用于肯定句中，不用于否定句和疑问句。无论古代汉语还是现代汉语，鲜有例外。《水浒传》中的44例（据北大古代汉语语料库检索）全部用于肯定句，北大现代汉语语料库的182例中只有1例是否定句。"了不得"既可用于对人的正面评价，亦可用于对人的负面评价，因而既可用于肯定句中，也可用于否定句和疑问句中。在用于否定句和疑问句时，"了不得"前面通常用"什么"修饰。例如：

（39）在我的印象中，他并没有写过什么了不得的大文章。
（40）仿生跑步不是什么了不得的创见。
（41）周文祥晓得自己并没有什么了不得的才干。
（42）有什么了不得的东西可以发表呢？
（43）那有什么了不得的？
（44）你这男人，又有什么了不得的价值？（引自北京大学中国语言学中心现代汉语语料库）

再次，"了不得"可用作感叹，独立成句。"了得"没有这种用法。例如：

（45）了不得！小兄弟竟知晓这么多。
（46）了不得！了不得！如此家风，府上肯定要出曾文正、李中堂了。
（47）"了不得！"我说："好丫头，你真漂亮极了！"（以上引自北京大学中国语言学中心现代汉语语料库）

最后，"了得"以用作谓语最为常见，一般用来形容人的本领、技能。"了得"作谓语时通常有程度词修饰，使之成为有界成分。但如用作主谓谓语句的小谓语，则不受此限。《水浒传》中，用来修饰"了得"的程度词有"好生、十分、恁地、端的、真个、最"等,其中"好生"与"十分"的应用频率最高,分别为 7 次和 5 次。现代汉语中,用来修饰"了得"的程度词有"十分、好生、如此、甚是、着实、何等、相当"等,其中"如此、十分、甚是、好生"的应用频率最高,在北大语料库中分别为 16 次、11 次、8 次、6 次。"了不得"以用作定语最为常见,可用于人,亦可用于事。用作谓语时没有用程度词修饰的限制,多带有感叹语气。

四、结语

在语言诸因素中,词汇受社会的影响最大,变化最快。基本词汇处于词汇核心层,较为稳定,一般词汇处于词汇的外层,变化较快。一个古语词,可能由于某种机缘重新复活;一个时下的流行词,也可能由于某种机缘迅速沉寂。本来同义的词,在使用中,意义之间的距离可能渐行渐远,;本来反义的词,在使用中,意义之间的距离可能逐渐拉近。"了得"与"了不得"本来是一对反义词,经过演变,在"非凡、出众"的义位上竟趋于相同。但趋同不等于等同,两个词的不同的出身,决定了它们在用法上的差异。

参考文献

[1] 董秀芳:《词汇化:汉语双音词的衍生和发展》,四川民族出版社 2002 年版。

[2] 吕叔湘:《现代汉语八百词》,商务印书馆 2004 年版。

[3] 齐春红:《"不得"的语法化及其相关问题研究》,载《楚雄师范学院学报》,2005 年第 5 期。

[4] 盛丽春:《"不得了"和"了不得"》,载《长春师范学院学报》,2005 年第 4 期。

[5] 王麗玲:《论元结构变化与词汇化的发生——以"了得""了不得"的词汇化为例》,载《汉语史研究集刊》,2011 年第 00 期。

[6] 徐时仪:《"了不得"与"不得了"的成词与词汇化考探》,载《江苏大学学报》,2009 年第 1 期。

[7] 于康:《"V 不得"的否定焦点与语法化过程》,载《语文研究》,2004 年第 2 期。

"好容易"与"好不容易"同义探索

一、"反语说"的困境

沈家煊(1994:262—265)认为,"好容易"等于"好不容易",是它的反语用法语法化的结果:好(引述)容易(反语)→(状语)好容易(非反语)。这一说法存在下列问题:首先,反语是在特定语境下形成的,由于反语与实际表达的意义相反,因此脱离了特定语境,原来的反语就只能表达正面的意义,否则就会造成意义的混淆,影响正常交际的进行。比如:在缺少特定语境的情况下,好漂亮=很漂亮,好干净=很干净。反语是很难固化并进而语法化的。"好不热闹、好不快活、好不蛮横、好不狼狈"中的"不"都不是否定词,因而上述短语都不是反语用法的语法化(下文详论)。其次,即便"好容易"有反语用法,它也只能出现在谓语位置上,而不能出现在状语位置上:

(1) 甲:你两天就写好了论文,好容易啊!
    乙:光查资料就花了我两个月的时间,我好容易!(反语)
(2) 你们说张三拿高分容易,他每天起五更睡半夜,把吃奶的劲儿都使出来了,他好容易!(反语)
(3) 这道题好容易做!(非反语)
(4) 宝宝好容易出汗!(非反语)

"好容易"用作反语,是对回声引述的一种委婉否定。离开了这种语境,"好容易"作谓语就只能是正面表达,而不是反语。

(5) 大学的文科考试只要考前突击突击就能应付,拿60分好容易!

（6）这道题好容易，只用了一个公式就解出来了。

可见，"好容易"用作反语，只出现在谓语位置上；即便是在谓语位置上，"好容易"的反语用法也不能够固化并进而语法化。语法化是在原型结构基础上的一种重新分析，"好容易"反语用法的原型结构是作谓语，如果连作谓语的"好容易"都没能引起重新分析而语法化，又怎能跑到状语位置上去语法化呢？

二、"好不热闹"等中的"不"

（一）"不"是一个衬音

要理解"好容易"是怎么与"好不容易"同义的，我们不能不从上述"好不热闹、好不蛮横"中的"不"说起。方绪军（1996：65）认为，"好不"是表示强调的一个程度副词，其中的"不"不表否定，只是一个衬音字，相当"多么"里的"么"，念轻声。这一用法在《诗经》中就已出现。《诗·小雅·常棣》："常棣之华，鄂不韡韡。"毛传："韡韡，光明也。"郑笺："承华者曰鄂。""鄂不韡韡"，花开光灿鲜明之义也。"不"在这里补足音节，加强语势，不表意。《诗·大雅·大明》："天位殷适，使不挟四方。"位，立也。适，嫡也。挟，拥也。意为上天立了殷朝的嫡子（纣王），使他拥有四方。"不"在这里表示强调，加强语势，不表意。这种用法在现代汉语方言里还很普遍。方绪军（1996：65—68）指出，北方话一些方言里，如安徽合肥、六安一带，"好么"跟"好不热闹"等中的"好不"相当，下面是他举得两个例句：

（7）他今天好么快活哟，数学考了一百分。
（8）日本鬼子好么残忍啊，杀了那么多老百姓。

这里的"好么"与普通话里相同格式的"好不"同义，"好么"的"么"只是一个衬音助词，不表否定义；同理"好不"的"不"也是一个衬音助词，不表否定义。不同方言用来加强语气的衬音词读音稍别，在书面语中就被写成了不同的字，合肥等地的方言选择了"么"，普通话选择了"不"。据方绪军（1996）的研究，方言里"好么"的分布比普通话"好不"要广，几乎能替代"好"表程度修饰，可以说"好么高、好么美、好么丑"等。"么"与"不"都是唇音声母，读音相近，二者在相同结构分布中的位置相同，表意相同。"不"与"么"一样没有实义，只不过是用来加强语气的一个音节罢了。普通话的书面语选择"不"来代表这个音节，而这个"不"又恰好和否定词的"不"同形，学者们为"不"的否定意义所迷惑，想出反语的语法化来为"好不＝好"寻求依据。要理解"好不快活＝好快活、好不蛮横＝好蛮横"，关键是要破除"不"具有的否定意义所形成的文字障。因境寻声，因声求义，则一切疑难皆可涣然冰释。好不快活＝好么快活，好不蛮横＝好么蛮横……不＝么，道理就是如此简单，何须迂曲求解？其实在方言中，用唇音字作为衬音助词来加强语气，是很普遍的。甘肃临夏方言：

(9) 上去上高山者望平川，
平川里有一朵牡丹。
看上去容易嘛摘去是难，
摘不到手里是枉然。（临夏花儿）
(10) 白牡丹白者嘛耀人呀哩，
红牡丹红者嘛破哩。
尕妹的旁个里有人呀哩，
没人是我陪着坐哩。（临夏花儿）

江苏无锡方言：

(11) 第一个好景致呀要算鼋头渚，
顶顶暇意夏天去避暑呀，
山路末曲折多幽雅呀，
水连哪个山来末山呀山连水呀。（无锡景）

在河南永城方言里，一些用作衬音的唇音字，已经语法化为构词成分，如"甜巴唆里、面巴唧里、硬巴橛里"的"巴"，"火不溜辣、憨不楞腾、焦不子黄"中的"不"。"巴"与"不"读音相近，"巴"与"不"在这些词语里是可以互换的，如"甜巴唆里"也可以写成"甜不唆里"，"焦不子黄"也可以写成"焦巴子黄"。既然是衬音字，所选择的字能大致摹拟出这个音就可以了，同一个音并非只对应同一个字。从这个角度来看问题，"好不＝好么"就很容易理解了。

（二）逆向类推

在"好不 A = 好么 A"的格式中，"不"只代表一个音节，不表义，"不"是一个常用词，它的常用义是表示否定，人们就趋向于把它当作一个否定词看待，这就导致了对"好不"的重新分析。分析的结果是：程度副词"好"与否定词"不"组合成的"好不"，可以用来加强肯定，因此"好不 A = 好么 A"。既然如此，逆向类推，"好 A"就可以等于"好么不 A"。但这一推理由于与人们的常识相违，在大多数情况下都受到阻遏，只有满足了特定的句法语义条件，这一推理才能成立。好容易 = 好（么）不容易，正是满足了这一特定的句法语义条件。

三、"好容易 = 好不容易"的句法语义条件

沈家煊（1994）注意到，我们说"好容易"等于"好不容易"时，大多是针对"好容易"做状语而言的，当"好容易"不做状语时不一定等于"好不容易"。沈文举了一个例子："要吃这吃那，说得好容易，谁来做呀！"其中的"好容易"做补语，是表示很容易的意思。孔令达（1996：217）进而指出，"好容易"做谓语以及修饰光杆动词时，都是很容易的意思。其实，有时"好容易"修饰的不是光杆动词，仍表示"很容易"的意思。

（12）我好容易受骗。
（13）女人好容易心动。
（14）宝宝好容易出汗。

以上受"好容易"修饰的"受骗""心动""出汗"都是动宾短语，"好容易"都表示"很容易"的意思。这时，受"好容易"修饰的动宾短语往往表示的是一种经常性习惯性的动作行为，且都表示言说者不希望发生的负面意义。只有当"好容易"修饰的对象是动词短语且动词短语所表示的动作为完成体时，"好容易"才表示"很不容易"的意思：

（15）我好容易才做完了这么多习题。
（16）我好容易才搞到了一张帕瓦罗蒂演唱会的门票。

(17) 好容易找到了真爱，他父母却嫌我是个乡下妹。

(18) 好容易有十万元，应该如何去发财？

这些"好容易"结构的后面，有的有副词"才"，有的没有副词"才"，但动词后一般都有"了"或"到"，表示动作行为的完成。这时受"好容易"修饰的动词短语表示的是一次特定的行为动作，且都表示言说者希望发生的正面意义。总之"做状语且动作行为已经完成"就是"好容易 = 好不容易"的句法条件。那么为什么只有在这一句法条件下，"好容易"才等于"好不容易"呢？这就牵涉到"好容易"在这一句法结构下所受到的语义限制。在这一句法结构下，"好容易"后面无一例外地都可以加上副词"才"，"才"表示的意义是经过某种努力达到了某种目的或得到了某种结果，这就限制了"好容易"只能表示"努力、不易"的意思。换言之，只有在这种句法限制下，"好容易"才会被死死地钉在"很不容易"的义位上，不会被误解为"很容易"的意思。不致引起误解，这正是"好容易 = 好不容易"需要满足的语义条件。

参考文献

[1] 沈家煊：《"好不"不对称用法的语义和语用解释》，载《中国语文》，1994 年第 4 期。

[2] 方绪军：《析"好/好不＋形容词"的同义现象》，载《上海师范大学学报》，1996 年第 3 期。

[3] 孔令达：《"好容易"的功能和意义》，载《中国语文》，1996 年第 5 期。

永城话里的形容词后缀"里"①

一、引言

朱德熙(1961)把"的"的用法区分为的₁、的₂、的₃,的₁为副词性语法单位的后附成分,的₂为形容词性语法单位的后附成分,的₃为名词性语法单位的后附成分。针对有人提出的朱文"没有很好考虑历史因素"的质疑,朱德熙(1966)引用吕叔湘《论"底""地"之辨及"底"字的由来》,证明了唐宋时期的地₁、地₂、底分别对应今天普通话的的₁、的₂、的₃,用历史事实支持了"的"字的三分。"的"字三分能否成立,离不开方言的验证,朱德熙(1980)认识到了这一点,分别以广州话、文水话、福州话为例,证明了这些方言在功能上都有与普通话"的₁、的₂、的₃"对应的语法成分。尤其是广州话"咁、哋、嘅"分别对应普通话的"的₁、的₂、的₃",读音不同,语法功能也不同,显然是三个不同的语素,为"的"字三分学说提供了有力的方言支持。"的"字三分至此似无可疑,但三分后"的"字的属性仍有疑问:它是属于句法层面的成分还是属于构词层面的成分呢?对此,朱德熙(1993)对"的"为后附成分说做出了重大修改,提出的₁为副词后缀,的₂为形容词后缀,的₃为名词化标记,明确了的₁、的₂都属于构词成分。但由于天不假年,朱先生尚未来得及对此做出具体论证。河南省永城话里,不仅的₁、的₂、的₃的用法迥然有别,而且的₂与形容词词根结合紧密,共同构成形容词,已经由句法成分演变为构词成分;在语音上,的₂由"的"(di)音变为"里"(li),形成了代表其功能变化的语音标记。这说明在永城话里,"的₂(里)"已经成为一个标准的形容词后缀,为朱氏对"的₂"的定位提供了有力的佐证。此外,永城话里的"的₂(里)"在

---

① 匿名审稿专家对本文提出了宝贵的修改意见,谨致谢忱。

功能上与普通话和其他方言都存在一些差异,在这里也一并讨论。

二、永城话带"里"后缀的形容词的结构形式

永城话里"的"用法也分为的$_1$、的$_2$、的$_3$,的$_1$的读音形式为[di],的$_2$、的$_3$的读音形式为[li]。笔者认为永城话里的"的$_2$"已经演变为形容词后缀,不仅因为其已经音变为"里",更重要的是许多后附"里"的形容词,离开了"里"就成为黏着性语素,不能单说,必须与"里"结合在一起才有独立性,才能成为一个词。永城话里带"里"后缀的形容词具有如下一些性质:

Ⅰ.不能用"不"否定,不能加"很"表示程度。
Ⅱ.不做主语、宾语。
Ⅲ.能够做补语、谓语。
Ⅳ.部分能做状语、定语。

这类形容词的性质与状态形容词相同,有如下几种结构形式:

甲、AA 里:正正里 齐齐里 直直里 长长里 方方里 圆圆里 香香里 酸酸里 甜甜里 稀稀里 碎碎里 远远里 紧紧里 高高里 厚厚里 旺旺里 清清里

AA 是黏着的结构形式,必须后附"里"才能单说。"AA 里"数量较多,趋向表示正面意义,很少有表示负面意义的形式,臭臭里、孬孬里、坏坏里、赖赖里,都不能说。"笨笨里"可以说,是因为聪慧与愚笨是一种客观分别,说某人"笨笨里"并不表示说话人对某人有鲜明的憎恶情绪。山西大同话"AA 的"式形容词,第二个音节的 A 要儿化,如:皮皮儿的,绵绵儿的,寡寡儿的,黑黑儿的。山西大同话另有一种"圪 AA 的"式形容词,如"圪颤颤的、圪铮铮的、圪缩缩的、圪凄凄的"等,"AA 的"前面加上词头"圪",更加强了强调意味。尤其值得一提的是,湖南麻阳话有 AA 儿、AA 子两种形式(刘祥平,2006:50),湖南慈利话有 AA 儿的、AA 儿里、AA 儿里的三种形式(宫建国,2007:107),均相当于永城话的 AA 里,AA 必须带上"子"尾"儿"尾、"的"尾、"里"尾、"里的"尾才能成词并独立使用。"子"尾、"儿"尾、"的"尾、"里"尾无疑都是词缀。

乙、A乎里：温乎里　热乎里　冷乎里　凉乎里　胖乎里　瘦乎里　稠乎里　稀乎里　干乎里　湿乎里　软乎里　硬乎里　长乎里　短乎里　暄乎里　潮乎里　甜乎里　酸乎里　咸乎里　辣乎里　孬乎里

这类词语的词根多是表示温度、湿度、长度、硬度、味道的形容词，他们多是中性词，加上后缀"乎"表示程度轻微，可以接受。如果是褒义词或贬义词，则不能构成"A乎里"结构，如不能说"好乎里""臭乎里""脏乎里""丑乎里"。"孬乎里"是一个特例，多用来描述孩子或年轻人的品性。这里的"孬"并不是说品性恶劣，而是指调皮，喜欢搞一些恶作剧。永城话多用构词法来表示程度，因此极少使用程度副词。"A乎"不能单说。

丙、A乎拉里：热乎拉里　湿乎拉里　潮乎拉里　黏乎拉里　咸乎拉里　血乎拉里

A不来歪里：黄不来歪里　紫不来歪里　酸不来歪里　苦不来歪里

"A乎拉里"的程度比"A乎里"要重，以至让人感到不舒服，表达的是一种不喜欢甚至讨厌的感情色彩，词根A仅限于"热、湿、潮、黏、咸、血"几个。"A不来歪里"的"歪"是一个实义语素，与词根A构成述补关系。词根A为表示色彩及味道的形容词，"A不来歪"用来表达颜色或味道不正，在感情色彩上是贬义的。A乎拉、A不来歪，不能单说；A了呱唧、A了扑腾、A不拉唧、A不愣登、A不溜秋，也是表达贬义的感情色彩，但可以单说。

丁、AB里：喧腾里（松软、膨胀）　脆整里　样整里（很像样，表现不错）　圪拔里（过硬，表现突出）　甜丝里（稍稍有点甜）　甜喷里（香甜）　红扑里　黑黢里　绿莹里　白生里　酸溜里　厚墩里　团悠里　松快里　脆生里　凉丝里　实哈里（形容物体实在，中间无缝隙）　干松里（形容物体干透了，不含水分）

AB，有的为并列结构，如喧腾；有的为述补结构，如实哈、干松、凉丝、甜丝、凉丝、甜丝的"丝"表示程度轻微；有的单个音节已经看不出所表示的意义，只好看作连绵式，如样整、各拔。AB为并列结构、述补结构的"AB里"，一般可转换为"ABB里"，如"喧腾腾里""白生生里"，AB为连绵式的则不可，如不能说"圪拔拔里""样整整里"。AB一般是黏着的结构形式，不

能单说。湖南麻阳话有"AB了"式,"了"相当于永城话里的"里",如"硬梆儿、紧绷儿、稀跪儿、亮炸儿、清优了、乌琴了"等(刘祥平,2006:57),十分丰富。永城话中,BA式状态形容词如"彤红、雪白、焦干、黢黑"等用作谓语、补语后面都不加后缀"里",与"AB里"有着鲜明的区别。

戊、A古B里:热古都里　稠古涂里　肉古奶里　翻古热里　软古浓里

"A古B里"结构中,一般来说,"古"是衬音助词,A、B之间为述补关系,如"浓"表示"软"的状态;也有少量词语,A、B之间是状中关系,如"翻"用来修饰"热"。但不管A、B之间的关系如何,AB、A古B都不能单说。永城话中,这类词语不多。山东寿光话,除上述词语外,还有"焦古酸的""冒古臭的"两词(黄伯荣,1996:324—325)。

己、A巴B里:酸巴溜里　紫巴溜里　绿巴莹里　灰巴登里　甜巴唑里　甜巴唆里　苦巴荠里　臭巴哄里　硬巴橛里　黏巴糊里　面巴唧里　水巴唧里　软巴唧里　傻巴唧里　怪巴唧里　孬巴唧里　懒巴唧里

"A巴B里"一部分由"AB里"演变而来,如"酸巴溜里、绿巴莹里、甜不唑里、苦巴荠里、臭巴哄里";一部分没有相应的"AB里"形式,如"紫巴溜里、甜巴唆里、硬巴橛里、软巴唧里"。无论何种情况,A、B之间均构成述补关系,B用来说明A的状态。有的B还保留着比较具体的意义,如"莹""橛"等;有的B已经虚化,其中"唧"的虚化程度较高,用在"A巴唧里"中,表示A的程度轻微。AB之间加上"巴"后,即带有一种不认可、不喜欢的感情色彩。永城话一般用构词的手段表示感情色彩,因而情态副词较少。"A巴B"不能单说。

庚、ABB里:a. 香喷喷里　臭烘烘里　白生生里　蓝莹莹里　酸溜溜里　脆崩崩里　厚墩墩里
　　　　　b. 漂亮亮里　干净净里　板正正里　稳当当里　年轻轻里　亮堂堂里

a式中,ABB为述补式,BB是对A在状态上的一种补充。b式为形容词AB的不完全重叠式,AB的后一个音节B重叠,前一个音节A不重叠;但其功能与

AABB 式相同，都表示程度的加强。ABB 式形容词在普通话中数量较多，在永城话中却数量较少，因此以 ABB 作词干构成的 ABB 里式形容词亦很少。ABB 在永城话中一般不能单说。a 式中，山西大同话的"肥肭肭的、瘦枝枝的、楞性性的、肉微微的"，山西柳林话里的"红丹丹的、白俩俩的、绿争争的、丑腾腾的"（贾志峰，2010：27），安徽安庆话的"木骨骨的、老角角的、逸当当的、长天天的"等（鲍红，2010：86—87），永城话都不说。b 式中，河北昌黎话的"老实实的、憨闷闷的"（黄伯荣，1996：312—313），云南昆明话的"危险险的、难看看的、萎缩缩的、贼精精的"等（丁崇明，2007：229—257），永城话也不说。山西柳林话有"AXBB 的"形容词，如"红圪丹丹、活特擞擞、黑圪油油"，ABB 中加进 X，起加强强调作用（贾志峰，2010：41）。湖南衡阳话"ABB"式后面要加"咯"，才能成词并独立使用，"咯"相当于永城话里的"里"。湖南麻阳话有 ABB 子、ABB 儿两种形式，如细烟烟子、稀汤汤子、老卡卡子、红绯绯儿、白空空儿、清优优儿，相对于 AB 儿式而言，程度更深，对事物状态的描摹也更生动（刘祥平，2006：51）。山西柳林话的"丹丹、俩俩、争争、腾腾"。湖南麻阳话的"梆梆、卡卡、菲菲、分分"都可以和多个形容词组合（贾志峰，2010：27；刘祥平，2006：57），虚化程度较高。

戍、AABB 里：a. 清清楚楚里　干干净净里　利利亮亮里　整整齐齐里　豁豁牙牙里（不齐貌）　畏畏缩缩里　神神道道里

b. 硬硬梆梆里　白白净净里　光光溜溜里　软软和和里　暖暖和和里　客客气气里　和和气气里

a 式中，AB 为并列关系，AABB 一般为 AB 的重叠式，但不完全是，如"神神道道"就不是"神道"的重叠式，"神道"不成词。"神神道道"常被写成"神神叨叨"，其实"神神道道"才是正确的形式，"道"是道教尊奉的神，与"神"是并列关系。b 式中，AB 为述补关系，B 用来描述 A 的状态。b 式的 AABB 为 AB 的重叠式，一般表示正面意义，带有认可、喜爱的感情色彩。永城话中，AABB 式形容词可以单说，为数较少。如昆明话的"危危险险的、冷阴冷阴的、胖墩胖墩的、矮夯矮夯的"（丁崇明，2007），永城话就不说。

壬、BABA 里：笔直笔直里　彤红彤红里　雪白雪白里　黢黑黢黑里　蜡黄蜡黄里　冰凉冰凉里　毛温毛温里　宁细宁细里　死硬死硬里　石憨石憨里　正好正好里　歪好歪好里（歪得正好）　水湿水湿里（湿得能拧

下水来) 风薄风薄里（极薄，一戳就透）

BABA 是 BA 的一种重叠形式，但 BA 能单说，BABA 不能单说；BA 后面不能带"里"，BABA 后面必须带"里"。BA 是状中结构。有的看似主谓结构，实际上是状中结构，如"水湿""风薄"，"水"与"风"都是名词做状语，分别是"湿"与"薄"的修饰成分。"BABA 里"比"BA"的程度更深。

癸、四字格 + 里：周吴郑王里（正式、庄重） 人模狗样里（像模像样） 东倒西歪里 七上八下里 戏了二哄里 正儿八经里 瘾了八症里

这类四字格有的来自习语，如"周吴郑王"来自《百家姓》，利用"郑"与"正"的谐音，表示正式、注重。有的是在第一、第三两个音节上加上两个相对立或相邻近的词语，以加强语势，如人模狗样里、东倒西歪里、七上八下里。有的是在第二、第三两个音节加上衬音助词，使之带上一种讥讽的感情色彩，如戏了二哄里、正儿八经里。

三、永城话带"里"后缀的形容词的语法功能

永城话带"里"后缀的形容词主要的语法功能是作补语，上节提及的各种形式都具有这种功能。

AA 里：他坐得正正里。｜苗出得齐齐里。｜圈画得圆圆里。｜饭做得稀稀里。

A 乎里：水烧得热乎里。｜饭做得稀乎里。｜树栽得稠乎里。｜他变得孬乎里。

A 乎拉里：天气变得热乎拉里。｜他手上沾满了浆糊，弄得黏乎拉里。

A 不来歪里：这葡萄还没熟，吃起来酸不来歪里。｜这条裤子的颜色没染好，看上去紫不来歪里。

AB 里：馍蒸得喧腾里。｜他长得样整里。｜他干活各拔里。｜菜冻得实哈里。

A 古 B 里：天气变得热古毒里，要下雨了。｜这孩子长得肉古奶里。

A 巴 B 里：苦瓜吃起来苦巴唧里。｜他笑起来甜巴唆里。

ABB 里：饭做得香喷喷里。｜房子里显得亮堂堂里。

AABB 里：字写得整整齐齐里。｜纸裁得豁豁牙牙里。｜她拾掇得利利亮亮里。

BABA 里：饭做得正好正好里。｜脸晒得黢黑黢黑里。｜饺子皮擀得风薄风薄里。

四字格+里：他穿得周吴郑王里。｜张三长得人模狗样里。｜这孩子睡得瘾了八症里。

带"里"后缀的形容词做补语的句子，句中的动词一般是单音节。永城话里，动词双音化的趋向并不明显，单音节动词在动词中仍居主流地位。带"里"后缀的形容词做补语的句子，主语要么是施事，要么是受事，施事者为人，受事者为物，受事做主语的句子是语意被动句，没有"被、给、叫"等形式标记。

其次是做谓语，也是上面各类形式都具有的。

AA 里：路直直里。｜绳子长长里。｜月老娘（月亮）圆圆里。｜菜苗旺旺里。

A 乎里：天暖乎里。｜水温乎里。｜床垫子软乎里。｜这孩子孬乎里。

A 乎拉里：屋子潮乎拉里。｜他挨了打，身上血乎拉里。

A 不来歪里：这个梨子没熟，酸不来歪里。｜这个药不好喝，苦不来歪里。

AB 里：馍喧腾里。｜他的技术各拔里。｜衣裳干松里。

A 古 B 里：菜软古浓里。｜天热古毒里。

A 巴 B 里：味道苦巴唧里。｜这个瓜面巴唧里。｜柿子软巴唧里。

ABB 里：饭香喷喷里。｜房子亮堂堂里。

AABB 里：账清清楚楚里。｜衣服干干净净里。｜大表哥利利亮亮里。

BABA 里：饭正好正好里。｜棉花雪白雪白里。｜衣裳水湿水湿里。｜脖子宁细宁细里。

四字格+里：他干事戏了二哄里。｜秫秸堆东倒西歪里。｜老王心里七上八下里。

再次，做状语。

AA 里：慢慢里走　轻轻里扇

"AA 里"做状语，受到很大的限制，仅限于能直接描写动作情态的"慢慢里、轻轻里"。一切用于描写事物的"AA 里"，如"长长里、高高里、硬硬里、热热里"都不能做状语。普通话"热热的沏上一壶茶"，在永城话里是不能说的。

A 乎里、A 乎拉里、A 不来歪里、AB 里、A 古 B 里、A 巴 B 里、BABA 里：不能做状语。"A 乎里、A 乎拉里、A 不来歪里、AB 里、A 古 B 里、A 巴 B 里、BABA 里"式形容词只修饰事物，不修饰动作，故不能做状语。

ABB 里：年轻轻里就当上了县委书记　稳当当里拿到第一

"ABB 里"做状语，受到很大的限制，一般限于能直接描写动作状态的形容词。能够描写人或事物的"ABB 里"，仅"年轻轻里"1 例可做状语；其他如"红彤彤里、香喷喷里、硬梆梆里、热乎乎里"都不能做状语。普通话"香喷喷的摊了一张饼"，在永城话里是不能说的。

AABB 里：清清楚楚里写着你的名字　畏畏缩缩里站在一旁　和和气气里跟学生谈话

四字格＋里：人模狗样里站在台上　正儿八经里做报告　东倒西歪里躺了一地。

"AABB 里""四字格＋里"做状语，仍有一定的选择性，述谓性较强的"畏畏缩缩里""人模狗样里"等可做状语，描写性较强的"干干净净里""周吴郑王里"等不能做状语。

还有是做定语。

AA 里：齐齐里苗　圆圆里圈　稀稀里饭　长长里绳子

但"远远里、近近里、紧紧里、松松里"却不能作定语，说明这一类形容词与一般 AA 里式形容词在性质上还有些差异。"远远里"等适于表现动态，"齐齐里"等适于表现静态。朱德熙（1966）认为，"好好的""远远的"① 可

---

① 在永城话里，"远远的（里）"不能做定语，这一点与普通话有异。

以做定语,是一类;"慢慢的""快快的"不能做定语,是另一类。这种区别可以作为"R 的"① 内部分小类的根据。

A 乎里（通常不能做定语）：*热乎里水　*暖乎里天　*软乎里垫子　*硬乎里床板

A 乎拉里（通常不能做定语）：*潮乎拉里屋子　*热乎拉里天气

A 不来歪里（通常不能做定语）：*咸不来歪里菜　*酸不来歪里葡萄

AB 里（通常不能做定语）：*喧腾里馍　*圪拔里技术　*干松里衣裳

A 古 B 里（通常不能做定语）：*热古毒里天　*肉古奶里孩子

A 巴 B 里（通常不能做定语）：*苦巴唧里味道　*面巴唧里柿子

A 巴 B 里式形容词一般不做定语,这类形容词述谓形较强,而定语位置上的形容词更倾向于表示分类。但也不是没有例外,如可以说"甜巴唆里脸"。

ABB 里：香喷喷里饭　臭烘烘里鸡蛋　亮堂堂里房子

ABB 里式形容词虽少,但用作定语不受限。

AABB 里：清清楚楚里数字　干干净净里衣服　破破烂烂里教室

AABB 里式形容词对所修饰的名词有音节上的限制,一般只修饰双音节名词,不修饰单音节名词。如不能说"清清楚楚里账""干干净净里地""整整齐齐里书",这是因为"里"只是个辅助性音节,跟前面的 AABB 构成两个音步,要求后面的名词必须是双音节,能单独构成一个音步。

BABA 里：水湿水湿里衣服　蜡黄蜡黄里脸　风薄风薄里饺子皮

BABA 里式形容词通常可做定语,但"正好正好里饭""歪好歪好里钉子"不能说。这是因为"饭正好正好里"中虽然"饭"与"正好正好"直接组合,但"正好正好里"的语义指向并不是饭,而是饭的量;同理,"歪好歪好里"

---

① "R 的"指状态形容词词干带"的"字的词语。

的语义指向也不是"钉子",而是钉子的方向。

四字格+里(通常不做定语):＊周吴郑王里穿戴　＊正儿八经里讲话　＊东倒西歪里老王

朱德熙(1993)认为:状态形容词的语法功能是经常做谓语、补语和状语,不能做主宾语和定语,这与永城话的情况基本符合。朱德熙(1993)指出,文水话、广州话、大冶金湖话、福州浦城话、永定话的"R+的$_2$"可以做谓语、状语,用作定语时"的$_2$"要被置换成"的$_3$"或在"的$_2$"后加上的$_3$,构成"R+的$_3$+N"(加合)和"R+的$_2$+的$_3$+N"(置换)两种形式;平南白话、福州话、潮州话的"R+的$_2$"可做谓语、状语、补语,用作定语的情形同上;连城话的"R+的$_2$"可做谓语、补语,用作定语的情形同上。永城话的"R+的$_2$(里)"在做谓语、补语方面,与上述方言并无二致;在做状语、定语方面与上述方言有着较大差异。永城话的"R+的$_2$"可分为摹态与摹状两类。只有少量描摹动作情态的"AA里、ABB里、AABB里、四字格+里"形容词才能做状语;绝大部分的"R+的$_2$"形容词都是描摹物体性状的,不能用作状语。永城话中,"F+的$_1$"① 用作状语,"R+的$_2$"用作谓语和补语,此疆彼界,分工较严。一些与"R+的$_2$"同形的词语,一旦用作状语,就转变为了"F+的$_1$",意义与读音都发生了变化。

这部手机从楼上摔下来后,还好好里。(意思是"完好",做谓语,R+的$_2$)

到了单位以后,要好好里(地)工作。(意思是"努力",做状语,F+的$_1$)

她的脸搽上粉以后,白白里。(意思是"很白",做谓语,R+的$_2$)

要找的人没上班,白白里(地)来了一趟。(意思是"无成效",做状语,F+的$_1$)

永城话里,绝大部分"R+的$_2$"形容词都不能做定语,只有"ABB里"及部分"AA里、AABB里、BABA里"形容词可以做定语。这部分能做定语的状态形容词,是不是名词化了,我们还不好判定。如果说这部分词语名词化了,

---

① "F+的$_1$"指副词带"的"字的结构。

为什么其他的"R+的$_2$"就不能名词化呢？另外，在永城话里，的$_2$与的$_3$的语音形式相同，我们也无法断定，这部分能做定语的"R+的$_2$"，语音形式有无变化；更无法断定，如果有变化，变化的形式是加合还是置换。郑懿德（1988）显示：福州话中，AA式、XAA式、AAA式、AABB式、AAB式、ABB式都可做谓语、补语，XAA式不做状语，AAA式不做定语，也在一定程度上揭示了状态形容词的主要功能是做谓语和补语。

四、形容词后缀"里"（的$_2$）与副词性后附成分"地"（的$_1$）、名词性后附成分"里"（的$_3$）的区别

副词后附成分"地"（的$_1$），读 di，在语音上与形容词后缀"里"（的$_2$）有明显的区别。例如：

(1) 张三拼命地干活。
(2) 大娘使劲地吆喊。
(3) 钱多钱少一样地干。
(4) 你赶快地跑。

"拼命地""使劲地""一样地""赶快地"中的"地"读 di，不读 li，它们都只能做状语，不能做其他句法成分。"拼命""使劲""一样""赶快"都可以单说，其后加不加"地"不影响句义，因此我们不把"地"看作副词后缀，仍然采用朱德熙先生的说法，称之为副词性后附成分。"地"（的$_1$）出现在状语的语法位置上，"里"（的$_2$）出现在补语、谓语、定语的语法位置上，二者呈明显的互补关系。"好好地（里）干"中的"好好地（里）"虽然出现在了状语的位置，但句中的"好好地（里）"并不是形容词，而是副词，比较：

(5) a. 好好地（里）干
　　b. 我好好里
　　c. 我干得好好里

a 句中的"好好地（里）"中的"地"既可以读"di"，又可以读"里"，说明它是一个副词性后附成分，形容词后缀"里"是不能读为"di"的。"好好

地"之所以有两读,可能是受到 AA 里式形容词的影响,也可能是"的₁"正在经历新的弱化。a 句中的"好好地",意同"努力",是副词;b、c 两句里的"好好里",意同"正常、无差错",是形容词。"好好地"不能做谓语、补语,"好好里"(正常义)也不能做状语,二者呈互补关系。

名词性后附成分"里"(的₃)与形容词后缀"里"(的₂)虽然读音相同,用法却迥然有别。名词性后附成分"里"可后附在名词、代词、单音节形容词、异素双音节形容词、区别词、动词、动词性词组后面:

(6) 张三里 老王里 我里 他里 大里 小里 好里 坏里 红里 绿里 漂亮里 好看里 彩色里 黑白里 走里 卖里 唱唱里 剃头里

名词性后附成分"里"前面的成分都是独立的,可以单说,因而我们不把的₃看成后缀。名词性后附成分"里"与其前面的成分构成名词性短语,形容词后缀"里"与其前面的成分构成形容词。二者的语法功能截然不同。单音节形容词后附"里"是名词性成分,单音节形容词的重叠式后附"里"是形容词。试比较:

(7) a. 红里好看。
b. 他的衣服是红里。
(8) a. 他的脸红红里。
b. 花开得红红里。
c. 她拿着一个红红里苹果。

"红里"在主、宾语的位置上出现,"红红里"在谓语、补语、定语位置上出现,二者泾渭分明,呈互补关系。

五、结论

词缀的判断标准通常认为有以下几项:(1)空灵性。永城话"的₂(里)",只有描述作用,本来就没有任何具体实在的意义,呈现出意义上的空灵性。(2)定位性。"的₂(里)"附着在形容词性词干后面,具有结构上的定位性。(3)黏着性。在永城话,"的₂(里)"具有黏着性,不能单说。(4)能产性。永城话的"的₂（里）"能够附着在多种形式的词根后面，构成形容词，具有很强的能产性。（5）弱音性。永城话的"的₂"由 di 进一步弱化为 li。但仅凭这些条件，是不是能够判定永城话里的"的₂（里）"已经成为一个词缀了呢？我们认为还不够。这些条件都很重要，都还不足以对词缀做出判断。要对词缀做出严格的判定，还需引入一个关键条件，就是——词汇化。只有一个语法成分由句法成分演变为构词成分，完成词汇化的时候，我们才能确定地说，这个语法成分已经成为一个词缀。因为词缀是构词层面的成分，而不是句法层面的成分。在永城话里，不仅"的₂（里）"不能单说，"里"前面的形容词性词干也不能单说，只有二者结合为一个形容词后才能单说，整个"R 的"结构已经词汇化。因此，我们可以有把握地说，永城话的"的₂（里）"已彻底虚化为一个词缀。

在一些方言中，只有状态形容词的部分形式必须带"的₂"，如湖南麻阳话的"AA 式"必须带词缀"儿"或"子"（刘祥平，2006）；在另一些方言中，某类状态形容词在做特定句法成分时才必须带"的₂"，如福州话中 AA 式做谓语、AABB 式做补语时必须加"喏"（郑懿德，1988）。这些方言的"的₂"，正处于词汇化的进程当中。很少有哪一种方言，像永城话一样，无论状态形容词的哪一种形式，也无论做何种句法成分，都要带上"的₂（里）"，因而由句法成分演变为构词成分，就成了永城话"的₂（里）"的一个突出表征。永城话的"R 的（里）"类词语能够做谓语、补语，但在做状语、定语方面却严重受限，与普通话和其他方言都存在较大差异。其实，永城话"的₂（里）"的这种用法，更能够显示出"的"字三分的严密性：

的	语法功能
的₁	状语
的₂	谓语、补语
的₃	主语、宾语、定语

邢福义（2005）倡导语法研究要注意两个三角，其中一个三角是"普、方、古"。现代汉语的语法理论不少是从普通话的语言事实中提炼出来的，但也离不开方言材料的支持；能够提供支持的方言材料越多，该理论就越具有说服力。永城话的方言材料，为朱德熙先生关于"的"的语法理论提供了佐证，我们盼望与此相关的更多的方言材料被挖掘出来，以便这一理论的研究更加深入。

参考文献

[1] 鲍红：《安庆话形容词的生动形式》，载《绍兴文理学院学报》，2010年第 1 期。

［2］丁崇明：《昆明方言形容词的复杂形式》，见北京大学汉语语言学研究中心《语言学论丛》编委会编：《语言学论丛（第三十六辑）》，商务印书馆 2007 年版。

［3］宫建国：《湖南慈利方言的 AA 儿式形容词》，载《作家杂志》，2007 年第 12 期。

［4］黄伯荣：《汉语方言语法类编》，青岛出版社 1996 年版。

［5］贾志峰：《柳林方言语法研究》，华侨大学硕士学位论文，2010 年。

［6］刘祥平：《麻阳方言语言语法研究》，贵州大学硕士学位论文，2006 年。

［7］邢福义：《语法研究中"两个三角"的验证》，载《华中师范大学学报》，2005 年第 5 期。

［8］郑懿德《福州方言形容词重叠式》，载《方言》，2005 年第 4 期。

［9］朱德熙：《说"的"》，载《中国语文》，1961 年 12 月号。

［10］朱德熙：《关于〈说"的"〉》，载《中国语文》，1966 年第 1 期。

［11］朱德熙：《北京话、广州话、文水话和福州话里的"的"字》，载《方言》，1980 年第 3 期。

［12］朱德熙：《从方言和历史看状态形容词的名词化》，载《方言》，1993 年第 2 期。

（原文刊于《南国人文学刊》2011 年第 2 期）

河南永城方言的进行体助词"来"

一

河南永城方言的进行体助词"来",一般用在问答句中,处在句末的位置,表示现在进行的动作行为或过去某一时间进行的动作行为。

1. 河南永城方言在问答句中表示现在正在进行的动作,一般不用"在""正在"等时间副词,而是用进行体助词"来"。"来"放在句末的位置。例如:

(1) 你干啥来?(你正在做什么?)
(2) 欢欢看书来。(欢欢正在看书)
(3) 爸爸割麦来。(爸爸正在割麦子)

2. "来"字还可以表示过去进行的动作,这种句子须带有表示时间的名词或副词。

(4) 你刚才干啥来?(你刚才正在做什么?)
(5) 王老师昨天备课来。(王老师昨天在备课。)

3. "来"字一般不能用来表示将来进行的动作。

(6) *你明天干啥来?
(7) *十年后海峡两岸统一来。

但是，如果是事先已经安排好的动作行为，或按照正常的发展顺序能够实现的动作行为，可以用"来"字。

(8) 咱星期三上啥课来？（咱们星期三上什么课？）按：星期三的课程是安排好的。

(9) 小明三年后上大学来。（小明三年后正在上大学）按：小明现在读高一，按照正常发展的顺序，三年后会读大学。

"来"作为进行体助词，不仅可以表示某一时刻发生的动作行为，还可以表示某一时段发生的动作行为。

二

1. "来"字表示某一时刻发生的动作行为，时间只能是过去的某一时刻。

(10) 你九点的时候干啥来？（你九点的时候在干什么？）按：现在是九点以后的某一时间。

(11) 我昨天上午第三节课的时候做作业来。（我昨天上午第三节课的时候在做作业。）

2. "来"字表示某一时段发生的动作行为，时间可以是过去的某一时段，也可以是过去某一时刻一直到现在。

(12) 抗日战争时期，我参加游击队，打日本鬼子来。（抗日战争时期，我参加了游击队，在打日本鬼子）。

(13) 你最近一段忙啥来？（你最近一段时间在干什么？）

三

1. "来"字用作进行体助词，一般只用于问答的环境，不能单独用于叙述。

"欢欢看书来"是"欢欢干啥来"的答语,"爸爸割麦来"是"爸爸干啥来"的答语。脱离了这种具体的问答语境,"欢欢看书来""爸爸割麦来"这类句子就不能成立。

2. 用"来"做进行体助词的疑问句,其时间如果是过去的某一时刻或某一时段,答语可用"来",也可用"去了"。其时间如果是现在或从过去到现在的某一时段,则不能用"去了",只能用"来"。

(14) 你刚才干啥来?我刚才看书来。(我刚才看书去了。)

(15) 你九点的时候干啥来?我九点的时候看书来。(我九点的时候看书去了。)

(16) 你干啥来?我看书来。(*我看书去了。)

(17) 你最近干啥来?我最近做生意来。(*我最近做生意去了。)

四

1. "来"在问句中,一般只用于含有特殊疑问词"啥"(什么)的特指问句,不能用于含有其他疑问词的句子。"啥"只能处于宾位,不能处于其他位置。以下各句中 a 句是错误的,只能用 b 句。

(18) *a. 谁看书来？　　　　　　b. 谁在看书？
(19) *a. 你怎么打人来？　　　　b. 你怎么打人？
(20) *a. 啥在响来？　　　　　　b. 啥在响？
(21) *a. 啥人打你来？　　　　　b. 啥人打的你？
(22) *a. 我啥时候打人来？　　　b. 我啥时候打过人？
(23) *a. 你爸在啥地方割麦子来？b. 你爸在啥地方割麦子？

2. "来"字通常不用于一般疑问句,但可以用在追问句中。

(24) 你昨天晚上干啥来?我看书来。你看书来?(追问,表示对对方的回答表示怀疑,或有证据证明对方说的是假话。)

3. "来"只用于问答句,答语要求肯定的内容。因此用"来"回答的句子只能是肯定句,不能是否定句。

(25)你干啥来?我看书来。(*我没看书来。)

五

永城方言里的"来"跟北京话里的"来着"的用法有相同的地方,但差别还是很大的。

1. 在表示过去某一时间在干什么这一意义上,永城方言里的"来"跟北京话里的"来着"用法相同。

(26) a. 你最近忙什么来着?　　b. 你最近忙什么来?
(27) a. 刚才我打篮球来着。　　b. 刚才我打篮球来。

吕叔湘(1996)指出,用"来着"的句子,谓语动词不能用动结式、动趋式,动词前也不能有状态修饰语。永城方言的"来"与此用法相同。

(28) *我拿走篮球来。
(29) *我拿出去篮球来。
(30) *我偷偷地打篮球来。

2. 永城方言的"来"可以表示现在进行的动作行为,北京话的"来着"只表示过去发生的事,不能表示现在进行的动作行为。

(31) a. 你干啥来?　　　　　*b. 你干什么来着?
(32) a. 我看书来。(我正在看书)　b. 我看书来着。(不久以前的某一时间我在看书)

北京话的"来着"可以脱离问答的语境使用,永城方言的"来"不能脱离问答的语境使用。吕叔湘(1996)举出的几个"来着"例句,其中的"来着"

就不能换成永城方言的"来"。

(33) a. 别告诉他我去游泳来着。
＊b. 别告诉他我去游泳来。
(34) a. 原来我有支这样的钢笔来着。
＊b. 原来我有支这样的钢笔来。
(35) a. 刚才老何找你来着。
＊b. 刚才老何找你来。

参考文献

［1］吕叔湘：《现代汉语八百词》，商务印书馆1996年版。
［2］赵元任：《汉语口语语法》，商务印书馆2001年版。

（原文刊于《商丘职业技术学院学报》2002年第3期）

永城话的结束义动词"业鬼"

——否定倾向对词语语法功能的影响

"业鬼"是永城话中的一个很有特色的动词,它的意义是停止、结束,但在用法上,与一般结束义动词有很大的不同,很值得深入研究。

一、"业鬼"的语法功能

(一)"业鬼"的组合能力

"业鬼"的组合能力很弱,一般结束义动词常见的组合,"业鬼"都不具备。"业鬼"不能带宾语、不受状语修饰,不能带补语,不能用于"把"字句。

(1) 结束了一天的工作/*业鬼了一天的工作
(2) 结束可这段不幸的婚姻/*业鬼了这段不幸的婚姻
(3) 假期很快结束了/*假期很快业鬼了
(4) 马上结束实习/*马上业鬼实习
(5) 任务不结束,就不能回家/*任务不业鬼,就不能回家
(6) 所有的比赛全部结束了/*所有的比赛全部业鬼了
(7) 训练突然结束了/*训练突然业鬼了
(8) 训练结束得很仓促/*训练业鬼得很仓促
(9) 比赛结束得很晚/*比赛业鬼得很晚
(10) 把手头的工作赶快结束掉/*把手头的工作赶快业鬼掉

（二）"业鬼"充当句法成分的能力

"业鬼"充当谓语，一般是在话题句中充当述题。

(11) 这件事就这样业鬼了？这件事就这样结束了？
(12) 你不干业鬼！你不干算了！
(13) 张三，业鬼了！张三完蛋了！

"业鬼"不充当主语、宾语、定语、状语、补语。

(14) 取得眼前的成绩，仅仅是开始，而不是结束。／＊取得眼前的成绩，仅仅是开始，而不是业鬼。
(15) 比赛再精彩，终有结束的那一天＊。／比赛再精彩，终有业鬼的那一天。

（三）"业鬼"在复句中的连接功能

"业鬼"在复句中，经常用在前一分句中，意义相当于"算了，拉倒"，在前一分句对旧信息否定后，后一分句往往紧接着带出对新信息的肯定，"业鬼"成为连接新旧信息的桥梁。

(16) 你不干业鬼！我就不相信这活儿找不着人干。
(17) 张三不干业鬼！明天我就找李四。
(18) 你不帮我业鬼！谁还稀罕你帮！

二、"业鬼"的语用功能

（一）用于祈使句

(19) 业鬼吧，先歇歇。
(20) 业鬼吧，别干了！

（21）业鬼吧，别说了！

"业鬼"用于祈使句，一般是奉劝或命令别人停止某种行为，后面往往跟着"别干了""别说了"作为补充。

（二）用于疑问句

（22）百亩果园的事儿业鬼了？
（23）招聘海外人才的计划业鬼了？
（24）小明上重点中学的事就这样业鬼了？

"业鬼"用于疑问句，有"泡汤、半途而废"的意思，主语所表示的事一般是具体的、特指的。

（三）用于感叹句

（25）业鬼吧！这件事你干不了。
（26）业鬼吧！你身体不好，别硬撑着。
（27）业鬼吧！我还不知道你吃几碗干饭，别自不量力！
（28）业鬼吧！你们这些人也不撒泡尿照照自己，还说别人的坏话！
（29）业鬼吧！别跟我说这些！
（30）业鬼吧！别相信你那些骗人的谎话！

"业鬼"用于感叹句通常见于两种情况：一是出于对某人身体状况或工作能力的评估，奉劝某人停止某项工作。一是对某人所说的话不相信，劝某人不要再说下去。

三、"业鬼"的主观性

"业鬼"带有强烈的否定倾向，它主要用于：
第一，说话人认为某事应当停止，多出现在祈使句中，表达说话人的一种建议或命令。例如：

(31) 业鬼吧，休息休息。
(32) 业鬼吧，别再说了！

第二，说话人认为某事不可持续，再做徒劳无益，多出现在感叹句中，表达了说话人对被评论者的能力的不信任。例如：

(33) 业鬼吧！别逞能。
(34) 你天生不是读书的料，业鬼吧，不要再复读了！
(35) 就你那水平，还想搞发明，趁早业鬼吧！

第三，说话人对某人说的话持怀疑和批判态度，阻止他再说下去。如：

(36) 业鬼吧！我才不听你那骗人的鬼话。
(37) 业鬼吧！你这话骗骗三岁小孩还可以。

第四，说话人认为某事是件好事，但却因为各种原因不得不终止，多出现在疑问句中，表达了说话人的惋惜、愤懑。例如：

(38) 你们出国留学的事就这样业鬼了？
(39) 招商引资，难道就业鬼了？

第五，说话人对某人不做某事感到愤慨，但又对某人表示轻蔑，多出现在复句中。例如：

(40) 他不干业鬼！我还找不着人干是子①？
(41) 他不愿意谈业鬼！天下的好男人多的是！
(42) 这家公司不用我业鬼！我还看不上它呢！

---

① 是子，永城话的疑问语气词，相当于"吗"。

四、"业鬼"用法的形成机制

"业鬼",语源不详。"业"有"既"义,既,本义为食毕,甲金文时代,就已经引申为停止、完成义。

(43) 雨不既。(屯南①665)

(44) 咸既令(命),甲申,明公用牲于京宫。乙酉,用牲于康宫。咸既,用牲于王。(矢令方彝②)

(45) 苗顽弗既功。(《今文尚书》)

(46) 宋人既成列,楚人未既济。(《左传》)

(47) 自今日已往,既盟之后,行者无保其功,居者无惧其罪。(《左传》)

(48) 九月朔,日有食之。食既,色淡无光。(清小说《西夏书事》)

"业鬼"为附加式合成词,"业"为词根,"鬼"为词缀,因"鬼"有贬义,致使"业鬼"带有强烈的贬斥、否定倾向。动词后带有"鬼"表示贬义,是一个常见的现象。下面的例句源自北京大学CCL语料库:

(49) 看,看个鬼哟!老汉铁青着脸,叱着。

(50) 你奶奶眼花耳聋,她懂个鬼!

(51) 你在乎个鬼!你现在是用我的钱玩,对不对?

"业鬼"一词,从它出生之日起,就打上了贬斥、否定的胎记。带有否定倾向的结束义动词,不适宜在表示结束的一般意义上使用。比较:

(52) a. 这次精简工作,从1957年开始到1958年结束,共转业和复员了100万余人。

*b. 这次精简工作,从1957年开始到1958年业鬼,共转业和复员了

---

① "屯南",《小屯南地甲骨》的简称,数字为甲骨片编号。
② "矢令方彝",西周青铜器名。

100 万余人。

    (53) a. 冷战结束, 美国人亨廷顿又写了一本书,《文明的冲突》。
    ＊b. 冷战业鬼, 美国人亨廷顿又写了一本书,《文明的冲突》。

"业鬼"是为适应对某事的否定性评价而产生的动词, 一般只用于话题句中, 话题句中的话题(主语)就是它的逻辑宾语, 因此"业鬼"之后不能再带宾语。

    (54) a. 这件事就这样业鬼吧!
    b. 这事不能就这样业鬼了!

"业鬼"只在话题句中用于评论, 因而只充当谓语(述题), 不能充当主语、宾语、定语、状语、补语。

"业鬼"只具有评论性, 不具有叙述性, 因此不能受状语的修饰, 其后不能带补语, 也不用于"把"字句。比较:

    (55) a. 这次祸乱很快结束了。
    ＊b. 这次祸乱很快业鬼了。
    (56) a. 特种部队的紧急训练突然结束了。
    ＊b. 特种部队的紧急训练突然业鬼了。
    (57) a. 深夜的厦大, 化学楼仍然灯火通明, 科研人员的实验结束得很晚。
    ＊b. 深夜的厦大, 化学楼仍然灯火通明, 科研人员的实验业鬼得很晚。
    (58) a. 小明的动作结束得很仓促。
    b. 小明的动作业鬼得很仓促。
    (59) a. 赶快把手头的课题结束掉。
    b. 赶快把手头的课题业鬼掉。

"业鬼"是一种负面评价, 带有强烈的主观性, 祈使句、感叹句、反问句往往表达的是一种强烈的情绪, 主观性很强, 因而"业鬼"经常用在这些句式中。"业鬼"是一句话的表达重心和信息焦点, 因而常常置于句首, 加重音量, 独立成句。

（60）业鬼吧！癞蛤蟆还想吃天鹅肉！
（61）业鬼吧！得饶人处且饶人。

"业鬼"表达一种否定性评价，因而在"某人不做某事业鬼"这类句子中，往往带有对"某人"表示轻蔑的意味：

（62）张三不来应聘业鬼，我们也不缺这种人。

五、结语

"业鬼"是一个带有强烈否定倾向的结束义动词，其原型用法是在话题句充当谓语（述题）。受到其语义和原型用法的影响，"业鬼"不能充当谓语以外的其他句法成分，不能受状语修饰，不能带补语，不能用于"把"字句。"业鬼"常用于表达强烈感情的祈使句、疑问句、感叹句中。由于"业鬼"是表达重心和信息焦点，在祈使句和感叹句中常常前置，加重音量，独立成句。

参考文献

[1] 范晓：《三个平面的语法观》，北京语言文化大学1996年版。
[2] 沈家煊：《语言的"主观性"和"主观化"》，载《外语教学与研究》，2001年第4期。
[3] 邵敬敏：《现代汉语疑问句研究》，华东师范大学出版社1996年版。
[4] 苏新春：《汉语词义学》，外语教学与研究出2008年版。

永城话的疑问语气词"是子"

疑问语气词的研究,自《马氏文通》(马建忠,2002:361—376)开始,就引起了语法学界的高度关注。黎锦熙(2007:277—283)、赵元任(1979:356—357)、王力(1985:166—171)、高名凯(1986)、吕叔湘(1982、1985)、朱德熙(1982、1985、1991)、胡明扬(1981)、范继淹(1982)、陆俭明(1984)、林裕文(1985)、江蓝生(1986)、曹广顺(1986、1995)、黄国营(1986)、黄正德(1988)、刘月华(1988)、袁毓林(1993)、方梅(1994、1995)、陈妹金(1995)、邵敬敏(1996)、张伯江(1997)、郭锐(2000)、程凯(2001)、戴耀晶(2001)、李宇明(2002:362—402)、齐沪扬(2002)等都曾对此问题进行过探讨,取得了丰硕的成果。语言学界认定的普通话中的疑问语气词为"吗、呢、吧"三个,但对这三个语气词的来源,它们所表达的语法意义、情态意义等方面,还存在不同的认识。邢福义先生(1990)很早就提倡"普(普通话)、方(方言)、古(古代汉语)"大三角的综合研究,因为对古代汉语语法的研究,有助于厘清普通话语法的源头,对方言语法对研究,有助于厘清普通话语法的发展过程。永城方言的疑问语气词"是子",其意义和用法既有跟普通话"吗""吧"相同的地方,又不同于普通话的"吗""吧"。深入研究这一特殊疑问语气词的形成与演变,无疑有助于深化对疑问语气词的认识。

一、"是子"在一般是非问句和反问句中的用法

"是子"是永城话用于一般是非问句①和反问句的语气词,通常要求对方就

---

① 这里的一般是非疑问句指有疑而问,能做肯定或否定回答的疑问句,不包含无疑而问的反问句。

某一事实做出肯定或否定的回答。

（一）"是子"在一般是非问句中的用法

"是子"构成的一般是非问句，包含了两种情况：一种是交际双方并没有预先设定的先知信息，问话人仅就接触到的一些新信息向听话人提出疑问；一种是交际双方有预先设定的先知信息，当新信息与预设不符时，便促使问话人向听话人提出疑问。

第一类问句主要应用于以下场合

1. 甲的言行，乙感到难以置信，向甲提出疑问。

（1）甲：谁还怕离婚，大不了再找一个。
乙：你还有本事再找一个是子？（你竟然还有本事再找一个？）

乙认为甲没有本领再找一个伴侣，因而对甲所说的"大不了再找一个"提出疑问。这种问句类似于反问句，与反问句不同的是，反问句是无疑而问，这种问句是有疑而问。"你难道有本领再找一个吗？"，是断然否认对方"有本领再找一个""你还有本领再找一个是子？"虽然事先设定了对方没有本领再找一个，因而对对方"有本领再找一个"表示怀疑，但并不完全否认。

（2）甲：我现在就离开这个家，再也不回来了。
乙：你还真走是子？（你不会真走吧？）

乙事先设定甲不会真走，因而对甲说的"离开这个家，再也不回来了"提出疑问。仔细揣摩：例（2）与例（1）还是有些不同。同样是有疑而问，例（2）以疑的程度明显比例（1）高。如果说例（1）"信大于疑"，基本认定甲没有本领再找一个；例（2）则是"疑大于信"，对甲会留下来基本不抱多少希望。

2. 甲的行为，乙感到好奇，向甲提出疑问。

（3）甲：你觉得什么样的节目适合上春晚？
乙：你想上春晚是子？
甲：是啊。

甲向乙询问"什么样的节目适合上春晚",乙由此推测甲想上春晚,并向甲提出疑问。

(4) 甲:我想出国创业。
乙:你家有海外关系是子?
甲:没有啊。

甲向乙说起自己想出国创业,在乙的意识里,出国创业不是一件简单的事,需要依托一定的背景,因而推测甲有海外关系,向甲提出疑问,其言下之意是:如果没有海外关系,谈什么出国创业。

(5) 甲:房子涨价之前,我就买了。
乙:你知道房子要涨价是子?
甲:听到了一点风。

甲向乙炫耀自己在房子涨价之前就买了房子,乙推测甲可能事先就知道了房子要涨价的消息,向乙求证。其言下之意是:如果不是事先知道房子要涨价的消息,怎么会恰巧在涨价之钱买房子。

第二类问句主要用于以下场合:

1. 甲在谈论自己的事情,乙根据对甲的了解感到有疑惑,向甲求证,要求甲做出肯定或否定的回答。

(6) 甲:我语文考了99分。
乙:你知道题是子?(你提前知道了考题,是吗?)

甲、乙共享的背景,亦即隐含的背景句是:甲的语文成绩不怎么好。当甲说自己语文考了99分时,乙推测甲有可能提前知道了考题,便向甲提出质疑。

2. 甲在谈论有关某人的事情,乙就有关某人的事求证于甲,要求甲做出肯定或否定的回答。

(7) 甲:我昨天跟张三在镇上喝酒。
乙:张三家来了是子?(张三回家了,是吗?)

甲、乙共享的背景，亦即隐含的背景句是：张三经常不在家。因而甲说起与张三在镇上喝酒，乙推测张三回家了，向甲求证。

3. 乙与某人很熟悉，甲从某些迹象中推测某人可能做了某事，向乙求证，要求乙做出肯定或否定的回答。

（8）甲：听说这几天很多人到张三家要钱，张三又赌博了是子？（张三又赌博了吗？）

乙：可不是吗？

甲、乙共享的背景，亦即隐含的背景句是：张三已经戒赌。当听说很多人到张三家要债时，甲推测张三又赌博了，因而向乙求证。

第一类问句与第二类问句相同的地方在于：问话人在向答话人提问时，对问题已经有了自己的推测，问话的目的在于从答话人那儿得到证实。不同的地方在于：第一类问句问话人与答话人之间并没有双方共享的背景知识，第二类问句问话人与听话人之间有双方共享的背景知识。

（二）"是子"在反问句中主要用于以下场合

1. 甲的举动，乙觉得可能会造成严重后果，因而对甲的行为加以制止。

（9）甲：我们领导搞权钱交易，我打算举报他。

乙：举报领导！你不想活了是子？（你难道不想活了吗？）

甲想举报领导，乙觉得举报领导很危险，所以用反问句提醒其后果的严重性。

2. 甲的举动，乙觉得是一种威胁，因而对甲加以反击。

（10）甲：你再不听我的话，我就跟你离婚。

乙：离就离，谁还怕你是子？（难道谁还怕你吗？）

甲威胁乙听他的话，否则就跟乙离婚。乙用反问句对甲的威胁进行反击，提醒其自己并不惧怕离婚。

二、永城话的"是子"与普通话"吗""吧"的区别

(一) 永城话的"是子"同普通话"吗"的区别

永城话的"是子"与普通话的"吗"都可用于一般是非疑问句，但二者在意义和用法上都存在若干差异。

1. "吗"用于一般是非句可以是没有预测的，"是子"用于一般是非句则一定有预测。例如：

(11) a. 你是张三吗？
b. 你是张三是子？（预测你不是张三）

(12) a. 家里有人吗？
b. 家里有人是子？（预测家里没人）

(13) a. 你准备好了吗？
b. 你准备好了是子？（预测没准备好）

(14) a. 你妈妈知道吗？
b. 你妈妈知道是子？（预测你妈妈不知道）

(15) a. 这条狗有主人吗？
b. 这条狗有主人是子？（预测这条狗没有主人）

(16) a. 他说的话是真的吗？
b. 他说的话是真的是子？（预测他说的话是不是真的）

(17) a. 开会的代表有来的吗？
b. 开会的代表有来的是子？（预测开会的代表没有来的）

(18) a. 你的脚还疼吗？
b. 你的脚还疼是子？（预测你的脚不疼了）

(19) a. 他还能考第一吗？
b. 他还能考第一是子？（预测他不能考第一）

(20) a. 他愿意帮你的忙吗？
b. 他愿意帮你的吗是子？（预测他不愿帮你的忙）

(21) a. 你还不知道上哪儿吗？
b. 你还不知道上哪儿是子？（预测你知道上哪儿）

(22) a. 罗兰的书，你读过吗？
b. 罗兰的书，你读过是子？（预测罗兰的书你没读过）

"吗"字问句只要求对命题的真值做出回答，对于何为真值，没有强制设定，也不必有倾向性。① "是子"问句同样要求对命题的真值进行回答，但却事先做了设定，且设定的真值与命题表达的意思相反。

2. "吗"的疑问对象可以是宾语小句，"是子"的疑问对象是整个句子，不能是宾语小句。例如：

(23) a. 我们在讨论现在走吗？（疑问对象可以是"现在走"）
b. 我们在讨论现在走是子？（疑问对象只能是"我们讨论现在走"）
(24) a. 他在猜我是研究生吗？（疑问对象可以是"我是研究生"）
b. 他在猜我是研究生是子？（疑问对象只能是"他在猜我是研究生"）
(25) a. 他问你去了吗？（疑问对象可以是"你去了"）
b. 他问你去了是子？（疑问对象只能是"他问你去了"）
(26) a. 他了解我是什么人吗？（疑问对象可以是"我是什么人"）
b. 他了解我是什么人是子？（疑问对象只能是"他了解我是什么人"）
(27) a. 公安局的人要调查那天你去过什么地方吗？（疑问对象可以是"那天你去过什么地方"）
b. 公安局的人要调查那天你去过什么地方是子？（疑问对象只能是"公安局的人要调查那天你去过什么地方"）

3. "吗"可用于"VP 不 VP"一类的反复谓语句，"是子"不能用于"VP 不 VP"一类反复谓语句。例如：

(28) a. 你去不去吗？
*b. 你去不去是子？
(29) a. 今天的会还开不开吗？

---

① 黄国营（1986）、郭锐（2000）都把"吗"问句的确信度划分为五级，高确信度和低确信度都对答案有预测，有倾向性。郭锐先生认为，高确信度和低确信度都是因为焦点、语境等外部元音造成的，都是有标记的，剥离掉这些外部原因的无标记的"吗"字句对答案是没有预测，没有倾向性的。

＊b. 明天的会还开不开是子？

(30) a. 上头的文件错了，还执行不执行吗？

＊b. 上头的文件错了，还执行不执行是子？

4. "吗"可以用在以"不是"领起的反问句中，"是子"不能用在以"不是"领起的反问句中。

(31) a. 她不是去了美国吗？

＊b. 她不是去了美国是子？

5. "吗"可用于疑问代词不表疑问的感叹句；"是子"不可用于疑问代词不表疑问的感叹句。例如：

(32) a. 他老人家在干什么吗！（对老人家的行为表示不满，"什么"不表疑问）

＊b. 他老人家在干什么是子！

(33) a. 这算怎么回事吗！

＊b. 这算怎么回事是子！

(34) a. 这从哪里说起吗！

＊b. 这从哪里说起是子！

6. "吗"可用于问候语，"是子"不用于问候语。

(35) a. 你好吗？

＊b. 你好是子？

（二）永城话"是子"同普通话"吧"的区别

永城话的"是子"问句与普通话的"吧"字问句，都是对命题的真值进行有倾向的推测，希望得到答话人的证实。但二者在意义和用法上仍存在若干差异。

1. 普通话的"吧"字问句，问话人对命题真值的推测与命题表达的意义一致；永城话的"是子"问句，问话人的问话隐含了一个与命题意义相反的预设。

例如:

(36) a. 惹你生气了吧?(推测惹你生气了)
b. 惹你生气了是子?(预设没惹你生气)
(37) a. 你十七岁了吧?(推测你十七岁了)
b. 你十七岁了是子?(预设你没十七岁)
(38) a. 你还没领卧具吧?(推测你没领卧具)
b. 你还没领卧具是子?(预设你已领了卧具)

2. "吧"字问句可对"VP 不 VP"进行提问,"是子"问句不能对"VP 不 VP"进行提问。例如:

(39) a. 你说可能不可能吧?
＊b. 你说可能不可能是子?
(40) a. 大家说他这样做缺德不缺德吧?
＊b. 大家说他这样做缺德不缺德是子?
(41) a. 你说能不能干好吧?
＊b. 你说能不能干好是子?

3. "吧"字问句的命题可以是包含疑问词的疑问形式,"是子"问句的命题一般来说不能是包含疑问词的疑问形式。例如:

(42) a. 你现在要多少钱吧?
＊b. 你现在要多少钱是子?
(43) a. 你要找谁吧?
＊b. 你要找谁是子?
(44) a. 这事该怎么办吧?
＊b. 这事该怎么办是子?

值得注意的是,"是子"问句的命题可以包含疑问词"什么",但仅限于"什么"做定语的句子。例如:

(45) a. 你有什么伤心事吧?

b. 你有什么伤心事是子？

（45）a 与（45）b 都能说，但两句表达的意义略有不同。（45）a 推断对方有伤心事，（45）b 包含了一个对方没有伤心事的预设。

三、"是子"用法的成因

（一）"是子"是"VP 是不是"问句中"是不是"的词汇化和语法化

张伯江（1997）认为，是非问句有三种形式：

a. 附加问句：你们搭车过来的，是不是？
b. 反复问句：你听没听说过房产税的事？／你登记了没有？
c. "吗"字句：家里有人吗？

以上三类句子中，b 类都没有疑问语气词，跟"是子"问句在来源上没有什么关系，c 类在形式和意义上都与"是子"问句有较大差异，二者在来源上也没有什么瓜葛，唯一有可能与"是子"问句发生关系的是 a 类。首先，从语法意义上看，"是子"与"是不是"几乎完全等同。"是子"问句的特点是对命题的真值有个设定，正如邵敬敏（1996）指出的那样，"是不是"附加问的语用意义总是就始发句的内容征求对方的同意或希望对方予以证实的，这一点与"是不是"问句正相吻合，"是子"问句几乎都可以用"是不是"问句替代，意义基本不变。

（46）a. 小明上大学了是子？
b. 小明上大学了，是不是？
（47）a. 李四上边有人是子？
b. 李四上边有人，是不是？
（48）a. 翠花还真走是子？
b. 翠花还真走，是不是？
（49）a. 你知道房产税要来了是子？
b. 你知道房产税要来了，是不是？

其次，从语音来看，"是不是"是三个音节的超音步，"是子"是两个音节的标准音步。超音步要向标准音步靠拢，因而容易造成语音的弱化、模糊，甚至音节的融合。普通话的"是不是"后两个音节轻读，弱化；永城话则进了一步，"不是"已经融合为一个音节。"不"声母是唇音，发音位置靠前，"是"的声母是舌尖后音，发音稍靠后，两者相互影响后发生中和，形成舌尖前音[ts]，韵母也随之由舌尖后元音变为舌尖前元音，这样三音节的超音步"是不是"就变成了双音节的标准音步"是子"。"是子"形成后，"是"与"子"的结合更加紧密，"子"已经起不到表意作用，"是子"发生词汇化，由于其处在疑问句句末，经过重新分析，成为一个疑问语气词，"子"也虚化为一个词缀。根据邵敬敏、朱彦（2002）的统计，"VP是不是"问句在《金瓶梅》中未见用例，在《红楼梦》中有12个用例，在《儿女英雄传》《骆驼祥子》中有大量用例，在老舍话剧中未见用例。可以推测，"是子"问句应形成于"VP是不是"问句最为活跃的清末至民国时期。明白了"是子"问句的来源，也就解开了"是子"问句与"吗"字问句、"吧"字问句在用法上的不同之谜。"是子"问句来源于"是不是"附加问句，这种基因上的不同，决定了它与其他问句用法上的差异。

（二）"是子"功能的形成动因

"是子"成为一个疑问语气词后，既继承了"是不是"的语法功能，又在此基础上有所发展。"是子"对"是不是"语法功能的继承，表现在它在表现疑问时有一个预设，且疑问的对象是整个命题，而不能是命题的一个点或一个区域。（张伯江，1997）此点已见上述，不赘。"是子"成为一个语气词后，也与"是不是"产生了些微差异。

首先，"是不是"与其前面的命题是两个句子，因而两者之间要有语音停顿，两者使用不同的语气，命题使用叙述语气，"是不是"使用疑问语气。"是子"与其前面的命题是一个句子，两者之间没有语音停顿，整个句子只使用疑问语气。

其次，"是不是"的语气比较生硬，类似于审问；"是子"的语气比较宛转，类似于询问。

再次，"是子"改变了"是不是"对真值的设定。"是不是"表达的是断然的审问语气，以命题表达的意思为真值；"是子"表达的是委婉的询问语气，先行设定的真值与命题表达的意思相反，命题只不过是得到的新信息。

(50) a. 赵四被抓了，是不是？（预设赵四被抓了）

b. 赵四被抓了是子？（预设赵四没被抓，赵四被抓只不过是听来的新信息）

"是子"为什么能改变"是不是"的设定的真值呢？笔者推测，正因为"是子"表达的语气比较委婉，使得命题有了不确定性，从而造成了设定的真值与命题的背离。命题是新信息，与问话人的设定的真值不符，问话人才向听话人提出疑问。

最后，反问句是只问不疑，"是不是"表达的是"有疑有问"，二者相抵触，因而"是不是"不能用于反问句中，"是子"是单纯的疑问语气词，与反问句表达的意义不发生冲突，所以可以用在反问句中。

(51) *a. 谁还怕你，是不是？
b. 谁还怕你是子？
(52) *a. 我能跟你们比，是不是？
b. 我能跟你们比是子？

四、结语

"是子"是"是不是"的合音，合音后发生词汇化，词汇化后又发生语法化，成为一个疑问语气词。"是子"问句既继承了"是不是"问句的用法，又有所发展。"是不是"问句中命题与"是不是"是两个句子，二者之间有语音停顿，命题是陈述语气，"是不是"是疑问语气。"是子"问句中，命题与"是不是"是一个句子，中间没有语音停顿，只表达疑问语气。"是不是"问句中的设定的真值与命题相同，"是子"问句却隐含了与命题相反的设定。"是不是"有疑有问，与反问句只问不疑相抵触，因而不能用于反问句。"是子"是单纯的疑问语气词，可以用于反问句。永城话的疑问语气词"是子"在来源上不同于普通话的"吗""吧"，因此在意义和用法上都与"吗""吧"有诸多不同之处。永城话的疑问语气词"是子"，丰富了疑问语气词的成员，"是子"问句在生成机制上也与其他是非疑问句迥然有别，对其进行深入探讨，有助于疑问语气词研究的深化。

参考文献

[1] 曹广顺：《〈祖堂集〉中与语气助词"呢"有关的几个助词》，载《语言研究》，1986年第2期。

[2] 曹广顺：《近代汉语助词》，语文出版社1995年版。

[3] 陈妹金：《北京话疑问语气词的分布、功能及成因》，载《中国语文》，1995年第2期。

[4] 程凯：《汉语是非疑问句的生成解释》，载《现代外语》，2001年第4期。

[5] 戴耀晶：《汉语疑问句的预设及其语义分析》，载《广播电视大学学报》，2001年第2期。

[6] 范继淹：《是非问句的句法形式》，载《中国语文》，1982年第6期。

[7] 方梅：《北京话句中语气词的功能研究》，载《中国语文》，1994年第2期。

[8] 方梅：《汉语对比焦点的句法表现手段》，载《中国语文》，1995年第4期。

[9] 高名凯：《汉语语法论》，商务印书馆1986年版。

[10] 郭锐：《"吗"问句的确信度和回答方式》，载《世界汉语教学》，2000年第2期。

[11] 胡明扬：《北京话的语气助词和叹词》，载《中国语文》，1981年第6期。

[12] 黄国营：《"吗"字句用法初探》，载《语言研究》，1986年第2期。

[13] 黄正德：《汉语正反问句的模组语法》，载《中国语文》，1988年第4期。

[14] 江蓝生：《疑问语气词"呢"的来源》，载《语文研究》，1986年第2期。

[15] 黎锦熙：《新著国语文法》，湖南教育出版社2007年版。

[16] 李宇明：《语法研究录》，商务印书馆2002年版。

[17] 林裕文：《谈疑问句》，载《中国语文》，1985年第2期。

[18] 刘月华：《语调是非问句》，载《语言教学与研究》，1988年第2期。

[19] 陆俭明：《关于现代汉语里的疑问语气词》，载《中国语文》，1984年第5期。

[20] 吕叔湘：《中国文法要略》，商务印书馆1982年版。

[21] 吕叔湘:《疑问、否定、肯定》,载《中国语文》,1985 年第 4 期。

[22] 马建忠:《马氏文通》,商务印书馆 2002 年版。

[23] 齐沪扬:《论现代汉语语气词系统的建立》,载《汉语学习》,2002 年第 2 期。

[24] 邵敬敏:《现代汉语疑问句研究》,华东师范大学出版社 1996 年版。

[25] 邵敬敏、朱彦:《"是不是 VP"问句的肯定性倾向及其类型学意义》,载《世界汉语教学》,2002 年第 3 期。

[26] 王力:《中国现代语法》,商务印书馆 1985 年版。

[27] 邢福义:《现代汉语语法研究的两个三角》,载《云梦学刊》,1990 年第 1 期。

[28] 袁毓林:《正反问句及相关的类型学参项》,载《中国语文》,1993 年第 2 期。

[29] 张伯江:《疑问句功能琐议》,载《中国语文》,1997 年第 2 期。

[30] 赵元任:《汉语口语语法》,商务印书馆 1979 年版。

[31] 朱德熙:《语法讲义》,商务印书馆 1982 年版。

[32] 朱德熙:《汉语方言里的两种反复问句》,载《中国语文》,1985 年第 1 期。

[33] 朱德熙:《"V-neg-VO"与"VO-neg-V"两种反复问句在汉语方言里的分布》,载《中国语文》,1991 年第 5 期。

第四编 04
语言与文化

亞形符号源流考论

一、引言

李学勤先生（1985）曾列出古文字学领域十五大研究课题，其中第八条便是对"亞"形符号的破解。李先生说："商代金文有所谓族徽，其中常见'亞某'，'亞'有时作为字的外框，甚至把成篇铭文套在里面。'亞'究竟是什么意思？有人企图以'亞旅'之'亞'来说明，但'亞旅'是众大夫，为什么只有'亞'表现于铭文，其他更显赫的官爵反没有反映？殊不可解。"① 李先生的问题提出后，学界对"亞"形符号研究的热情空前高涨，迄今为止，对"亞"形符号解读的观点不下十余种，但均没有对"李学勤之问"做出令人满意的回答。笔者认为："亞"形符号不仅是一个文字符号，而且是一个文化符号，因而研究"亞"形符号，必须从文化与文字两条线进行，以文化的视角探其原，以文字的视角沿其流，只有这样，才能对"亞"形符号做出比较圆满的解释。

二、十字形符号、八角星形符号与"亞"形符号

在许多新石器时代的文化遗址的陶器刻符中，都出现了十字形符号。距今8000年的贾湖裴李岗文化遗址中，十字形符号作十，距今7000年的蚌埠双墩文化遗址中，十字形符号作✣，距今5700年的马家窑文化遗址中，十字形符号作十，距今5600年的大溪文化遗址中，十字形符号作✠，距今5000年的下河沿文

---

① 李学勤：《古文字学初阶》，中华书局1985年版，第84页。

化遗址中，十字形符号作 ✝。任平（2009）指出："十字形及各种变体，它们在世界各地都被使用，其共同的意义——太阳、神圣、周而复始。"① 从表面上看，十字形符号表达的是东南西北四个方位，而方位概念的形成，则直接源于人们对太阳的运行轨迹的认识，因此，十字形符号实际表达的是太阳的运行轨迹图。太阳朝升夕落，周而复始，在原始先民心目中，充满神秘感，因而成为神圣、永恒的象征。随着人们对方位认识的深入，除了四方，还有了四隅的概念，十字形就逐渐演变为八角星形 ✼。蔡英杰（2005）指出：在我国新石器文化遗址中，东自山东及江苏北部的大汶口文化，西至甘青黄土高原的马家窑文化，北起内蒙古的小河沿文化，南到长江上游的大溪文化及其下游的良渚文化，都发现了八角星形符号。八角星形符号表示太阳运行图，其证据是多方面的。其一，不同文化类型的八角星形符号都绘有太阳纹或变形太阳纹。其二，不少文化类型的八角星形符号绘有太阳鸟纹。先民认为太阳由鸟（三足乌等）载着飞行，故以鸟象征太阳。其三，安徽含山凌家滩文化遗址出土的八角星形玉版夹在玉龟的背甲与腹甲之间，背甲椭圆形，腹甲亞字形，学界已公认象征天空与大地，置于其间的八角星纹图案应是联结二者的媒介，只有太阳才能出天入地，光照寰宇。其四，八卦是八角星形符号演变形成的，八卦的方位和卦名与表示太阳运行的日干有一定的对应关系。其五，《礼记·月令》所记载的天子所居之方位与八角星形符号完全吻合。天子是顺应天道行事的，这个天道只能是太阳的运行。其六，八角星形符号的外围通常有一个圆圈，这个圆圈象征着天地所构成的寰宇，而光照寰宇的只有太阳。卐形符号是八角星形符号的简化变体。卐形符号的主体为十字，表示四方，四个折角表示四隅，这样就构成了八方，同样用来表示太阳运行的轨迹。简化变形之后，其代表的意义不仅没有改变，反而更加明确了。举例来说，以代表东方的横线为端点折而向南的纵线代表的一定是东南，以代表西方的横线为端点折而向北的纵线代表的必然是西北。变形之后，图形成右旋或左旋的回旋状，更能形象地体现太阳循环，四季更替。我国最早出现卐形符号的马家窑文化半山类型与马厂类型，卐字纹均绘制在一个圆圈之中，与八角星形符号如出一辙，证明卐字形符号确乎脱胎于八角星形符号。马家窑文化、小河沿文化既出土了八角星形符号，又出土了卐形符号，其间的继承关系一目了然。卐是一个吉祥符号，代表了"永恒不变""永世长

---

① 任平：《良渚文化玉器纹饰与陶器刻符浅析》，载《美术观察》，1997 年第 6 期，第 97—100 页。

存",其意义正来自太阳循环。① 叶舒宪(1999)说:"人类学的材料告诉我们,人类关于四方位的空间观念起源于新石器时代原始人的太阳观测活动,所以原始人留下的象征太阳的符号往往是一些十字形、卍字形或⊕字形。"② 目前所发现的"亞"形符号的最早形式,为蚌埠双墩新石器遗址的双钩中空十字形符号,此种符号还分别见于大溪文化遗址与清江吴城文化遗址,分别作✚。甲骨文"亞"作✚、✚,正与双墩等新石器时代遗址的"亞"形一脉相承。甲骨文"亞"又作✚,只不过为了书写方便,✚字形上下的横笔及左右的竖笔各向两端伸出而已。甲骨文"亞"还作✚,酷似八角星形。这说明甲骨文的"亞"字,既承袭了新石器时代的十字形,又承袭了其八角星形。"亞"字形与十字形和八角星形表达的原始意义是同样的,即在能指上表示太阳的运行,在所指上表示光明、神圣、永恒。

三、古代墓葬与地面建筑物的"亞"形符号

1934年春,中央研究院历史语言研究所考古组在安阳殷墟进行第九次发掘的后半期,对侯家庄南地和武官村的南霸台作了勘查,确定西北冈一带为王陵区。从1934年秋到1935年底,发掘共历三次,亦即殷墟第十至十二次发掘,发掘面积共约1.7万余平方米,发掘了11座大墓和附近的1200余座祭祀坑。中华人民共和国成立后,中国科学院考古研究所于1950—1976年又进行了三次发掘,先后在武官村一带发掘了一座大墓和210多座祭祀坑。另外,还钻探出了另一座大墓。13座大墓中,除一座因未竣工而未埋人外,其余12座都有墓道、墓室和椁室。其中八座为墓室四边各出一条墓道的墓,整个墓平面呈"亞"形。三座为南北各出一条墓道的墓,呈"中"形。一座只有南墓道,墓平面作"甲"形。据研究,这些大墓为武丁至帝乙、帝辛时期商王及王室成员的陵墓。如果仅仅出于实用目的,一条墓道足矣,而多数大墓竟多达四条墓道,使墓道与墓室构成"亞"形,正说明了其有特别的意蕴。历代商王,均以日干命名,说明商王朝存在太阳崇拜,商王希望能像太阳一样光明、永恒。"亞"形为太阳的运行轨迹图,可以表示光明、神圣、永恒之意,这正是商王陵墓作"亞"形

---

① 参见蔡英杰:《太阳循环与八角星纹和卍字符号》,载《民族艺术研究》,2005年第5期,第14—18页。
② 叶舒宪:《中国神话哲学》,中国社会科学出版社1999年版,第156页。

所要表达的诉求。无独有偶，考古工作者在埃及法老的坟墓旁发现了用于陪葬的距今 4500—5000 年的多艘太阳船。为什么要用太阳船陪葬呢？因为埃及人相信太阳神每天早上乘着太阳船从东往西在天界运行，晚上则从西往东在冥界航行。法老是地上的奥西里斯神，奥西里斯死了，变成冥界之神，掌管冥界。奥西里斯神就每天坐着太阳船从东面地平线上出来，出来了以后，他就变成现世之王——荷鲁斯了。奥西里斯之所以要借助太阳船航行，就是因为它是载着太阳航行的，太阳能够循环再生，太阳船也就具备了循环再生的功能。借助这个船，法老的亡灵就会在另一个世界里边跟着太阳神一起走，之后再回到这个世界上来，像太阳一样一次一次地巡行于两个世界之间。中外统治者在再生、永恒的诉求方面可谓息息相通，异曲同工。商代以后，两周、秦、西汉的帝王陵墓均依循殷制，作四墓道的"亞"形。据《史记·秦始皇本纪》记载：始皇地宫"以水银为百川江河大海，机相灌输，上具天文，下具地理"。穹宫顶部装饰天文星宿之象，地上以水银表现出百川江河大海，正是一个具体而微的宇宙模型。

19 世纪 80 年代中期在甘肃秦安大地湾遗址发掘了一座仰韶文化晚期（约 5000 年前）的房屋，其平面布局就是以主室为中心的"亞"形结构。房屋出土了大量大型、异形陶器群。曹春平（1994）认为，它显然不是一般用房，而可能是用于集会、祭祀或奉行某种仪式的礼仪建筑。① 这是考古发掘中所能见到的最早的"亞"形建筑遗址平面图，与后代所考证的历代明堂有着高度相似。

甲骨卜辞中有东室、南室、西室、中室：

戊戌卜，宾贞：其爰东室？贞：勿其爰东室？（乙 4699）
乙酉卜，兄贞：今夕告于南室？（前 3.33.7）
丁西室。（人 1794）
丁巳卜：小臣以于中室？庚申卜：其奏宗，又尞东室？（甲 624）

在东室、南室等可以举行尞、告等祭祀活动，其为宗庙建筑无疑。1986 年在汉代长安城南发掘的一个汉代明堂建筑，其平面作"亞"形，高去寻（1969）推测，汉代去古未远，对古代明堂还多少有些了解，从而推断殷代宗庙名堂也

---

① 曹春平：《明堂初探》，载《东南文化》，1994 年第 6 期，第 72—81 页。

作"亞"形。①《礼记·考工记》:"明堂五室,称九室者,取象阳数也。……上圆象天,下方法地。"《礼记·月令》:"孟春之月……天子居青阳左个。"注:"东室北偏。""季春之月……天子居青阳右个。"注:"东室南偏。""孟夏之月……天子居明堂左个。"注:"南堂东偏。""季夏之月……天子居明堂右个。"注:"南堂西偏。""中央土……天子居大庙大室。"注:"大庙大室,中央室也。""孟秋之月……天子居总章左个。"注:"西堂南偏。""季秋之月……天子居总章右个。"注"西堂右室。""孟冬之月,天子居玄堂左个。"注:"北堂西偏。""季冬之月……天子居玄堂右个。"注:"北堂东偏。"天子顺应天道行事,其所居明堂之方位完全模拟太阳之运行。桓谭《新论·正经》:"王者造明堂、辟雍,所以象天化行也。天称明,故命曰明堂。上圆法天,下方法地,八窗法八风,四达法四时,九室法九州岛,十二座法十二月,三十六户法三十六雨,七十二牖法七十二风。王者作圆池如璧形,实水其中,以环雍之,故曰辟雍。言其上象天地,以班教令,流转王道,周而复始。"刘娜(2011)指出:"明堂上圆下方的结构模式,正是先民模拟想象中的天地宇宙结构模式而创造出来的。上圆象征天,下方象征地,人居于天地之中。根据古人的描述和图标,明堂建筑中四方的角都是缺的,就其建筑平面图来看,正好像甲骨文、金文'亞'字形。"② 明堂是对天象及其运行规律的模拟,就其实质来讲,就是对太阳在宇宙间运行轨迹的模拟。

四、商周金文中作为族徽附属物的"亞"形符号

商周金文族徽中,出现了大量"亞"形符号,有的族徽置于亞形符号之前,有的族徽置于亞形符号之后,有的族徽则置于亞形符号之中。单个族徽与亞形符号之间,无论位置怎么变换,都不区别意义。如"天亞"(集成③09002※~1)与"亞天"(集成06971※)、"亞耳"(集成05865※~1)与"耳亞"(集成06987)、"亞夫"(集成03103)与"亞[夫]"(集成00385)、"亞[告]"(集成01410)与"告亞"(集成04870※)、"矣亞"(集成09000)"亞矣"(集成

---

① 高去寻:《殷代大墓的木室及其涵义之推测》,见《中央研究院历史语言研究所集刊(第三十九本)》(下册),中央研究院历史语言研究所1969年版,第175—188页。
② 刘娜:《中国传统建筑平面形制中的"亞"字形图式研究》,苏州大学硕士学位论文,2011年,第36页。
③ "集成",《殷周金文集成》的简称,后面的数字为金文编号。

00380）与"亞［矣］"（集成01429），均无别。对于这种作为族徽附属物的亞形符号，学界意见纷纭。有人认为代表宗庙、宫室，此说由宋代薛尚功发起，阮元、罗振玉、于省吾、朱凤瀚等主此说；有人认为代表爵位、官职，丁山、李孝定、陈梦家、曹定云、何景成等人主此说；有人认为代表宗教崇拜，朱歧祥主此说；有人认为代表宫中道，林义光主此说；有人认为代表火塘，朱芳圃主此说；有人认为代表土地，艾兰主此说；有人认为代表署名签押符号，郭沫若主此说；有人认为是"家"之初文，马叙伦主此说。如此等等，不一而足。

在这琳琅满目的各种意见当中，笔者认为，朱歧祥先生的宗教崇拜说最为近之。① 如前所述，亞形符号是对太阳运行轨迹的模拟，表达光明、永恒等意义。族徽标识配上亞形符号，或单书一亞形符号，均表达铭文主人希冀该族氏永恒不灭、永垂不朽之意。

两个或两个以上的族徽符号出自同一铭文，并且均置于亞形符号之内者，表示这是两个或两个以上的并列的氏族，彼此的关系是平等的，如亞［保酉］（集成03235※~1）、亞［共冪］（集成01998）、亞［凤鱼］（集成01741※~1）、亞［聿豖］（集成06465※~1）、亞［共肆丙］（集成09008※~1）、亞［白禾夒］（集成02034※~1）、亞［丩矢望］（集成09565）、亞［受丁旅乙若癸白乙］（集成02400※），他们可能具有结盟的关系。

两个或两个以上的族徽符号出自同一铭文，其中一个族徽符号置于亞形符号之外，一个族徽符号置于亞形符号之内，则置于亞形符号之外的氏族为宗氏，置于亞形符号之内的氏族为分支氏族，如辛亞［离］（集成09238※~1）、亞［雀］鱼（集成05162※~1）、亞［此］中（集成05332※~1）、亞矣［辛］（集成01746）※~1）、亞［女］方（集成08778※~1）、亞［其］戈（集成05168~1）、黿亞奄亞[?]（集成03393※~1）、亞［若癸］冈（集成06430※~1）、粪亞[?]亞（集成02111）、粪亞亞［次］（集成07180※~1）、孤竹亞［微］（集成09810※~1）等。辛、鱼、中、矣、方、戈、冈、黿、粪、孤竹，均为殷商时期的著名大族，他们后来分化出若干分支氏族，是合情合理的。辽宁喀左县北洞先后发现相临近的两处青铜器窖藏，出土一件涡纹铜罍，从形制上看属于商周晚期，该器铭文父丁孤竹亞［微］，孤竹为殷商王族，其国为孤竹国，"微"当为"孤竹"的分支氏族。与宗氏相比，分支氏族是第二级的、次一等的族氏，所以"亞"后来产生出"第二""次一等"的意思。

---

① 参见朱歧祥：《甲骨学论丛》，台湾学生书局1992年版，第378页。

金文中的族氏名称多为单音节，但亦有双音节者。双音节族氏名称，或前面冠以职官名、爵位名，或后面缀以日干名，与亚形符号连用的族氏名称亦是如此。如亞［册舟］（集成 08780※~1），"册"为职官名；亞［霙侯］（集成 03504），"侯"为爵位名；亞［羌乙］（集成 00866※~1），亞［若癸］（集成 11114※~1），乙、癸皆为日干名。

五、甲骨文中的"亞"字

甲骨文中的"亞"字，其意义有四：宗庙；方国、族氏名；族氏标记；职官名。

（一）宗庙

丁酉卜：王㞢亞匕己？（合集 2448）

隹亞且乙耂王（合集 1163）

翌乙，㞢于亞？（合集 13597）

其乍亞宗？（合集 30295）

亞、亞宗皆为宗庙，亞为其形，宗为其实。亞匕己为祭祀匕己的宗庙，亞且乙为祭祀且乙的宗庙。宗庙名之以"亞"，固然是因其形状，但更重要的是，此一形式寓含着光明、永恒之意，与墓道、明堂为亞形，如出一辙。

（二）方国、族氏名

甲午卜，䏁贞：亞受年？告？（合集 9788 正）

辛在亞？（合集 21912）

其又于室亞方？（合集 27148）

乙酉，贞：王令耂途亞侯又？（合集 32911）

乙未，贞：其令亞侯帚覀小？（屯 502）

卜辞中有"亞方"，说明当时有"亞"这样一个方国。卜辞中又有"亞侯"，即"亞方"的首领。"亞"既为方国名，又为族氏名，二者是一致的。

（三）族氏标记

己巳卜，贞：告人于亞雀？（合集 22092）
更亞離以人獸？（屯 961）
乙巳卜，何贞：亞旁以羌其卬用？（合集 20953）
祝亞束龘？（合集 22130）
癸巳卜，又于亞豕叀一羌三牛？（合集 32012）
……事……不子丁在亞辛？（合集 21912）
丙戌卜：戊亞其尊其豐？（合集 27931）

雀、離、旁、束、豕、辛、戊等，皆为殷代著名氏族，亞雀、亞離、亞旁、亞束、亞豕、亞辛、亞戊，这种族徽前冠以亞形符号的指称方式也为金文所习见。亞形符号冠于族徽前，当先见于铜器铭文，然后才出现在甲骨卜辞中。亞形符号作为族徽的附属符号出现于铜器铭文之中，开始表示希望该族氏永恒不灭之义。两种符号连用既久，亞形符号就成为族氏的标记。卜辞中冠于族氏前面的"亞"，就是族氏的标记。

2000年12月至2001年7月，中国社科院考大研究所安阳工作队在殷墟发掘了 M54 号亞长大墓，"亞长"的"亞"，正是族氏标记。

（四）职官名

丁未卜，贞：亞勿往康？在兹祭？（合集 5684）
丁未卜，贞：更亞以众人步？（合集 35）
贞：其令马亞射麋？（合集 26899）
更亞田省？（合集 29374）
贞：口乎犬亞省从南？（合集 10976 正）

亞官的职责范围很广，既参与祭祀，亦参与田猎、巡守、战争。亞官与马官、犬官并称马亞、犬亞，与田官并称亞田。多个马官、亞官并称多马亞（564 正），多个田官、亞官、任官并称多田亞任（32992 反）。赵诚（1988）认为，

"亞"用作职官名为借音字。① 笔者以为，"亞"当为"巫"之借字。"亞"为影母鱼部字，"巫"亦影母鱼部字，二字同音，自可假借。周凤五从字形上论证了亞与巫的关系："对比巫与亞的形构，我们可以发现这两个字基本相同，所异者仅前者'十'字形由两条直线垂直相交，后者则系线条围成的匡廓。假设'亞'的造字初谊与'巫'字有关，甚至两字本为同一概念的衍化，应该是合乎逻辑的推测。"② 巫为殷商重要职官，但却为卜辞所未见，盖因"巫"用作职官时为"亞"字所取代。从卜辞来看，未见马、田、犬等官员参加祭祀活动，但却有亞官参加祭祀活动的记录，祭祀是巫师掌管的事务，这也说明亞官即巫师。巫师是神人之间的媒介，可明察天意，趋吉避凶，所以商王在从事战争、巡守、田猎等重要活动时，常带亞官随行。

六、"亞"字常用意义考

《汉语大字典（简编本）》收录了"亞"的 11 个义项，分别是：（1）次一等、次于；（2）匹配、等同；（3）挨着、靠近；（4）掩、闭；（5）姐妹丈夫的互称；（6）俯、低垂；（7）亞洲的简称；（8）姓；（9）枝桠、分支；（10）象声词；（11）同"恶"。③ 其中（7）（8）（9）（10）诸义来源甚明，可略而不论。其他意义，笔者尝试对其来源进行考证。

"亞"本为具有宗教意义的符号，借太阳的运行轨迹表示光明、永恒之义。金文中常用作族徽的附属符号，表示希望该族氏永恒、昌盛之义。氏族壮大之后，由宗氏会衍生出分支氏族，当宗氏与分支氏族连用的时候，为了有别于宗氏，分支氏族前常冠以"亞"形符号。分支氏族与宗氏相比，是次一等的族氏，"亞"由此引申出"次一等、次于"的意义。《左传·襄公十九年》："圭妫之班，亞宋子而相亲也。"

《诗·小雅·节南山》："琐琐姻亞。"毛传："两婿相谓曰亞。"婿父称姻，两婿互称称亞。因两婿之间并无直接的血缘关系，是靠双方妻子之间的姐妹关系而结成亲属，因而是次一等的亲属关系，故互称为亞，后写作"娅"。两婿之

---

① 赵诚：《甲骨文简明词典》，中华书局 1988 年版，第 79 页。
② 周凤五：《说巫》，载《台大中文学报》，1989 年第 3 期，第 17 页。
③ 李格非主编：《汉语大字典（简编本）》，湖北辞书出版社、四川辞书出版社 1996 年版，第 12 页。

间地位平等，故引申为匹配等同之义。《后汉书·班固传》："节慕原（平原君）、尝（孟尝君），名亞春（春申君）、陵（信陵君）。"

分支氏族以宗氏为宗主，二者血脉灌注，紧相联系，故"亞"又引申为"挨着、靠近"之义。唐元稹《山琵琶》："亞水依岩半倾倒，笼云隐雾多愁绝。"

"亞"有"俯、低头"义，当为"压"之通假。亞，影母祃韵，压，影母狎韵，二者俱为影母二等字，且韵腹相同，声音相近，故可通假。唐杜甫《江畔独步寻花》："黄四娘家花满蹊，千朵万朵压枝低。"又《上巳日徐司录林园宴集》："鬓毛垂领白，花蕊亞枝红。""亞枝"即"压枝"，为"亞"通"压"之确证。物低垂则易闭合，故引申为"掩、闭"义。宋蔡伸《丑奴儿慢》："花笼淡月，重门深亞。"

"亞"同"恶"，当为"恶"之通假。亞，影母鱼部，恶，影母铎部，声母双声，韵部对转，故可通假。马王堆汉墓帛书《经法·四度》："美亞（恶）有名，逆顺有刑（形）。"①

本文引用甲骨文、金文著录书目简称表

乙	《殷墟文字乙编》
前	《殷墟书契前编》
人	《京都大学人文科学研究所藏甲骨文字》
甲	《殷墟文字甲编》
屯	《小屯南地甲骨》
合集	《甲骨文合集》
集成	《殷周金文集成》

参考文献

[1] 蔡英杰：《太阳循环与八角星纹和卍字符号》，载《民族艺术研究》，2005年第5期。

[2] 曹春平：《明堂初探》，载《东南文化》，1994年第6期。

[3] 陈梦家：《殷墟卜辞综述》，中华书局1988年版。

[4] 高去寻：《殷代大墓的木室及其涵义之推测》，见《中央研究院历史语言研究所集刊（第三十九本）》（下册），中央研究院历史语言研究所1969

---

① 马王堆汉墓帛书整理小组编：《经法》，文物出版社1976年版，第24页。

年版。

［5］李学勤：《古文字学初阶》，中华书局1985年版。

［6］刘娜：《中国传统建筑平面形制中的"亞"字形图式研究》，苏州大学硕士学位论文，2011年。

［7］任平：《良渚文化玉器纹饰与陶器刻符浅析》，载《美术观察》，1997年第6期。

［8］赵诚：《甲骨文简明词典》，中华书局1988年版。

［9］周凤五：《说巫》，载《台大中文学报》，1989年第3期。

［10］朱歧祥：《甲骨学论丛》，台湾学生书局1992年版。

太阳循环与八角星纹和卍字符号

一

《左传·昭公五年》："日之数十，故有十时，亦当十位。"杜预注："甲至癸也。"明确指出了由甲至癸构成的十天干就是远古传说中的"十日"。"十日"与十时、十位具有对应关系，也就是说，十日是根据太阳运行所处的不同时段、不同位置划分的，代表了太阳在一天之内的视循环运动。先民们发现，太阳不仅在一天之内朝升夕落，周而复始；而且在一年之内也是冷热交替，循环不已。因而扩而广之，以天干代表太阳在一个回归年的视循环运动。司马迁在《史记·律书》中所指的万物变化，其实就是四季变化，也就是太阳在一个回归年里给物候带来的变化。远古先民在生活实践中发现，太阳在不同季节的影长是不一样的，夏季的时候影子短，冬季的时候影子长。太阳的影子由最短到最短，或者由最长到最长，恰好代表了太阳循环的一个周期（一个回归年）。因而远古先民很早就懂得立杆测影，从而准确地计算出一个回归年的长度。在夏至这一天，太阳直射北回归线，此时地球上北半球中午的太阳高度最大，白昼最长，也是圭表日影最短的一天，太阳直射北半球的方向，至此到了极限，以后就要走回头路了；到冬至这一天，太阳直射南回归线，此时北半球中午太阳高度最低，白昼最短，也是圭表日影最长的日子，从这天以后，太阳直射的方向又重新向北半球移动，开始循环往复的周期。

太阳循环的观念是古代先民的一种普遍观念。这一观念大量记载于古代典籍，古人对此信之不疑。屈原《天问》曰："出自汤谷，次于蒙汜。自明及晦，所行几里？"（太阳从汤谷出发，在蒙汜停息，从天明到天黑，它经过的道路有多少里？）又曰："何阖而晦？何开而明？角宿未旦，曜灵安藏？"（什么地方关闭了，天色就变得昏暗？什么地方打开了，天色就变得光明？角宿天门尚未开启时,太阳藏于何处?)《庄子·田子方》:"至阴肃肃,至阳赫赫。肃肃出乎天,赫赫发乎地。两者交通成和而物生焉。或为之纪而莫见其形。消息满虚,一晦一明。日改月化,日有所为而莫见其功。生有所乎萌,死有所乎归。始终相反乎无端,而莫知乎其穷。"江林昌先生解释说:"肃肃是清冷的样子,赫赫是盛热的样子。太阳行于天,故赫赫;行于地,故肃肃。由于太阳是在作不停的循环运动,于是产生了阴阳的转化;天上的太阳原是从地底运行而来,故曰:'赫赫发乎地';而地底的太阳则是从天上西降而下,故曰:'肃肃出乎天'。太阳的运行还与月亮的出没相对应,所谓'日改月化';结果有了'消息盈虚,一晦一明'的自然景象。世界万物的死生都由此发生,终始循环没有穷尽。"① 长沙子弹库楚帛书《四时》:"共攻(工)夸步,十日四时。……有宵有朝,有昼有夕。"马王堆帛书《十六经·果童》:"观天于上,视地于下,而稽之男女。夫天有干,地有恒常。合□□常,是以有晦有明,有阴有阳。"《淮南子·天文训》由甲至癸所构成的日干,代表了太阳"孕育—出生—成长—壮盛—死亡—复归"这样一个生息循环的系统。

古埃及先民盛行太阳神崇拜,认为太阳是生命之神,人死了以后,只有追随太阳神所走的路线,才能获得再生。一些埃及学家认为,金字塔是奉献给生命之神——太阳神的纪念性建筑物,由角尺形的两根过梁支撑的进口门,实际上是一种圣书字符,意为洪水,也就是再生。在金字塔内,每个厅代表太阳神的一个字母。在金字塔这个建筑物里发现的每个符号都使人想起生命和创造的起源,而根本不是想到死亡。考古工作者在埃及法老的坟墓旁发现了用于陪葬的距4500—5000年的多艘太阳船。为什么要用太阳船陪葬呢?因为埃及人相信太阳神每天早上乘着太阳船从东往西在天界航行,晚上则从西往东在冥界航行。法老是地上的奥西里斯神,奥西里斯死了,变成了冥界之神,掌管冥界。奥西里斯神就每天坐着太阳船从东面地平线上出来,出来了之后,他就变成了现世之王——荷鲁斯了。奥西里斯之所以要借助太阳船航行,就是因为它是载着太阳航行的,太阳能够循环再生,太阳船也就具备了循环再生的功能。借助这个船,法老的亡灵就会在另一个世界里边跟着太阳神一起走,之后再回到这个世界上来,像太阳一样一次一次地巡行于两个世界之间。

---

① 江林昌:《楚辞与上古历史文化研究》,齐鲁书社1998年版,第57—58页。

二

在我国新石器文化遗址中，东自山东及江苏北部的大汶口文化，西至甘青黄土高原的马家窑文化，北起内蒙古的小河沿文化，南到长江上游的大溪文化及其下游的良渚文化，都发现了八角星纹图案，就时间说，大约距今6000年至4000年之间，绵延两千余年；就地域说，涵盖了夏、商、周三代所控制的区域。其分布范围之广，涉及文化类型之多，都是极为罕见的。这反映了生活在中华大地的远古先民很久以前就有了共同的文化背景，因此才能对某一现象有着如此高度一致的体认。

所谓八角星纹图案，就是中间有一个正方形或圆形，周边伸展出八个三角形，因而称作八角星形。安徽含山凌家滩遗址出土的玉鹰上面绘制的八角星纹图案，八角星形的外围，一般有一个圆形。八角星纹图案的寓意显然是太阳的运行图。中间的正方形或圆形，代表的是中心，即太阳戊和太阳己运行的方位。东方的两个三角形为太阳甲和太阳乙运行的方位，南方的两个三角形为太阳丙和太阳丁运行的方位，西方的两个三角形为太阳庚和太阳辛运行的方位，北方的两个三角形为太阳壬和太阳癸运行的方位。八角星纹图案正是太阳所运行的十位的形象展示，只不过十位不是平面的，而是立体的，因为先民是把天看作一体来体认的。八角星形图案是太阳运行图，其证明是多方面的。其一，不同文化类型的八角星形图案都绘有太阳纹或变形太阳纹。大溪文化的一例八角星纹图案，绘有芒刺太阳纹，王大有先生（1988：22）称为八芒太阳纹。青莲岗文化邳州市大墩子遗址出土的一件八角星纹彩陶盆，殷红色的中央部位和四周放出白色的光芒，象征着太阳光照寰宇。马家窑文化柳湾遗址的一例八角星纹图案，中央方框与八角星形至外层重圈纹的空隙，均绘有网络太阳纹，表示太阳光照中央与八方。安徽含山凌家滩遗址出土的一件玉版，上刻两个重圈纹，小圆内是八角星纹，小圆与大圆之间绘有八个箭纹，箭亦是太阳光线的象征。其二，不少文化类型的八角星纹图案绘有太阳鸟纹。先民认为太阳由鸟（三足鸟等）载着飞行，故以鸟象征太阳。大溪文化的一例八角星纹图案，中央方框内画一只展翅飞翔的鸟，头身与双翅分别指向四角，此鸟即象征太阳，寓意为太阳循天飞行。上述青莲岗文化的陶盆绘有太阳纹外，在陶盆的口沿上，还画了六个飞鸟纹，表示太阳与鸟的关系。内蒙古小河沿文化出土的一件陶尊器座上，有一组八角星纹图案，中央由两个变形鸟羽纹组成，两个鸟羽纹的延长线，折曲组成了斜置的八角星纹。其三，安徽含山凌家滩文化遗址出土的八角星纹玉版夹在玉龟的背甲与腹甲之间，背甲椭圆形，腹甲"亚"字形，学界已公认象征天空与大地，置于其间的八角星纹图案应是联结二者的媒介，只有太阳才能出天入地，光照寰宇。其四，八卦是八角星纹图案演变形成的，八卦的方位和卦名与表示太阳运行的日干有一定的对应关系。在先天八卦图中，东北为震，东为离，东南为兑，南为乾，西南为巽，西为坎，西北为艮，北为坤。震，娠也。《诗·大雅·生民》："厥初生民，时维姜原。……载震载夙，载生载育，时维后稷。"毛传："震，娠也。"《左传·昭公元年》："当武王邑姜方震大叔，梦帝谓已：'余命而子曰虞，将与之唐，属诸参，而蕃育其子孙'。及生，有文在其手曰'虞'，遂以命之。及成王灭唐而封大叔焉。"震正是孕育中的太阳——太阳甲所在的方位。离即离开，表示太阳离开母体，故离表示新生的太阳——太阳乙所在的方位。兑，直也，通也。《诗·大雅·皇矣》："柞棫斯拔，松柏斯兑。""兑"意谓通于上下，即其下根深，其上高耸。太阳丙由地下露出地平，含有通达上下之义，故以兑表示太阳丙运行的方位。《说文》："乾，上出也。"太阳丁正是从地面冉冉升起的太阳，故所处之位用乾表示。巽，卑顺。《易·蒙》："童蒙之吉，巽以顺也。"太阳庚运行之时，自高至低，由强转弱，故以巽代表太阳庚运行的方位。坎，陷也。太阳辛运行之时西沉陷入地平，故用坎代表太阳辛运行的方位。《易·艮》："彖曰：艮，止也。"太阳壬运行之时，太阳已停止周天的巡行，沉入海底，故以艮命名太阳壬所在的方位。坤，字亦作巛，像水之形。古人认为日落之后太阳一直在水底运行。《说文》："坤，地也。"坤，溪母文部；归，见母微部；癸，见母脂部，俱音近义通。故坤用来表示太阳回归地母，即太阳癸所处的方位。八卦图形为向心形，其中心为天地之中，是太阳戊与太阳己所处的方位。其五，《礼记·月令》记载说："孟春之月……天子居青阳左个。"注："东室北偏。""季春之月，天子居青阳右个。"注："东堂南偏。""孟夏之月……天子居明堂左个。"注："南堂东偏。""季夏之月……天子居明堂右个。"注："南堂西偏。""中央土……天子居大庙大室。"注："大庙大室，中央室也。""孟秋之月……天子居总章左个。"注："西堂南偏。""季秋之月……天子居总章右个。"注："西堂右室。""孟冬之月，……天子居玄堂左个。"注："北堂西偏。""季冬之月……天子居玄堂右个。"注："北堂东偏。"天子所居之方位与八角星形图案及八卦图案均完全吻合。天子是顺应天道行事的，这个天道只能是太阳的运行。其六，八角星形图案的外围通常有一个圆圈，这个圆圈象征着天地所构成的寰宇，而光照寰宇的只有太阳。西南少数民族服饰八角星纹图案中央的四个角内分别刺有"四季常青"四字，确切地证明了八角星纹图案表示的就是太阳在一年四季的循环。

三

卐字符号是流行于许多国家的一个古老而神秘的符号，在中国、印度、波斯、古巴比伦、古代欧洲、古代美洲都能发现它的踪影。西亚的新石器时代遗址——伊朗法尔斯省波斯波利斯之南的巴昆遗址出土的象征生育的彩陶女神像，她的肩上就有卐字标记。古代美索不达米亚的货币上，有卐字符号。欧洲进入青铜时代后，卐成为装饰性符号。在早期基督教艺术和拜占庭艺术中，都可见到卐。波利尼西亚人、南美洲和中美洲的玛雅人、北美洲的纳瓦霍印第安人，也都用过卐和卍的符号。中国黄河上游的马家窑文化（公元前3300—前2050年），为新石器时代晚期的文化，马家窑文化半山类型及马厂类型的陶器上，都发现了卐字符号。内蒙古小河沿文化（公元前2800年左右）翁牛特旗石棚山所出的一件大口深腹罐绘有卐字纹，广东石峡文化中层（公元前2800年）也发现了卐字纹陶器。

卐字在梵文中作 Srivatsal aksana，音译"室利靺蹉洛刹囊"。北魏菩提流支在其所译《十地经论》卷十二中，译此语为"万"字，鸠摩罗什和玄奘都译为"德"字。武则天长寿二年以此符号著于天枢，音之为"万"。中国卐字符号的出现不仅早于佛教的传入年代，而且早于佛教在印度的起源时代，因而字并非随佛教由印度而传入，而是中国固有的一个文化符号，此理甚明。

"卐"字符号，在西南各族中流传与应用甚广，是西南少数民族建筑与服饰艺术的一个重要元素。杨知勇先生说："藏族把它编织在坐垫、地毯和马垫四周，藏语称这种图案为'雍仲扎日'，意为'永固长城'；有时又将它连环绘在建筑物上，藏语称'雍仲拉曲'，意为'永恒牵手'。彝族毕摩（巫师）用羚羊角占卜，卦象呈现卐形卦为大吉卦；《云南彝族图案》中多处有这个图案，如圭山撒尼人包头上的'卐'字挑花，撒尼人背布上的八菱'卐'字挑花；石屏龙武聂苏人带状花边上和腰带头上的'卐'字挑花；武定里濮人衣襟上的'卐'字刺绣，腰带上的连环'卐'字挑花；另外，彝族民间还流行一种'四方八虎卐字挑花图案'，图案中央和四周均挑有'卐'字符号。人们把这个符号作为永远吉祥的象征加以保存和应用。在普米族，它被当作方位符号：'⌒'代表东，'卐'代表南，'八'代表西，'∕'代表北。白族木匠精工雕刻的花窗格子门上，正面雕各种花草树木、山水人物，背面多雕镂空的牵手'卐'字作底板；

马家窑文化马厂类型的卐字纹
(采自杨知勇《西南民族生死观》，云南教育出版社2001年版)

大理崇圣寺三塔主塔塔顶内木质经幢'相轮橖'底座为'卐'；白族妇女背带中心也有'卐'字挑花。纳西族东巴经里也常出现'卐'字，纳西语读'卐'为'额'，义为'善''吉祥'。东巴圣地中甸白地大东巴使用的神杖，顶端装一木雕小塔，塔座周围装有五个本教崇奉的'卐'（实物见迪庆州三十周年州庆展览'纳西东巴文化展'）。傣族有一种五彩织锦，用黄线织成左旋的'卐'，用红线织成右旋的'卐'（实物见云南博物馆展厅）；傣族喜欢背的筒帕，接近口缘处织有一横行左右旋向相对的'卐'。文山苗族妇女服饰上也有这个符号。"① 除杨先生所述之外，卐字纹也是壮族、黎族织锦常见的花纹。青海省都兰县巴哈莫力沟唐代岩画雕有鹿、羊、蛇、马、驴、鸡、卐字纹等图案。卐字纹饰也常见于明清服饰和家具，连续不断的卐字称"曲水"或"万字不断头"。就连皇家也特别钟爱'卐'字。明朝时每当皇帝改换年号颁布新历，宫中穿"宝历万年"纹样衣服，以谐音的图案八宝、荔枝、卐字、鲶鱼来寓意。清代的龙袍以卐字纹为地。

---

① 杨知勇：《西南民族生死观》，云南教育出版社2001年版，第96—97页。

卐字符号的来源是什么呢？对照八角星纹图案即不难看出，卐字纹正是八角星纹的简化变形。八角星纹中代表东、南、西、北四个方向的角简化为"十"字形，代表东南、西南、西北、东北四个方向的角则演变为与东、南、西、北四个方向的端点作垂足而与之垂直的垂线。简化变形之后，其代表的意义不仅没有改变，反而更加明确了。举例来说，以代表东方的横线为端点折而向南的纵线代表的一定是东南，以代表西方的横线为端点折而向北的纵线代表的必然是西北。变形之后，图形成右旋或左旋的回旋状，更能形象地体现太阳循环、四季更替。我国最早出现卐字符号的马家窑文化半山类型与马厂类型，卐字纹均绘制在一个圆圈之中，与八角星纹图案如出一辙，这也证明卐字纹确乎脱胎于八角星纹图案。马家窑文化、小河沿文化既出土了八角星纹图案，又出土了卐字纹图案，其间的继承关系一目了然。彝族的"四方八虎卐字挑花图案"，与八角星纹图案异曲同工。普米族以卐字符号作为方位符号，还保存着远古以八角星纹图案代表八方十位的信息。佛教以"卐"象征太阳与火，与我国先民的心理可谓息息相通。纳瓦霍印第安人以卐象征风神雨神，亦不离自然物，可看作是太阳的延伸。卐是一个吉祥符号，代表了"永恒不变""永世长存"。其意义正来自太阳循环。日出日落，冷热交替，四季更迭，亘古如斯，以其代表永世长存，不亦宜乎？西南少数民族的背布、腰带之上多绘有卐字图案，盖因为背布、腰带系背负幼儿之物，此种图案包含有子孙康健、绵延不绝的希冀，与伊朗新石器遗址女神像肩上的卐字纹含义相同。清朝皇帝龙袍上的卐字纹自然是希望皇位永固，代代相传。

参考文献

[1] 江林昌：《楚辞与上古历史文化研究》，齐鲁书社1998年版。

[2] 王大有：《龙凤文化源流》，北京工艺美术出版社1988年版。

[3] 南京博物院编：《江苏彩陶》，文物出版社1978年版。

[4] 陈久金、张敬国：《含山出土玉片图形试考》，载《文物》，1981年第4期。

[5] 杨知勇：《西南民族生死观》，云南教育出版社2001年版。

（原文刊于《民族艺术研究》2005年第5期）

十二地支的文化说解

　　早在远古时期,中华大地上就出现了文明的曙光。远古先民们不再仅仅为了衣食而奔波,而且把探究的目光投向了天地万物。他们上察天文,探究天体的运行及时序的变化,这种认识成果浓缩成了十个字,这就是由"甲、乙、丙、丁、戊、己、庚、辛、壬、癸"构成的天干系统;下察地理,探究万物的繁衍生息,这种认识成果浓缩成了十二个字,就是由"子、丑、寅、卯、辰、巳、午、未、申、酉、戌、亥"构成的地支系统。我们知道,早在夏代,国王的名字就是由天干命名的,说明那个时候,先民对天体运行、时序变化就有了系统的研究成果。因而毫无疑问,天干地支学说应该视为中华民族传统文化的源头。可是长期以来,学界仅把天干地支看成纪时的符号,很少有人探讨它与天时、地物之间的关系;天干地支多被肢解为一个个孤零零的符号,很少有人把它作为一个整体进行系统的关照、思索,这样,天干地支所蕴含的文化底蕴近于泯灭,天干地支学说的巨大价值也在无形中被降低了。因此,揭示天干地支的本来面目就变得非常重要和迫切。关于天干,笔者将另文讨论,本文只是把关注的目光投向地支,走近先民,探询他们对万物生成的认识,聆听他们充满智慧的声音。

　　子,甲骨文①中有两个字体,一个写作大头婴儿的形象,是婴儿、幼儿的意思;另一个是鸟卵的象形,中间部分是主体,上下部分的点画既表现其光泽,又表现其神圣、神秘的色彩。甲骨文中既有光泽又令先民感到神圣的东西,常在字的周围加上一些表示光泽的点画。区区鸟卵,何神圣之有呢?原来这个鸟卵并不普通,它关系到殷民族的一段创生神话。《诗经·商颂》:"天命玄鸟,降而生商。"《吕氏春秋·音初》:"有娀氏有二佚女,为之九成之台,饮食必以鼓。帝令燕往视之,鸣若嗌嗌。二女爱而争搏之,覆以玉筐。少选,发而视之,

---

① 受排版系统限制,本文未能标出甲骨文、金文等古文字字形,请参阅《甲骨文合集》等著作。

燕遗二卵。"《史记·殷本纪》:"殷契母曰简狄,有娀氏之女,为帝喾次妃。三人行浴,见玄鸟堕其卵,简狄取吞之,因孕生契。"虽然文字记载略有不同,但事迹还是清楚的,就是殷的始祖母简狄吞了神鸟玄鸟遗下的卵,怀孕后生了商的始祖契。因而玄鸟之卵——子,就成了商部族的神圣之物,成了商部族崇拜的图腾,进而演变为商部族的姓。商部族长期统治中原大地,创造了光辉灿烂的商文化,商部族的姓——子,自然成了高贵身份的象征。由此我们不难索解,"子"何以到后来演变成了尊称。地支中的"子"只用后者,而不用前者,前者在地支中表示"巳"。也就是说,地支字"子"是鸟卵的意思,与幼儿无关。那么,这个"子"在地支中有什么含义呢?《说文》:"十一月阳气动,万物滋,人以为称。"许慎用阴阳观点解释"子",说得比较含混,不够确切。其实,地支的第一位取象于子,正是先民对于万物初始状态的一种认识。《艺文类聚》卷一引徐整《三五历记》:"天地混沌如鸡子,盘古生其中。万八千岁,天地开辟,阳清为天,阴浊为地。"《晋书·天文志》:"天形穹隆如鸡子,幂其际,周界四海之表,浮于元气之上。"葛洪《浑天仪注》:"天如鸡子,地如鸡中黄。"在先民的思维里,天地的初始状态如鸟卵一样,混沌一团。不惟天地,人又何尝不是如此。简狄吞卵的神话,说明在先民的意识里,人最初孕育的胚胎也与鸟卵差不多。推而广之,万物的初始状态都像鸟卵一样,混沌不分。地支的第一位,取象于子,其意正在于揭示万物的初始状态。此时的万物,虽然已具有了生命的潜质,但处于孕育之中,尚未成形。地支由子开始,唱响了生命进行曲的第一乐章——孕育期。

丑,甲骨文是手的象形。《说文》:"丑,纽也。十二月,万物动,用事。象手之形。"许慎认为丑象手之形,郭沫若则认为丑象爪形①,其实在人为手,在物为爪,手与爪是一回事,浑言无别。丑取象于手,是无可争辩的事实,但是它表示的含义又是什么呢?许慎的解释值得我们注意。他说丑表示"万物动,用事"。这里许君正确揭示了丑的象征意义。手是人体的器官,又是最常用的劳动工具。无论生活、工作总离不开一双勤劳的手。因此用"手"表示动的意义,是再自然不过的事情了。注意这里的动并不是劳作、运动,而是生命的萌动、脉动、律动。准此,地支的第二位取象于手,意在揭示万物孕育期的第二个阶段——生命的萌动。

寅,金文像鸟的整体俯视形,鸟的头、身、翅、尾俱足,表明其身体已完全发育成形。金文之形,郭沫若认为是燕子的象形,正确。但他却误认为是

---

① 郭沫若:《郭沫若全集:考古编》,科学出版社 1982 年版,第 198 页。

"矢形讹变为燕身,两手讹变为燕翼"①。一些甲骨学者对于寅字中的"田"形百思不解,对照金文,当可释然。这个"田"形不过是将翅翼与身体合在一起了。寅,余真部;身,书母真部。二者韵部相同,声母亦近。余母上古音归匣母,为见系声母字;书母属照三章组声母字。见系与照三语音多有关涉,具有渊源关系,已成学界共识。② 因而身与寅具有同源关系,只不过一个从鸟取象,一个从人取象。附带说一下黄与寅的关系。甲骨文"黄"为鸟之皮囊,引申则泛指物,今豫东方言仍称东西为"黄子""黄黄"。"黄"的动物皮囊的意义写作鞟(鞹),《说文》:"鞹,去毛皮也。"《论语·颜渊》:"虎豹之鞟,犹犬羊之鞟。"鞟指外皮,郭指外城,椁指外棺。鞟,溪母铎部,郭、椁见母铎部,见、溪、匣为邻纽,阳、铎可对转,三者与黄俱是同源字。要之,寅为鸟全身之形,地支第三位取象于寅,意在揭示万物孕育期的第三个阶段:生命在母体中已发育成形。

卯,甲骨文象一物中开之形。《说文》云:"卯,冒也。二月万物冒地而出,象开门之形。"这个卯字究竟从何取象,我们联系一下冥字,不难寻找到答案。冥,甲骨文取象于女性分娩的情景。外象阴唇,中间的口为阴道口,下面的两只手表示接生婆正用力分开阴道口,接生婴儿。唐兰先生释该字为"冥",是。郭沫若先生释为"娩"亦不误。冥、娩本为一字之分化。其处幽深之子宫的黑暗义分化为"冥",其生子免身义则分化为"娩"。非唯"冥""娩"同源,"卯"亦正是分娩之义。卯的"开门之形"正是取象于女性生殖器官之开启,故《说文》云:"卯为春门。"(《说文·百部》)春门者,生育之门。今"春心""春情""怀春"等词语犹隐含其信息。故冥(娩)、卯应为一词之异文,其本义皆当为分娩。地支的第四位卯字,取象于女性的分娩,意谓发育成熟的婴儿即将脱离母体,呱呱落地了。由怀孕到出生,是生命进行曲的第一乐章孕育期的全过程。

辰,甲骨文象大蛤之形,为蜃的初文。蜃是软体动物,物初生的状态如蜃一样,是柔软的。《史记·律书》:"辰者,言万物之蜃也。""万物之蜃"指万物始生的状态如蜃一样,是柔软的。《老子》七十六章:"人之生也柔弱,其死也坚强;草木之生也柔脆,其死也枯槁。"古代社祭,社肉以蜃盛之,称之为振(脤),正是祈求社神保佑万物生育繁衍的意思。《说文》:"祳,社肉盛以蜃,

---

① 郭沫若:《郭沫若全集:考古编》,科学出版社 1982 年版,第 200 页。
② 王珏:《"姑苏"新解与上古见章系互谐》,载《苏州大学学报》,1996 年第 1 期,第 126—129 页。

故谓之振。天子所以亲遗同姓。""天子亲遗同姓",希冀同族繁衍昌盛之义甚明。地支的第五位,取象于蜃,以其质的柔软来说明万物初生时的柔嫩状态,象征万物初生。它既是柔嫩的,又是具有极强生命力的。地支由辰字起,开始了生命进行曲的第二乐章——成长期。

巳,甲骨文与表示幼儿义的"子"字形相同。巳,邪母之部;子,精母之部,韵同声近,本为一词之异文。巳字后来成为专门的地支用字,其真实含义遂隐而不彰。但是透过它的后起字——嗣,我们仍不难索解到它的信息。《说文》:"巳,已也。四月阳气已出,阴气已藏,万物见,成文章,故巳为蛇,象形。"释义含混,不精确。《汉语大字典(简编本)》:"甲文、金文巳字形又与子同,象胎儿。《说文》:'包,象人怀妊,巳在中,象子未成形也。'"地支的第六位,取象于幼儿,表示成长期的第二个阶段:万物生长的初期。

午,周晓陆先生认为甲骨文"午"字取象于测量日影的表,其中间的部分或作两圆环,或作两圆点,或作两横画,皆为表示"二至"(夏至、冬至)之距的刻度①,甚是。古人用圭表以正四时。太阳正南时,日影最短为夏至,日影最长为冬至。这种测量"二至"的方法周代仍沿用不衰。"其法在地中,东都洛邑,树立八尺之表,于正午其影为一尺五寸,与土圭之长相合,则为夏至。其影为一丈三尺,则为冬至。自夏至至冬至,其影日长;自冬至直夏至,其影日短。"②古人测量日影,先要修整出一片水平之地,划出一个范围,然后立表(亦是测日标杆的名字)于其中。《周礼·考工记·匠人》郑玄注:"于所平之地中央树八尺之臬,以悬正之,视之以其景,将以正四方也。"故立表又称为建中。其实,建中的含义远不止立表于某一测量日影的范围之中。测日影可定东、西、南、北,四方既定,中亦随之而定。测日影可定一天之中,日在中天时,日影投射在表的正南方,就是一天的中点,故一天之中亦称之为午。测日影还可定天下之中。《周礼·地官·大司徒》:"以土圭之法测土深,正日影,以求地中。"周代在洛阳修建都城,就是因为通过测日影的方法,测得洛阳在天下之中。午与中既然有这么多密不可分的关系,其引申为"中"的意义,也就是很自然的了。萧良琼先生则以为"中"就是表,是一种最古老最原始的天文仪器。③按,萧说亦颇有理,现在的计时工具仍称之为钟(中)、表,可谓渊源有

---

① 调晓陆:《释东、南、西、北与中—兼说子午》,载《南京大学学报》,1996年第3期,第70—76页。
② 钱玄、钱兴奇:《三礼辞典》,江苏古籍出版社1998年版,第69页。
③ 萧良琼:《卜辞中"立中"与商代的圭表测影》,见《甲骨文献集成:天文历法》,四川大学出版社2001年版,第377页。

自矣。若如此，则"中"与"午"实是一体之异名。地支的第七位，正是取象于测日影的标杆，表示万物生长已进入中期。午为测日影的标杆，还可找到语音学的根据。我们知道，臬有测日影之标杆的意义。《诗·定之方中》："揆之于日，作于楚室。"毛传："揆，度也。"朱熹注："树八尺之臬，而度其日出入之景，以定东西；又参日中之景，以正南北也。"午，疑母鱼部；臬，疑母月部，读音相近。臬的本义是箭靶。《说文》："臬，射准的也。从木从自。"王筠《说文释例》："臬以木为之，故从木；射者之鼻与臬相直，则可以命中，故从自。自，鼻也。"用作测日的标杆，显系"午"的后起假借字。《说文》："午，啎也。五月阴气午逆阳，冒地而出。此与矢同意。"许氏的说解虽不够准确，但也不是全无道理。所谓"阴气午逆阳"，意思是说阴气与阳气势力相当，这也正是一种中间状态。尤其难能可贵的是，许慎发现午与矢同义。二者究竟在何处同义呢？同义之处就在于"直"。箭是直的，测日影的标杆也是直的。

未，甲骨文象木重枝叶形。《说文》云："未，六月滋味也。五行，木老于未，象木重枝叶也。"木重枝叶，是树木枝叶繁盛之时，也正是其行将衰落之先兆，诚如老子所云："物壮则老。"物极必反，乐极生悲，这就是事物的辩证法。地支的第八位取象于"木重枝叶"，意在揭示万物此时达到了鼎盛时期，但同时也开始了衰落。地支由未字始，开始了生命进行曲的第三乐章——衰亡期。

申，甲骨文象电耀曲折形。《说文·虫部》："籀文虹，从申。申，电也。"闪电的最突出特征是一伸一缩，变化在瞬息之间。所以申既可以引申为伸展义，又可引申为收束义。《说文·申部》："申，神也。七月，阴气成，体自申束。"正因为申有收束义，故又引申为约束。《孟子·梁惠王上》："谨庠序之教，申之以孝悌之义。"申在此正是约束的意思。所以，地支的第九位，取象于闪电，取义于收束，说明万物进入了瑟缩、衰退的状态。

酉，甲骨文象酒坛形，表示酒。《说文·酉部》："酉，就也。八月黍成，可为酎酒。象古文酉之形。古文酉，从卯。卯为春门，万物已出。酉为秋门，万物已入。一，闭门象也。"虽然我们还未能发现从卯之古文酉，但《说文》的古文酉必定渊源有自，决非凭空杜撰。卯字加上闭门一横，表示不再有生机。酉，就也。所谓"就"，就是完成，终结，"酉"何以会具有完成义？臧克和先生引江统《酒诰》曰："有饭不尽，委余空桑，郁积成味，久蓄气芳。"认为酒最初大抵是先民将食物剩余者长期贮存，自然发酵而成，故酒可训成，可训老。地支第十位取象于酉，意味着生命已经走到了尽头。

戌，甲骨文象斧类广刃兵器形。《说文》："戌，灭也。九月阳气微，万物毕成，阳下入地也。"戌是杀伐工具，引申为灭是很自然的，故戌、岁、灭是一组同源字，灭从戌得声，亦从戌得义。地支的第十一位戌，取象于杀伐工具，取义于灭亡，标志着万物此时奏响了生命的悲歌死亡。

亥，甲骨文象公猪形。《说文》云："亥，荄也。十月微阳起，接盛阴。从二，二，古文上字，一人男，一人女也；从乙，象怀子咳咳之形。《春秋传》曰：'亥有二首六身。'古文亥为豕，与豕同。亥而生子，复从一起。"《说文》说亥与豕同，误。亥画的确是一豕形，此豕除头、身、尾三部分外，身体中间一雄性生殖器宛然在目。故亥不是豕字，而是牙字，义为公猪，为豲之初文。公猪之牙与牙齿之牙本是完全不同的两个字，至汉代时始趋于混同，后来由于公猪之牙另造了"豲"字，此形遂成为牙齿之牙的专用形体。牙本为公猪之义，黄侃《读集韵证俗语》："豲读若牙。"① 其义正在指明牙为豲之初文。至今豫东等地方言仍把公猪称为牙子。牙由公猪义又引申为雄性生殖器。长沙方言称男孩为牙（伢）子。牙（豲），古音在见母鱼部，当读为［ka］。许慎犹能明牙字是异词同体，包含了雄性生殖器与牙齿二义，故其训释曰："牙，牡齿也。"牡齿应分读，即牡也，齿也。后人不明此理，妄改牡齿为壮齿，殊觉可笑。《说文》正篆亥字从上，从乙（乚），从二人，实是此种观念的衍生物。二，古文上字，是一个有关上界、灵魂的意象，帝、示等字皆从古文上；乙是一个受孕、生育意象，《说文·乚部》"孔"字条："乙，请子之候鸟也。乙至而得子，嘉美之也。""乳"字条："乙者，玄鸟也。明堂月令，玄鸟至之日，祠于高禖以请子。"从二人，一人男，一人女，谓精气通过男女交合重新凝聚，构成新的生命体。因此，篆文亥字正表现了人死后精气上升，又重新凝聚，复生，开始了生命的新的旅程。所谓"亥而生子"，正是此意。地支第十二位，取象于雄性生殖器，标志着死而复生。这样生命由子到亥，亥又生子，完成了一个循环。这正是古人万物生生不息的循环论。东汉文字学家许慎创作《说文解字》，其部首的编排是"始一终亥"，也正是要构建一个万物生息循环的意义系统。

我国先民早在八九千年以前就已经有了原始农业。从事农业生产的关键是掌握农时，否则就会严重地影响到生产和生活。原始先民最早是通过观察物候来确定农时，这就是最早的历法——物候历。直到新中国成立前夕，居住在滇西高黎贡山深谷的独龙族，仍在使用着物候历。《礼记》《吕氏春秋》《淮南子》等反映我国农事活动的典籍中，都有大量反映物候历的内容。如《吕氏春秋·仲冬纪》："仲冬之月……冰益壮，地始坼，虎始交。"《季冬纪》："季冬之月……雁北向，鹊始巢，雉雊鸡乳。"《孟春纪》："孟春之月……东风解冻，蛰

---

① 黄侃：《黄侃声韵学未刊稿》（下），武汉大学出版社1985年版，第545页。

虫始振，鱼上冰，獭祭鱼，候雁北。"《仲春纪》："仲春之月……始雨水，仓庚鸣。"《季春纪》："季春之月……桐始华。"《孟夏纪》："孟夏之月……蝼蝈鸣，蚯蚓出，王菩生，苦菜秀。"《仲夏纪》："是月也，鹿角解，蝉始鸣，半夏生，木堇荣。"《季夏纪》："季夏之月……凉风始至，蟋蟀居宇，鹰乃学习。"《孟秋纪》："孟秋之月……凉风至，白露降，寒蝉鸣，鹰乃祭鸟。"《仲秋纪》："是月也，雷乃始收声虫伏户。杀气浸盛，阳气日衰，水始涸。"《季秋纪》："是月也，草木黄落，乃伐薪为炭，蛰虫咸伏在穴。"《孟冬纪》："孟冬之月，水始冰，地始冻。……是月也，大饮蒸，天子乃祈来年于天宗。"这十二纪的物候与子、丑、寅、卯、辰、巳、午、未、申、酉、戌、亥十二地支所表示的含义若合符契，恰相吻合。《淮南子·天文训》则直接以十二地支与时令相对应："斗指子则冬至……加十五日指丑则大寒……加十五日指寅指雨水……加十五日指卯中绳，故曰春分则雷行……加十五日指辰则谷雨……加十五日指巳则小满……加十五日指午则阳气极，故曰有四十六日而夏至……加十五日指未则大暑……加十五日指申则处暑……加十五日指酉中绳，故曰秋分……加十五日指戌则霜降……加十五日指亥则小雪……加十五日指子……故曰阳生于子，阴生于午。"今民俗冬至日吃饺子，其深层底蕴仍是以冬至对应十二地支的"子"。饺子，"交子"也，表示新旧相交，以"子"为首的新的一个季节轮回即将开始了。这说明，十二地支正是在原始物候历的基础上抽象而成的，它把物候的观测、日影的测量、北斗斗柄的指向等结合起来，形成了十二地支纪年法或曰十二地支历。其后又与天干相结合用以纪日、纪月、纪年，构成了我国历法的基石。

十二地支是古人近取诸身，远取诸物，构筑的一个表示万物生息、变化的系统。它选取不同的物象，展示了万物孕育、生长、衰亡、复生的整个过程。地支学说是中华文明的先声，它不仅直接奠定了我国的历法，而且作用于政治、经济、哲学、宗教、医学等诸多领域，对整个中华文化史影响深远。比如道家关于宇宙生成的混沌说（子），关于万物生成的玄牝说（卯），崇尚柔弱的贵柔思想（辰），万物复归的循环思想（亥），莫不受到其深刻的影响。目前我们对地支学说的研究才刚刚开始，随着研究的逐渐深入，它的价值会日益凸显出来。

参考文献

［1］郭沫若：《郭沫若全集：考古编》，科学出版社1982年版。

［2］王珏：《"姑苏"新解与上古见章系互谐》，载《苏州大学学报》，1996年第1期。

[3] 调晓陆：《释东、南、西、北与中——兼说子午》，载《南京大学学报》，1996年第3期。

[4] 钱玄、钱兴奇：《三礼辞典》，江苏古籍出版社1998年版。

[5] 萧良琼：《卜辞中"立中"与商代的圭表测影》，见《甲骨文献集成：天文历法》，四川大学出版社2001年版。

[6] 李玲璞、臧克和、刘志基：《古汉字与中国文化源》，贵州人民出版社1997年版。

[7] 黄侃：《黄侃声韵学未刊稿》（下），武汉大学出版社1985年版。

（原文刊于《扬州大学学报（人文社会科学版）》2004年第4期）

夏族图腾非"薏苡"考辨[①]

一、引言

　　夏族图腾为薏苡,是一个流传很广的传说,见诸众多文献。《今本竹书纪年》:"帝禹夏后氏,母曰修己,出行,见流星贯昴,梦接意感,既而吞神珠,修己背剖,而生禹于石纽。"《史记·夏本纪》"正义"引《帝王世纪》:"父鲧妻修己,见流星贯昴,梦接意感,又吞神珠薏苡,胸坼而生禹。"《史记·五帝本纪》"索隐"引《礼纬》:"禹母修己吞薏苡而生禹,因姓姒氏。"《吴越春秋·越王无余外传》:"鲧娶于有莘氏之女,名曰女嬉,年壮未孳,嬉于砥山,得薏苡而吞之,意若为人所感,因而妊孕,剖胁而产高密。"《太平御览》引扬雄《蜀王本纪》:"禹本汶山郡广柔县人,生于石纽,其地名痢儿畔,禹母吞珠孕禹,坼副而生于县涂山。"《论衡·奇怪篇》:"禹母吞薏苡而生禹,故夏姓曰姒。"《白虎通·姓名篇》引《刑德放》:"禹姓姒氏,祖昌意以薏苡生。"薏苡果真是夏族的图腾吗?本文通过考辨,认为所谓夏族图腾为薏苡,只是一个以讹传讹的谬说。

二、从文献的时代看薏苡非夏族图腾

　　一个民族的创生神话,是一个民族族内认同的重要依据,也是一个民族区别于另外民族的重要标志,它往往通过史诗的形式口口相传,《诗经·大雅·生

[①] 基金项目:2011 年度教育部人文社会科学基金规划项目"《说文解字》的阐释体系与说解得失研究"(项目编号:11YJA740002)。

民》《诗经·商颂·玄鸟》就分别反映了周族与商族的创生神话。由于改朝换代等种种原因，夏族的史诗在周代可能就已经失传，但夏族的创生神话却不可能在周代就已湮没无闻，它必然会通过其他形式反映出来，载之于典籍，但我们在先秦的典籍中却没有发现"薏苡神话"的踪影。下面我们不妨排列一下记载"禹母吞薏苡生禹"神话的文献所出现的时代：《竹书纪年》为晋代汲郡人不准盗魏王墓时出土，晋人初名之月"纪年"，又称"汲冢纪年"，为战国时魏国史书。中书令荀勖、中书监和峤奉命将散乱的竹简排定次序，并用当时通用的文字考订释文，称为"初释本竹书纪年"，又称"荀和本"。由于竹简散乱，战国文字当时已不能尽识，争议很大，晋惠帝时秘书丞卫恒、佐著作郎束皙考订竹简，以定众议，称为"考正本竹书纪年"，又称卫束本。历经安史之乱、五代十国、初释本、考正本渐渐散佚无存。元末明初至明代中期，出现了竹书纪年刻本，称为"今本竹书纪年"。清代学者朱右曾辑录竹书纪年的佚文，加以考证，编成《汲冢纪年存真》，称为"古本竹书纪年"。由于《今本竹书纪年》来路不明，清代学者钱大昕指斥其为伪书，姚振宗《隋书经籍志考证》更推断为明嘉靖间天一阁主人范钦伪作。《竹书纪年》凡十三篇，记载夏、商、西周和春秋、战国的历史，按年编次。周平王东迁后用晋国纪年，三家分晋后用魏国纪年，可《今本竹书纪年》的春秋战国部分却以周王室纪年记事，足证其为伪书。但由于南宋罗泌《路史》引用《纪年》桓王十二年事，已不用晋国纪年，与今本同，因而今本应在南宋初年就已出现，而非明人伪作。但不管如何，《今本竹书纪年》已非战国史书之旧，而出自晋代以后人们的伪托，已是毫无疑义的了。《帝王世纪》为晋代学者皇甫谧著，其出自晋代，当无疑议。《蜀王本纪》旧题西汉扬雄所作，但据徐中舒（1979）考证，其"作者是蜀汉时代的谯周而不是西汉末年的扬雄"。《礼纬》是两汉之交谶纬盛行的产物，学界多以为当出自东汉光武之世。《吴越春秋》为东汉初年赵晔所作，《论衡》为东汉王充所作，《白虎通》为东汉班固所作。至此，我们可按时间的顺序对记载"禹母吞薏苡而生禹"的文献做一下排序：《礼纬》（东汉光武帝）——《吴越春秋》（东汉前期）——《白虎通》（东汉章帝建初四年，公元 79 年）——《论衡》（东汉章帝元和三年，公元 86 年）——《帝王世纪》（西晋）——《今本竹书纪年》（晋代以后）。由此可以清晰地发现，"禹母吞薏苡而生禹"的神话出自东汉光武帝时的纬书《礼纬》，其不足为凭，是显而易见的，因而"薏苡"为夏族的图腾是不可信的。

三、从夏族部落首领的化身看薏苡非夏族图腾

在原始思维里,图腾反映的是部落的本原,部落的祖先来自所崇拜的图腾,部落成员死后,也会回归图腾,部落首领在特定的环境下可以变化为图腾的形象,亦即使图腾形象成为他的一个化身。在古代文献中,我们没有发现夏族的部落首领死后回归薏苡或在某种特殊环境下变身为薏苡的记载,所看到的是夏族的部落首领死后回归或在某种特殊环境下化身为龙、能、熊等动物。

昔尧殛鲧于羽山,其神化为黄熊,以入于羽渊,实为夏郊,三代祀之。(《左传·昭公七年》)

阻其西征,岩何越焉?化为黄熊,巫何活焉?(《楚辞·天问》)

昔者鲧违帝命,殛之于羽山,化为黄能以入于羽渊。(《国语·晋语》)

鲧死三岁不腐,剖之以吴刀,化为黄龙也。(《山海经·海内经》郭璞注引《开筮》)

尧使鲧治洪水,不胜其任,遂诛鲧于羽山,化为黄熊,入于羽泉。(《述异记》卷上)

尧名夏鲧治水,九载无绩,鲧自沉于羽渊,化为玄鱼。时扬须振鳞,横修波之上,见者谓之河精。(《拾遗记》卷二)

《说文》:"熊,能属,足似鹿。"《经典释文》:"熊,一作能,如字。"熊、能异文,本为一字之分化。孙国江、宁稼雨(2010)认为"能之古字与龙之古字字形相似,黄熊之说或出自黄龙说的讹传"[①],是。不惟"能"之古字与"龙"相似,其古音亦相似,因而鲧所化的"黄熊""黄能"实即"黄龙"。所谓"玄鱼",即黑色的鱼,它"扬波振鳞,横修波之上,见者谓之河精",可见并非一般黑色的鱼,而是水族中的庞然大物——鳄鱼。《说文》:"龙,鳞虫之长,能幽能明,能细能巨,能短能长,春分而登天,秋分而前潜渊。"其中描述的种种"龙"的习性,都与鳄鱼若合符契。所谓"鳞虫之长",鱼类动物的巨无霸,最凶猛者是也,非鳄鱼无以当之。"能幽能明",能隐能现是也,鳄鱼时

[①] 孙国江、宁稼雨:《死而复生观念与"鲧腹生禹"故事的历史根源》,载《中国文学研究》,2010年第1期,第74页。

秋冬之交潜入洞穴开始冬眠，是为"隐"，第二年春分前后才开始出来活动，是为"显"。"能细能巨"，能小能大是也，鳄鱼捕食之前，只露出身体的一部分，捕食时全身跃出。"能短能长"，捕食前身体部分隐于水中故体短，捕食时全身跃出故体长也。"春分而登天"，春分后鳄鱼结束冬眠期，在此时节，暖湿气流势力已明显加强，而北方冷空气不甘退却，两者交流，极易形成雷暴天气。鳄鱼对自然界的变化极其敏感，当天气闷热、气压下降，风雨即将来临之时，它们有的伏卧在岸边，有的漂浮在水面，瞪着双眼，发出长时间的鸣叫，此起彼伏，震耳欲聋，好似擂响的战鼓，又似轰鸣的巨雷，这时大雨倾盆，电闪雷鸣，若鳄鱼飞腾上天。"秋分而潜渊"，秋分后鳄鱼进入冬眠期，不复出现，若潜入深渊也。鳄鱼是龙的原型，玄鱼、黄龙，名异实同。黄龙之黄并非黄色，而是"大"的意思，与"黄钟大吕"之"黄"意思相同。鳄鱼为水族动物，故能入于羽渊。鲧能变身为鳄鱼，说明鲧作夏族首领的时代，夏族的图腾为鳄鱼。

四、从文字音韵训诂的角度看薏苡非夏族图腾

由于图腾代表了氏族的来源，是一个氏族区别于另一个氏族的标志，往往演化成了族名、部落名、姓。部落首领是部落的代表，因而部落首领的名称与族名、部落名也往往保持一致的关系。也就是说，在氏族社会中，图腾名、族名、部落名、部落首领名、姓经常是一致的，图腾名与族名、部落名、部落首领名、姓毫无联系的情况是极为罕见的。这样，我们就可以通过对族名、部落名、部落首领名、姓的文字、音韵、训诂分析考察一下"薏苡"是否是夏族的图腾。

夏族的族名与部落名是一致的，均为"夏"。《说文》："夏，中国之人也。"《尔雅》："夏，大也。"夏，金文作🩻，为巨首、四足、长尾形，依稀可看到鳄鱼之形；篆文作🩻，其两爪实为两前足之讹。夏，上古音匣母鱼部，鳄，上古音疑母铎部，匣疑邻纽，鱼铎对转，二字语音接近，实属同源。由此可见，夏族的族名、部落名与图腾是一致的。夏为族名，长期生活在中原一带，故《说文》释为"中国之人"。与此相反，无论从文字、音韵、训诂哪一个方面来看，"夏"与"薏苡"均无联系。夏族的部落首领传说中为鲧和禹。鲧，又作鮌，为玄鱼二字会意而成。玄鱼（鳄鱼）是夏族的图腾，部落首领鲧的名字与夏族的图腾鳄鱼是一致的，而与薏苡无关。禹，金文作🩻、🩻，《说文》曰："禹，

虫也，象形。"三角状的头、身、爪、尾的形象证明，此虫非它，正是鳄鱼。禹，上古音匣母鱼部；鳄，上古音疑母铎部。匣疑邻纽，鱼铎对转，二字音近，应有同源关系，夏族首领禹的名字与夏族的图腾鳄鱼也是一致的，亦与族名"夏"一致，但与薏苡无任何关联。夏族的姓为姒，甲骨文作 ᚕ，从女，从巳，巳声，不从以，更不从苡，跟薏苡亦无任何关系。

五、夏族图腾为鳄鱼说考论

20 世纪 20 年代，章炳麟先生（1924）首先提出了"龙是鳄鱼"的观念，30 年代，卫聚贤先生（1990：36）起而响应，80 年代以来，王明达（1981）、王大有（2006：21—22）、何新（2006）、仓林忠（2009）等学者靡然从之。龙为鳄鱼，夏族的图腾为鳄鱼，这一结论，已为文献典籍、考古发现、文字、音韵、训诂等多方面的材料证实。我们先来看龙与鳄鱼的关系。《左传·昭公二十九年》：

> 秋，龙见于绛郊。魏献子问于蔡墨曰："吾闻之，虫莫知于龙，以其不生得也。谓之知，信乎？"对曰："人实不知，非龙实知。古者畜龙，故国有豢龙氏，有御龙氏。"献子曰："是二氏者，吾亦闻之，而不知其故，是何谓也？"对曰："昔有飂叔安，有裔子曰董父，实甚好龙，能求其嗜欲以饮食之，龙多归之。乃扰畜龙，以服事帝舜。帝赐之姓曰董，氏曰豢龙。封诸鬷川，鬷夷氏其后也。故帝舜氏世有畜龙。及有夏孔甲，扰于有帝。帝赐之乘龙，河汉各二，各有雌雄。孔甲不能食，而未获豢龙氏。有陶唐氏既衰，其后有刘累，学扰龙于豢龙氏，以事孔甲，能饮食之。夏后嘉之，赐氏曰御龙，以更豕韦之后。龙一雌死，潜醢以食夏后，夏后飨之。既而使求之，惧而迁于鲁县，范氏其后也。……龙，水物也。水官弃矣，故龙不生得。……若不朝夕见，谁能物之。"

从蔡墨的这段话中，我们可以得知：龙是自然界实际存在的生物，故可以"朝夕见"。龙是生活在水中的一种凶猛、聪明的动物，故不可"生得之"。龙不易豢养，故能养龙者被赐姓授氏，给予很高的地位和礼遇。这种生活在水中、凶猛、聪明、不易豢养的动物是什么？答案不言而喻：鳄鱼。上文从古人所描绘的龙的生活形态与鳄鱼的一致性，亦证明了龙即鳄鱼。

我们再来看夏族与鳄鱼的关系。《山海经·大荒西经》：

> 有鱼偏枯，名曰鱼妇。颛顼死即复苏。风道北来，天乃大水泉，蛇乃化为鱼，是为鱼妇。颛顼死即复苏。

"偏枯"者，僵卧不动之貌也。这种偏枯之鱼是什么？无疑是冬眠时的鳄鱼。"风道北来，天乃大水泉，蛇乃化为鱼"，是说春末鳄结束冬眠后，由陆上迁入水中。"蛇"是指鳄在陆上的形态与蛇相似，"鱼"是指鳄在水中的形态与鱼相似。鳄鱼由冬眠而复出，被称为"颛顼死而复苏"，显然颛顼之"神"亦为鳄鱼。《山海经·海内经》："黄帝妻雷祖，生昌意，昌意降处若水，生韩流。韩流……取淖子曰阿女，生帝颛顼。"《史记·夏本纪》："夏禹，名曰文命。禹之父曰鲧，鲧之父曰帝颛顼，颛顼之父曰昌意，昌意之父曰黄帝。禹者，黄帝之玄孙而帝颛顼之孙也。禹之曾大父昌意及父鲧皆不得在帝位，为人臣。"帝颛顼为夏族的先祖，夏族以鳄鱼为图腾，故颛顼能化身为鳄鱼。颛顼被称为"鱼妇"，则象征了其为夏族祖先神的身份。《水经注·瓠子河》："河水旧东决，迳濮阳城东北，故卫也，帝颛顼之墟。昔颛顼自穷桑徙此，号曰商丘，或谓之帝丘。"颛顼之墟在卫之帝丘，今河南濮阳。1987年恰恰在河南濮阳西水坡仰韶文化遗址出土了蚌塑龙，该蚌塑龙位于墓主人右侧，与居于墓主人左侧的蚌塑虎相对应。考古专家通过测量蚌塑龙身体各部位的比例关系，结果发现其数据与鳄类身体的比例关系基本一致。此外，蚌龙眼睛和鼻端向上突起的特点，也与鳄类适应水面生活所进化成的特征相符。该墓可基本确定为颛顼墓，而护卫颛顼之龙实为鳄鱼。文献记载与考古发现如此高度一致，不能不令我们惊叹。该墓据碳14测定在公元前4400年前后，距今约6400年，而夏朝建立于公元前2100年，距今约4100年，两者相差2000多年，颛顼何以会成为禹的祖父？对于这类问题，古人已有较清醒的认识。《山海经·大荒东经》郭璞注曰："诸言生者，多谓其苗裔，未必是亲所产。"也就是说"昌意生颛顼"，昌意未必为颛顼的亲生父亲，他们可相距若干代；同样"鲧之父曰帝颛顼"，颛顼也未必是鲧的亲生父亲。一个氏族社会的名号，为全氏族所拥有。这个名号作为一个氏族的象征，会一代代传下去。黄帝、颛顼、鲧、禹都应当看作这样的氏族社会的符号，因而传说中的几代人，现实中往往会相距几十代、上百代。《山海经》中称颛顼为"鱼妇"，而鲧字由"鱼"和"系"组成，"系"表示子孙绵延不绝，则鲧亦为"鱼妇"。二者同具有夏族祖先神的身份，不过是不同时期的不同称号而已。

从语音上看，夏、禹皆为匣母鱼部，鳄，疑母铎部。匣疑旁纽，鱼铎对转。《说文》："夏，中国之人也。从夊，从頁，从𦥑，𦥑，两手，夊，两足也。"上文已证，金文🐊为鳄鱼之形，篆文乃承袭金文"夏"而来。夏，以其所代表的图腾看，为鳄鱼；以该图腾所代表的部族看，则为中国之人。河南偃师二里头夏代文化遗址出土的绿松石龙形器（附图一），龙的形象为巨首、四足、长尾形，与秦公簋铭文之"夏"若合符契。西周铜器禹鼎铭文之"禹"像蛇上有足形的爬行动物。《说文》："禹，虫也。……象形。"古代所有动物皆可称为虫，禹所象之形当为鳄鱼。音、形、义三者互证，夏、禹、鳄三者都是鳄鱼的意思。夏指以鳄鱼为图腾的部族，禹则指该部族的领袖。鲧、禹、孔甲等夏族领袖均称夏后氏，后，君也，夏后氏即世代为夏族之君的家族。

六、余论

夏族姓姒，姒，甲骨文作🐍，从女，从巳，巳声。巳，甲骨文作🐍、🐍，象蛇形。《说文》："巳，已也。四月，阳气已出，阴气已藏，万物见，成文章，故巳为蛇，象形。"《论衡·物势篇》："巳，火也，其禽蛇也。"夏族姓姒，说明以蛇为图腾，那么是否跟以鳄鱼为图腾相矛盾呢？孤立静止地看，确实矛盾；如果我们用发展的联系的观点来看，就不矛盾了。部落的图腾虽然比较稳定，但并非永久不变。部落繁衍、壮大以后，就会产生分化。分化出来的子部落，不仅拥有了本部落的新图腾，同时还会继续追崇原来部落的图腾。以鲧为首领的夏部落，其图腾是鳄鱼。以禹为首领的夏部落是从鲧部落分化出来的一个子部落，它一方面建立了新的图腾蛇，以姒为姓；另一方面继承了鲧部落原来的图腾鳄鱼，故首领名禹，族号仍为夏。由于"姒"字后来讹变成"姒"字，两汉时期的谶纬之士因文生义，借题发挥，编造了"禹母吞薏苡而生禹"的神话，以讹传讹，遂使后人误以为"薏苡"为夏族图腾。

参考文献

[1] 徐中舒：《论〈蜀王本纪〉成书年代及其作者》，载《社会科学研究》，1979年第1期。

[2] 孙国江、宁稼雨：《死而复生观念与"鲧腹生禹"故事的历史根源》，

载《中国文学研究》，2010年第1期。

[3] 章炳麟：《说"龙"》，载《华国》，1924年第11期。

[4] 卫聚贤：《古史研究（第三集）》，商务印书馆1936年版。

[5] 王明达：《也谈我国神话中龙形象的产生》，载《思想战线》，1981年第3期。

[6] 王大有：《中国龙种文化》，中国时代经济出版社2006年版。

[7] 何新：《龙的古音、字形考及神龙真相》，载《汉字文化》，2006年第1期。

[8] 仓林忠：《龙脉寻踪》，宁夏人民出版社2009年版。

附图一

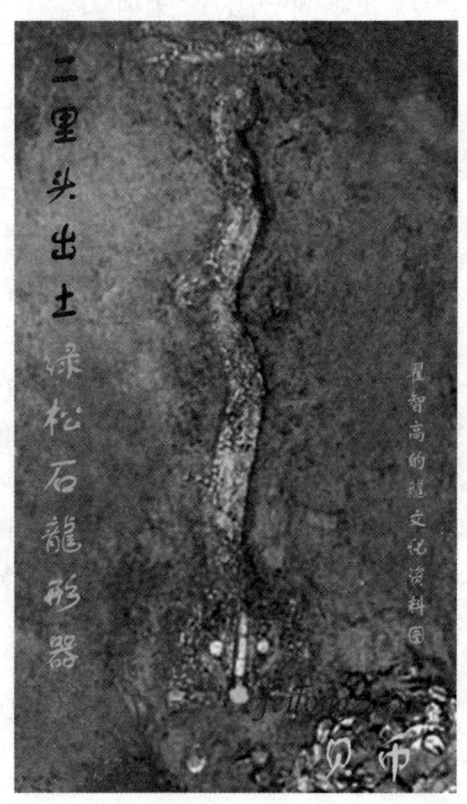

戎狄考辨

王国维先生《鬼方、昆夷、猃狁考》一文认为，鬼方的名称"随世异名，因地殊号"，"其见于商周者曰鬼方，曰混夷，曰獯鬻；其在宗周之季则曰猃狁；入春秋后，则始谓之戎，继号曰狄；战国之降，又称之曰胡、曰匈奴"。① 王氏把戎狄混为一族。先师李瑾先生认为，狄是专指，为犬戎族；戎则是对华夏以外少数民族的统称。② 戎狄各自的族源为何？他们之间又有什么样的关系？这是一个很值得深入探讨的问题。

一、戎族考

金文中有一个字，写作一个人一手持盾、一手执戈的样子（山东苍山簋），这个字就是"戎"字。裘锡圭先生说："西周金文可以证明，'戎'所从的'十'并不是'甲'字，而是'冊'的简化之形。'冊'本象盾牌。在古代，戈和盾分别是进攻和防卫的主要器械。兵戎的'戎'字由'戈'和'盾'二字组成是很合理的。"③ 郭沫若先生认为："这种文字是古代民族的族徽，也就是族名或者国名。"④ "戎"用来作为一个民族的名称，所指必是一个操戈持盾、英勇善战的民族。这是哪一个民族呢？根据金文的发现地区来看，戎当指古商族，是东夷族的一支。《史记·殷本纪》："殷契母曰简狄，有娀氏之女，为帝喾次妃。三人行浴，见玄鸟堕其卵，简狄取吞之，因孕生契。"古姓氏多由古部族名加上"女"字转化而成，因而有娀氏当为古戎族。也就是说，古戎族实即先商

---

① 王国维：《观堂集林》（第二册），中华书局1961年版，第583页。
② 李瑾：《殷周考古论著》，河南大学出版社1962年版，第108—122页。
③ 裘锡圭：《文字学概要》，商务印书馆1988年版，第62页。
④ 郭沫若：《古代文字之辩证发展》，载《考古学报》，1972年第3期，第2—13页。

族。甲骨卜辞中，与商人敌对的方国，有羌方、犬方（鬼方）、人方（夷方）等，而唯独没有戎方，正说明戎族实即古商族，或为古商族的一支。周人未取得政权前，只称商人为戎，也给戎与商之关系提供了佐证。《书·泰誓中》："戎商必克。"《书·武成》："一（殪）戎衣（殷），天下大定。"戎是族号，殷、商是国名，正像后世称周为姬周、秦为嬴秦一样。周人灭商，取得政权后，自命为华夏正统，遂把四境非华夏族团的民族均称之为戎，其后，戎渐由民族概念演变为文化概念。西方的羌族与北方的狄族，在饮食、衣服等方面还保留着自己的生活方式，因而被称为戎。东方的夷族和华夏民族的生活方式渐趋统一，因而自春秋已降，典籍中不再以戎视之。①

（一）"戎"指姜戎：

> 三十九年，战于千亩，王师败绩于姜氏之戎。（《国语·周语上》）
>
> 将执戎子驹支。范宣子亲数诸朝，曰："来！姜戎氏，昔秦人迫逐乃祖吾离于瓜州，乃祖吾离被苫盖，蒙荆棘，以来归我先君。我先君惠公有不腆之田，与女剖分而食之。今诸侯之事我寡君不如昔者，盖言语泄露，则职女之由。诘朝之事，尔无与焉，与，将执女。"对曰："昔秦人负恃其众，贪于土地，逐我诸戎。惠公蠲其大德，谓我诸戎是四岳之裔胄也，毋是翦弃。赐我南鄙之田，狐狸所居，豺狼所嗥。我诸戎剪其荆棘，驱其狐狸豺狼，以为先君不侵不叛之臣，至今不贰。昔文公与秦伐郑，秦人窃与郑盟而舍戍焉，于是乎有殽之师。晋御其上，戎亢其下，秦师不复，我诸戎实然。譬如捕鹿，晋人角之，诸戎掎之，与晋踣之，戎何以不免？自是以来，晋之百役，与我诸戎相继于时，以从执政，犹殽志也，岂敢离逷？今官之师旅，无乃实有所阙，以携诸侯，而罪我诸戎。我诸戎饮食衣服，不与华同，贽币不通，言语不达，何恶之能为？不与于会，亦无瞢焉。"（《左传·襄公十四年》）

我们注意到：戎子驹支在称呼本方时，用了"诸戎"一词。诸者，众也。诸戎同诸夏、诸狄的构词方式是一致的，说明这是一个由众多戎族部落组成的

---

① 周代早中期，东方民族也称为戎，如《书费誓》："甲戌，我惟征徐戎。"西周中期虢方鼎："王用肇（肇）事（使）乃子虢逯（率）虎臣御（禦）淮戎。"春秋已降，东方民族不再称戎。

部落联盟，而戎子驹支则是这个部落联盟的酋长。这里，戎、诸戎、姜戎实为同一概念。姜戎出于炎帝，为羌族的一支。范宣子称戎子驹支为姜戎氏，戎子驹支亦自称是四岳之裔胄。"四岳"有本义和转义之分，其本义当为部落联盟的元老议事会，转义则指四岳之长——太岳，这一职位为姜姓贵族世袭。

《书·尧典》：

(1) 帝曰："咨，四岳，汤汤洪水方割，荡荡怀山襄陵，浩浩滔天。下民其咨，有能俾乂。"佥曰："於，鲧哉！"

(2) 既月乃日，（舜）觐四岳群牧，班瑞于群后。月正元日，舜格于文祖，询于四岳，辟四门，明四目，达四聪。

帝向四岳征询意见，表示四岳回答的动词"曰"前用范围副词"佥"字修饰，佥，皆也，俱也，说明四岳并非一人。例（2）中"四岳"与"群牧"并列，"群牧"是集体名词，与它并列的"四岳"亦应是集体名词，这是四岳并非一人的有力佐证。尧、舜做出重大决策前，先要征求四岳的意见，这就表明了四岳是尧舜的最高咨询机构，具有元老议事会的性质。过去，人们认为"太岳"与"四岳"指的是同一对象，现在看来，太岳应是四岳之长，是元老议事会的首领，正如太子为诸子之长，太宰为诸宰之长。太岳这一职位世为神农之后姜姓贵族所袭。《左传·庄公二十二年》："姜，大岳之后也。"东汉文字学家许慎在《说文解字叙》中叙及他的先世时说道：

曾曾小子，祖自炎神。缙云相黄，共承高辛。太岳佐夏，吕叔作藩。俾侯于许，世祚遗灵。自彼徂召，宅此汝濒。

黄帝时以云名官，春官为青云，夏官位缙云，秋官为白云，冬官为黑云，中官为黄云。贾逵《左传解诂》：

缙云氏，姜姓也。炎帝之苗裔。当黄帝时，任缙云之官也。

许慎在《说文解字》卷七对"吕"字解释说：

炎帝太岳之胤，甫侯所封，在颍川。

徐锴在《说文系传》里解释说：

> 许出神农之后，姜姓，与齐同祖。谓为缙云氏，于黄帝时；后三世至高辛，世为太岳。胤侯为禹心膂之臣，故封于召。周武王封苗裔文叔于许。

《国语·周语》："祚四岳国，命以侯伯，赐姓曰姜，氏曰有吕，谓其能为禹股肱心膂，以养物封民人也。"《史记·齐太公世家》："太公望吕尚者，东海上人也。其先尝为四岳，佐禹平水土甚有功。虞夏之际封于吕，或封于申，姓姜氏。"这里的"四岳"实为太岳，是以集体代个体，类似于我们今天称某局长为某局。戎子驹支称自己是"四岳之裔胄"，实即太岳之裔胄，是源出于神农的姜姓之后，这与文献的记载是吻合的。准此，姜戎实源自羌族，是以羌族姜姓为主体的氐羌部落联盟。《左传》中的伊洛之戎、陆浑之戎、九州之戎、阴地之戎，均指由瓜州东迁的姜氏之戎。

> 初，平王之东迁也，辛有适伊川，见被发而祭于野者，曰："不及百年，此其戎乎！其礼先亡矣。"秋，秦、晋迁陆浑之戎于伊川。(《左传·僖公二十九年》)
>
> 冬，襄仲会晋赵孟，盟于衡雍，报扈之盟也，遂会伊洛之戎。(《左传·文公八年》)
>
> 楚大饥，戎伐其西南，至于阜山，师于大林。又伐其东南，至于阳丘，以侵訾枝。(《左传·文公十六年》)
>
> 秋，周甘歜败戎于邥垂，乘其饮酒也。(《左传·文公七年》) 按：邥垂在今洛阳南。
>
> 楚子败陆浑之戎，遂至于洛，观兵于周疆。(《左传·宣公三年》)
>
> 三月，晋伯宗、夏阳说、卫孙良夫、宁相、郑人、伊洛之戎、陆浑蛮氏侵宋，以其辞会也。(《左传·成公六年》)
>
> 王使王叔陈生愬戎于晋，晋人执之。士鲂如京师，言王叔之贰于戎也。(《左传·襄公五年》)
>
> 周甘人与晋阎嘉争阎田。晋梁丙、张趯率阴戎伐颍。王使詹桓伯辞于晋，曰："我自夏以后稷，魏、骀、芮、岐、毕，吾西土也。及武王克商，蒲姑、商奄，吾东土也；巴、濮、楚、邓，吾南土也；肃慎、燕亳，吾北土也。吾何迩封之有？文、武、成、康之建母弟，以屏藩周，亦其废队是为，岂如弁髦而因以敝之？先王居梼杌于四裔，以御魑魅，故允姓之奸，

居于瓜州。伯父惠公归自秦，而诱以来，使逼我诸姬，入我郊甸，则戎焉取之。戎有中国，谁之咎也？后稷封殖天下，今戎制之，不亦难乎？伯父图之！我在伯父，犹衣服之有冠冕，木水之有本原，民人之有谋主也。伯父若裂冠毁冕，拔本塞源，专弃谋主，虽戎狄其何有余一人？"（《左传·昭公九年》）

　　晋侯使屠蒯如周，请有事于洛与三涂。苌弘谓刘子曰："客容猛，非祭也，其伐戎乎？陆浑氏甚睦于楚，必是故也。君其备之！"乃警戎备。九月丁卯，晋荀吴帅师涉自棘津，使祭史先用牲于洛。陆浑人弗知，师从之。庚午，遂灭陆浑，数之以其贰于楚也。陆浑自奔楚，其众奔甘鹿。周大获。宣子梦文公携荀吴而授之陆浑，故使穆子帅师，献俘于文公。（《左传·昭公十七年》）

　　夏，楚人既克夷虎，乃谋北方。左司马眅、申公寿余、叶公诸梁致蔡于负函，致方城之外于缯关，曰："吴将溯江入郢，将奔命焉。"为一昔之期，袭梁及霍。单浮余围蛮氏，蛮氏溃。蛮子赤奔晋阴地。司马起丰、析与狄戎，以临上洛。左师军于菟和，右师军于仓野，使谓阴地之命大夫士蔑曰："晋楚有盟，好恶同之。若将不废，寡君之愿也。不然，将通于少习以听命。"士蔑请诸赵孟。赵孟曰："晋国未宁，安能恶于楚，必速与之。"士蔑乃致九州之戎，将裂田以与蛮子而城之，且将为之卜。蛮子听卜，遂执之，与其五大夫，以畀楚师于三户。司马致邑，立宗焉，以诱其遗民，而尽俘以归。（《左传·哀公四年》）

陆浑戎在鲁昭公十七年为晋所灭之后，其地成为晋之阴地，其族则沦为晋国附庸。

　　共工氏是炎帝之后。《史记·五帝本纪》："于是舜归而言于帝，请流共工于幽陵，以变北狄。"邹衡先生说："河北龙山文化分布的地域（河北的西南、西北、东北、河南的北部、辽宁的西部及山西的大部），都曾经是共工氏所居之处（冀州之域）。"① 春秋时期，居住在卫国的己氏之戎当是共工氏的孑遗。

　　初，公登城以望，见戎州。问之，以告。公曰："我，姬姓也，何戎之有焉？翦之。"公使匠久。公欲逐石圃，未及而难作。辛巳，石圃因匠氏攻公。公阖门而请，弗许。逾于北方而队，折股，戎州人攻之。大子疾、公

---

① 邹衡：《夏商周考古学论文集》，文物出版社1980年版，第291页。

子青逾从公，戎州人杀之。公入于戎州己氏。初，公自城上见己氏之妻发美，使髡之，以为吕姜髢。既入焉，而示之璧。曰："活我，我与女璧。"己氏曰："杀女，璧将焉往？"遂杀之而取其璧。（《左传·哀公十七年》）

金文中纪国之纪常写作"己"，己与纪古通用，己氏亦即纪氏。纪，姜姓国，则此戎州之己氏当为姜姓。

（二）"戎"指犬戎

穆王将征犬戎。（《国语·周语上》）
今自大毕，伯士之终也，犬戎氏以其职来朝。（《国语·周语上》）
公会戎于潜，修惠公之好也。戎请盟，公辞。（《左传·隐公二年》）
戎请盟。秋，盟于唐，复修戎好也。（《左传·隐公二年》）
初，戎朝于周，发币于公卿，凡伯弗宾。冬，王使凡伯来聘。还，戎伐之于楚丘以归。（《左传·隐公七年》）
北戎侵郑，郑伯御之。患戎师，曰："彼徒我车，惧其侵轶我也。"公子突曰："使勇而无刚者尝寇，而速去之。君为三覆以待之。戎轻而不整，贪而无亲，胜不相让，败不相救。先者见获必务进，进而遇覆必速奔，后者不救，则无继矣。乃可以逞。"从之。戎人之前遇覆者奔，祝聃逐之。衷戎师，前后击之，尽殪。戎师大奔。十一月甲寅，郑人打败戎师。（《左传·隐公九年》）
公及戎盟于唐，修旧好也。（《左传·桓公二年》）
夏，公追戎于济西。不言其来，讳之也。（《左传·庄公十八年》）
夏，扬、拒、泉、皋、伊、洛之戎①同伐京师，入王城，焚东门。王子带召之也。秦、晋伐戎以救周。秋，晋侯平戎于王。（《左传·僖公十一年》）
王以戎难故，讨王子带。秋，王子带奔齐。冬，齐侯使管夷吾平戎于王，使隰朋平戎于晋。（《左传·僖公十二年》）
秋，为戎难故，诸侯城周，齐仲孙湫致之。（《左传·僖公十三年》）
王以戎难告于齐，齐征诸侯而戍周。（《左传·僖公十六年》）
元年春，晋侯使瑕嘉平戎于王，单襄公如晋拜成。刘康公徼戎，将遂

---

① 此时姜氏之戎尚未迁至伊洛，故伊洛之戎当为犬戎。

伐之。叔服曰："背盟而欺大国，此必败。背盟不祥，欺大国不义，神人弗助，将何以胜？"不听，遂伐茅戎。三月癸未，败绩于徐吾氏。(《左传·成公元年》)

按：《国语·郑语》："当成周者……北由卫、燕、狄、鲜虞、潞、洛、泉、徐蒲。"狄、鲜虞、潞、洛、泉、徐蒲，都是狄人建立的国家。上述活跃在齐鲁周郑之间的戎族，其位置正在成周之北，因此当为狄人。

晋献公娶于贾，无子。烝于齐姜，生秦穆公夫人及太子申生。又娶二女于戎，大戎狐姬生重耳，小戎子生夷吾。晋伐骊戎，骊戎男女以骊姬。归生奚齐，其娣生卓子。(《左传·庄公二十八年》)

按：大戎、小戎、骊戎之"戎"，根据文献材料来看，实应为狄。证据有五：其一，晋公子重耳、夷吾出奔，首选目标都是狄，重耳在狄居住了十二年才另适他国。戎狄与诸夏贽币不通，言语不达，重耳与夷吾何以会把狄作为出逃的首选目标，最合理的解释就是狄是他们的母家。在这里他们非但不会受到伤害，而且会得到很好的保护。重耳在狄国舒舒服服地过了十二年，就是一个明证。《左传·成公十三年》晋大夫吕相对秦桓公说："白狄与君同州，君之仇雠，而我之婚姻也。"可以与此验证。其二，重耳与夷吾的母亲为姬姓，白狄中亦有姬姓者。《谷梁传·昭公十二年》范宁注："鲜虞，姬姓，白狄也。"《国语·郑语》韦昭注："鲜虞，姬姓在狄者也。"白狄中有姬姓，史料言之凿凿，而未见他族有姬姓的记载，重耳的母家当为白狄无疑。其三，《国语·周语》："昔我先王世后稷，以服事虞夏。及夏之衰也，弃稷不务，我先王不窋用失其官，而自窜于戎狄之间。"周先王不窋"自窜与戎狄之间"，或可说明狄族姬姓的来源。其四，清江永《春秋地理考实》："太原阎若璩《四书释地》云：'吾府交城县为狄地，舅犯实生于其地。余向久游寓，其父子兄弟合为祠庙，祭赛甚盛，非同他志乘之傅会。'则舅犯为狐突之子，即大戎人，其地在交城。"此大戎为狄人之又一佐证，小戎为大戎之别，亦应为狄人。其五，《史记·匈奴列传》："申侯怒而与犬戎共攻杀幽王于骊山之下。"集解引韦昭曰："戎后来居此山，故号曰骊戎。"此居于骊山之戎，当属犬戎无疑。

骊姬嬖，欲立其子，赂外嬖梁五、与东关嬖五，使言于公曰："曲沃，君之宗也。蒲与二屈，君之疆也。不可以无主。宗邑无主则君不威，疆场无主则启戎心。戎之生心，民慢其政，国之患也。若使大子主曲沃，而重耳、夷吾主蒲与屈，则可以威民而惧戎，且旌君伐。"使俱曰："狄之广莫，于晋为都。晋之启土，不亦宜乎？"晋侯说之。（《左传·庄公二十八年》）

按：此处先言戎，后言狄，戎狄所指相同。

  二年春，虢公败犬戎于渭汭。（《左传·闵公二年》）
  虢公败戎于桑田。（《左传·僖公二年》）

按：对照上文，此处的戎应为犬戎。

  无终子嘉父使孟乐如晋，因魏庄子纳虎豹之皮，以请和诸戎。晋侯曰："戎狄无亲而贪，不如伐之。"魏绛曰："诸侯新附，陈新求和，将观与我。我德则睦，否则携贰。劳师于戎，而楚伐陈，必弗能救，是弃陈也，诸华必叛。戎，禽兽也。获戎失华，无乃不可乎？"……公曰："然则莫如和戎乎？"对曰："和戎有五利焉：戎狄荐居，贵货易土，土可贾焉，一也。边鄙不耸，民狎其野，穑人成功，二也。戎狄事晋，四邻振动，诸侯威怀，三也。以德绥戎，师徒不勤，甲兵不顿，四也。鉴于后羿，而用德度，远至迩安，五也。君其图之。"公说，使魏绛盟诸戎，修民事，田以时。（《左传·襄公四年》）
  晋侯以乐之半赐魏绛，曰："子教寡人和诸戎狄，以正诸华。八年之中，九合诸侯，如乐之和，无所不谐。请与子乐之。"辞曰："夫和戎狄，国之福也。八年之中，九合诸侯，诸侯无慝，君之灵也，二三子之劳也，臣何力之有焉？抑臣愿君安其乐而思其终也……"公曰："子之教，敢不承命。抑微子，寡人无以待戎，不能济河。"（《左传·襄公十一年》）

按：昭公元年云："晋中行穆子败无终及群狄于大原。"故知此戎实为狄。"戎"亦有指山戎（匈奴）者，于《左传》仅两见。

  冬，遇于鲁济，谋山戎也，以其兵燕故也。（《左传·庄公三十年》）
  三十一年夏六月，齐侯来献戎捷。（《左传·庄公三十一年》）

按：对照上文，知此处之戎指山戎。《史记·匈奴列传》："匈奴，其先祖夏后氏之苗裔也，曰淳维。唐虞以上有山戎、猃狁、荤粥，居于北蛮，随畜牧而转移。"集解引晋灼云："尧时曰荤粥，周曰猃狁，秦曰匈奴。"

《左传》中亦有 1 例称南方蛮族为"戎蛮"。

> 楚子闻蛮氏之乱也，与蛮子无质也，使然丹诱戎蛮子嘉杀之。（《左传·昭公十六年》）

综上所述，戎为古商族，本是东夷的一支。周朝建立后，周人用以指周边少数民族。其后戎逐渐成为一个文化概念，主要是指饮食、衣服、礼仪等方面与华夏族不同的羌族和狄族。

二、狄族考

《说文》："狄，赤狄，本犬种。"赤狄为狄族之一支，因此，段玉裁改"赤狄"为"北狄"，并云："'北'，各本作'赤'，误，今正。"狄为犬种，实即以犬为图腾之种族，狄族亦即犬族。殷墟卜辞已见犬方、犬侯的记载：

> 令犬方？（后下 11）
> 贞：令多子族众犬侯扑周协王事？（通 538）

犬方的地理位置，陈梦家先生认为在今山西临汾。卜辞中亦有鬼方的记载：

> 己酉卜，丙：鬼方易，祸？五月。（屯甲 3343）
> 己酉卜，宾贞：鬼方易，亡祸？五月。（屯乙 6684）①

据李瑾先生考证，鬼为九之音借，九系犬之形省，故鬼方、九方、犬方，一也。② 古人族称与姓往往用同一名称。《国语·周语中》："狄，隗姓也。"狄人隗姓，实即鬼姓，所加阜旁，当表示居住于高原地区。鲁僖公五年，晋公子

---

① 本文中的卜辞用例，均引自李瑾：《殷周考古论著》，河南大学出版社 1992 年版，第 108—122 页。

② 李瑾：《殷周考古论著》，河南大学出版社 1962 年版，第 228—237 页。

重耳奔狄，狄人妻以叔隗、季隗，重耳娶叔隗，而以季隗归于赵衰。《左传·成公十三年》晋大夫吕相云："白狄与君（秦）同州，君之仇雠，而我之婚姻也。"准此，白狄当为隗姓。《国语·郑语》"徐蒲"下韦昭注："路、洛、泉、徐蒲，皆赤狄，隗姓也。"赤狄亦以隗为姓。凡此，皆可证明鬼方为犬方不误。狄族本居于我国西北高原，商周以后，渐次向东南转移。春秋时期，狄族分裂为长狄、赤狄、白狄等几个分支。长狄，国名曰鄋瞒，主要活动在鲁、宋、郑、卫、齐之间，即今河南省长垣、封丘一带。在山西省潞城、长子一带亦有分布。

> 鄋瞒侵齐，遂伐我。公卜使叔孙得臣追之，吉。侯叔夏御庄叔，绵房甥为右，富父终甥驷乘。冬十月甲午，败狄于咸，获长狄侨如。富父终甥舂其喉，以戈杀之，埋其首于子驹之门，以命宣伯。
> 初，宋武公之世，鄋瞒伐宋。司徒皇父率师御之，耏班御皇父充石，公子谷甥为右，司寇牛父驷乘，以败狄于长丘，获长狄缘斯，皇父之二子死焉。宋公于是以门赏耏班，使食其征，谓之耏门。晋之灭潞也，获侨如之弟棼如。齐襄公之二年，鄋瞒伐齐，齐王子成父获其弟荣如，埋其首于周首之北门。卫人获其弟简如。鄋瞒由是遂亡。（《左传·文公十一年》）

按：周首在今山东东阿县东北，长丘即今河南封丘。
赤狄所建国有路、洛、泉、徐蒲、廧咎如、皋洛氏、甲氏、留吁、铎辰等，主要活动在晋国之东南、周郑之北，今山西省黎城、潞城至河南省济源、原阳一线，在晋国西南亦有分布。

> 晋侯使太子申生伐东山皋洛氏。（《左传·闵公二年》）
> 十年春，狄灭温。苏子无信也。苏子叛王即狄，又不能于狄，狄人伐之，王不救，故灭。苏子奔卫。（《左传·僖公十年》）

按：温在今河南省温县。

> 王弗听，使颓叔、桃子出狄师。夏，狄伐郑，取栎。王德狄人，将以其女为后。富辰谏曰："不可，臣闻之曰：'报者倦矣，施者未厌。'狄固贪婪，王又启之。女德无极，妇怨无终，狄必为患。"王又弗听。初，甘昭公有宠于惠后，惠后将立之，未及而卒。昭公奔齐，王复之。又通于隗氏，王替隗氏。颓叔、桃子曰："我实使狄，狄其怨我。"遂奉大叔，以狄师攻

王。王御士将御之。王曰:"先后其谓我何?宁使诸侯图之!"王遂出,及坎陷,国人纳之。秋,颓叔、桃子奉大叔,以狄师伐周,大败周师,获周公忌父、原伯、毛伯、富辰。王出适郑,处于氾。大叔以隗氏居于温。(《左传·僖公二十四年》)

秋,赤狄伐晋。围怀,及邢丘。晋侯欲伐之。中行桓子曰:"使疾其民,以盈其贯,将可殪也。《周书》曰:'殪戎殷。'此类之谓也。"(《左传·宣公六年》)

按:怀,在今河南省武陟县西南。

赤狄侵晋,取向阴之禾。(《左传·宣公七年》)

按:向阴,在今河南省济源市西南。

秋,赤狄伐晋,及清,先縠召之也。(《左传·宣公十三年》)

按:清,在今陕西省稷山县北。

潞子婴儿之夫人,晋景公之子也。丰舒为政而杀之,又伤潞子之目。晋侯将伐之,诸大夫皆曰:"不可!丰舒有三俊才,不如待之后人。"伯宗曰:"必伐之!狄有五罪,俊才虽多,何补焉?不祀,一也;嗜酒,二也;弃仲章而夺黎氏地,三也;虐问伯姬,四也;伤其君目,五也。怙其俊才,而不以茂德,滋益罪也。后之人或者将敬奉德义以事神人,而申固其命,若之何待之?不讨有罪,而曰'待后',后有辞而讨焉,毋乃不可乎?夫恃才与众,亡之道也。商纣由之,故灭。天反时为灾,地反物为妖,民反德为乱,乱则妖灾生。故文反正为乏,尽在狄矣。"晋侯从之。六月癸卯,晋荀林父败赤狄于曲梁。辛亥,灭潞。丰舒奔卫,卫人归诸晋,晋人杀之。(《左传·宣公十五年》)

按:潞,在今陕西省潞城市。

十六年春,晋士会帅师灭赤狄甲氏及留吁、铎辰。三月,献狄俘。(《左传·宣公十六年》)

按：甲氏、留吁，在今山西省屯留县南。铎辰，在今山西省潞城市。

晋郤克、卫孙良夫伐廧咎如，讨赤狄之余焉。廧咎如溃，上失民也。（《左传·成公三年》）

晋郤至与周争鄇田，王命刘康公、单襄公讼诸晋。郤至曰："温，吾故也，故不敢失。"刘子、单子曰："昔周克商，使诸侯抚封。苏忿生以温为司寇，与檀伯达封于河。苏氏即狄，又不能于狄而奔卫。襄王劳文公而赐之温，狐氏、阳氏先处之，而后及子。若治其故，则王官之邑也，子安得之？"（《左传·成公十一年》）

白狄所建国有鼓、肥、鲜虞、仇由、代等，主要分布在晋之西部、北部、东北，今陕西东部、山西西部、中北部、河北省中南部。

狄人伐邢。管敬仲言于齐侯曰："戎狄豺狼，不可厌也。诸夏亲昵，不可弃也。宴安鸩毒，不可怀也。《诗》曰：'岂不怀归？畏此简书。'简书，同恶相恤之谓也。请救邢以从简书。"齐人救邢。（《左传·闵公元年》）

按：邢，在今河北省邢台市。

冬十二月，狄人伐卫。……渠孔御戎，子伯为右，黄夷前驱，孔婴齐殿。及狄人战于荧泽，卫师败绩，遂灭卫。……狄入卫，遂从之，又败诸河。（《左传·闵公二年》）

按：卫，在今河南省淇县。

诸侯救邢，邢人溃，出奔师。师遂逐狄人。具邢器用而迁之，师无私焉。（《左传·僖公元年》）

公使寺人披伐蒲。重耳曰："君父之命不校。"乃徇曰："校者，吾仇也。"逾垣而走。披斩其祛，遂出奔翟。（《左传·僖公五年》）

六年春，晋侯使贾华伐屈。夷吾不能守，盟而行。将奔狄。郤芮曰："后出同走，罪也，不如之梁，梁近秦而幸焉。"（《左传·僖公六年》）

晋里克帅师，梁由靡御，以败狄于采桑。梁由靡曰："狄无耻，从之必大克。"里克曰："拒之而已，无速众狄。"虢射曰："期年，狄必至，示之弱矣。"夏，狄伐晋，报采桑之役也。复期月。（《左传·僖公八年》）

按：采桑，在今山西省吉县。

十二年春，诸侯城卫楚丘之郭，惧狄难也。(《左传·僖公十二年》)

按：楚丘，在今河南省滑县。

秋，狄侵晋，取狐厨、受铎、涉汾，及昆都，因晋败也。(《左传·僖公十六年》)

按：狐厨、受铎，在今山西临汾市西北。昆都，在今山西省临汾市南。

冬，邢人、狄人伐卫，围菟圃。卫侯一国让父兄子弟及朝众曰："苟能治之，燬请从焉。"众不可。而后师于訾娄，狄师还。(《左传·僖公十八年》)

按：訾娄，在今河南省滑县西南。

秋，齐、狄盟于邢，为邢谋卫难也。于是卫方病邢。(《左传·僖公二十年》)

（重耳）处狄十二年而行。过卫，卫文公不礼焉。(《左传·僖公二十三年》)

其后，余（重耳）从狄君以田渭滨。(《左传·僖公二十四年》)

三十年春，晋人侵郑，以观其可攻与否。狄间晋之有郑虞也，夏，狄侵齐。(《左传·僖公三十年》)

秋，晋蒐于清原，作五军以御狄，赵衰为卿。冬，狄围卫，卫迁于帝丘。(《左传·僖公三十一年》)

按：清原，在今山西省稷山县北。

夏，狄有乱。卫人侵狄，狄请平焉。秋，卫人及狄人盟。(《左传·僖公三十二年》)

狄侵齐，因晋丧也。狄伐晋，及箕。八月戊子，晋侯败狄于箕。郤缺

获白狄子。先轸曰："匹夫逞志于君而无讨，敢不自讨乎？"免胄入狄师，死焉。狄人归其元，面如生。（《左传·僖公三十三年》）

冬，公如齐，朝，且吊有狄师也。（《左传·僖公三十三年》）

八年春，白狄及晋平。（《左传·宣公八年》）

（齐侯）入于狄卒，狄卒皆抽戈盾冒之。（《左传·成公二年》）

秦人、白狄伐晋，诸侯贰故也。（《左传·成公九年》）

秦桓公既与晋厉公为令狐之盟，而又召狄与楚，欲道以伐晋，诸侯是以睦与晋。（《左传·成公十三年》）

十八年春，白狄始来。（《左传·襄公十八年》）

夏，齐侯、陈侯、蔡侯、北燕伯、杞伯、胡子、沈子、白狄朝于晋，宋之盟故也。（《左传·襄公二十八年》）

晋中行穆子败无终及群狄于大原，崇卒也。将战，魏舒曰："彼徒我车，所遇又阨，以什共车必克。困诸阨，又克。请皆卒，自我始。"乃毁车以为行，五乘为三伍。荀吴之嬖人不肯即卒，斩以徇。为五陈以相离，两于前，伍于后，专为右角，参为左角，偏以前拒，以诱之。翟人笑之。未陈而薄之，大败之。（《左传·昭公元年》）

按：大原，在今山西省太原市南。

晋荀吴伪会齐师者，假道于鲜虞，遂入昔阳。秋八月壬午，灭肥，以肥子绵皋归。（《左传·昭公十二年》）

按：昔阳，白狄肥国都城，在今河北省藁城西。

晋荀吴帅师伐鲜虞，围鼓。鼓人或请以城叛，穆子弗许。左右曰："师徒不勤，而可以获城，何故不为？"穆子曰："吾闻诸叔向曰：'好恶不愆，民之所适，事无不济。'或以吾城叛，吾所甚恶也。人以城来，吾独何好焉？赏所甚恶，若所好何？若其弗赏，是失信也，何以庇民？力能则进，否则退，量力而行。吾不可以欲城而迩奸，所丧滋多。"使鼓人杀叛人而缮守备。围鼓三月，鼓人或请降，使其民见，曰："犹有食色，姑修而城。"军吏，曰："获城而无取，勤民而顿兵，何以事君？"穆子曰："吾以事君也。获一邑而教民怠，将焉用邑？邑以贾怠，不如完旧。贾怠无卒，弃旧不祥。贾人能事其君，我亦能事吾君。率义不爽，好恶不愆，城可获而民

知义所。有死命而无二心，不亦可乎？"鼓人食竭力尽，而后取之，克鼓而反，不戮一人，以鼓子鸢鞮归。(《左传·昭公十五年》)

按：鼓，在今河北省晋州市。

晋之取鼓也，既献，而反鼓子焉，又叛于鲜虞。六月，荀吴略东阳，使师伪籴者负甲以息于昔阳之门外，遂袭鼓，灭之，以鼓子鸢鞮归，使涉佗守之。(《左传·昭公二十二年》)

秋九月，鲜虞人败晋师于平中，获晋观虎，恃其勇也。(《左传·定公三年》)

按：鲜虞，白狄国，都城在今河北省正定西北。

晋人围朝歌，公会齐侯、卫侯于脾、上梁间，谋救范、中行氏。析成鲋、小王桃甲率狄师以袭晋，战于绛中，不克而还。士鲋奔周，小王桃甲入于朝歌。(《左传·定公十四年》)

齐侯、卫侯会于乾侯，救范氏也，师及齐师、卫孔圉、鲜虞人伐晋，取棘蒲。(《左传·哀公元年》)

秋九月，齐陈乞、弦施、卫宁跪救范氏。庚午，围五鹿。九月，赵鞅围邯郸。冬十一月，邯郸降。荀寅奔鲜虞，赵稷奔临。十二月，弦施逆之，遂堕临。国夏伐晋，取邢、任、栾、鄗、逆畤、阴人、盂、壶口。会鲜虞，纳荀寅于柏人。(《左传·哀公四年》)

六年春，晋伐鲜虞，治范氏之乱也。(《左传·哀公六年》)

与其他少数民族不同的是，狄在西周末年，大举进入华夏腹地，其时间之久、范围之广，都是别的民族所不能相比的。

三、戎狄之关系考

戎本是古商族，为东夷的一支。周朝建立后，戎成为周人对周边少数民族的统称，狄因此也成为诸戎之一——犬戎。西周中期以后，狄族大举进入中原，成为一支强势的少数民族，逐渐取得了与戎并立的地位。穆王时大臣祭公谋父说:"蛮夷要服,戎狄荒服。"(《国语·周语上》)幽王时太史史伯说:"王室将卑,戎狄必昌。"(《国语·郑语》)西周末年,狄人已经在中原建立了众多的方国,所以史伯在论及成周的周边形势时说:"当成周者,南有荆蛮、申、吕、应、邓、陈、蔡、随、唐;北有卫、燕、狄、鲜虞、潞、洛、泉、徐蒲;西有虞、虢、晋、隗、霍、杨、魏、芮;东有齐、鲁、曹、宋、滕、薛、邹、莒。"(《国语·郑语》)狄应为长狄,鲜虞、隗为白狄,潞、洛、泉、徐蒲皆为赤狄。幽王末年,强大的犬戎联合申、缯等国,一举攻破了西周的都城镐京,迫使周王朝东迁。春秋时期,狄人灭邢、灭卫,侵周、侵齐、侵晋、侵鲁、侵郑、侵宋,达到了鼎盛时期。当时晋国的四周都是狄人建立的国家,其国土之广袤,远远超过了华夏大国——晋国。晋国大夫范文子在论及春秋前期的形势时说:"吾先君之亟战也,有故。秦、狄、齐、楚皆强,不尽力,子孙将弱。"(《左传·成公十六年》)狄族雄踞北方,又十分强大,因此成为北方民族的代表。戎所指称的范围因此缩小,主要用来指西方的少数民族。《国语·周语中》:"夫三军之所寻,将蛮夷戎狄之骄逸不虔,于是乎致武。"《左传·成公二年》:"蛮夷戎狄,不式王命,淫湎毁常,王命伐之,则有献捷。"均以蛮、夷、戎、狄并列,分别指称我国南方、东方、西方、北方的少数民族。

王国维先生认为戎、狄是同一民族前后相承的称谓,"隐、桓间乃有戎号,庄、闵之后戎号废"。对此,李瑾先生已据《左传》和出土文献反驳。这里再举一例。《左传·哀公十七年》:"初,公登城以望,见戎州。问之,以告。公曰:我,姬姓也。何戎之有焉?翦之!"可见,直到春秋末年,戎号亦未废,遑论庄、闵?

参考文献

[1] 王国维:《观堂集林》(第二册),中华书局1961年版。
[2] 李瑾:《殷周考古论著》,河南大学出版社1962年版。
[3] 裘锡圭:《文字学概要》,商务印书馆1988年版。
[4] 郭沫若:《古代文字之辩证发展》,载《考古学报》,1972年第3期。
[5] 邹衡:《夏商周考古学论文集》,文物出版社1980年版。

(原文刊于《云南师范大学学报(哲学社会科学版)》2011年第1期)

南：从乐器到方位

南，现在最常用的意义是一种方位名词，但其本义实为一种乐器。从字形、字音、文献、考古等方面综合考证，南的本义当为铙。《诗》"以雅以南"中的"雅"与"南"皆为打击乐器。古人以太阳运行的位置为方位命名，南方即面对太阳的一方，南的南方义当为"面"之假借。

一、南之形义

《诗·小雅·鼓钟》："鼓钟钦钦，鼓瑟鼓琴。笙磬同音，以雅以南，以龠不僭。"意为："敲起乐钟声钦钦，又鼓瑟来又弹琴。笙磬协调又同音，配上乐器雅和南，吹籥和之不相僭。"《周礼·春官·宗伯》："笙师掌教歈竽、笙、埙、籥、箫、篪、篴、管、舂牍、应、雅，以教祴乐。"以上十余种乐器中，同类的乐器相邻排列，如竽与笙、篪与篴，应、雅邻近并置，应为小鼓，则雅亦当为鼓类。雅为乐器，与"雅"并称的"南"理当为乐器。其实南的字形就反映了南作为一种乐器的信息。要弄清"南"究竟为何种乐器，就不能不从"南"的字形谈起。

南，甲骨文作 ▨、▨、▨、▨、▨，金文作 ▨、▨、▨、▨、▨，小篆作 ▨、▨、▨、▨、▨。南之形义为何？大致有四种意见。

第一，枝任说。其说源自许慎（1963：127）。《说文》："南，草木至南方有枝任。从朱，羊声。"后世学者应者寥寥。清人方濬益赞成其说，云："按南字与庚字形近。南为草木有枝任，故上从朱。庚主西方，为草木有实庚庚下垂。……以象形见义。"①

---

① ［清］方濬益：《缀遗斋彝器款识考释》，见李圃主编：《古文字诂林》（第六册），上海教育出版社2003年版，第90页。

第二，乐器说。其说源自郭沫若。郭氏云："甲文南字据类编有十七种异文，均系象形文，无一从屮，亦无一有声之痕迹。金文南字可得十二种……此虽有数字类似有从羊得声之痕迹，然亦无一从屮作，许谓草木至南方有枝任者，本从字义出，谓'草木盛之然'。今知南之古文既不从屮，则南之本义自当别为一事矣。南于卜辞除用为东南之南及南庚之南而外别有异义，如'于祖辛八南，九南于祖辛。'（林一、十二、十七）'一羊一南。'（后上、五、一）确系献于祖庙之器物。由字之形象而言，余以为殆钟镈之类之乐器。"① 郭氏还认为，南是古铃字的形音略变，本义当为铃。郭氏的"南"为乐器说，得到明义士、唐兰、马叙伦的赞同，然明、唐二氏不同意南为钟镈类乐器，马氏不同意南的本义为铃。明氏云："肖从丹，丹象鼓类乐器形，从乂，象虡饰，所以悬也。"②唐氏云："以声为聲、壴之为鼓例之，肖为𣪘，诚可目为乐器。然以为钟镈之类则非是。郭氏以大之钟为证，然南与𣪘固截然二事也。𣪘字，孙诒让氏释殻，王国维释𣪘，学者多从王氏。今按当从孙氏为是。……殻象以殳系肖，其声肖然。以声化象意字例之，当从殳，肖声。然则肖则壴字也。壴字本义，今不可详。以意度之，当是殻之本字，以瓦作腔殻之形，故叩之而壴然也。卜辞肖字，除用为南方之义外，常用为祭物。如九肖、八肖、五肖、四肖之类。郭沫若谓以钟镈类之乐器为祭，然卜辞又有'一羊一肖'（后编上五页）'卯一牛肖'（前编七卷一页）等辞。以牲与肖并祭，谓为乐器，未免突兀。余谓此类卜辞之南字，实即壴字，当读为殻。九肖、八肖，即九殻、八殻，而以殻侑牛羊，亦余事为顺也。"③ 马氏云："郭说南为乐器，殆无可疑。盖四方之称皆无本字。东西北既皆各有本义，南亦当然也。金文之𣪘，盖从㐭，林声。㐭之转注字，非铃字也。……楚王𨟘自作铃钟，盖铃音同来纽，自通用也。"④

第三，瓦制容器。田倩君、张日升等人倡其说。田氏谓："余赞同唐氏说南

---

① 郭沫若：《甲骨文字研究·释南》，见李圃主编：《古文字诂林》（第六册），上海教育出版社 2003 年版，第 90—91 页。
② [加拿大] 明义士：《柏根氏旧藏甲骨文字考释》，见李圃主编：《古文字诂林》（第六册），海教育出版社 2003 年版，第 92 页。
③ 唐兰：《释四方之名》，见李圃主编：《古文字诂林》（第六册），上海教育出版社，第 92—93 页。
④ 马叙伦：《说文解字六书疏证》（卷十二），见李圃主编：《古文字诂林》（第六册），上海教育出版社 2003 年版，第 93 页。

为瓦制之乐器。其初，恐非专为作乐而造。余以为始为容器盛酒浆，或盛黍稷之用。后发现其音殻然，始作为乐器。"① 张氏谓："郭沫若谓南本象钟镈之形，唐兰非之，谓南本即青，乃瓦制之乐器，唐说是也。甲骨文作 [字]，从中从 [字]，中象其饰，犹豆磬之从中也。[字] 象盛器，有盖。"②

第四，动物名。吴其昌、李孝定倡其说。吴氏云："'[字]于且乙，牢：[字]一牛，[字]南。'者，[字]，有也。详前说。是即云'牢，有牛，有南'则南明为牢中之一物，而与牛为同类。他卜辞云'一羊，一南'（后一、五、一）正为相同之文法，则南之与牛、羊等类，证愈厚矣。他卜辞又有以南与鹿相等类者，如云'丙申□贞：□，南鹿。'（前六、四三、五）是也。与牛羊鹿相等类，[字] 是南亦为牲牷明甚。"③ 李氏云："南字甲骨文作 [字]，与小篆字极近，唐兰氏释甲文之为殻，卜辞记用牲恒言几，[字] 则动物幼子之通称，后世文字豕之幼者为 [字]，鸟之幼者为鷇，哺乳曰 [字]，犹存古谊。[字] 为动物之初生者，故卜辞或言新 [字] 。"④

许慎释"南"为草木枝任，既与古文字字形不合，亦于训诂无据，殊谬。

郭沫若释"南"为钟镈类乐器，与古文字字形契合，亦于训诂有据，但今人多以甲骨文"南"与牛羊等牲类并祭而非之。"南"既为乐器，自与牛、羊为异类，何得与牛羊等一同出现在祭品中？唐兰于是改释"南"为瓦制容器，容器可盛食物，故可与牛羊等为同类祭品。唐氏之说看似弥补了郭氏的不足，但其实离真相更远。因为"南"为容器不仅与古文字字形不合，更缺乏文献证据与考古实物证据的支持。吴其昌等释"南"为动物名，虽然能解释通若干甲骨卜辞，但既不能确指"南"为何种动物，更与"南"的甲金文字形相距远甚。笔者以为郭氏释"南"为钟镈类乐器，甚是，但谓"南"为铃，可谓未达一间。至于南为何种钟镈类乐器，又何得与牛羊等牲并祭，待下文申述之。

---

① 田倩君：《释南》，见李圃主编：《古文字诂林》（第六册），上海教育出版社2003年版，第93—94页。
② 《金文诂林》（卷六），见李圃主编：《古文字诂林》（第六册），上海教育出版社2003年版，第94页。
③ 吴其昌：《殷墟书契解诂》，见李圃主编：《古文字诂林》（第六册），上海教育出版社2003年版，第91—92页。
④ 李孝定：《甲骨文字集释》，见李圃主编：《古文字诂林》（第六册），上海教育出版社2003年版，第94页。

二、南与铙的考古发现

铙的历史悠久,原是原始社会末期象征贵族权力的礼乐器,用陶土制成。迄今为止所见到的最早的远古实物是 1955 年在陕西长安客省庄出土的新石器时代陶铙(图片一)。距今已 4000 多年。商代的铙为青铜铸造,外形似倒置的钟,体小而短阔。下有中空短柄,装入木柄后可执,以槌敲击当口方形鼓起处而鸣。《说文》:"铙,小钲也。军法:卒长执铙。"《周礼·地官·鼓人》:"以金镯节鼓,以金铙止鼓。"郑玄注:"铙如铃,无舌,有秉,执而鸣之,以止击鼓。"许慎和郑玄提到的这种在战争中"执而鸣之,以止击鼓"的铙都是单个的小铙。其实除用于战争外,在商代,铙还发展为编铙,用于祭祀和宴乐。由多枚铙组成的一套铙称为编铙。编铙由远古时期的礼乐器发展而来,可手持或置于座上演奏。目前出土的编铙形成了中原和长江中下游两个系统。中原系统以殷墟为中心,出土地点有殷墟小屯、大司空、侯家庄、花园庄、郭家庄、藏家庄及洛阳、鹿邑等地。长江中下游系统以湖南宁乡为中心,出土地点有湖南宁乡、湘潭、湘乡、岳阳、益阳、株洲、浏阳、醴陵,湖北阳新,江西永修、新干、宜丰,安徽潜山、马鞍山,江苏江宁,浙江长兴、余杭、安吉等。编铙有大小之分。小型编铙一般为三枚一组,如湖南宁乡出土的三组九枚编铙(图片二)。也有五枚一组的,如在河南安阳殷墟妇好墓出土的一套编铙(图片三)。大铙如湖南宁乡出土的商代象纹大铙(图片四)、天津博物馆所藏商代饕餮纹铙(图片五)、商代云纹大铙(图片六)在西周早期继续流行,但发展到西周中期以后被另外一种乐器甬钟所取代。

图片一　新石器时代陶铙(陕西客省庄)

图片二　湖南宁乡出土的三组九枚编铙

图片三　商代妇好墓出土的编铙

图片四　湖南宁乡出土的商代象纹铙

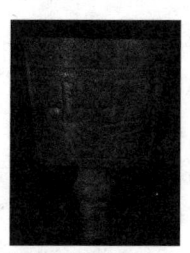

图片五　天津博物馆所藏商代青铜饕餮纹铙　　图片六　商代云纹铙

从这些出土的铙的图片不难看出，甲骨文的 ![]、![]、![]、金文的 ![]、![]、![] 等字形，正是对倒置的铙的模拟。中形表示铙的甬（柄）部，其下为铙的主体。三道横线分别表示铙的三个部分，上边一道横线表示舞部，下边一道横线表示铙部，中间一道横线表示钲部，金文字形中间一道竖线则表示铙的中线。从语音上看，铙：泥母宵部，南：泥母侵部，泥母双声，今人多以为幽侵对转，幽宵旁转，则宵侵为旁对转，南、铙音近。从文字的孳乳情况来看，𢅻是南的孳乳字，这表明南是用来击打的，而铙正是一种击打乐器，这也是它与有舌自摇的铃的重要区别。《吕氏春秋·音初》："禹行功，见涂山之女，禹未之遇，而巡省南土。涂山氏之女乃令其妾候禹于涂山之阳。女乃作歌，歌曰：'候人兮猗。'实始作南音。"铙在长江中下游商周遗址中多有出土，铙与南音有无关系，关系如何，目前尚不十分清楚。

三、雅与南

《诗·小雅·鼓钟》："鼓钟钦钦，鼓瑟鼓琴。笙磬同音，以雅以南，以籥不僭。"对于其中的"雅"和"南"，大致有三种意见，一种认为是舞乐，雅为中原之乐，南为南夷之乐。一种认为是诗歌，雅即《诗》之二雅，南即《诗》之二南。一种认为雅与南皆是乐器。

第一种意见以由毛亨发其端，宋以前学者多从之。毛传释"以雅以南，以籥不僭"曰："为雅为南也。舞四夷之乐，大德光所及也。东夷之乐曰昧，南夷之乐曰任，西夷之乐曰休离，北夷之乐曰禁，以为籥舞。若是，为和而不僭矣。"郑笺："雅，万舞也。万也，南也，籥也，三舞不僭，言进退之旅也。周公尚舞，故谓万舞为雅。雅，正也。籥舞，文乐也。"毛传认为南为四夷之乐，但不言雅为何乐，郑笺则将雅、南、籥并称为三舞。今人刘兴林（1988：21—24）、张平辙（1999：47—48）申发其论。刘氏谓"雅即雅言，是北音，南即南音，为南方方言。'以雅以南'盖指用北方话、南方话歌唱。"张氏谓"雅是夏的假借字，雅即雅乐，指诸夏的音乐。……'南'原是江汉、江淮之间长江中下游潮热卑湿地区的房屋之象形文，此处指荆舒地区的楚国南音、徐国南音。"

宋代欧阳修首先对毛、郑的舞乐说提出质疑。欧阳修曰："毛谓南为南夷之乐者，非也。昔季札听鲁乐见舞《南籥》者曰：'美哉！犹有憾。'盖以为文王之乐也。"苏辙等人则径指南为二南。苏辙曰："雅，二雅也。南，二南也。"林岊曰："雅，二雅之可歌，南，二南之可歌也。"严粲曰："以奏二雅，以奏二南，以奏乐舞，皆不僭乱也。"

清代陈启源认为雅是先王之雅乐，南为南方之南乐，对郑玄、苏辙等人均提出批评。陈氏曰："雅者，先王之雅乐；南者，南方之南乐；籥者，羽舞之乐。乐传义失矣。郑以雅为万舞,与籥分文武,异于毛,不可从。宋苏氏妄自立说,谓雅是二雅,南是二南,舛谬尤甚。大雅、小雅,诗之六义也,非乐名也。乐以雅名,则风、雅、颂皆得奏之,不仅二雅矣。至于二南之南,犹十五国之国也,因其地而言也。当时所采诗或得于南国,周、召不足以参之,固不言国而言南耳,尚不得与二雅并列于六义,况乐名乎?……南为南夷。"郝懿行首次提出了雅、南均为乐器的观点。郝氏曰:"雅、南、籥皆乐器名。"可惜未作证明。

郭沫若对"南"为乐器做出系统阐释。首先,郭氏指出卜辞中多以 㪔 代南,象以手持棰以击南,例以声与殷、壴与鼓之关系,知南㪔为一字。其次,郭氏引《小雅·鼓钟》"以雅以南"、《文王世子》"胥鼓南",及郑玄注《周礼·春官》释"雅"为乐器为据,提出雅、籥为乐器,则南自当为乐器。又次,郭氏举《国语》中"大林""大钟"之文得出"古人之钟亦可谓之林,林与南一声之转也"的结论。再次,郭氏认为以"林"声求之,字即古之铃字。南本钟镈之形,后更变而为铃。

郭氏所论甚辩,可惜未达一间。关键在于南无舌,需持棰而击,铃有舌,需摇舌而击。我们前面论证了南为铙,就成功地解决了这个问题。《周礼·春官宗伯》:"笙师掌教龡竽、笙、埙、籥、箫、篪、篴、管、舂牍、应、雅,以教祴乐。"应、雅邻近并置,应为小鼓,则雅亦当为鼓类,与南同为击打类乐器。有人认为"雅,原为乐器,状如漆筒,两头蒙以羊皮",不知何据。

雅、南同奏的时候,它们之间的节奏,需要通过籥的吹奏使之和谐统一,这就是所谓的"以雅以南,以籥不僭。"《吕氏春秋·音初》:"禹行功,见涂山之女,禹未之遇,而巡省南土。涂山氏之女乃令其妾候禹于涂山之阳。女乃作歌,歌曰:'候人兮猗。'实始作南音。"铙在长江中下游商周遗址中多有出土,铙与南音有无关系,关系如何,目前尚不十分清楚。

四、南与方位

南既是乐器名称,为什么又可以用来表示方位名称呢?其实,南作为方位名称,不过是"面"的假借而已。先民是根据太阳在周天运行的位置来给方位命名的。《说文》:"东,动也。从木。官溥说,从日在木中。"东,甲骨文作 ✡、✡,金文作 ✡、✡、✡,学者一般认为象两端捆束的橐形,或以为是束的本字。如此，东用作表示方位，为假借，其语源正如《说文》所示为"动"。一天之中，东方是太阳运行的起点，最初的发动处。日之始动，故名为东。东，端母东部，动，定母东部，语音相近。古人称日为东君、东母，良有以也。《说文》："西，鸟在巢上，象形。日在西方而鸟栖，故以为东西之西。"西，甲骨文作▨、▨、▨，金文作▨、▨、▨，均象鸟巢形。太阳落到西方的时候，鸟要归巢栖息，故假栖息之栖为东西之西。西，心母脂部，栖，心母脂部，西、栖古音同。《说文》："北，乖也。从二人相背。"北，甲骨文作▨、▨、▨，金文作▨、▨、▨，均象二人相背之形，为"背"之初文。中国处于北半球，面对太阳的一方被称为南，背对太阳的一方被称为北，在字形上也就自然选取表示背对之义的北表示北方。北、背古音同。南为铙形，本义为铙，用作南方之义为假借。先民以面对太阳的一方为南，故南之语源为面。南，泥母侵部，面，明母元部，声母同为鼻音，韵部侵元旁对转，语音相近。面向太阳则暖，故面、南、暖同源，但南非源于暖，田倩君以暖为南的源字，误。

东西南北的方位均是根据太阳的运行命名，初无本字，俱借他字（同音或音近字）以示之。

参考文献

[1]［汉］许慎：《说文解字（影印本）》，中华书局1963年版。

[2]［宋］欧阳修：《诗本义》卷八，文渊阁《四库全书》本。

[3]［宋］林岂：《毛诗讲义》卷六，文渊阁《四库全书》本。

[4]［宋］严粲：《诗缉》卷二二，文渊阁《四库全书》本。

[5]［宋］苏辙：《苏氏诗集传》卷一二，文渊阁《四库全书》本。

[6]［清］陈启源：《毛诗稽古篇》卷一四，皇清经解本。

[7]［清］郝懿行：《诗问》卷四，《续修四库全书》本。

[8] 刘兴林：《〈诗经〉"以雅以南"考释》，载《临沂师专学报》，1988年第1期。

[9] 张平辙：《〈诗经〉"以雅以南"何解——古史新说之二》，载《西北师大学报》，1999年第6期。

《诗经》"攸介攸止"与祭祀求神[①]

"攸介攸止"在《诗经》中一共出现了2次,1次见于《小雅·甫田》,1次见于《大雅·生民》。对于"攸介攸止"所表达的意义,可谓见解纷纭,迄无定论。笔者拟把这两处"攸介攸止"联系起来进行考察,结合文本的内容与形式,厘清其淆乱,考镜其源流,疏通其文意。不足之处,尚请方家教正。

一、历代对《小雅·甫田》《大雅·生民》中"攸介攸止"的解释

《甫田》:

> 倬彼甫田,岁取十千。我取其陈,食我农人。自古有年,今适南亩。或耘或耔,黍稷薿薿。攸介攸止,烝我髦士。
> 以我齐明,与我牺羊,以社以方。我田既臧,农夫之庆。琴瑟击鼓,以御田祖。以祈甘雨,以介我稷黍,以谷我士女。
> 曾孙来止,以其妇子,馌彼南亩。田畯至喜,攘其左右,尝其旨否。禾易长亩,终善且有。曾孙不怒,农夫克敏。
> 曾孙之稼,如茨如梁。曾孙之庾,如坻如京。乃求千斯仓,乃求万斯仓。黍稷稻粱,农夫之庆。报以介福,万寿无疆。

第一种解释:"介"为庐舍,"止"为止息,"攸介攸止"意为"庐舍及所止息之处"。郑笺:"介,舍也。礼,闲暇则于庐舍及所止息之处,以道艺相讲肄,以进其为俊士之行。"孔疏:"以此田农之事,介、止相对,止是止息,故

[①] 本文承蒙北京大学孙玉文教授提出宝贵意见,谨致谢忱。

介为舍也。《信南山》云:'中田有庐',舍则必归于庐,止则虽随其所惓而息。故介、止分为二事也。礼,使民锄作耘耔,其有闲暇,则于庐舍及所止息之处,相讲论而肄习其业。"

第二种解释:"介"为大,"止"为休息,"攸介攸止"意为"长大其黍稷,休息其民人"。陈奂《诗毛氏传疏》:"介,大也。止,犹息也。'攸介攸止,烝我髦士'承上文'黍稷薿薿'而言,长大其黍稷,休息其民人也。"①

第三种解释:"介"为大,"止"为至,"攸介攸止"意为"长大其黍稷,收割其黍稷"。王先谦《诗三家义集疏》:"介,当如陈(奂)说。止,至也,至于得谷也。"②

第四种解释:"介"为"皆","止"为"止息","攸介攸止"意为"农事于是皆已止息"。黄焯《诗疏平议》:"介训大,大犹皆也。至训止息。此承上文,谓农事于是皆已止息。"③

第五种解释:"介"读为愒,息也。"止"亦训"息","攸介攸止"意为"农夫于田间休息"。林义光《诗经通解》:"介读为愒。《说文》:'愒,息也。''攸愒攸止'对'或耘或耔'而言,犹《生民》之'攸愒攸止'对'载震载夙'而言也。介,古作匄。愒从匄得声,则介、愒古同音。《书·酒诰》云:'尔乃自介用逸,又云'不惟自息乃逸'。自介即自息,介亦愒之假借也。烝,《尔雅》云众也。髦,《尔雅》云俊也。髦士即农人之俊秀者。《载芟》篇云'有依其士',是耕者称士之证也。"④

《生民》(节选)

厥初生民,实维姜嫄。生民如何?克禋克祀,以弗无子。履帝武敏歆,攸介攸止。载震载夙,载生载育,实维后稷。

第一种解释:"介"为美大,"止"为依止,"攸介攸止"意为"为天神所美大,为福禄所依止"。毛传:"介,大也。攸止,福禄所止也。"孔疏:"神既飨其祭,则爱而祐之。于是为天神所美大,为福禄所依止。"

第二种解释:"介"为左右,"止"为"止住","攸介攸止"意为"左右所止

---

① [清] 陈奂:《诗毛氏传疏》,商务印书馆1933年版,第31页。
② [清] 王先谦撰,吴格点校:《诗三家义集疏》,中华书局1987年版,第762页。
③ 黄焯:《诗疏平议》,武汉大学出版社2013年版,第389页。
④ 林义光:《诗经通解》,中西书局2012年版,第267页。

住"。郑笺:"介,左右也。夙之言肃也。祀郊禖之时,时则有大神之迹,姜嫄履之,足不能满。履其拇指之处,心体歆歆然。其左右所止住,如有人道感己者也。"

第三种解释:"介"为别居,"止"为处,"攸介攸止"意为"别居而处"。马瑞辰:"介之言界,谓别居也。止即处也。"①

第四种解释:"介"通"愒",息也。"止"亦训"息","攸介攸止"意为"息止"。林义光《诗经通解》:"介读为愒,……'攸介攸止'对'载晨载夙'而言也。"②

第五种解释:"介"为庐舍,"止"为休息,"攸介攸止"意为"于是在舍,于是休息"。陈子展《诗经直解》主此说。③

二、诸家注释存在的问题

(一) 词义问题

词义问题主要表现为两个方面:一是随意训释,一是辗转相训。这两方面又有一定的联系,辗转相训多存在随意训释的问题。郑玄训《甫田》"攸介攸止"之"介"为庐舍,孔疏:"以此田农之事,介、止相对,止是止息,故介为舍也。"如果孔颖达理解得正确,"介"的庐舍义是因为与"止"相对而得出的,至于"介"本身是否有庐舍义或与庐舍相近的意义则不予考虑,这不是随意训释是什么?孔颖达训《生民》之"介"为美大,于"大"之上加了个"美"字,亦属随意训释。王先谦训《甫田》之"止"为"至",再训"至"为"至于得谷",再训"至于得谷"为"收割黍稷",不唯辗转相训,亦属随意训释,殊难成立。《诗经》时代的先民作诗,重在明白晓畅,如需辗转相训方可,则几人能够解得?如无人能够理解,则丧失了作诗的意义。黄焯训"介"为"皆",郑玄训《生民》之"介"为"左右",马瑞辰训"介"为"别居",都存在同样的问题。黄焯训"介"为大,尚有依据,再训"大"为皆,不仅与训诂无据,实亦难通。"介"训左,有佐助之义,训为动词的"左右"已属牵

---

① [清] 马瑞辰撰,陈金生点校:《毛诗传笺通释》(卷二十二),中华书局1989年版,第714页。
② 林义光:《诗经通解》,中西书局2012年版,第267页。
③ 陈子展:《诗经直解》,复旦大学出版社1983年版,第912页。

强,训为名词的"左右"太过迂曲,难以令人信从。马瑞辰训"介"为"界",尚于古有据,再训"界"为"别居",则想当然耳。

(二) 语法问题

郑玄训《甫田》"攸介攸止,烝我髦士"为"礼,闲暇则于庐舍及所止息之处,以道艺相讲肄,以进其为俊士之行"。郑氏训"攸止"为"所止息之处",则训"攸"为"所","所X"中的"X"应为动词,"所介"之"介"亦不应例外,因而将"介"训为名词"庐舍",显然与语法不合。《诗经》的诗篇都是歌谣的记录,为了使韵律和谐,方便演唱,经常将两个连续的动作压缩为"某A某B"四字构式,如"将A将B""言A言B""载A载B""爰A爰B",例"将翱将翔"(《郑风·有女同车》)、"言旋言归"(《小雅·黄鸟》)、"载笑载言"(《卫风·氓》)、"爰笑爰语"(《小雅·斯干》)。准此,"介"与"止"也应当是两个连续的动作行为。陈奂训《甫田》"攸介攸止"为"长大其黍稷,休息其民人",以"长大"对应"介",以"休息"对应"止","长大"与"休息"显然不是两个相连续的动作行为,不符合"某A某B"结构的要求。

(三) 书证问题

林义光《诗经通解》:"介读为愒。《说文》:'愒,息也。''攸愒攸止'对'或耘或耔'而言,犹《生民》之'攸愒攸止'对'载震载夙'而言也。介,古作匃。愒从匃得声,则介、愒古同音。《书·酒诰》云:'尔乃自介用逸',又云'不惟自息乃逸'。自介即自息,介亦愒之假借也。烝,《尔雅》云众也。髦,《尔雅》云俊也。髦士即农人之俊秀者。《载芟》篇云'有依其士',是耕者称士之证也。"① 林说发表后颇为风靡,闻一多(1997)②、高亨(2009)③、余冠英(1995)④、杨合鸣(2003)⑤、李山(2015)⑥ 均赞同其说。林氏之训,能对两处"攸介攸止"统而观之,做出一致的解释,这是他比以上诸家高明之处,但并不正确。其一,《书·酒诰》中的"尔乃自介用逸"是林氏用来证明"介"通"愒"的唯一证据,但通过考察其上下文,这个证据并不成立。兹录

---

① 林义光:《诗经通解》,中西书局2012年版,第267页。
② 闻一多:《闻一多全集》(第三卷),湖北人民出版社1993年版,第50页。
③ 高亨:《诗经今注》,上海古籍出版社2009年版,第239页。
④ 余冠英:《诗经选》,人民文学出版社1995年版,第261页。
⑤ 杨合鸣:《〈诗经〉疑难词语辨析》,崇文书局2003年版,第94页。
⑥ 李山:《诗经选》,商务印书馆2015年版,第327页。

《酒诰》原文如下：

庶士有正越庶伯君子，其尔典听朕教：尔大克羞耇惟君，尔乃饮食醉饱。丕惟尔克永观省，作稽中德。尔尚克羞馈祀，尔乃自介用逸。兹乃允惟王正事之臣。兹亦惟天若元德，永不忘在王家。

可译为：

（妹邦的）各级官员以及各地的长官属吏，希望你们能认真听取我的教言：在家族长老与宗主举行燕飨之礼，你们进献酒食时，完全可以开怀畅饮，吃饱喝足。不过一定要自始至终观察酒局变化，掌控着酒量，所有的行为都要合乎规矩，不要失了酒德。你们还可以在宗庙祭祀结束之后与宗族子弟相酬酢，自享饮酒之乐。不过，你们要真正顾及到自己是王朝办理政事的官员（不可因酒醉而失礼）。还要想到上天依顺善德，时刻把王朝赋予你们的使命放在心上。①

《酒诰》是周公平定武庚、管蔡之乱后封康叔于殷都旧地妹乡对卫国君臣的诰辞。诰辞的核心思想是严控周人饮酒，对殷商遗民则网开一面，允许他们在燕飨之礼和宗庙祭祀结束时开怀畅饮，以合乎酒德、不废政务为度。（可参考《小雅·宾之初筵》）这里的"介"是"享受、享用"之义，不是"息止、停止"，周公明确提出妹邦的当地官员在举行燕飨礼时可以"饮食醉饱"，怎么会禁止他们饮酒呢？其二，《酒诰》中"不惟自息乃逸"与"尔乃自介用逸"的意义不同，"息"与"介"的意义也不同。兹录《酒诰》原文如下：

我闻亦惟曰：在今后嗣王酗身，厥命罔显于民，祇保越怨不易。诞惟厥纵淫泆于非彝，用燕丧威仪，民罔不蠢伤心。惟荒腆于酒，不惟自息乃逸。厥心疾很，不克畏死，辜在商邑，越殷国灭无罹。

可译为：

我还听说，最近的后继者商纣王整天酪酊大醉，他的政令在民众中产

---

① 参见程水金《〈尚书·酒诰〉绎文》，载《光明日报》2016年2月22日，第16版。

生不了丝毫影响。尽管已经到了民怨沸腾的地步，他却无力改变。反而不顾典常，更加放纵享乐，全然不顾王家的威严与体面，广大民众无不伤心失望。他沉迷于酒，不仅不悬崖勒马，反而更加荒淫无度。他的心也越来越凶狠残暴，死到临头他还不怕。他在商邑所造的罪孽深重，直到殷国覆亡之日，民众才能免于荼毒。①

这里的"息"是"息止、停止"之意，可译为"悬崖勒马"，与"自介用逸"的"介"意义完全不同。其三，《诗经》中的"某A某B"式，A与B的含义均有别，林氏认为"攸介攸止"中"介"与"止"的意义相同，有违于这一规律。其四，依林氏之见，"烝我髦士"指的是众农夫，"攸介攸止，烝我髦士"意思当指农夫休息，这种解释不符合诗的主旨。本诗主要表现"曾孙"慰劳田间耕作的农夫，并祭祀土地神、四方神，祈求五谷丰登。诗末云"曾孙不怒，农夫克敏"，表明农夫的辛勤劳作赢得了曾孙的好感。农夫会在田间休息，但不宜在诗中表现，诗作者惜墨如金，也不会去描写这种与主旨不相干、甚至相抵触的场面。

（四）一致性问题

以上诸家训释，大多存在一个共同的问题，就是孤立地看待"攸介攸止"，没有照顾到《小雅·甫田》与《大雅·生民》中的"攸介攸止"在意义上的统一性。对《甫田》"攸介攸止"的训释，无论郑玄的"庐舍及其止息之处"，陈奂的"长大其黍稷，休息其民人"；还是王先谦的"长大其黍稷，收割其黍稷"，黄焯的"农事于是皆以止息"，都与《生民》中"履帝武敏歆，攸介攸止，载震载夙，载生载育"中的"攸介攸止"意义相差甚远。《诗经》中，凡相同的四字结构无论在同一篇章还是不同篇章重复出现者，意义都是相同的，没有例外。例如：

> 将翱将翔，佩玉琼琚。
> 将翱将翔，佩玉将将。（《郑风·有女同车》）
> 将翱将翔，弋凫与雁。（《郑风·女曰鸡鸣》）
> 言旋言归，复我邦族。
> 言旋言归，复我诸兄。

---

① 参见程水金：《〈尚书·酒诰〉绎文》，载《光明日报》2016年2月22日，第16版。

言旋言归，复我诸父。(《小雅·黄鸟》)
日归日归，岁亦莫止。
日归日归，心亦忧止。
日归日归，岁亦阳止。(《小雅·采薇》)
载驰载驱，归唁卫侯。(《鄘风·载驰》)
载驰载驱，周爰咨度。
载驰载驱，周爰咨谋。
载驰载驱，周爰咨度。
载驰载驱，周爰咨询。(《小雅·皇皇者华》)

以上诸家，未能明悉此一语言现象，未能联系两处"攸介攸止"统而观之，只见树木，不见森林。遇到讲不通时，便辗转相训，强为之解。此亦足见对文本的整体关照、把握，对《诗经》研究的重要性。

三、"攸介攸止"与祭祀求神

"攸介攸止"意义究竟为何？我们需要从文本的语境、语义、语法等方面作综合的分析。

首先，从文本的语境来看，《甫田》是一首描写王者于春耕季节祭祀方（四方之神）社（土地神）田祖（农神）并求雨的祈年乐歌，《生民》是一首描写周人先祖后稷的诞生和歌颂后稷的业绩的乐歌。两者都反映了一个共同的内容——祭祀。《甫田》祭祀的对象是四方神、土地神、农神，《生民》祭祀的对象是上帝。《甫田》祭祀的诉求是祈求农业丰收——曾孙之稼，如茨如梁。曾孙之庾，如坻如京。乃求千斯仓，乃求万斯箱；《生民》祭祀的诉求是祈求生子——厥初生民，实维姜嫄。生民如何？克禋克祀，以弗无子。祭祀过程牵涉到两个阶段，一是摆上祭品，向神灵表达诉求；一是神灵降临并赐福（通常由神尸做替身来完成）——神保是格，报以介福（小雅·楚茨）。《甫田》中"以我齐明，与我牺羊，以社以方。我田既臧，农夫之庆"，描写的是祭祀的前半段；"曾孙之稼，如茨如梁。曾孙之庾，如坻如京"描写的是祭祀的后半段。《生民》中"克禋克祀"描写的是祭祀的前半段；"履帝武敏歆"是祭祀的后半段，有了对上帝的祭祀、祈请，上帝（以神尸做替身）才会降临，姜嫄才能随上帝起舞，并踩到上帝的拇趾（或脚印）而受孕。"攸介攸止"的"介"（祈求)反映的是祭祀前半段,"止"(降临)反映的是祭祀的后半段。《甫田》中的"攸介攸止"描绘具体祭祀过程之前出现,起到一种总领作用;《生民》中的"攸介攸止"在描绘祭祀过程之后出现,接下来则描写姜嫄的妊娠和生育情况,起到一种承上启下的作用(上帝让姜嫄受孕,姜嫄方能妊娠、生育)。

其次,从文本的词义来看,"介"表示祈求,"止"表示降止、来至,都是《诗经》中常见的。

以为酒食,以享以祀。以妥以侑,以介景福。(《小雅·楚茨》)
来方禋祀,以其骍黑,与其黍稷,以享以祀,以介景福。(《小雅·大田》)
清酒既载,骍牡既备。以享以祀,以介景福。(《大雅·旱麓》)
曾孙维主,酒醴维醹。酌以大斗,以祈黄耇。黄耇台背,以引以翼。寿考维祺,以介景福。(《大雅·行苇》)

以上诗句,"介"均通"匄",为祈求义,最后一例,"介"与"祈"相对,适足以互相发明。林义光《诗经通解》最早指明"介"通匄,该书于上述诗句"介"号均用括号加注"匄"字,意为"介"皆当读为"匄",并于"为此春酒,以介眉寿"后注曰:"介读为匄,乞也。金文多言'用祈匄眉寿',祈匄者,祈乞也。"① 按:匄、介均为见母月部,音同。徐中舒《豳风说》:"'以介眉寿',介,铜器皆作匄。"屈万里《诗经诠释》:"介与匄声同义通,求也。金文多用匄字。"②《说文》:"匄,气也。"按:此义今作"乞"。段注:"气者,云气也,用其声假借为乞求、乞与字。俗义气求为入声,以气与为去声。匄训气,亦分为二义二音。《西域传》'乞匄亡所得',此气求之义也,当入声。又曰'我匄若马',此气与之义也,当入声。要皆强为分别耳。《左传》:'公子弃疾不强匄。'又子产曰:'世有盟誓,毋或匄夺。'皆言气求也。《通俗文》曰:'求愿若匄。'则是求之曰气匄,因而与之亦曰气匄也。今人以物与人曰给,其实当为匄字,《广韵》古达切,其字俗作丐。"③

沔彼流水,朝宗于海。鴥彼飞隼,载飞载止。(《小雅·沔水》)

---

① 林义光:《诗经通解》,中西书局2012年版,第164页。
② 转引自向熹:《诗经词典》,商务印书馆2014年版,第243页。
③ [汉]许慎撰,[清]段玉裁注:《说文解字注》,上海古籍出版社1988年版,第634—635页。

瞻彼洛矣，维水泱泱。君子至止，福禄如茨。（小雅·瞻彼洛矣）
营营青蝇，止于樊。岂弟君子，无信谗言。（小雅·青蝇）
绵蛮黄鸟，止于丘阿。道之云远，我劳如何！（小雅·绵蛮）

以上诗句，"止"均为降止、来至义。

再次，从"某A某B"构式的语法关系来看，A、B表示两个连续的动作行为，祈求（神灵）、（神灵）降止，正是祭祀过程中两个连续的动作行为。

最后，从一致性来，无论《甫田》的"攸介攸止"还是《生民》的"攸介攸止"解释为祈求神灵、神灵降止，都恰然理顺，略无滞碍，只不过"神灵"所指的对象不同而已，《甫田》中的神灵是四方神、土地神和农神，《生民》中的神灵是上帝。①

四、结论与余论

"攸介攸止，烝我髦士"的意义，需通过宏观、微观两个层面的考察，方能得出较为可信的结论。

所谓宏观层面，指的是上下文语境。《甫田》"攸介攸止，烝我髦士"的上文是："倬彼甫田，岁取十千。我取其陈，食我农人。自古有年，今适南亩。或耘或耔，黍稷薿薿。"表现的是曾孙到农田慰劳农夫，看到农民辛勤劳作，庄稼长势良好。下文是："以我齐明，与我牺羊，以社以方。我田既臧，农夫之庆。琴瑟击鼓，以御田祖。以祈甘雨，以介我稷黍，以谷我士女。"表现的是曾孙举行祭祀土地神、四方神的仪式，祈求天降甘霖，庄稼丰收。我们需要注意这里的"以御田祖"，御者，迎也，"以御田祖"就是迎接田祖，田祖需要迎接，说明田祖已经来了。田祖能来，是要通过降神仪式才能完成的。连接上下文的"攸介攸止"就应是这一降神的过程。这一降神过程，就是《诗经》中多次提到的"昭假"：

---

① 《小雅·信南山》："疆场翼翼，黍稷彧彧。曾孙之穑，以为酒食。畀我尸宾，寿考万年"与《甫田》："今适南亩，或耘或耔，黍稷薿薿。攸介攸止，烝我髦士"，描写的是相同的场景，因知"烝我髦士"，即"畀我尸宾"。先民祭祀时祈请完毕，还要以酒食招待神尸和宾客。

> 瞻卬昊天，有嘒其星。大夫君子，昭假无赢。（《大雅·云汉》）
> 天降有周，昭假天下。保兹天子，生仲山甫。（《大雅·烝民》）
> 噫嘻成王，既昭假耳。率时农夫，播厥百谷。（《周颂·噫嘻》）
> 穆穆鲁侯，敬明其德。敬慎威仪，维民之则。允文允武，昭假列祖。（《鲁颂·泮水》）
> 汤降不迟，圣敬日跻。昭假迟迟，上帝是祗，帝命式于九围。（《商颂·长发》）

神灵降临后，会依附于尸（神保）身上，尸也就成为祖先神灵的替身。因此，祭祀宴饮结束后，恭送神保回去，也就是恭送神灵回至天上。对此《小雅·楚茨》有较详尽的描述：

> 礼仪既备，钟鼓既戒。孝孙徂位，工祝致告。神具醉止，皇尸载起。鼓钟送尸，神保聿归。

所谓微观层面，指的是字际关系和句际关系。从字际关系来看，介即丐，意为招请（神灵），"止"意为（神灵）来到。"攸介攸止"为连谓结构，意为神灵已招请，神灵已来至。烝，进献也。髦士，杰出人士，这里指神尸及宾客，即《小雅·信南山》"畀我尸宾"之"尸宾"。"烝我髦士"，即祭祀后以酒食宴享神尸和宾客。

从宏观层面来看，《生民》"攸介攸止"前承"克禋克祀，以弗无子"，意思是说：姜嫄通过举行禋祀，招请上帝降临，借神力消除不生子之病；下启"履帝武敏歆，载震载夙，载生载育"，意思是说姜嫄跟着神尸跳起生殖舞蹈，其脚踏在神尸走过的脚印上，身体有了感应①，然后怀孕并生下了后稷。② 闻一

---

① 郑玄《毛诗笺》："如有人道感己者也。"朱熹《诗集传》："歆歆然如有人道之感。"
② 宋周去非《岭表代答》："人每岁十月旦，举峒祭都贝大王，于其庙前会男女无夫家者，男女各群，连袂而舞蹈，谓之踏摇。男女意相得，则男咿嘤奋跃，入女群中负其所爱而归，于是夫妇定矣。"由此推测，姜嫄与神尸之间可能发生了性行为，周振甫说，"实际是姜嫄同人野合而得孕"，见周振甫《诗经译注》，中华书局2002年版第351页。但诗中并未明言。今云南华坪傈僳族四门合脚舞，男女联袂相对而舞，双方的脚在抬起时常常触碰踩踏，推测这才是"履武"之本义，由此才会发生身心的反应，而踩足迹很难产生此种效果。于省吾认为，姜嫄履帝足子并非感神灵或感上帝，而是表现了妇女感图腾童胎入居体内而妊娠的虚幻想法。参见于省吾：《诗"履帝武敏歆"解》，见《中华文史论丛（第六辑）》，上海古籍出版社1965年版，第18页。

多先生对此有过精彩的描述：

> 上云禋祀，下云履迹，是履迹乃祭祀文化之一部分，疑即一种象征的舞蹈。所谓"帝"，实即代表上帝之神尸。神尸舞于前，姜嫄尾随其后，践神尸之迹而舞。

在禋祀与舞蹈之间，应当还有一个中间环节，就是向天神祷告表明心意，并招请天神到来，"攸介攸止"恰恰正是这一中间环节，有了"攸介攸止"，上述前后两个环节便实现了完美对接。

从微观层面来看，为了韵律的需要，诗作者对"攸介攸止"与"履帝武敏歆"的顺序做了调整。本应是"攸介攸止"在前，"履帝武敏歆"在后，只有先招请上帝，并使之神灵附着在神尸身上，姜嫄才会随着神尸跳起生殖舞蹈。"载震载夙"之"夙"通"息"（夙，心纽觉部，息，邪纽铎部，音近），全句意思是（胎儿）时而闹腾，时而安静。"履帝武敏歆，攸介攸止，载振载夙，载生载育"，意为：天神已招请，天神已附体，踩在天神拇趾上，姜嫄有了喜。胎儿时而动，胎儿时而静。十月怀胎后，后稷方出生。

参考文献

[1]［清］陈奂：《诗毛氏传疏》，商务印书馆1933年版。
[2]［清］王先谦撰，吴格点校：《诗三家义集疏》，中华书局1987年版。
[3] 黄焯：《诗疏平议》，武汉大学出版社2013年版。
[4] 林义光：《诗经通解》，中西书局2012年版。
[5] 闻一多：《闻一多全集》（第三卷），湖北人民出版社1993年版。
[6] 高亨：《诗经今注》，上海：上海古籍出版社2009年版。
[7] 余冠英：《诗经选》，人民文学出版社1995年版。
[8] 杨合鸣：《〈诗经〉疑难词语辨析》，崇文书局2003年版。
[9] 李山：《诗经选》，商务印书馆2015年版。

关于《滇国史》的几个问题的考察

黄懿陆先生的《滇国史》(以下简称黄著),对滇国的史料进行了认真细致的搜集整理,提出了不少新颖独到的见解,读之受益匪浅。有关滇国的历史,史书上只有一鳞半爪的记载,可谓书阙有间矣;因此,要构建一部比较完备的滇国史,就不能不借助考古学、民俗学、语言学等学科的支持,在这方面黄先生做了很好的工作。拜读黄先生大著之后,觉得有些问题尚有深入探讨之必要,特不揣浅陋,草成此文,以就正于黄先生及海内外滇国史的同好。

一、关于庄蹻是否为楚庄王苗裔的问题

《史记·西南夷列传》:"庄蹻者,故楚庄王苗裔也。"黄著否认了司马迁的这一结论,认为庄蹻不是楚庄王苗裔。理由是:"庄"并非楚王之姓,而只是楚王的名号。"庄"既非楚王之姓,故楚庄王苗裔不得姓"庄"[①]。楚庄王的苗裔究竟能不能姓"庄"(严格说来,这里的"姓"应为"氏")?要弄清这个问题,就要弄明白先秦时期"姓"和"氏"的关系问题。先秦时期,"姓"和"氏"并不是同一个概念。"姓"是一种由母系社会而来的族号,一般与图腾崇拜有关。《左传·隐公八年》:"因生以赐姓。"也就是说姓是根据出生的来源而命名的。如羌族先民认为他们来自羊,以羊为崇拜的图腾,便以"姜"为姓;商族先民认为他们来自玄鸟,以玄鸟之卵(子)为崇拜的图腾,便以"子"为姓。楚族先民以"芈"为姓,亦当来源于对羊的图腾崇拜。姓是一个民族区别于另一个民族的符号标识,历千年而不变。周王室的子孙遍及黄河上下、大江南北,建立了众多的诸侯国,可是他们都拥有一个共同的姓——姬。同样楚王室的子孙无论延续到哪一代,居住在什么地方,都有一个共同的姓—芈。氏是姓的分

[①] 黄懿陆:《滇国史》,云南人民出版社 2004 年版,第 84—87 页。

支,由于子孙繁衍,同一氏族分为若干分支而散居各地,各个分支的称号便是氏。《左传·隐公八年》:"胙之土而命之氏。"说的是根据封地的地名而命氏,如晋、宋、鲁、卫等氏都是以所封国的国名为氏,刘、苗、崔、栾等氏是以所封邑的邑名为氏。实际上,命氏的方式很多,远不止"以地名为氏"一种。应劭《风俗通义》云:"盖姓有九:或氏于号,或氏于谥,或氏于爵,或氏于国,或氏于官,或氏于字,或氏于居,或氏于事,或氏于职。"就指出了九种命氏的方式,这九种方式也只能概括氏之来源的大略,并不十分完备。楚庄王谥号为"庄",其子孙以"庄"为氏,属于应氏指出的命氏方式的第二种"氏于谥"。司马迁认为庄蹻之氏"庄",来源于楚庄王的谥号,他的说法,就先秦时期的命氏原则来讲是站得住的,不可随意抹杀。段学俭先生说:"景氏是楚平王的后代;平王的谥号是'景平王',他们以先王的谥号为氏,故曰'景氏'。昭氏是楚昭王的后代,也是以谥为氏"①。这说明在楚国以先王的谥号为氏是有传统的,司马迁说庄蹻是楚庄王苗裔言之有据,并非主观臆想,空穴来风。黄著以楚王不姓庄为由,否认庄蹻是楚庄王的苗裔,是混淆了姓和氏二者的区别。楚王之子孙都拥有一个共同的姓——芈,但他们的氏却可以千差万别。庄蹻之"庄"是"氏"而不是"姓",先秦时期的男人称氏而不称姓,只有女人才称姓。《战国策·楚策四》有"庄辛谓楚襄王"章,庄辛与襄王(顷襄王)同时,所以即使顷襄王又称庄王,庄辛也不可能是顷襄王的后裔,只能是楚庄王的后裔,这为庄蹻是楚庄王之苗裔又提供了一个佐证。有意思的是上引段学俭先生的一段话,黄著也曾加以引用,说明他是赞同景、昭二氏是来自楚国先王之谥的;景、昭也并非楚王之姓,难道能以此否认他们是楚王的苗裔吗?

二、关于庄蹻与昭常、召滑(邵滑)是否为同一个人的问题

黄著认为庄蹻与昭常、召滑是同一个人,"《战国策》中的庄蹻写作'昭常',《淮南子》写作'昭奇',《史记》写作'召滑',《韩非子》写作'邵滑'"②。事实果真如此吗?我们先来看一下黄著用作论据的有关典籍对庄蹻、昭常、召滑事迹的记载。

---

① 段学俭:《与屈原对话》,上海古籍出版社2002年版,第28页。
② 黄懿陆:《滇国史》,云南人民出版社2004年版,第84—87页。

楚国之民，齐疾而均，速若飘风；宛钜铁釶，利若蜂虿；胁蛟犀兕，坚若金石；江汉以为池，汝颍以为限；隐以邓林，缘以方城。秦师至，鄢郢举，若振槁。唐蔑死于垂涉，庄蹻发于内，楚分为五（《商君书·弱民》）。

始楚威王时，使将军庄蹻将兵循江上，略巴、蜀、黔中以西。庄蹻者，故楚庄王苗裔也。蹻至滇池，地方三百里，旁平地，肥饶数千里，以兵威定属楚。欲归报，会秦击楚巴、黔中郡，道塞不通，因还，以其众王滇，变服，从其俗，以长之。

以上为庄蹻事迹，载于《史记·西南夷列传》。

楚襄王为太子之时，质于齐。怀王薨，太子辞于齐王而归，齐王隘之："予我东地五百里，乃归子。子不我予，不得归！"太子曰："臣有傅，请追而问傅。"傅慎子曰："献之！地，所以为身也。爱地不送死父，不义。臣故曰献之便。"太子入，致命齐王曰："敬献地五百里。"齐王归太子。……（王）乃遣子良北献地于齐；遣子良之明日，立昭常为大司马，使守东地；又遣景鲤西索救于秦。

子良至齐，齐使人以甲受东地。昭常应齐使曰："我典主东地，且与死生，悉五尺至六十，三十余万，弊甲钝兵，愿承下尘。"齐王谓子良曰："大夫来献地，令常守之，何如？"子良曰："臣身受命敝邑之王，是常矫也，王攻之！"齐王大兴兵攻东地，伐昭常。未涉疆，秦以五十万临齐右壤，曰："夫隘楚太子弗出，不仁；又欲夺之东地五百里，不义。其缩甲则可，不然，则愿待战。"

齐王恐焉，乃使子良南道楚，西使秦，解齐患。士卒不用，东地复全。

以上为昭常事迹，载于《战国策·楚策二》。

前时王使邵滑之越，五年而能亡越。所以然者，越乱而楚治也。日者知用之于越，今忘之秦，不亦太亟忘乎？（《韩非子·内储说下》）

且王尝用滑于越而内句章。昧之难，越乱，故楚南察濑湖而野江东。计王之功所以能如此者，越乱而楚治也。

以上为召滑事迹，载于《战国策·楚策一》。

从这些史料可以看出，庄蹻是拥兵割据，后来又率军入滇的楚国将领，昭常是受命驻守东地的楚国大夫，召滑本是楚国大夫，后被派往越国，充当引发越国内乱的间谍。庄蹻自是庄蹻，昭常自是昭常，召滑自是召滑，三个人的事迹厘然分明，何得相混？从他们的家世来讲，庄蹻是楚庄王的苗裔，以庄为氏；昭常是楚昭王苗裔，以昭为氏；召滑为楚国大夫，极可能是以楚邑召（召陵）为氏，属于应劭所说的命氏方式的第七种"氏于居"。许慎《说文叙》："自彼徂召，宅此汝濒。"《左传僖公四年》："夏，楚子使屈完如师。师退，次于召陵。"其中的召、召陵均指此地。他们三人出身不同，行事各异，怎么可能是同一个人？

三、"昭"的称谓与越人有关吗？

黄著说："'昭'是越人语言，为越人对王的称谓；'昭'系楚国大姓，'昭'的称谓也与越人有关。"① "昭"的称谓真的与越人有关吗？我们知道，楚国的昭氏是以楚昭王的谥号为氏。要弄清这个问题，就要弄清楚谥号的赠予原则。所谓谥号就是根据死者的生前事迹，选用一个或几个字加以总结概括，作为死者的称号。这些字一般是事先规定并加以定义的。谥法用字主要分为三类：第一，表示褒扬的，例如：民无能名曰神，经纬天地曰文，威强睿德曰武，尊贤贵义曰恭，照临四方曰明，安民大虑曰定，辟地有德曰襄，博闻多能曰献，温柔圣善曰懿，安民立政曰成，圣闻周达曰昭，辟土服远曰桓，执义扬善曰怀。第二，表示同情的，例如：未家短折曰殇，年中早夭曰悼，死于原野曰庄，在国逢难曰愍。第三，表示贬斥的，例如：乱而不损曰灵，去礼远众曰炀，杀戮无辜曰厉，好变动民曰躁。楚国地处僻远，是否遵循华夏诸国的赠谥原则呢？根据史书记载，楚国的赠谥原则与中原并无二致。《左传·文公元年》："冬十月，（公子商臣）以宫甲围成王。王请食熊蹯而死。弗听。丁未，王缢。谥之曰灵，不瞑。曰成，乃瞑。"公子商臣赠予成王"灵"这种用于贬斥的恶谥，成王死不瞑目，直到赠予他用于褒扬的"成"作谥号，他才瞑目。

《左传·襄公十三年》："楚子疾，告大夫曰：'不谷不德，少主社稷，

---

① 黄懿陆：《滇国史》，云南人民出版社 2004 年版，第 84—87 页。

生十年而丧先君，未及习师保之教训，而应受多福。是以不德，而亡师于鄢，以辱社稷，为大夫忧，其弘多矣。若以大夫之灵，获保首领以没于地，唯是春秋窀穸之事，所以从先君于祢庙者，请为灵若厉，大夫择焉。'莫对。及五命乃许。秋，楚共王卒。子囊谋谥，大夫曰：'君有命矣。'子囊曰：'君命以共，若之何毁之？赫赫楚国，而君临之，抚有蛮夷，奄征南海，以属诸夏，而知其过，可不谓共乎？请谥之共。'大夫从之。"

楚共王因在鄢陵之战中战败，深感愧疚，因此请求楚国大夫在他死后赠予他用于贬斥的"灵"或"厉"作谥号。大夫子囊认为共王功业显赫，又能改过，没有采纳他的建议，用了具有褒扬意义的"共"（恭）来作他的谥号。以上事实表明，楚国的谥法同中原完全一致，楚昭王的谥号"昭"用的是"圣闻周达"之义，与越人无关。越人的"昭"代表"王"，表示王族，那是另外一个问题，与楚国的昭氏家族无关。

四、关于庄蹻率领什么人入滇的问题

《史记·西南夷列传》："始楚威王时，使将军庄蹻将兵巡江上，略巴、黔中以西。庄蹻者，故楚庄王苗裔也。蹻至滇池，方三百里，旁平地，肥饶数千里，以兵威定属楚。欲归报，会秦击夺楚黔、巴中郡，道塞不通，因还。以其众王滇，变其服，从其俗，以长之。"黄著认为庄蹻"将兵巡江上"应在楚顷襄王时，而不是在楚威王时。下面的问题是，庄蹻率领什么兵"巡江上"，又率领什么人入滇？黄著认为庄蹻是率领淮北"东地兵"巡江上，这是因为他把庄蹻与昭常混为一谈，我们在上文中已论其非。庄蹻是唐蔑战死后起事的楚军将领，他所率领的自然是随他起事的士兵，也包括他的起事队伍所经之处招募的士兵。庄蹻既然是起事将领，他"将兵巡江上"自然不是受楚王派遣，而是被楚王追剿所至。史籍云"庄蹻为盗于境内而吏不能禁"，不是说楚国不去镇压，而是楚国已没有力量镇压下去。巴、黔中郡是楚阻击秦的战略要地，如果庄蹻是受楚王派遣，他自然应该坚守此地，而不是弃之而南窜。庄蹻的起事部队被楚王追逐至巴、黔中以西，再被追逐至夜郎，复由夜郎而入滇，此理甚明。值得注意的是，巴、黔中郡是僰人的主要聚居区，古僰侯国就是在这里；秦由此修筑通往滇东北昭通的道路，称为僰道；汉在此设僰道县，《汉书·地理志》僰道县注："故僰侯国。"《水经注·江水注》："僰道县，本僰人居之，秦纪所谓僰僮之富者也";近年来发现的僰人悬棺也主要集中在这一地区,宜宾市珙县就是已发现的僰人悬棺数量最多,类型最为齐全的地区。战国中期,此地由于为秦楚拉锯争夺的地区,兵连祸结,人民生活十分痛苦。因此庄蹻到此地后,有大批僰人随他远征滇池,寻找乐土,实属自然之事。准此,随庄蹻入滇的军队中,既有跟随他起事的旧部,亦有为数不少的僰人。正是借助僰人这股有生力量,庄蹻军队才能所向披靡,占领了滇池周围数百里的土地,并在此扎下根来。文献材料和考古材料都为僰人入滇提供了有力的支持。《史记·货殖列传》:"巴蜀亦沃野,地饶卮、姜、丹沙、石、铜、铁、竹木之器。南御滇僰,僮。西近邛笮,笮马,牦牛。"《史记·司马相如列传》:"相如为郎数岁,会唐蒙使略通夜郎西僰中。""南夷之君,西僰之长,常效职贡,不敢怠堕。"说明滇国的主体民族是僰人。《后汉书·西南夷传》:"及王莽政乱,益州郡栋蚕、若豆等起兵杀郡守。"《汉书·王莽传》:"今胡虏未灭诛,蛮僰未绝焚。"王莽地皇三年大赦令:"及北狄胡虏逆舆、洎南僰虏若豆,孟迁不用此书。有能捕得此人者,皆封为上公,食邑万户,赐宝货五千万。"王莽镇压起义军后,即把地处建水、石屏之胜休县改为胜僰县,说明僰人已至滇南。元李京《云南志略》:"白人,有姓氏。汉武帝开僰道,通西南夷道,今叙州(宜宾)属县是也。故中庆(昆明)、威楚(楚雄)、大理、永昌(保山)皆僰人,今转为白人矣。"说明了重庆宜宾的僰人同云南僰人的源流关系。当然白人是多民族融合形成的一个民族,其中以汉人为主,与僰人并非同一概念。《史记·西南夷列传》:"西南夷君长以什数,夜郎最大;其西,靡莫之数以什数,滇最大;自滇以北君长以什数,邛都最大,此皆魋(椎)结,耕田,有邑聚。"滇国的主体民族是椎发之人,这在出土的古滇国青铜器上已得到证实;重庆宜宾的僰人岩画所画的僰人发髻高耸,亦属椎发之人。滇国青铜器上的滇人多以衣代裤,赤脚;宜宾僰人岩画上的僰人亦以衣代裤,赤脚。僰人悬棺曾出土一面铜鼓,鼓面为放射状太阳纹。铜鼓属于僰人的一个标志,是权力、财富和地位的象征。滇国国王墓葬亦随葬有铜鼓,铜鼓鼓面亦为放射状太阳纹,滇国铜鼓与僰人铜鼓具有同样的象征意义;两地均奉铜鼓为神物,盛行太阳崇拜。当然,随庄蹻入滇的僰人并非最早来滇的僰人,在庄蹻以前,就已有僰人在这里生活。庄蹻入滇后,僰人即成为这里的主体民族。今云南布朗族古籍记作"苞满""濮曼""蒲人",僰与苞、蒲、濮、布为一音之转;僰人有名无姓,男子称"阿",布朗族人亦有名无姓,男子称"阿"(艾),女子称"依";僰人椎髻,布朗族妇女的发型至今仍以头顶挽髻为主;僰人多穿紧身上衣,跣足,布朗人亦多着紧身上衣,跣足;僰人实行悬棺葬,布朗族先民亦实行悬棺葬。"崖葬曾经是云南各民族先民中普遍存在的一种丧葬习俗，如布朗族、佤族、德昂族等族的先民濮人。"① 僰人实行一次葬，布朗人亦实行一次葬。僰人悬棺皆朝向日出的方向，岩画上已多描绘太阳纹，表现出浓烈的日神崇拜，布朗人至今仍有迎接太阳的习俗。《史记·司马相如列传》："因朝冉从駹，定莋存邛，略斯榆，举苞满。""斯榆""苞满"是滇国的主要民族，"斯榆"指源自氐羌的寓（叟）族，"苞满"（布朗）即僰族。今布朗族当为古僰族后裔。

参考文献

[1] 黄懿陆：《滇国史》，云南人民出版社2004年版。

[2] 段学俭：《与屈原对话》，上海古籍出版社2002年版。

[3] 和少英：《逝者的庆典——云南民族丧葬》，云南教育出版社2000年版。

（原文刊于《大理学院学报》2009年第4期）

---

① 和少英：《逝者的庆典——云南民族丧葬》，云南教育出版社2000年版，第53页。

卜辞中夒、王亥与传世文献中喾、契之关系考

《史记·殷本纪》记载了较为完整的商族先公的世系："殷契，母曰简狄，有娀氏之女，为帝喾次妃。……契卒，子昭明立。昭明卒，子相土立。相土卒，子昌若立。昌若卒，子曹圉立。曹圉卒，子冥立。冥卒，子振立。振卒，子微立。微卒，子报丁立。报丁卒，子报乙立。报乙卒，子报丙立。报丙卒，子主壬立。主壬卒，子主癸立。主癸卒，子天乙立，是为成汤。"甲骨文出土后，著名学者王国维写了两篇很有影响的论文《殷卜辞中所见先公先王考》《殷卜辞中所见先公先王续考》，对《史记》记载的商族先公先王的世系进行了验证。《史记》记载的上甲微以下的先公世系，除报丁与报丙的位置弄颠倒了以外，其余与卜辞若合符节，完全一致。上甲微以上的先公世系，则未得到确凿的证明，卜辞中貌似先公的祭祀对象不少，但真正可以确定为商族先公的只有高祖夒、高祖王亥，《史记》中之契、昭明、相土、昌若、曹圉、冥、振，均不见于卜辞。《诗经·商颂》是商人后裔宋国公室祭祀其先祖的乐歌，具有很高的史料价值，但是对于商族先公，也只提到了帝（帝喾）、玄王（契）、相土。因此目前能够确定的商族先公只有夒、王亥、喾、契、相土。夒和王亥在卜辞中都被称为高祖，有专门的宗庙祭祀；喾和契在传世文献中亦均为商之始祖，喾为创生始祖，契为立姓始祖。那么，夒、王亥与喾、契的关系若何？正是本文所要探讨的问题。

一、夒与喾之关系考

关于夒与喾的关系，前辈学者王国维、郭沫若等人已有所发覆。王国维从通假、异文、古注、异称等几个方面梳理了夒、喾、夋（俊）诸字的关系。首先，从通假关系看，甲文之夒，毛公鼎之羞，克鼎、番生敦之柔，字形近同，盖夒、羞、柔三字古音同部，故互相通借。这就从语音关系上确定了甲文中的

🦴应是夒字。其次，从异文关系来看，《书序》之帝诰，《史记·殷本纪》作诰或俈，《史记·三代世表》《封禅书》《管子·侈靡篇》皆以俈为喾，若《书序》之说可信，则帝喾之名已见商初之书矣。诸书作喾或俈者，与夒声相近，其或作夋者，则又夒字之讹也。再次，从古注来看，《史记索隐》引皇甫谧曰："帝喾名夋。"《初学记》九引《帝王世纪》："帝喾生而神灵，自言其名曰夋。"《山海经·大荒西经》："帝俊生后稷"，郭璞注云："俊宜为喾。"复次，从异称来看，《山海经·大荒东经》："帝俊生中容"，《南经》："帝俊生季厘。"《左传》之仲熊、季狸，所谓高辛氏之才子也。《海内经》"帝俊有才子八人，实始为歌舞。"即《左传》之所谓高辛氏有才子八人也。凡此，均可证帝俊即高辛，亦即帝喾也。最后，从卜辞的称谓来看，夒被称为高祖夒，殷人的先公、先王中，除此之外，被称为高祖的只有两人，高祖王亥、高祖乙。高祖王亥即商的立姓始祖契（详下文），高祖乙即商朝的建立者大乙（成汤），被称之为高祖者均为开创时代的人物。①"卜辞惟王亥称高祖王亥，或称高祖亥，大乙称高祖乙，则夒必为殷先祖之最显赫者，以声类求之，盖即帝喾也。"②《礼记·祭法》："殷人禘喾"，喾为契父，为商人所自出之帝，故商人禘之。卜辞称高祖夒，乃与王亥、大乙同称，疑非喾不足以当之矣。③

郭沫若说："卜辞中的帝便是高祖夒，夒因音变为喾为俈，又因形误为夋为俊。夋、俊又因音变而为舜，后世儒者根据古代传说伪造古史，遂误帝俊、帝舜、帝喾为三人，这是明白可以断言的。"④ 我们需要补充的是，喾、俈又音变为尧，因此，夒、喾、尧、俊、舜，一也。其间的演变线索是：

    ↗（音变）喾、俈→（音变）尧
  夒
    ↘（形变）夋、俊→（音变）舜

《诗·商颂·玄鸟》："天命玄鸟，降而生商，宅殷土芒芒。古帝命武汤，正

---

① 王国维：《殷卜辞中所见先公先王考》，见《王国维考古学文辑》，凤凰出版社2008年版，第31—35页。
② 王国维：《殷卜辞中所见先公先王考》，见《王国维考古学文辑》，凤凰出版社2008年版，第31—35页。
③ 王国维：《殷卜辞中所见先公先王续考》，见《王国维考古学文辑》，凤凰出版社2008年版，第42页。
④ 郭沫若：《郭沫若全集：历史编》（第一卷），人民出版社1982年版，第326—327页。

域彼四方。方命厥后,奄有九有。商之先后,受命不殆。"《诗·商颂·长发》:"有娀方将,帝立子生商。玄王桓拨,受小国是达,受大国是达。率履不越,遂视既发。相土烈烈,海外有截。帝命不违,至于汤齐。汤降不迟,圣教日跻。昭假迟迟,上帝是祇。帝命式于九围,受小球大球,为下国缀旒。"可见,在商人及其后裔的心目中,他们是帝的子孙,帝一直在引导他们,保佑他们,因而帝受到商人及其后裔的无限敬仰和歌颂,这个帝就是帝喾,他们以帝为创生始祖,因而在卜辞中称为高祖夔。《国语·鲁语》:"殷人禘舜而祖契。"《礼记·祭法》:"殷人禘喾而郊冥,祖契而宗汤。"《礼记·丧服小记》:"礼不王不禘,王者禘其祖之所自出,以其祖配之。"由此可见,夔(喾、舜)一直被商人视之为始祖而受到隆重的祭祀。

二、契与王亥之关系考

卜辞中,王亥被称为高祖亥、高祖王亥,受到隆重的祭祀,祭祀用牲多达三十牛、四十牛、五十牛乃至三百牛不等。王亥具有十分强大的力量,既可以降福,亦可以降祸,因此商人禳灾祈福时都向王亥祭祀。王国维认为,王亥为契之六世孙,冥(季)之子,上甲微之父。卜辞之王亥与《世本·作篇》之胲,《帝系篇》之"核",《楚辞·天问》之"该",《吕氏春秋》之王冰,《史记·殷本纪》及《三代世表》中的"振",《汉书古今人表》之"垓",《山海经》的"王亥",《竹书纪年》的"殷王子亥""殷侯子亥"实为一人。① 此说一出,震惊海内,学者靡然风从。屈万里说:"卜辞之学,至此文出,几如漆室忽见明灯,始有脉络或途径可寻,四海景从,无有违言。三千年来迄今未见之奇迹,一旦于卜辞得之,不仅为先生一生学问最大之成功,亦近世学术史上东西学者公认之一盛事也。"② 令人深思的是,人们为王国维的新异之说所折服,只顾得对王国维顶礼膜拜,却忽视了此说的巨大缺陷。其一,卜辞中的王亥被称为高祖,受到殷民的无限景仰和隆重祭祀。卜辞中被称为高祖者,只有三人:高祖夔、高祖亥、高祖乙。高祖夔即帝喾,是商族的创生始祖;高祖乙即商汤,

---

① 王国维:《殷卜辞中所见先公先王考》,见《王国维考古学文辑》,凤凰出版社2008年版,第31—35页。
② 转引自袁英光、刘寅生编著:《王国维年谱长编》,天津人民出版社1996年版,第200—201页。

是商王朝的建立者。以此例之，处在高祖夒与高祖乙之间的高祖亥理应是商族开宗立姓的始祖。但如果以《史记》中的"振"就是卜辞的"高祖王亥"，难免令人生疑：此"振"既非立姓之祖，亦非开国之君，甚至《史记》对他的事迹未置一语，何德何能为后世子孙顶礼膜拜？《史记》中契的六世孙"振"与卜辞中的"高祖亥"应非一人。其二，如果认为《山海经》《楚辞·天问》《竹书纪年》中托于有易仆牛的王亥、该就是卜辞的"高祖王亥"，此人因在有易淫乱而遭到杀身之祸，何德何能而受到后世子孙的隆重祭祀？且看《山海经》《楚辞天问》《竹书纪年》的相关记述：

《山海经·大荒东经》："有因民国，勾姓而食。有人曰王亥，两手操鸟，方食其头。王亥托于有易、河伯仆牛，有易杀王亥取仆牛。"郭璞注引《竹书纪年》曰："殷王子亥，宾于有易而淫焉，有易之君绵臣杀而放之。是故殷主甲微假师于河伯以伐有易，遂杀其君绵臣也。"

《楚辞·天问》："该秉季德，厥父是臧。胡终弊于有扈，牧夫牛羊？干协时舞，何以怀之？平胁曼肤，何以肥之？有扈牧竖，云何而逢？击床先出，其命何从？恒秉季德，焉得夫朴牛？何往营班禄，不但还来？昏微遵迹，有狄不宁。何繁鸟萃棘，负子肆情？眩弟并淫，危害厥兄？何变化以作诈，而后嗣逢长？"

《竹书纪年》："（帝泄）十二年，殷侯子亥宾于有易，有易之君绵臣杀而放。"

综合来看，该、恒兄弟寄居有易，放牧牛羊。兄弟并与有易女淫乱，"该"被杀，"恒"被放逐。"该"在先商历史上是一个饱受诟病的负面人物，我们固然不能以现在的道德观点评价古人，但以"该"的所作所为，以及他在先商历史上的地位和作用，实在不值得后人顶礼膜拜。因此，《山海经》《天问》《竹书纪年》的"王亥、该"与卜辞的高祖亥应非一人。其三，也有人认为王亥是因为发明了牛车，并开经商之先河而受到后人的追捧与礼敬，"然则王亥祀典之盛，亦以其为制作之圣人，非徒以其为先祖"①，也就是说认为《世本·作篇》《吕氏春秋》当中发明牛车的胲、王冰就是卜辞中的高祖亥。这种说法有没有道理呢？我们且看文献的记述：

---

① 王国维：《殷卜辞中所见先公先王考》，见《王国维考古学文辑》，凤凰出版社2008年版，第31—35页。

《世本·作篇》:"胲作服牛,相土作乘马。"
《竹书纪年》:"帝相十五年,商侯相土作乘马,遂迁于商丘。"
《吕氏·春秋勿躬》:"王冰作服牛。"

胲(王冰)发明了服牛,相土发明了乘马,相土所做的贡献一点都不比胲(王冰)小,为什么就没有这么高的地位呢?这岂非厚此薄彼?至于亥(胲)开经商之先河,为商业始祖之说,可能源于王亥寄居有易仆牛。《楚辞·天问》:"该秉季德,厥父是臧。胡终弊于有扈,牧夫牛羊?"由此可知,"该"时商人尚处于游牧经济时期,因此该、恒兄弟到有易放牧牛羊是逐水草而居,并非到有易经商,以物易物。因而亥(胲)开经商之先河,为商业鼻祖之说完全是牵强附会,毫无根据。《世本》之"胲"、《吕氏春秋》之"王冰"与卜辞中的"高祖亥"应非一人。

那么,卜辞中的高祖亥应该是商族的哪位先公呢?答案十分清楚:契。

首先,契的历史地位配得上高祖这样的称谓,也配得上享有"三百牛"这样隆重的祭祀。《诗·商颂·长发》:"有娀方将,帝立子生商。"《史记·殷本纪》:"殷契,母曰简狄,有娀氏之女,为帝喾次妃。三人行浴,见玄鸟堕其卵,简狄取吞之,因孕生契。契长而佐禹治水有功。帝乃命舜曰:'百姓不亲,五品不训,汝为司徒,而敬敷五教,五教在宽。'封于商,赐姓子氏。契兴于唐、虞、大禹之际,功业著于百姓,百姓以平。"《国语·鲁语》:"殷人禘舜而祖契。"《礼记·祭法》:"殷人禘喾而郊冥,祖契而宗汤。"

其次,契为其母简狄吞服玄鸟之卵而生,与鸟的关系十分密切。《诗·商颂·玄鸟》:"天命玄鸟,降而生商,宅殷土芒芒。"《楚辞·天问》:"简狄在台,喾何宜?玄鸟致贻,女何喜?"《楚辞·九章·思美人》:"帝辛之灵盛兮,遭玄鸟而致诒。"卜辞中的高祖亥,亥上常附以鸟形,并且是唯一在名字上附加鸟形的殷先公,用以标明他和鸟的特殊关系。殷先公中和鸟有特殊关系的只有契,王亥在后人的心目中达到了图腾的地位,也只有契能与之相配。此为高祖亥为契的有力证明。

再次,契因是其母吞玄鸟之卵而生,被称为玄王。《诗·商颂·长发》:"玄王玄拨,受小国是达,受大国是达。"卜辞中亥被称为王亥、高祖王亥,与契被称为"王"一致。

最后,契做动词(契刻)古音在溪母月部,做人名应在匣母月部,后流入心母。古喉音晓匣母遇到细音当中的介音会发生塞化转入心、邪等齿音。故晓匚与心邪在谐声中常发生互谐现象。彗，邪母三等字，慧、譓为匣母字，嘒为晓母字。惠，匣母四等字，憓为心母字，穗为邪母字。离为蝎之本字，离为心母，蝎为晓母。亥为匣母之部字，与契双声，音近，契当为亥之音变。

三、余论

卜辞中的王亥、高祖亥、高祖王亥为殷始祖契，传世文献中的振、胲、核、该、王冰、子亥、王亥为契之六世孙，二者实非一人，不容混淆。司马迁著述严谨，当以《史记》中的"振"为正字，由于字形相近，讹变为胲、核、该等字，复以字音关系，再变为"亥"，至《山海经》，遂以此"亥"与殷始祖"王亥"相混。王国维《殷卜辞中所见先公先王考》《殷卜辞中所见先公先王续考》，以甲骨卜辞与传世文献互证，有许多重大发现，成为学术史上的经典之作。但其将传世文献中的振、胲、核、该、王冰等与卜辞中的王亥、高祖亥、高祖王亥视为一人，仅仅根据字形、字音关系，没有考虑到二者在身份和历史地位方面的巨大差异，过于轻率，不足为训。契是商族的建立者，理应享受最隆重的祭祀，卜辞中如果缺少对他的祭祀，是不可想象的。因淫乱而丧牛羊于有易国的"振"（该），使商族的发展受到重大挫折，在《楚辞·天问》《竹书纪年》里都受到诟病，在《周易》里更是作为反面教训被引以为戒①，如果此人在卜辞里作为高祖享受最隆重的祭祀，同样是不可想象的。这启示我们：在考据中，不能仅仅根据字形字音关系，就将出土文献中的某人与传世文献中的某人随意系联，而必须将其置诸历史语境当中，从身份、地位、事迹等方面加以综合考虑，庶几能得到比较正确的结果。

参考文献

[1] 王国维：《王国维考古学文辑》，凤凰出版社2008年版。

[2] 郭沫若：《郭沫若全集：历史编》（第一卷），人民出版社1982年版。

---

① 《易·旅卦》："鸟焚其巢，旅人先笑后号啕，丧牛有易，凶。"《易·大壮卦》："丧羊于易，无悔。"

国学的学理架构与国学经典论析

——兼评白兆麟先生《国学与中华传统文化》

习近平总书记指出："中华民族具有5000多年连绵不断的文明历史,创造了博大精深的中华文化,为人类文明进程作出了不可磨灭的贡献。"①"中华文明源远流长,蕴育了中华民族的宝贵精神品格,培育了中国人民的崇高价值追求。自强不息、厚德载物的思想,支撑着中华民族生生不息、薪火相传,今天依然是我们推进改革开放和社会主义现代化建设的强大精神力量。"②"要使中华民族最基本的文化基因与当代文化相适应、与现代社会相协调,以人们喜闻乐见、具有广泛参与性的方式推广开来,把跨越时空、超越国度、富有永恒魅力、具有当代价值的文化精神弘扬起来,把继承传统优秀文化又弘扬时代精神、立足本国又面向世界当代中国文化创新成果传播出去。"③白兆麟先生研习国学有年,造诣精深,耄耋之年仍在为传播国学不断奔走,《国学与中华传统文化》汇集了先生以国学为研究核心的28篇论文,思想深刻,见解精辟,是国学研究中的一部富有创见、别开生面的厚重之作。

纵观当代的国学研究成果,大多是国学的文献整理、国学传播、国学实践等,这些研究当然非常重要,但是要深入地研究国学,要使作为中华传统文化核心的国学能够建构起来,必须解决国学研究中的一些重要理论问题,要能够从宏观视野、国别比较、文本解读、研究方法等方面呈现出国学的中国属性,真正建立起国学研究的学理架构。

何为国学,争论已逾百年,大体可分为广义与狭义二者。广义论者,初期以胡适、吴宓为代表。1919年12月,胡适在《新青年》第七卷第一号《新思潮的意义》一文中提出"研究问题,输入学理,整理国故,再造文明"的口号。

---

① 习近平2012年11月15日在新一届中央政治局常委同中外记者见面时的讲话。
② 习近平2013年9月26日在会见第四届全国道德模范及提名奖得者时的讲话。
③ 习近平2013年12月30日在中共中央政治局第十二次集体学习时的讲话。

1923 年胡适在为北大国学门的《国学季刊》撰写发刊宣言时指出："中国的一切过去的文化历史，都是我们的国故，研究这一切的历史文化的学问，就是我们的国故学。"1925 年初，吴宓应聘到清华大学任教，出任国学研究院筹备主任，他认为："惟兹所谓国学者，乃指中国学术文化之全体而言。"① 刘梦溪先生对此提出质疑："定义国学为研究国故的学问，其内涵是不是有些过于宽泛呢？一个概念，如果它的内涵过于宽泛，外延的边际扩展得过于遥远，那么这个概念的内容就要流失，而使概念本身缺乏学理的确定性。"近年来，由于国学走热，有人提出"大国学"的概念，认为国学包括整个中国历史文化，刘梦溪先生直斥其非："将国学的内涵扩大到整个中国历史文化，如此，无异是把学术和学术研究的对象混为一谈，把国学和国学所要研究的历史资源混为一谈。殊不知，如果过分扩大国学概念的义涵范围，甚至扩大到将学问和学问的对象混为一谈，不仅国学没有了，天下所谓的学问也就不存在了。"② 狭义论者，认为国学就是儒学，至少说是"以儒学为主体的中华民族文化与学术"。这其中，影响最大的当属马一浮先生。1938 年 5 月，马一浮先生在浙大举办国学讲座，首讲即为《楷定国学名义》："今先楷定国学名义，举此名，该摄诸学，唯'六艺'足以当之。"③ 对此，刘梦溪先生极表赞同。他认为："定义国学为六艺之学，并不是要把国学儒学化，而是把国学复原为最高的经典之学。""六艺是中国学术的经典源头，是中国文化的最高形态。""六经不仅是中国学问的源头，也是中国人德范德传的渊薮，是中国人立德修德之基，同时也是中华立国的精神支撑。我们华夏民族，如无六艺为精神依据，便人不知何以为人，国亦不知何以为国。"④ 应该说，马一浮、刘梦溪先生从源头上把握国学，目光深邃，极具见地。此说之所以应者寥寥，恐与其对国学的定义过窄不无关系。首先，马一浮先生认为六艺可以"该摄诸学"，那么"诸学"是不是在"六艺"的范畴之内呢？如果"诸学"在"六艺"的范畴之内，那么简单以"六艺"代表诸学，就很容易引起误解，有以偏概全之嫌；如果"诸学"不在"六艺"的范畴之内，又谈何"该摄"呢？再者，把"国学"局限于一些学术经典，也有遗珠之憾。作为传统文献载体的汉字以及传统学术的独特的研究方法，岂可摒弃在国学之外？

---

① 吴宓：《吴宓诗集》，中华书局 1935 年版，第 1 页。
② 刘梦溪：《论国学之内涵及其施教》，载《文史哲》，2017 年第 2 期，第 5—19 页。
③ 马一浮著，刘梦溪主编，马镜泉编校：《中国现代学术经典马一浮卷》河北教育出版社 1996 年版，第 10 页。
④ 刘梦溪：《论国学之内涵及其施教》，载《文史哲》，2017 年第 2 期，第 5—19 页。

相比起来，白兆麟先生对国学的定义，兼具二者之长而避免了二者的不足："国学，按照我的理解，是指体现中华民族特色的古代文化、民族精神与思维方式的传统学术。国学是在西方文化大举侵袭的情况下，于近代产生的、与西学相对的一个学术概念和一种文化格局。其内涵至少包括三个层面：一是载体，主要指汉字；二是形态，即用汉字记载的经典；三是方法，及由经典传承所体现的重训释、重考证、重综合的方式和方法。"① 白先生的定义对国学的把握显然更加全面而准确。作为古代文献载体的汉字，理应是国学的重要组成部分。固然，每个国家都有文字，但中国特有的汉字系统在文化传承的价值上鲜有其他文字可比。汉字是属于表意系统的文字，保留了诸多远上古文化的信息，在一定程度上可以与古代文献形成互文，相互证发。书法艺术亦应是国学的组成部分，而书法艺术是汉字的艺术化，是在汉字的基础上形成的，如果把汉字摒弃在国学之外，书法艺术势必也要从国学中驱逐出去，皮之不存，毛将焉附？用汉字记载的经典是国学的主体，这是毫无疑问、没有争议的。那么经典传承所体现出来的研究方法能否列入国学藩篱呢？笔者认为也应该是没有疑问的。因为中国学术重训释、重考证、重综合的研究方法，与西方重统计、重逻辑、重分析的研究方法迥异其趣，体现出鲜明的中国特色，理应与经典一道，成为国学的组成部分。

何为国学经典？在国学的定义明晰之后，这个问题自然不难解答，国学经典不仅仅是儒学经典，而是能够体现中国古代文化、民族精神与思维方式的一切学术经典。道家、墨家、法家、名家、兵家、农家、阴阳家、纵横家的经典著作不消说是国学经典，中国化的佛学经典如《祖堂集》《六祖坛经》也应是国学经典，因为这些著作体现出了中国文化的精神以及中国化的思维方式。但国学经典的地位是不一样的。总体说来，原创性经典的价值要高于阐释性的经典，作为源头的经典的价值要高于作为支流的经典。在诸多国学经典中，白兆麟先生独重《易经》《老子》和《论语》，在收入本书的28篇文章中，有十篇文章对这三部经典做了深入的阐释和论述，其中论述《易经》的有三篇，论述《老子》的有五篇，论述《论语》的有两篇。

白先生对《易经》发展阶段及《易经》价值的认识，见解精辟，特别值得重视。白先生认为："(《易》)曾经历三个阶段。其一是《易》的自然形态，当为原始初民观察自然的集体智慧的结晶；其二是哲学形态，当由孔子整理，并吸收老子哲理而形成的哲学理念；其三是阴阳形态，即经过阴阳家改造，掺进

---

① 白兆麟：《国学与中华传统文化》，安徽人民出版社2014年版，第1页。

了原始迷信的消极观念。"① 任何一种观念的形成都离不开其生活的环境,《易经》观念的形成也不例外,对此白先生做了深刻的揭示:"八卦所代表的八种自然界的物质,与人类生活、生产密切相关,初民凭借自身的想象力,逐渐积淀为某种'意象'——想象系统。究其实质,它是中国上古时代的思维方式和文化符号,由物质之象转化为文化之象。这种符号系统,将人的感性经验与超感性的理性思考互相贯通。不难看出,其中有着古老中国早熟的大陆式农耕经济的背景。……《易经》中的八卦意象及其解说,综合性地反映了上古社会发展的概貌和中华民族早期的认识发展史。"② 社会存在决定社会意识,白先生的这一论断,无疑是符合历史唯物主义的中肯之论。白先生认为《易经》的第二阶段是由《易传》代表的哲学形态。"其(按:指《易传》)内容完全摒弃了宗教巫术,从而使《周易》成为一部内容丰富、思想深刻、结构完整的哲学论著。其思想内容大致有三:一是吸取了《易经》中所蕴涵的阴阳观念以及道家、阴阳家的阴阳学说,确立了'阴''阳'为《周易》的最高哲学范畴,所谓'一阴一阳之为道'即其最高哲学命题;二是关注春秋以来的'天人关系',提出了一套关于自然与社会普遍规律的'天地人'三才之道的完整的思想体系;三是继承了《易经》中的辩证思想,吸取了老子辩证学说,构筑了一个比较完整的辩证法体系。这些一直成为后来国学乃至文化史的核心思想。"③ 长期以来,不少人诟病儒家思想缺少哲学品格,缺少终极关怀,白先生对《易传》思想内容的提炼和概括,可以说是对这种看法的一种驳斥。儒家学说的哲学品格不是体现在《论语》《孟子》中,而是体现在《易传》中。难道只有构建了"天堂""地狱"之类的彼岸世界才算是终极关怀,"自强不息""厚德载物""生生不息",不也是一种终极关怀?至于《易经》第三阶段的卜筮形态,白先生的看法也极具见地。他认为:"《易经》之吉凶休咎的占问,曲折地反映出先民观察自然与社会矛盾运动的某些理性认识,其中显示着辩证法的因素。譬如《易经》概括出的一系列对立抽象的哲学概念和范畴'乾坤、泰否、损益、剥复'等,是强调矛盾对立的思想;又如'乾卦'之'潜、见、跃、飞'及'亢',体现了先民对自然与社会事物运动变化规律的认识与总结。"④ "即便在上古时代,占筮也只是部落或国家做出重大决策时的咨询手段,对它并不迷信。据五经之

---

① 白兆麟:《国学与中华传统文化》,安徽人民出版社 2014 年版,第 11 页。
② 白兆麟:《国学与中华传统文化》,安徽人民出版社 2014 年版,第 13 页。
③ 白兆麟:《国学与中华传统文化》,安徽人民出版社 2014 年版,第 4 页。
④ 白兆麟:《国学与中华传统文化》,安徽人民出版社 2014 年版,第 3 页。

一的《尚书·大禹谟》记载，虞舜决定传位于大禹时说：'禹！官占惟先蔽志，昆命于元。朕志先定，询谋佥同，鬼神其依，龟筮协从。卜不习吉！'可见，舜首先是自己做出决定，而龟筮只是'协从'；他还强调，若'占''惟先'，就会'蔽（人之）志。'"① "卜筮只是古人与天地神灵对话沟通的一种咨询的手段和方法。可以想象，大量与龟筮相关的卦爻辞，不过是原始部族在漫长的历史过程中采取重大行动的记录，其中也浓缩了中华远古时期的经验教训与人生感悟。中华文化的所谓'巫史'传统即由此而形成。"② 对于《易经》的价值，白先生主要从学术史的角度给予了充分肯定。他指出"国学的物质形态自然是那些影响巨大而又深远的经典，而作为我国文化学术之源头的当推《周易》。"③ "《周易》这部书深刻地体现了中华民族的精神发生、成长、定型的整个历史。孔子、老子这些大思想家，不断用其哲学思想来解释《周易》，所以说《周易》是儒家、道家发生学的源头，而《周易》提供的思维方式也深刻地影响了儒家和道家。这样的哲学自战国末年形成之后，两千五百年来一直是中国文化的主流。"④

　　白先生对《老子》阐释所做出的贡献，主要体现在三个方面：一是对《老子》一书的历史文化背景的揭示。长期以来，一些"主流"的学者认为老子的思想消极、反动，代表了没落的奴隶主贵族阶级，这是对阶级分析方法的滥用，是一种极其表象的肤浅之见。白兆麟先生认为，老子强调"无为而治""顺应自然"，是建立在原始社会到奴隶社会的大变革的社会背景之上的。"人类发展的历史告诉我们，当人与自然分离之后，人类的原始生存与自然状态同一的远古景象被破坏了，人类的社会关系开始分化，人性的内在分裂开始出现，是非、美丑、善恶这些在人的原始生存中未曾对立的意识开始萌生，混沌无知、朴素自然的境况业已破灭，人的社会行为和社会分工在促进人类的进步，而同时又反过来成为人类自我发展的异化力量，人的自由天性被人类所创造的文明所摧残。大凡身处时代最前列的思想家，对上述人类发展的严酷现实与黯淡前景都不会不加以关注。与主张'入世'的儒家强调人的社会性不同，倡导'忘世'的老子特别关注人的自然性。因此，老子强调返璞归真，并将其学说归结为一种顺应自然的'道'。从哲学的角度来看，《老子》一书所体现的，是对人类生

---

① 白兆麟：《国学与中华传统文化》，安徽人民出版社2014年版，第14页。
② 白兆麟：《国学与中华传统文化》，安徽人民出版社2014年版，第14页。
③ 白兆麟：《国学与中华传统文化》，安徽人民出版社2014年版，第2页。
④ 白兆麟：《国学与中华传统文化》，安徽人民出版社2014年版，第4页。

存状态与生命异化的理性关怀。"① 一个真正的哲学家，他思考的是自然、社会、人类等根本性的问题，简单地给他贴上阶级的标签，是粗暴和愚蠢的。一是对《老子》一书性质的阐发。"《老子》全书充满着推天道以明人事的性质。《老子》一书分'道经'和'德经'两篇，所谓'道'即'天道'，所谓'德'谓'德行'，前者指比较抽象而普遍的原则，后者主要指王侯个人所具有的品行与方术。这正是老子哲学所呈现的'天人之学'的特征，即正确处理天道与君王关系的根本原则——'无为而无不为。'""老子的'君人南面之术'，既不同于儒家所谓'仁义之道'，也有别于法家所谓'权势之术'。它是立足于'天道'，即建立在自然法则的基础之上的，因而具有普适性。也就是说，《老子》一书虽然其初衷是针对被称为'圣人'的侯王来说的，但其中赖以确立基础的'道'却是普遍适用于所有的人。"② 特别值得注意的是，由于韩非著有《解老》《喻老》，司马迁的《史记》又将老子与韩非同列一传，历来研究者多认为韩出于老，把老子之道与韩非之道混为一谈，对此白先生从"道纪、虚静、去智巧、无为"四个方面做出了厘清与辨正，把韩非之道从老子之道中清理了出去。"老子是以'法自然''知古始'为'道纪'，是立足于自然之'天道'；而韩非是把'万物之所以成'的'道'当作可以'纪纲万物'、可以判定'是非'的'理'，于是也就成为人间法治的根源。"③ "韩非所谓'虚静'自有其特殊的含义，并非如老子以'无思无欲'为虚静也。……韩非所谓'虚'是指心无成见，所谓'静'是指行动不躁，对君主而言，去其好恶则得其虚，依法治众则得其静。"④ "韩非以法令为有常之典，如若不去智巧，则将以智巧害法，而以智巧害法，则法失其常性。……韩非的'去智巧'是为了'法典'的通行无阻，这与老子所谓'道法自然'的'绝圣去智'有着本质区别。"⑤ "韩非以'各处其宜'为'无为'，说的是人君无好恶，按法而行，如同无其位而处其尊者，群臣莫知其处所，不可意度其主。……而老子以'处其朴''不事治'为'无为'。二人根本不同。"⑥ 一是对老子哲学中的重要概念"道""无""有""一"等做出了富有创见的解读。白先生指出："'道'是先秦诸子经常提到的极普通的概念：儒家倡导伦理之道，墨家提倡兼爱之道，法家奉行权术之道等。

---

① 白兆麟：《国学与中华传统文化》，安徽人民出版社2014年版，第38页。
② 白兆麟：《国学与中华传统文化》，安徽人民出版社2014年版，第36页。
③ 白兆麟：《国学与中华传统文化》，安徽人民出版社2014年版，第90页。
④ 白兆麟：《国学与中华传统文化》，安徽人民出版社2014年版，第90页。
⑤ 白兆麟：《国学与中华传统文化》，安徽人民出版社2014年版，第90—91页。
⑥ 白兆麟：《国学与中华传统文化》，安徽人民出版社2014年版，第91页。

再远些,殷商统治者信奉神道,西周统治者信奉天道。所有这些,在老子看来都是'常道',即可以凭靠经验感知的'形而下之道'。而老子之'道',可以'称道',可以解释,却不可感知,因为它是'非常道',即'形而上之道'。"①白先生对老子之道的阐释,不仅符合老子哲学中'道'的性质,而且可以在《老子》文本中得到验证,是非常富有说服力的。白先生指出:"'无'和'有'是'道'的两个属性,'无'是'道'之体,'有'是'道'之用。……既然'无'是'天地之始'之名,'有'是'万物之母'之名,那么当然是'无'生'有','有'生'万物'。"简言之,"无"与"有"乃"道"之一体双边,相辅相成。唯道体为"无",道才具有唯一性,至上性;唯道用为"有",道才具有本源性,生成性。《老子》共有八处十五个"一"字,其中三处是数词,没有异议,其余五处的"一",见仁见智,众说纷纭。白先生通过考证,认为这五处的"一",分别指称"一物""一体""一致"或"同一"。这些"一"虽然含有哲学的意味,有的甚至暗指所谓"道",但毕竟不是"道",与"道"并不具有同等的意义。

　　白先生对《论语》阐释做出的贡献主要有两个方面,一是对孔子之道性质的阐发,一是对孔子教育思想的阐发。白先生认为孔子之道可大致分为社会政治理想和道德修养理想两个层面。孔子的社会政治理想是建立一个安定和谐、上下有序的礼制社会。孔子的道德修养理想以仁爱为其思想核心和崇高目标,以诚信为沟通途径,以中庸为最高的道德行为标准。孔子在教育思想上"强调'修身',注重'为己'之学,也就是用文献学习来丰富学识,用仁义礼教加强自身的道德修养,提升自己的精神境界",促进作为社会的"人"的健全发展。

　　小学,即今之语言文字之学。小学之"小",是基础的意思,并非说简单、不重要,小学是学习、研究一切学问的基础。古代之小学,主要涵盖文字、训诂、音韵之学,治经学需要从小学入手,所以小学厕身经学之内,成为经学的附庸。近代以来,西方语言学传入我国,小学方从经学中独立,由附庸蔚为大国。小学为国学之重要组成部分,这是毋庸赘言的,这不仅因为小学中的文字是古代文献的载体,也不仅因为所有的经籍都需要阐释,而阐释就离不开小学,更因为小学具有自身的研究方法和研究范式,具有鲜明的中国特色。古代的语法学研究,包含在训诂之中,西方语法学传入我国后,语法学始得独立。白兆麟先生的小学研究主要涉及文字、训诂、语法、校勘,于训诂学、语法学更是卓然成家。本书中涉及小学的 20 余篇论文,思维缜密,逻辑清晰,新意迭出,

---

①　白兆麟:《国学与中华传统文化》,安徽人民出版社 2014 年版,第 28 页。

在白先生的小学研究中颇具代表性。

  文字方面，白先生主要关注的是六书，六书当中，于转注尤其措意。书中收录的《"转注"再论》《转注字之类型例析》即专门论述转注。由于许慎在《说文》中给转注所下的定义简单、含混，导致后人对转注的见解纷纭，莫衷一是，大体来说，有"主形说""主音说""主义说""形兼音说""音兼义说""形兼义说""形音义兼及说"七种说法。白兆麟先生在对六书的性质、六书内部的关系做了整体考察的基础上，从"建类一首，同意相受"（《说文》对"转注"的定义）中关键字"类、首"的训释入手，对"转注"做出了令人信服的解释。"其'类'即指'事类'，也就是语词意义的事类范畴，其'首'即大致标志事类范畴之部首的统首字。如此说来，'转注'之'转'谓义转，即由词义引申或音同假借而致字义的转变；其'注'谓注明，即注入相关部件而彰明原来字形所属的义类。……转注字应当包括两类：一是在原有字形的基础上追加意符；二是改造现成字原有的意符，其目的都是为了彰显原字所表示语词的新义。"① 白先生的这个定义，在字形方面，梳理清楚了转注与累增字、分别文的关系；在字义方面，梳理清楚了转注与引申、假借的关系，意义十分重大。

  训诂方面，白先生的贡献不仅体现在字词方面的训释，还体现在他在理论方面的创新，其中最重要的成果是"引申推义"方法的提出。传统上把训诂方法分为形训、声训（音训）、义训三种，白先生认为，义训与形训、声训并不在一个层面上，不能看作训诂方法。"'形训'即以形索义，'音训'即因声求义，二者都有一个探求字词意义所凭借的手段与条件，这就是语词的外部形式（字形）和内部形式（语音）。而传统所谓直陈词义的'义训'却并没有指明一个赖以借助的手段与条件。"② 以字形求义借助语词形体，以语音求义借助语词读音，从词义本身规律探求词义借助的是引申规律（白先生称之为"引申推义"），因而引申推义应当是与形训、声训并列的训诂方法。"前人的训诂实践和传统的训诂理论告诉我们，古代文献的字词有所谓本义和引申义，又有所谓语源义以及通假义。以形索义的'形训法'，它所探索的是字词的本义；因声求义的'音训'法，它所探求的是字词的语源义及通假义。而古代文献里大量出现的引申义（转义），传统训诂学的所谓'义训'并没有为我们提供什么探明的方法。这应该说是一个明显的缺憾。古代训诂家的训诂实践可以给我们以启示，探明字词的转义（引申义）是凭靠词义的引申规律。因此，提出'引申推义'

---

① 白兆麟：《国学与中华传统文化》，安徽人民出版社2014年版，第105页。
② 白兆麟：《国学与中华传统文化》，安徽人民出版社2014年版，第150页。

的方法，以此探明字词的转义（引申义），正好可以弥补上述两种方法的不足。"① 这样，白先生就建立了一个相当完备的训诂方法体系：

以形索义法（形训）——依据形义相关原则——索其本
因声求义法（音训）——依据音近义通原理——探其源
引申推义法（转训）——依据词义引申规律——推其流

语法方面，白先生主要致力于古汉语复句方面的研究，收在本书中的三篇语法论文，就有两篇是探讨古代汉语复句的。先生在复句研究方面的贡献与特色，中国社会科学院研究员姚振武先生有很中肯的评价，谨以此作结：

> 复句研究，尤其是上古汉语复句研究，历来是语法研究中的难题，许多人视为畏途。先生不仅对结构主义观点有透彻的了解，而且还具有极为深厚的训诂学功底。这两方面的有机结合，使得他能够举重若轻，游刃有余，并且频频指出前人的失误。这些失误，有的是因为对句子的语义缺乏准确的把握而造成的结构分析上的偏差，有的则是因为对句子结构认识不清而造成的对句子的语义的错误理解。这样的精彩在书中比比皆是，体现了本书的特色。②

参考文献

[1] 胡适：《〈国学季刊〉发刊宣言》，载《国学季刊》，1923 年第 1 期。
[2] 吴宓：《吴宓诗集》，中华书局 1935 年版。
[3] 刘梦溪：《论国学之内涵及其施教》，载《文史哲》，2017 年第 2 期。
[4] 马一浮著，刘梦溪主编，马镜泉编校：《中国现代学术经典马一浮卷》，河北教育出版社 1996 年版。
[5] 白兆麟：《国学与中华传统文化》，安徽人民出版社 2014 年版。
[6] 姚振武：《〈盐铁论〉句法研究》，商务印书馆 2003 年版。

（原文刊于《华中国学》2019 年第 1 期）

---

① 白兆麟：《国学与中华传统文化》，安徽人民出版社 2014 年版，第 152 页。
② 转引自姚振武：《〈盐铁论〉句法研究》，商务印书馆 2003 年版，序。

国际汉语教育视域中的动物文化等级教学

动物词语本来是无所谓高低贵贱的,在这个意义上说,各民族动物词语的指称意义是基本相同的。但是,我们知道,不同语言中动物词语是不等值的,不能互换的,这是因为他们具有不同的文化含义。汉代王逸《离骚经序》里说:"善鸟香草,以配忠贞;恶禽臭物,以比谗佞;……虬龙鸾凤,以托君子;飘风云霓,以为小人。"可见,各民族根据自己的生活体验会赋予动物不同的认知,这种认知通常以隐喻的方式保存在语言中。按照王希杰先生(1996:183—211)零度和偏离理论,我们把动物词语指称义和文化义的中点定为零度,凡指称的意义属正面的、积极的、强有力的,我们把它称为从零度开始的正偏离,而凡指称意义属反面的、消极的、弱小的,称为负偏离,从而将动物词语分为三个等级:第一等级为正偏离,第二等级处于零度,第三等级为负偏离。第一等级的动物是人们所喜爱的,第二等级的动物则是好坏共有的,第三等级的动物则基本是文化意义处于负极的动物。鉴于文章篇幅有限,不可能将所有动物罗列出来进行分析,本文将着重对与人们生产、生活息息相关的动物词语进行文化等级研究,并探究它们在国际汉语教育中的应用。

一、词语中动物形象所体现的文化等级

日常生活中常见的动物词语,往往以客观的物理世界中存在的动物为基础,即这些动物绝大多数都是客观存在的。我们对这一类动物的褒贬、喜好,很大程度上取决于动物本身的外貌特征和生活习性。一般来说,形体壮丽优美有价值的动物容易获得人们褒义的评价,相反,形体丑恶,有害无益的动物就往往会得到贬义的文化评价。如虎是兽中之王,力大威猛,使人产生一种勇敢、强悍、威武的联想,汉语中把勇将喻为虎将,把勇猛善战的人喻为虎胆英雄,而勇猛健壮、精力充沛的年轻人常被称为小老虎,这些词语往往处于较高的文化

等级。而老鼠形象猥琐，偷窃成性，又被列为"四害"之首，使人产生恶感，成语"贼眉鼠眼、鼠目寸光、鼠窃狗偷、鼠肚鸡肠"都是从老鼠的形象和特征入手来比喻多种小人的，因而老鼠处于低文化等级。

　　但我们又必须看到，物理世界中动物本身的特征只是动物词文化等级形成的客观基础，最终要受到民族文化的制约。在中国传统文化中，存在着一个特殊的动物类别，它们只存在于人们的观念之中，是观念而非实体。中国古代就有"四灵"之说，《礼记·礼运》说："麟、凤、龟、龙，谓之四灵。"这四种动物除了龟是现实存在的，其他三种都仅存在于人们的观念之中，而这三种动物虽只是观念而非实体，反倒处于较高的文化等级。这是因为，"麟""凤""龙"对中华民族来说所积淀下来的文化信息太多了，它们只出现于表现积极、正面意义的成语、俗语中。自西汉刘邦将自己塑造成为蛟龙的子嗣后，龙由远古时代的部落图腾一跃成为了封建帝王的象征——象征着帝王的权力和地位，特别指称皇帝和与皇帝有关的事物，如龙颜、龙种、龙子、龙庭、龙轩、龙床、龙帐、龙袍、龙袖、龙飞、龙兴，等等。而由龙构成的成语也带有尊贵、积极的、正面的意义，如龙凤呈祥、龙飞凤舞、龙雏凤种、龙颜凤姿、龙虎风云、龙行虎变、龙腾虎跃、生龙活虎、虎踞龙盘。即使在现在，龙所表现出来的文化意义基本未发生大的改变，仍表现出尊贵、积极的文化意义，例如：龙船、龙骨、龙灯、龙门、龙珠、龙骧、龙眼、龙驹、人中龙，等等。甚至我们自称为龙的传人，这些都说明了龙这一观念中的动物处于较高的文化等级。

　　与此相对应的是凤。在民俗文化中，凤也是象征与帝王有关事物的神灵之物，为"四灵"之一。《说文解字》："凤，神鸟也。凤飞，神鸟从以万数。"在古人心中，凤乃百鸟之王，故民间艺术中有"百鸟朝凤"的剪纸，也有"百鸟朝凤"的绣花图、又有"百鸟朝凤"的乐曲。凤在古代又是帝后的象征，因此，皇后穿凤衣，戴"凤冠"，住"凤阁"，卧"凤獭"，乘"凤辇"，立"凤仪"，展"凤姿"。人们还称文才荟萃之所为"凤穴"，皇帝继位前的旧居为"凤邸"，京城为"凤城"，诏书为"凤诏"。稀少的珍贵之物称为"凤毛麟角"，穷苦人家出来的才俊之士称为"凤凰男"。传说凤非梧木不栖，因而称梧枝为"凤条"。

　　麒麟也具有大致相同的特征。麟被古人视为圣出则见的奇异之兽，被当作一种吉兆。与麟相关的词语或成语也比比皆是。如麟阁、麟台、麟瑞、麟德、麟角凤嘴、麟肝凤髓、麟子凤雏、凤毛麟角。可以看出麟往往与凤并列出现，龙凤同样如此，如凤子龙孙、龙兴凤举、凤骞龙蹯、龙凤呈祥，把它们并列表面上是对偶变化的需要，在深层语义上，说明它们属于同一的文化等级。

由此可见，这些神话了的虚拟的动物，往往是民族精神的体现，寄托了人们对美好生活的向往，因而处于文化等级的最高层，由它们构成的词或语也因此具有了尊贵，吉祥的意义。虎是现实中的动物，但也处于文化等级的最高层。人们对虎的感情颇为复杂，可谓爱恨交加。虎具有勇敢强悍、力大威猛的形象特征，这是为人们所推崇的一种品质，因此用虎构成的词语多有正面意义，如虎胆、虎略、虎威、虎贲、虎臣、虎将、虎子、虎女。成语中虎也经常与龙并列出现，如虎步龙行、虎握龙跳、虎踞龙盘、虎略龙韬、虎超龙骧、虎啸龙吟、虎踞龙骧、虎变龙争。这使其文化意义上的正偏离进一步凸显；但同时由于虎又具有凶残霸道的一面，用虎构成的词语也有一些具有负面意义，如坐地虎、拦路虎、母老虎，笑面虎。在词语中也与一些具有负面形象的动物并列，如虎豹、虎狼、豺虎、虎视鹰瞵、虎踞鲸吞、虎啸狼嚎、虎党狐侪、豺狼虎豹、如狼似虎，其意义又呈现出负偏离，使之不同于龙、凤、麟，但其主流仍然是趋向于文化等级的正极。我们将这类动物归为文化等级的第一等级。

比它们低一级的有牛、马、羊、猴。牛在农耕社会中占有极为重要的地位。在中华民族中，"牛"总是与勤劳执着、任劳任怨、默默奉献的情感联系在一起。"孺子牛""老黄牛""如牛负重""吃的是草，挤的是奶"，直到现在深圳特区的大型雕塑"拓荒牛"都是这一情感的表露。牛身躯庞大，在畜类当中首屈一指，因此在当代口语中，牛获得了"厉害、出众"的意义，如"牛人"。但同时由于牛具有忍耐的特质，它较之龙虎又显得低贱且愚蠢，因此词语中有笨牛、牛骥同皁、牛童马走，连牛鬼蛇神、牛黄狗宝这些原来具有褒义的词语也逐渐沦为贬义。马作为我国古代重要的交通工具和作战工具，在古代人民的心中具有较高的地位，出现了天马、神马、龙马、千里马、识途马、兵强马壮、横戈跃马、金戈铁马、一马当先、万马奔腾、龙马精神、马到成功、老骥伏枥志在千里等词语。但随着社会的发展，这种重要性渐渐消减，因此，偏离于负极的词语出现了，如马屁精、溜须拍马等。羊因为汉语所特有的谐音这种语言形式，羊与祥谐音，因而在中华文化中是吉祥幸福的象征，古人认为羊是充满灵性的动物，驯良的羊给中国人的印象就是温和的，善良的。成语中羊多指弱者，如羊质虎皮、羊落虎口、待宰羔羊等。近代随着西方文化的传入，羊又多了另外的一层含义，如迷途羔羊、两脚羊、替罪羊。同样因为汉语中谐音这种语言形式，猴在古代具有正面意义，它与侯谐音，象征封官加爵，同时由于猴的聪明机灵，大多数情况下它的偏离与文化等级趋向于正极，如猴精、机灵猴、猴子托生的满肚子心眼；但猴的形象不佳，因此有"瘦猴、尖嘴猴腮"这样的词语。猴机灵、聪明，但其凶猛不足，在动物世界中处于中等地位，因此有

"杀鸡吓猴""山中无老虎,猴子称霸王"这样的词语。

这类动物词语有个共同点,它们同时具有正偏离和负偏离两种趋势,它们不会引起人们明显的喜爱和明显的厌恶,我们把这类动物词归于动物词语文化等级的第二个层次。

处于文化等级第三个层次的动物有狼、蛇、龟、猪、狗、鼠等。

狼与虎同为凶狠的动物,因此虎狼常连用,比喻凶狠残暴,如如狼似虎、虎狼之心、虎狼之威、引狼拒虎、前怕狼后怕虎、前门去虎后门进狼。但狼远远不如虎那样幸运,简直成了凶狠残忍的代名词,如色狼、饿狼、狐狼、豺狼、狼心狗肺,狼子野心、狼猛蜂毒等。雪上加霜的是,狼还被赋予了负心、不懂感恩的意义,如中山狼、白眼狼。近年来有部小说叫《狼图腾》,后来还被改版成了电影,试图为狼漂白,为狼赋予坚忍、团结等正面意义,但收效甚微。

蛇在中华民族文化中往往是邪恶、狡诈的代名词,如毒蛇、美女蛇、地头蛇、蛇蝎心肠等。因而将其置于负偏离的一端,与此相似的还有龟。古代它曾与"龙、凤、麟"同时被称为"四灵",是长寿的象征,与龟相关的成语有龟毛兔角、龟厌不告,这些都是正面意义的表达,加之龟同贵谐音,龟在中国古代很长时期内几乎是只褒不贬、有吉无凶的尤物。到宋代龟开始沦为市井贱物。龟儿子、龟孙子、王八成为最恶毒的詈词。

猪据说是很聪明的动物,但在中华文化中却与笨、懒联系在了一起,评价很低,词语中有笨猪、蠢猪、懒猪、猪脑子、猪一样的队友等。猪甚至出现在了詈词中,如死猪、脏猪、猪猡、老猪狗、猪狗不如等。由于猪的文化等级低,称谓只能用于谦称,如称自己的孩子为豚儿、小豚。

在西方文化中,狗是人类的朋友,是忠诚的象征,但在中华文化中,狗与势利捆绑在了一起,被赋予了负面意义,如狗腿子、狗仗人势、狗眼看人低等。狗还经常与猪、狐、鸡、蝇等负面词语配合使用,如泥猪癞狗、狐朋狗友、偷鸡摸狗、蝇营狗苟等。狗还是最常用的詈词,如狗屎、狗屁、狗官、狗奴才、狗东西、猪狗不如、狗改不了吃屎等。狗的文化等级低,称谓只能用于谦称,如称自己的子女为犬子、犬女。

鸡在古代曾被称为五德之禽。《韩诗外传》说它头上有冠,是文德;足后有距能斗,是武德;敌在前敢拼,是勇德;有食物招呼同类,是仁德;守夜不失时,是信德。但其后其形象却日趋沦落,竟成为卑微、琐细的代名词,如鸡毛蒜皮、鸡零狗碎、鸡鸣狗盗、鸡肠狗肚、一人得道鸡犬升天等。

鼠的形象猥琐,又常常偷吃人类的食物,咬坏人类的财物,获得负面的评价本不足怪,在词语中难免被打上耻辱的印记,如鼠计、鼠遁、鼠胆、鼠窜、鼠黠、鼠窃、鼠目寸光、鼠肝虫臂、鼠肚鸡肠、贼眉鼠眼、獐头鼠目、鼠头鼠脑、鼠迹狐踪、鼠屎污羹、鼠窃狗盗、过街老鼠人人喊打等。鼠子、鼠贼、鼠辈、鼠狗、鼠雀之辈、鼠心狼肺等更成为詈词。

这些经常用来作为詈词的动物在隐喻时无疑处于负偏离状态，因此，我们把这类词语归为中华民族文化等级的第三层。

二、动物文化等级产生的成因

我们知道，汉语不仅是承载文化的工具，其本身就是一种文化现象。而任何文化现象的形成都不是一朝一夕的，它是经过历史洗礼之后祖辈留给我们的宝贵精神财富，它所携带的历史内容是我们再现过去，了解历史的珍贵资料，它在反映我们物质生活的同时，更是中华民族精神世界的写照。"任何文化类型或模式的产生都不是一时的，而是有着深远的历史背景。"（徐行言 2004：66）要让外国学习者了解汉语动物的文化等级，必须厘清汉语动物文化等级产生的来龙去脉。

首先，汉语动物的文化等级反映了中华民族的物质生活世界。戴昭铭（1996：11）："语言世界是人所建立的蕴含着人的全部精神创造的关于物质世界的镜像。"中华民族是农耕民族，因此，马牛等动物在中国的历史上就不仅仅充当简单的食物角色，它还是生产工具，交通工具，甚至是战略物资，它们在中华民族的历史上与人结成了密切的伙伴关系。人名是反映动物文化等级的一个晴雨表，一般来说越是等级高的动物，在人名中出现的频率越高。春秋战国时期，牛广泛用于耕田，在生产中扮演了重要角色，因此出现了很多与牛有关的人名。有人做过大致统计，仅《左传》中以牛为名的有穆子之子取名为牛，此外还有黔牟、郤犨、干犨、伯州犁、公孙弥牟、司马牛等。从汉代开始，马从简单的生产工具上升到战略储备的位置，它自然就成为人们为国出力的愿望的具体物化，于是，以马或马旁字入名的人便多了起来。时至今日，随着生产力的进步，人类告别冷兵器时代，它们作为生产工具、交通工具的功能已经大大减弱，而其作为战略物资的社会功用已基本消失，其地位自然随之下降。猪羊主要用作人们的食物，其地位还比不上马牛，因羊比猪的形象稍佳，又谐音"祥"，所以比猪的文化等级要高一些。狼对人的生命财产都会造成威胁，文化等级素来较低。鼠不仅形象猥琐，而且偷食人们的食物、破坏人们的财产，自然处于最低的文化等级。

其次，汉语动物的文化等级也反映了中华民族的精神生活世界。戴昭铭（1996：28）："民族精神的一切因子无不像血液一样渗透到民族语言的每一个方面，我们也就可以通过对民族语言的分析来认识民族精神的特征。"这主要体现在几个方面：

第一，汉语动物的文化等级反映了人们趋吉避凶的美好愿望。古代生产力水平低下，科学技术不发达，人们往往把各种灾异现象、疾病祸福寄托于动物植物等自然现象。处于文化等级较高的动物，被人们认为是吉祥的、可以带来祥瑞的，而处于较低文化等级的动物就被人们认为是灾异的先兆。所以人们对文化等级较高的动物往往带有一种欣喜、欢迎的态度，而对于处于较低文化等级的动物则表现出某种厌恶。所谓"龙凤呈祥""凤凰来仪"就是这种观念的体现。民间流传"喜鹊报喜，乌鸦报丧"的说法，喜鹊是搭起鹊桥的神鸟，象征着吉祥，好事将至，很多的民间风俗画中，喜鹊都是终岁重要的角色，民间还有"喜鹊叫，客来到"的说法；而乌鸦则因其悲惨的叫声，丑陋的外貌，引起的就只能是关于灾异征兆的联想，过去的人清晨听到乌鸦叫，都要提心吊胆一整天，生怕遭遇不幸。

第二，汉语动物的文化等级还反映了人们的伦理道德观念和民俗心理。正如前文所说，语言文字是人类的创造物，是人类文明的成果之一。作为人类的创造物，必然体现着人类社会的伦理观念、道德标准，这在动物词语等级方面有很明显的体现。我们往往将具有符合人类伦理道德标准的行为的动物认为是益禽、益兽，将适应人们民俗心理感情需要的动物置于文化等级的较高部分。例如，鸳鸯一夫一妻，终身相伴，我们就把它认为是对爱情忠贞不渝的表现，它符合了中国"孝悌忠信礼义廉耻"的伦理道德观念，相反，鸨本为鸟名，状似雁而有斑纹，足无后趾，古人认为它喜淫而不足。在"万恶淫为首"的封建社会，鸨于是便成了娼妇的代名词，后来人们称管理妓女的老妇为"老鸨"，相似的情况还有龟，它本来与"龙、凤、麟"同时被称为"四灵"，是长寿的象征。但到了禁欲主义广为传播的宋代，龟开始沦为市井贱物。可见，伦理道德及民俗的广泛性和深入性，让动物文化无处不在。在民俗中反映出来的动物文化也是多元的，多层次的。人们不喜欢依仗人势、摇尾乞怜的狗，于是狗便成了詈词中最常见的，也被置于文化等级的最低级，但同时，许多人同样又在心里认为狗是忠诚的朋友，当然这是近年来才产生的变化，并未改变人们的民俗心理，与狗相关的詈词还是在人们争吵时不时跳出来满足人们发泄的需要。

第三，汉语动物的文化等级还反映了人们的审美趣味。虎与狼同为凶猛的动物，同样会对人们的生命财产造成威胁，但虎威风凛凛，形象、气质俱佳，所以被赋予了勇敢、威猛的正面意义；狼的形象欠佳，因此被赋予了残暴、狡诈等负面意义。猪、羊同为六畜之一，羊的形象较猪为佳，因此猪常常用作詈词，羊从来不用作詈词。同为鼠类，松鼠长着长长的尾巴，逗人喜爱，家鼠形象猥琐，遭人厌恶。

三、汉语中的动物文化等级与对外汉语教学

"语言是思想的直接现实"这是马克思的名言，任何语言反映的都是思想活动的成果，汉语中动物词语就其指称意义来说，是客观动物世界的反映，但就其文化意义来说却远非仅仅如此，它成为了人们思想观念的承载物。要在对外汉语的课堂上向外国学生讲清汉语动物的文化等级，就必须做好中外思想文化的比较。

第一，汉语中的一些动物虽然可与西方的一些动物名称对应，但渊源不同，因而其承载的观念与感情也不一致。龙的形象最初是鱼和蛇的混合体，是华夏民族的图腾。在历史的发展过程中，华夏族不断融合周边的民族，发展成了汉族，龙也不断融合其他的动物形象，发展成了一种综合性的虚拟动物，成为中华民族共同的崇拜对象，也成为中国人心目中美好、吉祥、权威的象征。英语中的 dragon，源于拉丁语 draconem，本指一种巨大的蛇，后来演变为一种长着巨大的翅膀，拥有强大的力量及魔法能力的传说动物，是中世纪以前力量与神圣的象征，但在基督教中却沦落为邪恶的代名词。当今，西方对龙的看法已经脱离了绝对的邪恶，更多的是一种拥有力量的中立生物。凤本是中国东方崇拜鸟的民族的图腾，在后来的发展中也成为吉祥美好的象征。在西方传说中，凤凰（phoenix）是人世间幸福的使者，每五百年它就要背负着积累于人间的所有痛苦和恩怨情仇投身于熊熊烈火中自焚，以生命和美丽的终结换取人世间的祥和和幸福。凤凰浴火重生后，其羽更丰，其音更清，成为美丽永生的火凤凰。虽然中西方凤凰的形象都是美好的，但其精神实质大异其趣。

第二，中国人对某些动物的认识与西方人的角度不同。在中国长期的封建社会里，富贵人家养狗看家护院，对着过往的穷人狂吠，因而狗被深深地打上了势利、帮凶的烙印。西方人更看重狗对人类的忠诚，因此把它当作家人样看待。因此在西方狗的文化等级比中国高得多。"喜鹊叫，好事到"，汉语中喜鹊是一种报喜的鸟，其文化等级处于较高的地位。西方人认为喜鹊（magpie）是一种喜欢鼓噪的鸟，因此用 magpie 来形容饶舌之人。chatter like a magpie，指像

喜鹊一样饶舌，喋喋不休，其文化等级较低。在中国，老鼠形象猥琐，面目可憎，但在西方老鼠却机灵可爱。王希杰（1998：177）："老鼠在西方，比在中国幸运。米老鼠风行世界，很是讨人喜欢。母亲可以称呼自己的女儿为小老鼠。男青年可以叫自己心爱的姑娘为小老鼠。"

第三，中国人对某些动物的认识与西方人的文化背景不同。猫善捕鼠，这一点自然得到国人的肯定，除此之外，中国人对猫谈不上有什么感情。在西方社会，猫是非常令人喜爱的宠物，因为猫安静、机敏、干净、独立性强，占用的生活空间小。可是黑猫却是令人畏惧和讨厌的，这与传说中的巫婆有关。巫婆是一个面目可憎、气势汹汹的老太婆。她头戴毡帽，怀抱一只大黑猫，骑着一把扫帚，专干坏事。由于黑猫总是不离巫婆左右，所以被视为不吉利的象征。兔子在中国人心目中的印象是跑得快、胆小怕事，除此之外并无特别的感情。在西方人尤其是孩子的心目中，兔子却倍受喜爱，这与复活节的礼物有关。在复活节里，大人常常把复活节彩蛋埋在花园或藏在屋子里，小孩子会在复活节周日的早晨高高兴兴地把他们找出来，大人们哄孩子说这是小兔子送的。这个匿名的神秘的小兔子就像圣诞老人一样给孩子们送来礼物，但与圣诞老人不同的是，小兔子不会忘记每一个朋友，不管你是如何的淘气，不像圣诞老人那样只把礼物送给听话的孩子。又有哪个孩子不喜欢这个慷慨有爱的小兔子呢？

四、结语

戴昭铭（1996：7）认为："在人类的文化创造中，人类不断把对世界的认识、对事物和现象的意义和价值的理解赋予一定的具体可感的形式或行为方式，从而使这些特定的形式或行为方式产生一定的象征意义，构成文化符号，成为人们在生存生活中必须遵循的习俗或法则。"汉语中的动物词语承载了丰厚的历史文化，其突出表现就是在历史的长河中形成的动物文化等级。动物的文化等级既有稳定性，又有变动性，它随着社会的发展与人们观念的变化在不断地改造着，可以说动物词语在中华民族的历史上存在了多久，人们就在用自己的观念改造了这些词语多久。动物的文化等级体现在词语、姓名等文化现象中，成为中华文化的重要组成部分。对外汉语教学，不仅要让外国学生学会中国的语言，还要让他们认识到蕴含在其中的文化，动物的文化等级就是展现中华文化的一个小小窗口。窥一斑而知全豹，做好动物文化等级的教学，对于外国学生学好汉语无疑会起到一定的推动作用。

参考文献

［1］戴昭铭：《文化语言学导论》，语文出版社1996年版。

［2］王希杰：《修辞学通论》，南京大学出版社1996年版。

［3］王希杰：《动物文化小品集》，湖北教育出版社1998年版。

［4］徐行言：《中西文化比较》，北京大学出版社2004年版。

（原文刊于《云南师范大学学报（对外汉语教学与研究版）》2016年第3期）

后　记

　　2000年，我有幸师从著名学者、安徽大学文学院教授白兆麟先生攻读汉语言文字学专业博士学位，如今已经二十年了。本书就是这二十年来主要研究成果的一个结集。

　　全书共分语源探索、训诂的理论与实践、语法研究、语言与文化四个部分，其主体结构就是训诂、语法、先秦历史文化三个部分，大体走的是传统的由小学入经学、由经学入史学的路子。回顾自己的学术历程，才发现自己受老师的影响是如此之深。白兆麟先生提倡两条腿走路，训诂与语法兼治，我并非有意效法老师，但老师的治学路径却潜移默化地给了我巨大影响，先生可谓是我学术上的启蒙者与引路人。在我毕业工作以后，先生也一直关注着我的学术研究，当看到我的书稿时，先生非常高兴，不顾耄耋高龄，亲自赐序。先生之恩，终生铭记。硕士生阶段的导师任继昉先生治语源学，李瑾先生治古文字与先秦史，董希谦先生治《说文解字》学，张生汉先生治词汇学，博士生阶段的老师黄德宽先生治文字学，他们的治学方法与研究成果，无不对我产生了深刻影响，借此谨对各位敬爱的老师表达深深的感激与谢意。尤其是黄德宽先生，每次开会碰到我，总是耳提面命，给予鞭策与鼓励，使我在这条铺满荆棘的学术之路上不敢懈怠，一直前行。

　　感谢福建师范大学文学院领导李建华、李小荣、林志强、叶祖淼诸位先生，在我进入福建师大后，无论是生活上、工作上都给予我诸多关心和帮助，在此谨向各位先生表达诚挚的谢意。我所在的古代汉语教学团队是一个非常温馨的团体，陈鸿、陈芳、李春晓几位老师在我遇到困难的时候总是伸出援助之手，生活在这样的团体里，我找到了久违的归属感，谢谢你们！拙妻李永勃女士虽在病中，仍尽力减轻我的负担，支持我的科研工作，辛苦了！研究生曾妮同学对本书的格式作了统一整理，在此也一并致谢。

蔡英杰

2020年3月13日